Junto
el c

C0802933358

"Contarás siete semanas de años, siete veces siete años, de modo que los días de las siete semanas de años vendrán a sumar cuarenta y nueve años. Entonces harás tocar fuertemente la trompeta en el séptimo mes; el día diez del mes – el día de la expiación – haréis tocar la trompeta por toda vuestra tierra. Así santificaréis el año cincuenta y pregonaréis libertad en la tierra a todos sus habitantes. Ese año os será de jubileo, y volveréis cada uno a vuestra posesión, y cada cual volverá a su familia." (Lev 25:8-10)

"Por tanto, nosotros también, teniendo en derredor nuestra tan grande nube de testigos, despojémonos de todo peso y del pecado que nos asedia, y corramos con paciencia la carrera que tenemos por delante, puestos los ojos en Jesús, el autor y consumador de la fe, el cual por el gozo puesto delante de él sufrió la cruz, menospreciando el oprobio, y se sentó a la diestra del trono de Dios." (Heb 12:1-2)

Juntos en el camino

Informe oficial de la
Octava Asamblea del
Consejo Mundial de Iglesias

Publicado bajo la dirección de

Dafne Plou

WCC Publications, Ginebra

El informe de la Octava Asamblea del CMI también existe en alemán, francés y inglés.

Traducción de los documentos oficiales: Servicio Lingüístico del CMI.

Fotos: CMI/Chris Black y Peter Williams

Diseño gráfico: Marie Arnaud Snakkers

ISBN 2-8254-1313-5

Web site: http://www.wcc-coe.org

Printed in Switzerland

Por 50 años
nos hemos juntado en asambleas del Consejo Mundial de Iglesias
en respuesta a la oración de Jesús de que seamos uno.

En **Amsterdam** reconocimos *el desorden de la humanidad*
en relación a *tus designios para el mundo.*
Tu has deseado la gloria de un mundo reconciliado contigo
y en armonía con toda la creación.
Nosotros seguimos aguardando con esperanza.

Evanston insistió en Aquel que es por siempre el camino de vida:
Jesucristo, la esperanza del mundo.
Clamamos nuevamente por esa esperanza,
esperanza costosa, crucificada y resucitada en poder ante nosotros
Gloria sea a Cristo, el nombre que es sobre todo nombre.

En **Nueva Delhi** la llama de Tu vida entre nosotros:
Jesuscristo, la luz del mundo
Luz que algunas veces titila, otras resplandece,
luz que vence las tinieblas
dando calor al frio de nuestras almas.

En **Uppsala** levantamos nuestros corazones
proclamando tu promesa: *"He aquí yo hago nuevas todas las cosas".*
La visión de cielos nuevos y una nueva tierra,
amaneciendo en gracia entre nosotros,
llamándonos a la fe ante la mediocridad de nuestras vidas

En medio de la vida de **Nairobi** nos atrevimos a cantar:
"Jesucristo libera y une"
Gente de todo el mundo reconoció ante Ti, oh Dios,
esclavitudes y desuniones
anhelando esa divina posibilidad.

En **Vancouver** nos reunimos compartiendo la fe
de que *"Jesucristo es la vida del mundo"*.
Afirmamos la derrota de la muerte
que refleja tu gran victoria,
hecha realidad ante todas las naciones.

Ven espíritu Santo, renueva toda la creación
fue nuestro pedido en **Canberra**
Tu, y sólo Tu, oh Dios
eres la fuente de nuestra renovación.
Nos inclinamos humildemente anti Ti
ofreciéndonos para trabajar contigo
con el poder y la verdad de tu Espíritu.

Alabamos a Dios y le damos gracias
por el camino recorrido;
Grande es tu fidelidad, Oh Dios!

Tomado del culto de apertura de la Octava Asamblea del Consejo Mundial de Iglesias, el 3 de
diciembre de 1998.

Indice

Asumimos este compromiso:
*Queremos permanecer juntos y estamos impacientes por avanzar juntos
    hacia la unidad.*
Respondemos a la oración de Jesucristo
de que todos sean uno para que el mundo crea (Juan 17:21).
Nos apoyamos en la seguridad de que
en el designio de Dios todas las cosas estarán unidas en Cristo lo que está
    en los cielos y lo que está en la tierra (Efesios 1:10).

Afirmamos que lo que nos une es más fuerte que lo que nos separa.
Ni los fracasos ni las incertidumbres
ni el miedo ni las amenazas
harán decaer nuestra voluntad de avanzar juntos hacia la unidad, de
    acoger a todos los que deseen unirse a nosotros en esa peregrinación,
de ampliar nuestra visión común,
y de descubrir nuevas formas de dar testimonio y de actuar juntos en la
    fe.
*En este cincuentenario, renovamos nuestro compromiso
de fortalecer el Consejo Mundial de Iglesias,*
Como una verdadera comunidad ecuménica,
a fin de que pueda cumplir los objetivos para los que fue fundado,
para gloria del Dios Trino.

Oración
Dios de unidad, Dios de amor,
que lo que decimos con nuestros labios se enraíce en nuestro corazón,
y que lo que afirmamos con nuestro pensamiento se encarne en nuestra
    vida.
Envíanos tu Espíritu
para orar en nosotros lo que no nos atrevemos a orar,
para exigir de nosotros mucho más de lo que nos exigimos a nosotros
    mismos,
para interpelarnos cuando nos sintamos tentados a seguir nuestro
propio camino.
Condúcenos hacia el mañana,
condúcenos juntos,
condúcenos hacia el cumplimiento de tu voluntad,
la voluntad de Jesucristo, nuestro Señor, Amén.

De "Nuestra Visión Ecuménica", texto utilizado en el culto de renovación del compromiso ecuménico por la Octava Asamblea del Consejo Mundial de Iglesias, el 13 de diciembre de 1998

Prefacio

¿Qué recordaremos de la Octava Asamblea del Consejo Mundial de Iglesias celebrada en Harare? Este informe oficial comienza con las mismas palabras de una letanía del culto de apertura que recordaba los principales mensajes de las siete Asambleas anteriores. ¿Cuál ha sido el principal mensaje de esta Asamblea del jubileo y qué es lo que perdurará?

"Juntos en áfrica bajo la Cruz" es el título del mensaje adoptado por los delegados el último día de la Asamblea de Harare. En el debate en plenaria del proyecto de mensaje, algunos delegados dijeron que era necesario hallar una fórmula más dinámica, proponiendo "avanzar juntos" o "construir juntos". Estas dos expresiones, que se encuentran en el informe del Comité de Orientación Programática de la Asamblea, suscitan las siguientes preguntas:

¿Hubo realmente un "avance" en esta Asamblea? ¿Se llevó a cabo una actividad de "construcción"? El presente informe ayudará a los lectores y, en particular, a los que no participaron personalmente en la Asamblea, a sacar sus propias conclusiones.

Cada una de las ocho Asambleas del CMI tuvo su perfil particular que queda reflejado en el informe oficial. La Asamblea de Harare se caracterizó por haberse celebrado en el continente africano, por su tema "Buscad a Dios con la Alegría de la Esperanza", que se remite al tema del jubileo bíblico, y por la celebración del 50 aniversario del CMI.

A pesar de la amplia y constructiva participación de las iglesias miembros y las organizaciones ecuménicas durante los nueve años del proceso de reflexión sobre un "entendimiento y una visión comunes del Consejo Mundial de Iglesias", algunas personas, en vísperas de la Asamblea, manifestaron inquietudes acerca del futuro del Consejo. Las iglesias ortodoxas, en particular, expresaron una gran preocupación. En la introducción y en los informes aprobados por la Asamblea de Harare queda claro que la reunión tomó muy en serio esos problemas y que, en el espíritu del tema de la Asamblea, respondió transmitiendo un mensaje de esperanza, no sólo al CMI y al Movimiento Ecuménico sino a toda áfrica y al mundo en general.

Hay dos características de esta Asamblea que, a pesar de su importante significado para los participantes, no estuvieron plasmadas debidamente en ningún informe escrito. En primer lugar, la vida de culto de la Asamblea: los servicios celebrados cada día en la carpa de cultos, las liturgias y los grupos de estudio bíblico y de reflexión sobre las ponencias en sesión plenaria. Para muchos de los que estuvieron en Harare, esos fueron los momentos de mayor contenido ecuménico. El libro de cultos de la Asamblea seguirá siendo en los años venideros fuente de inspiración para todas las actividades encaminadas a lograr lo que el Comité de Orientación Programática denomina "ecumenismo del corazón".

La segunda característica especial fue el Padare, un espacio abierto destinado al compartir, el encuentro y el diálogo, a mitad del programa de la Asamblea, con sus centenares de ponencias sobre una amplia variedad de temas y de iniciativas ecuménicas locales. El Padare estaba vinculado con el programa oficial de la Asamblea mediante dos series de reuniones de información y debate, organizadas bajo la dirección del Comité de Orientación Programática. Aunque, como era de esperar, muchos aspectos de su organización podrían mejorarse, esta novedad en la programación de una Asamblea del CMI resultó, en general, muy alentadora, al demostrar que el Movimiento Ecuménico está no solamente vivo, sino pletórico de vitalidad – a pesar de que no faltan quienes piensan lo contrario.

La rica diversidad del Padare, que puso a prueba las aptitudes de comunicación de los redactores de informes y de los periodistas, también colocó a los participantes frente a difíciles opciones. En realidad, el carácter multifacético del programa de la Asamblea en general, si bien refleja la realidad ecuménica, plantea con mucha agudeza la cuestión de la coherencia y unidad del Movimiento Ecuménico. En cierto modo, las impresiones de los participantes difieren tanto, que uno llega a preguntarse si asistieron todos a la misma reunión.

Este informe oficial y la extensa introducción escrita por Dafne Sabanes de Plou proporcionan una amplia perspectiva de la Asamblea de Harare, tanto sobre su desarrollo como sobre sus resultados. Le somos deudores de haber sabido reunir en un todo coherente los aspectos diferentes y a veces contradictorios de esa reunión, condición esta indispensable para el comienzo del proceso de recepción de los resultados de la Asamblea. Con la Asamblea de Harare, el CMI ha iniciado un nuevo capítulo de su vida. Este informe pone en evidencia que nos anima un espíritu de esperanza y que, en lugar de dejarnos amilanar por las dificultades y los críticos problemas que tenemos por delante, estamos dispuestos a hacerles frente en la confianza de que "fiel es el que os llama, el cual también lo hará" (1 Tesalonicenses 5:24).

Konrad Raiser
Secretario General

Juntos en África bajo la cruz
El Mensaje de la Asamblea

"Bendito sea nuestro Dios en todo lugar, ahora y siempre, por los siglos de los siglos. Amén."

A la llamada de los tambores de África, nos reunimos en Harare, Zimbabwe, en representación de más de trescientas iglesias, en la Octava Asamblea del Consejo Mundial de Iglesias. Saludamos en Jesucristo a nuestros hermanos y hermanas del mundo entero, que con nosotros comparten la vida y la comunidad de la Santísima Trinidad y con nosotros en ellas se regocijan.

Hace 50 años, el Consejo Mundial de Iglesias inició su camino de fe con la Asamblea de Amsterdam y afirmó claramente "Estamos decididos a permanecer juntos". En la peregrinación que nos ha llevado a Evanston, Nueva Delhi, Uppsala, Nairobi, Vancouver y Canberra hemos podido alegrarnos en la esperanza, la misión, la visión, la libertad, la vida y la renovación que Dios nos da.

El tema de esta Asamblea "Buscad a Dios con la alegría de la esperanza" es una invitación a mirar de nuevo al fundamento mismo de nuestra fe y nuestra vida como iglesias, encontrando ahí la esperanza que nos ha de impulsar. En este nuestro año jubilar proclamamos la buena nueva a los pobres, la libertad a los cautivos, la recuperación de la vista a los ciegos, la liberación a los oprimidos y el año de gracia del Señor.

Reunidos en asamblea gozosa, nos invitamos unos a otros y a toda la iglesia a avanzar hacia la unidad visible, que es don de Dios y nuestra vocación. Hemos descubierto que Cristo es tanto el centro de nuestra unidad como el agua viva de nuestra vida. Confesamos que a menudo nos hemos apartado de los designios de Dios y no hemos estado al servicio de su reino. Por ello estamos contritos y nos arrepentimos.

La vida de la Asamblea ha girado en torno al culto, la oración y el estudio bíblico. En el medio del lugar de culto se levantaba una gran cruz tallada con el continente africano en su centro. Una parte de la alegría de esta Asamblea es ciertamente el hecho de que estemos en África. Aquí hemos experimentado la vida, el crecimiento y la vitalidad de la fe de las congregaciones locales. Nos hemos alegrado en la belleza y la maravilla de la creación de Dios. Hemos recordado que fue en África donde se refugió la Sagrada Familia con el niño Jesús, y que hoy África, como cualquier otro continente, es un lugar en el que hay muchas personas desplazadas, sin hogar y refugiadas.

Movidos por el poder de la cruz, hemos recordado que la cruz es el terreno más santo ante el cual Dios mismo se descalza las sandalias. Hemos visto a nuestro alrededor el sufrimiento y el dolor de la humanidad. Hemos encontrado aquí los mismos graves problemas de pobreza, desempleo y falta de vivienda que existen en todas las partes del mundo. Hemos sabido de los devastadores efectos de la globalización y los ajustes estructurales, que hacen cada vez más "invisibles" a los débiles y a los que carecen de poder. Hemos escuchado a nuestros hermanos y hermanas hablar de la cruda realidad de la crisis de la deuda en el mundo en desarrollo. Instamos a una condonación de la deuda que beneficie a los pobres y los marginados en el respeto de los derechos humanos.

Hemos sentido el profundo deseo de dar la mano a los que sufren de SIDA. Hemos estado al lado de nuestros hermanos y hermanas con discapacidades que aportan dones a quienes manifiestan dificultades para relacionarse con ellos. Hemos escuchado la voz de los pueblos indígenas presentes entre nosotros, que reivindican el legítimo lugar que les corresponde. Hemos oído hablar de mujeres, niños, refugiados y desplazados cuyas vidas han sido destrozadas por la violencia. Nos sentimos llamados a expresar nuestra solidaridad con ellos, y a comprometernos a vencer la violencia y a promover la plena dignidad humana para todos. Al ir hacia los marginados, Dios causa conmoción, haciendo de la periferia el centro. Como iglesias, estamos llamados a hacer verdaderamente visibles a estos hijos e hijas de Dios.

Con el símbolo del agua vivificante, celebramos el final del Decenio Ecuménico de Solidaridad de las Iglesias con las Mujeres, y oímos hablar de la realidad, con demasiada frecuencia dolorosa, a la que se refieren las cartas vivas, y escuchamos el llamamiento a que la solidaridad se acompañe de responsabilidad. El agua es indispensable para la vida cuando corre en terreno reseco. Jesús ofreció a la mujer junto al pozo el agua viva, la curación y la nueva vida que ella tanto necesitaba. El llamamiento de Dios se hizo presente una y otra vez en la utilización del agua. Se nos invitó a beber el agua de la salvación y a afirmar nuestra unidad con todos los que forman parte del cuerpo de Cristo. Hemos sido llamados a ayudar y confortar a quienes están solos, a los afligidos, a los huérfanos y a los indigentes, y a seguir sedientos hasta que se curen las heridas del mundo.

Nos hemos empeñado en promover una mayor participación a todos los niveles del Movimiento Ecuménico, y en buscar la forma de que nuestras decisiones reflejen las necesidades y las expectativas de quienes proceden de tantas tradiciones y culturas diferentes. Celebramos la capacidad de liderazgo mostrada por los jóvenes, que ha sido tan evidente en la vida de esta Asamblea. Instamos a las iglesias a que faciliten la participación de los jóvenes en todos los aspectos de la vida y los ministerios de la iglesia.

Reunidos por el amor de Dios, hemos procurado también entender mejor lo que es estar juntos. Hemos examinado nuestra manera de entender el Consejo Mundial de Iglesias y de qué forma Dios nos ha llamado a mirar juntos hacia adelante. Nos hemos alegrado por la koinonía (comunión) cada vez mayor entre los cristianos en muchas partes del mundo, y afirmamos nuevamente que Dios nos ha llamado a seguir creciendo juntos en esa comunión, para que pueda ser verdaderamente visible. Nos alegramos de los signos de este crecimiento como la esperanza de una fecha común de la Pascua.

También hemos sentido dolor a causa de las divisiones que persisten entre nosotros y que se hacen evidentes en nuestra incapacidad de compartir la misma eucaristía. Pero constantemente hemos tenido presente que lo que nos une es más fuerte que lo que nos separa. La memoria cristiana no está centrada en nuestro recuerdo de divisiones, sino más bien en los acontecimientos redentores del nacimiento, la vida, la muerte y la resurrección de Jesucristo. Por esta razón, recordar juntos como cristianos es una parte esencial de nuestra búsqueda de Dios, a fin de que podamos alegrarnos en la esperanza. Cuando nos volvemos a Dios y vemos en el prójimo su rostro, sabemos y vemos quiénes somos. Ése es el centro de una espiritualidad verdaderamente ecuménica.

Hemos procurado dejar un espacio abierto a los demás y dar cabida a aquellos que no consiguen vincularse en un mundo dividido. Crisol de inquietudes y compromisos, la Asamblea fue una oportunidad de apreciar cómo el Espíritu conduce a la comunidad de fe mucho más allá de cualquier horizonte individual. Una y otra vez experimentamos la riqueza de Dios y de las muchas maneras en que podemos responder a un mundo que engloba a personas de muchas religiones. Proclamamos que la libertad religiosa es un derecho fundamental del ser humano.

El Consejo Mundial de Iglesias inició su peregrinación de fe con la determinación de que permaneciéramos juntos. Esa misma determinación se manifestó en Harare, a pesar de que éramos conscientes de todas las dificultades con que nos enfrentábamos. Como iglesias comprometidas desde hace mucho a permanecer juntas, asumimos ahora el compromiso de estar juntas, en un continuo avanzar hacia la unidad visible, no sólo en asambleas y reuniones ecuménicas, sino en todos los lugares. El trabajo ecuménico a todos los niveles debe estar al servicio de ese "estar juntos". La misión a la que Dios llama a la Iglesia al servicio del reino de Dios, no puede separarse del llamamiento a ser uno. En Harare vimos una vez más la inmensidad de la misión en la que Dios nos invita a participar. Reconciliados con Dios por el sacrificio de Cristo en la cruz estamos invitados, en esta misión, a obrar por la reconciliación y la paz con justicia entre aquellos que están desgarrados por la violencia y la guerra.

Desde esta Octava Asamblea del Consejo Mundial de Iglesias, compartimos con ustedes, hermanos y hermanas, un mensaje de esperanza. El Dios que nos ha reunido nos llevará al cumplimiento de todas las cosas en Cristo. El jubileo que ha empezado entre nosotros es enviado a ustedes para celebrar la liberación de toda la creación. Al buscar nuevamente a Dios, hemos podido alegrarnos en la esperanza. Los invitamos a compartir con nosotros la visión a la que juntos hemos podido llegar, y oramos para que llegue a ser parte de nuestra vida y nuestro testimonio.

Anhelamos la unidad visible del cuerpo de Cristo,
que afirma los dones de todos,
jóvenes y ancianos, mujeres y hombres, laicos y ordenados.

Tenemos esperanza en la curación de la comunidad humana,
la plenitud de toda la creación de Dios.

Creemos en el poder liberador del perdón,
que transforma la hostilidad en amistad
y rompe la espiral de la violencia.

Estamos estimulados por la visión de una iglesia,
que llega a todos y cada uno,
que comparte, está al servicio de todos, proclama la buena nueva de
la redención de Dios,
y es al mismo tiempo signo del reino y sierva del mundo.

Estamos interpelados por la visión de una iglesia,
pueblo de Dios que avanza por el camino,
que enfrenta todas las divisiones de raza, género, edad y cultura,
que lucha por la consecución de la justicia y la paz,
y por la integridad de la creación.

Caminamos juntos como pueblo que tiene fe en la resurrección.
En medio de la exclusión y la desesperanza,
creemos, con alegría y esperanza, en la promesa de la plenitud de vida.

Caminamos juntos como pueblo en oración.
En medio de la desorientación y la pérdida de identidad,
discernimos signos del cumplimiento del designio de Dios
y esperamos la venida de su Reino.

1. Introducción y Apreciación Personal

Dafne de Plou

El sonido de los tambores y de las marimbas dio un ritmo especial a las actividades que se desarrollaron durante la Octava Asamblea del Consejo Mundial de Iglesias (CMI), en la ciudad de Harare, Zimbabwe, del 3 al 14 de diciembre de 1998. La música, melodiosa y alegre, que surgía de la enorme carpa donde se celebraron los devocionales diarios y los cultos especiales, envolvía también a los abundantes árboles, flores y pájaros que enriquecían con su presencia el amplio predio de la Universidad de Zimbabwe, que con sus modernos edificios y extenso parque, fue la sede de esta gran reunión, que congregó a 4500 personas de más de 100 países.

Cuando el Comité Central, máximo órgano de gobierno del CMI entre asambleas, decidió en la reunión que se celebró en Johannesburgo, Sudáfrica, en enero de 1994, que la sede de la próxima asamblea sería la ciudad de Harare, lo hizo para dar aún mayor visibilidad al compromiso ecuménico y a la solidaridad del CMI con los pueblos de Africa, donde el cristianismo está creciendo a un ritmo acelerado. Veintitrés años atrás, en 1975, otra ciudad africana había sido sede de un evento similar. La Quinta Asamblea del CMI se celebró en Nairobi, Kenia, en un momento en el cual el continente estaba en plena ebullición por las luchas de liberación en varios países y la reciente independencia del colonialismo que ya celebraban varios de ellos. A través del Programa de Lucha contra el Racismo, que está cumpliendo 30 años de su creación, las iglesias miembros del CMI trabajaron denodadamente denunciando el racismo, el régimen del apartheid en Sudáfrica y apoyando humanitariamente la lucha por la liberación en Zimbabwe, entre otros.

Durante la década que está por finalizar, la situación en Africa ocupó un lugar central en la preocupación del CMI. Durante la guerra civil en

Periodista independiente, Dafne de Plou (Argentina) es especialista en cuestiones de iglesia y sociedad.

Ruanda, el CMI jugó un papel esencial en favor del entendimiento y la paz y participó activamente en el apoyo que la comunidad ecuménica internacional impulsó para la reconstrucción de este país y con la asistencia humanitaria en los campos de refugiados. En colaboración con la Conferencia de las Iglesias de Toda el África, el CMI continuó con sus esfuerzos para poner fin a la guerra civil en Sudán, que lleva más de 40 años, y prestó especial atención al sufrimiento del pueblo ogoni, en Nigeria, que estaba siendo víctima de la destrucción de su medio ambiente por parte de empresas petroleras transnacionales y del trato inhumano por parte de las fuerzas de seguridad de ese país. También se preocupó por los golpes de Estado y las guerras civiles en Liberia, Sierra Leona y la ahora República Democrática del Congo y sus negativas consecuencias para la población.

En mayo de 1997, el CMI convocó una reunión de 80 expertos de toda África para culminar dos años de estudio y diálogo sobre la "reconstrucción de África". Este programa incluyó una serie de visitas de solidaridad por todo el continente que enriquecieron el informe final. Si bien la situación que atraviesa la región es apremiante, las primeras notas del informe sobre la reconstrucción de África son esperanzadoras. La reunión, que se llevó a cabo en Johannesburgo sobre el tema "El jubileo y el kairos de África", trazó una visión jubilar africana para el nuevo milenio que podrá lograrse, entre otras metas, "si los africanos están de acuerdo en trabajar juntos con un espíritu de panafricanismo y en aprovechar responsable y éticamente sus recursos humanos y naturales".

La situación africana permeó varios de los debates durante la asamblea e hizo aún más pertinentes y profundas las reflexiones que se vertieron sobre el tema central y otras cuestiones, como la vigencia de los derechos humanos, la globalización y sus efectos en los pueblos de los países del Sur y la crisis de la deuda externa. Pero la asamblea también se vió sacudida por un intenso debate interno sobre los alcances y el futuro del movimiento ecuménico y el logro de una participación más efectiva y equitativa de todas las iglesias miembros. Durante el mismo se escuchó con singular fuerza la voz de las iglesias ortodoxas.

Todo esto ocurrió en el marco de la austera, pero gozosa, celebración de los 50 años de vida del CMI, fundado en septiembre de 1948. El mensaje de este jubileo quedó plasmado en el tema que se eligió para esta Octava Asamblea: "Buscad a Dios, en la alegría de la esperanza". Para el Dr. Konrad Raiser, secretario general del CMI, este tema fue una invitación a las iglesias para que "en el espíritu del jubileo se liberen de la cautividad institucional y doctrinal. Es una invitación a la conversión, a volverse a Dios para avanzar nuevamente".

En la asamblea, las iglesias que integran el movimiento ecuménico iniciaron esta búsqueda, sintiéndose responsables unas para con otras, en diálogo y comprensión de los múltiples desafíos que les depara trabajar por la unidad en el testimonio y la acción de los cristianos al cumplirse dos mil años de la venida de Cristo al mundo.

1.1. Las tareas de la Octava Asamblea

Una asamblea capaz de reunir a 4500 personas de practicamente todo el mundo debe comenzar a organizarse con suficiente tiempo y con mucho detalle. Como ya señalamos, apenas tres años después de haberse realizado la Séptima asamblea en Canberra, Australia, el Comité Central fijó la sede de la próxima asamblea en Harare. En esa oportunidad también eligió de entre sus miembros a los 21 integrantes del Comité de Planificación de la asamblea. Este comité fue presidido por el obispo Jonas Jonson, de la Iglesia de Suecia, y se reunió en cuatro oportunidades para llevar adelante su labor.

El tema central de la asamblea también fue elegido con suficiente antelación como para permitir una buena reflexión teológica previa, la preparación de estudios bíblicos y materiales para ser utilizados por las iglesias miembros y los delegados a la asamblea y el trabajo del Comité de Cultos. Este comité estuvo integrado por 19 personas, y trabajó en colaboración con el Comité de Planificación para preparar los materiales litúrgicos que fueron utilizados en los cultos diarios y los cultos especiales durante la asamblea.

El trabajo de los comités locales fue muy valioso. Con la coordinación general del Consejo de Iglesias de Zimbabwe, presidido por el Rev. Enos Chomutiri, alrededor de 100 líderes de iglesias participaron en la organización local de la asamblea. Este Consejo tiene 21 iglesias miembros, 9 entidades que son miembros asociados y una iglesia con categoría de observadora, la Iglesia Católica Romana. Sólo tres de las iglesias miembros de este Consejo son a su vez miembros del Consejo Mundial de Iglesias.

La oficina de la asamblea, que tuvo su sede en la Casa de la Biblia en Harare, estuvo bajo la responsabilidad de Rosemary Siyachitema, una mujer que estudió en escuelas de iglesia y se graduó en administración pública y economía del desarrollo en Bostwana y Gales, respectivamente. Desde mediados de 1995, esta mujer que era asistente del secretario general del Consejo de Iglesias de Zimbabwe, tuvo la ardua tarea de llevar adelante el plan de acción para la realización de la asamblea, que incluyó la puesta en marcha de estructuras y comités, de un sistema de financiación y recibir las visitas de directivos del CMI para conocer los preparativos. La sra. Siyachitema contó con la colaboración de unos 100 voluntarios locales que integraron distintos grupos de trabajo para que ningún detalle quedara sin ser contemplado.

Las asambleas del CMI cumplen con tres tareas fundamentales. En primer lugar, por ser la reunión más significativa de iglesias miembros del CMI, la asamblea es una ocasión pública para celebrar y reafirmar el compromiso mutuo que las iglesias han realizado a través de su participación en el CMI. En segundo lugar, en la asamblea las iglesias reciben un informe de todo el trabajo que el CMI ha realizado en colaboración con ellas y en su nombre desde la asamblea anterior, celebrada siete años atrás. Tercero, la asamblea es constitucionalmente el órgano de decisión y de gobierno más alto dentro del CMI y, por lo tanto, es el que fija su política de trabajo y los programas que se desarrollarán durante los próximos siete años. Además, elige de entre sus miembros a los 150 integrantes del Comité Central, quienes asumen la tarea de supervisar el cumplimiento de este mandato, y a los 8 co-presidentes del CMI, un cargo honorífico que es ejercido por distinguidas personalidades del mundo ecuménico.

1.2. Los participantes

Los participantes en la Octava Asamblea alcanzaron a 4500 personas, de las cuales 966 eran delegados que representaban a sus respectivas iglesias. De estos delegados, 38 por ciento eran mujeres y 14 por ciento jóvenes. A los delegados oficiales se agregaron 350 visitas provenientes de distintas partes del mundo y unas 1000 visitas diarias locales. Para estas visitas se organizó un programa especial de actividades.

El periodismo especializado de numerosas publicaciones eclesiales y seculares y de las principales agencias de noticias y redes de radio y televisión internacionales también estuvo presente, siguiendo paso a paso los debates y el acontecer de la asamblea. Trescientos cincuenta periodistas se acreditaron para transmitir con los más modernos medios la información principal que produjo esta reunión. Algunos hasta transportaron sus propias antenas satelitales portátiles para transmitir la información sin interferencias.

Además de los delegados y de las visitas, participaron de la asamblea observadores de iglesias que no son miembros del Consejo Mundial de Iglesias, como la Iglesia Católica Romana, que envió una delegación de

23 miembros. Esta delegación estuvo presidida por el obispo Mario Conti, de Aberdeen, Escocia, quien es co-moderador del Grupo Mixto de Trabajo, la comisión oficial de diálogo entre la Iglesia Católica y el CMI que se creó luego del Concilio Vaticano II. Otros invitados especiales representaron a otras religiones, como Norio Sakai y Yoshinobu Minami de la organización budista Rissho Kosei-Kai.

Por primera vez, una delegación de iglesias de Corea del Norte participó en una asamblea del CMI. La delegación estuvo integrada por cuatro personas y fue presidida por el Rev. Kang Yong-Sop, presidente de la Federación Cristiana de Corea, que representa a 12 mil miembros que se reúnen en 650 congregaciones en hogares. En la Séptima Asamblea, en Canberra, participó por primera vez una delegación de las iglesias de la República de China. En Harare, la delegación china estuvo integrada por 11 personas.

Participaron además, delegados de las iglesias asociadas al CMI, que no son miembros plenos por no llegar al mínimo de 25 mil miembros que se requieren para acceder a esa categoría, y representantes delegados de las Comuniones Cristianas Mundiales, organismos ecuménicos regionales y nacionales y organizaciones ecuménicas internacionales que mantienen relaciones de trabajo con el CMI.

El personal del CMI estuvo presente en la asamblea con 150 de sus miembros, que trabajaron en distintas áreas programáticas y de la organización del evento. A este personal se agregó un buen número de personal co-optado para cumplir tareas diversas, desde colaborar con la traducción y la interpretación en cinco idiomas hasta la producción del diario de la Asamblea, *Jubilee*, que todos los días brindaba información sobre los últimos acontecimientos y la agenda de la asamblea. También asistieron 80 asesores para cumplir tareas en diversas áreas.

Otros colaboradores valiosos de la asamblea fueron los 182 ujieres, jóvenes de iglesias de todo el mundo, que viajaron a Harare para trabajar en las tareas más dispares, desde mantener al día la provisión de documentos en la sala plenaria hasta colaborar con la señalización del enorme predio de la universidad para que los participantes encontraran con facilidad las numerosas aulas y auditorios donde se celebraban las reuniones.

Esta asamblea tuvo el honor de recibir la visita de dos jefes de Estado africanos. El presidente Robert Mugabe, de Zimbabwe, dirigió la palabra a la asamblea en sesión plenaria, en un vibrante discurso en el que abogó por los derechos de su pueblo y agradeció al CMI por la ayuda humanitaria que brindó a los zimbabwenses en 1979, en plena lucha por la independencia, a través del Programa de Lucha contra el Racismo. La visita del presidente Nelson Mandela, quien fue acompañado por el presidente Mugabe, ocupó un lugar especial en la agenda de la asamblea, ya que Mandela pronunció su discurso en la ceremonia en la que se celebraron los 50 años de la creación del CMI. En su alocución, que se incluye entre los documentos de este informe, Mandela instó al CMI a brindar la misma solidaridad a la lucha por el desarrollo y la consolidación de la democracia en África que brindó a los movimientos de liberación que pelearon contra el dominio blanco en el sur del continente.

La asamblea recibió mensajes y saludos de numerosas organizaciones y personalidades, incluyendo un mensaje grabado en video por el secretario general de las Naciones Unidas, Kofi Annan, con motivo del 50 aniversario del CMI y agradeciendo por la contribución de esta entidad ecuménica a la defensa de los derechos humanos en el mundo. Entre los principales saludos recibidos, se incluyen en este informe los textos completos de los mensajes del Patriarca Ecuménico Bartolomeo, del papa Juan Pablo II, y de Karekin I, católicos de la Iglesia Apostólica Armenia.

1.3. El contexto mundial

Cuando se celebró la Séptima Asamblea en Canberra, el mundo se veía sacudido por la Guerra del Golfo y este hecho influyó en el tipo de debate y en las principales preocupaciones que se manifestaron en aquella asamblea. En esta oportunidad, si bien se había reiterado el conflicto en el Golfo Pérsico, con el reciente bombardeo a objetivos militares de Irak realizado por fuerzas conjuntas de Estados Unidos y Gran Bretaña, las preocupaciones principales de la asamblea giraron alrededor de tres grandes temas de carácter internacional: los efectos de la globalización, la crisis de la deuda externa y la vigencia de los derechos humanos ante el 50 aniversario de la Declaración Universal de los Derechos Humanos, con los avances y retrocesos ocurridos en relación a este tema.

En el sermón que predicó en el Culto Inaugural de la asamblea, la Rev. Eunice Santana, de Puerto Rico y co-presidenta del CMI, dedicó buena parte del mismo a señalar los efectos negativos de la globalización de los mercados sobre la población mundial e hizo un llamado a las iglesias a "globalizar la solidaridad". "La lógica imperante, que nos afecta a todos y a todas, es de exclusión, de marginación, de dejar afuera o eliminar a quienes no aportan como los poderosos creen que deben hacerlo. La participación en los procesos que nos afectan es cada vez menor. La sensación que muchas personas experimentan es que a nadie le importa lo que les suceda", dijo la predicadora, para agregar que "millones de personas están condenadas a condiciones de vida, que más que vida se asemejan a condiciones de muerte, sumamente difíciles e inhumanas".

La Rev. Santana también manifestó en su mensaje que "la pobreza se expande y crece a una velocidad increíble... Ya alrededor del 60% de la población mundial toca los niveles de pobreza, mientras que de 1300 a 1500 millones de seres humanos viven con menos de un dólar diario, lo cual representa niveles de carencia tan crasa que laceran la dignidad, los sentimientos y el espíritu mismo de las personas". Agregó también que, de acuerdo a informes de la Organización de las Naciones Unidas, 37 mil empresas transnacionales con más de 200 mil afiliadas en todo el mundo controlan el 75% de todo el comercio mundial de mercancías, productos manufacturados y servicios. "Estas empresas emplean menos del 5% de la fuerza de trabajo mundial. Producen y consumen sustancias que aniquilan la capa de ozono. Generan el 50% de las emisiones que causan el efecto invernadero que pone en riesgo la vida del planeta", afirmó. Ante este panorama señaló con preocupación: "Parecería que hay una confabulación en contra de los pueblos para negarles su libertad, mantenerles cautivos en el colonialismo, la dependencia, el mal llamado endeudamiento y la pobreza, en fin, para destruirles, hacerles desaparecer. No es fácil en muchísimos contextos mantener la esperanza, que no es otra cosa que la acción activa y transformadora que permite que la gente no se dé por vencida".

Como respuesta a esta situación, la co-presidenta del CMI abogó por "globalizar la solidaridad", concepto que se ha convertido "en la consigna de miles de personas que rehúsan aceptar que hemos llegado al fin de la historia y que con valor han asumido el reto de reescribir el libreto histórico que otros les quieren imponer". La predicadora finalizó su mensaje llamando a las iglesias miembros del CMI a desarrollar una misión integrada e integral que trabaje por "la reintegración a la comunidad de los excluídos, la liberación de todo tipo de opresión y prisión, la proclamación clara, firme y transformadora, demoledora de toda injusticia", como aspectos imprescindibles del ministerio ecuménico.

En su informe a la asamblea, el moderador del Comité Central, el católicos Aram I, de la Iglesia Apostólica Armenia (Cilicia), también se refirió a aspectos del contexto mundial. Este líder ortodoxo hizo hincapié en la necesidad de que el movimiento ecuménico trabaje aún más activamente en favor de los derechos humanos porque, afirmó, "los derechos humanos siguen siendo un factor clave en cualquier proceso o iniciativa que apunte al logro de la justicia, la paz y la reconciliación".

Agregó que "la cuestión de los derechos humanos sigue siendo un tema permanente y prioritario en el programa del CMI, y es inherente a la vocación misma de la iglesia". Por lo tanto, consideró que debido a sus efectos sobre la población mundial, el CMI debe prestar atención dentro de su marco programático a los procesos de globalización, las cuestiones de libertad religiosa y del crecimiento del nacionalismo étnico y su relación con la plena vigencia de los derechos humanos.

En un llamado a la asamblea a aprobar una política ecuménica actualizada en materia de derechos humanos, Aram I abogó por la necesidad de desarrollar una política preventiva de las violaciones a los derechos humanos y se manifestó en favor de poner fin a la impunidad y declaró que "los violadores a los derechos humanos deben rendir cuentas a la humanidad", cosechando el aplauso del plenario, para luego manifestar su conformidad con la creación del Tribunal Penal Internacional. El moderador del Comité Central también se manifestó en favor de trabajar por una ética mundial, por el desarrollo de una cultura de no-violencia activa, de una estrategia mundial para construir la paz con justicia y por la formulación de una cultura de los derechos humanos que propicie el uso responsable del poder.

El tema de la deuda externa y la respuesta ecuménica a esta crisis fue tratado en el informe del secretario general del CMI, Dr. Konrad Raiser. Al referirse al concepto de "jubileo ecuménico", Raiser consideró que varias iniciativas ecuménicas que pedían la condonación de la deuda externa de los países más pobres del mundo para el año 2000, se habían inspirado en el mensaje bíblico del jubileo, que cala más hondo que una apremiante cuestión de justicia social, económica y política. "El objetivo del jubileo es romper el ciclo de dominación y dependencia proclamando la reconciliación y la liberación e imponiendo una autolimitación en el ejercicio del poder. Los que controlan los factores básicos de la vida económica – tierra, mano de obra y capital – tienen que limitar el ejercicio del poder e incluso renunciar a ese poder, restaurando, así, a los pobres y excluídos la base y el espacio para una vida digna. Tienen que practicar la misma generosidad y justicia que Dios manifiesta en el acto de expiación, de reconciliación", afirmó Raiser, para agregar que "el jubileo ecuménico es un mensaje de esperanza, no sólo para la comunidad cristiana sino también para el mundo".

Respecto al anuncio de esta esperanza, Raiser dijo que "en un mundo cautivo de las fuerzas de la competencia, la dominación y la exclusión, hay esperanza porque se ha abierto en Cristo el camino de reconciliación y de una vida viable en comunidad...en el espíritu del jubileo ecuménico, estamos llamados a ser comunidades de esperanza, siguiendo los pasos de quien renunció a su revindicación de poder, compartió y dió su vida, dándonos así la plenitud de vida de aquél que abrazó al excluído, al desheredado y al pobre, y restauró su dignidad como miembros de pleno derecho de la comunidad".

En el transcurso de las deliberaciones, los delegados dieron respuesta a estos temas candentes con declaraciones públicas y aprobando pautas programáticas claras para el trabajo del CMI en los próximo siete años. También, impulsados por una iniciativa del grupo de jóvenes, unos 300 delegados hicieron una cadena humana que rodeó al Gran Hall de la Universidad de Zimbabwe, donde se celebraban las sesiones plenarias de la asamblea. Mientras abrazaban a este gran auditorio, los delegados coreaban "cancelen la deuda".

1.4. El contexto africano

Durante la asamblea se celebró una sesión plenaria sobre Africa, donde los datos de la realidad económica y social en el continente, como así también de la vida de las iglesias brindaron un panorama acertado, pero preocupante. Una dramatización dió comienzo al tratamiento del tema. En ella, tres personajes, un anciano, una mujer y un joven, reflejaron en el diálogo el conflicto entre dos herencias: la opresión y la dominación por un lado, y la resistencia y la lucha por otro, que han dado paso a la situación actual en la cual África está definiendo su futuro. El anciano representaba a la historia de África, los períodos de esclavitud y colonización y las luchas de liberación. La mujer representaba a la historia de lucha por la dignidad humana en la región, frente a las enormes adversidades socioeconómicas. El joven personificaba a la vida actual en el continente, la falta de esperanza entre los jóvenes y la necesidad de una tercera liberación. El drama se tituló "Un viaje de esperanza" y fue escrito por Wahomi Mutahi.

El mensaje de la dramatización fue complementado por dos ponencias a cargo de Barney Pityana, ex-director del Programa de Lucha contra el Racismo del CMI, y Mercy Oduyoye, quien ocupó el cargo de secretaria general adjunta del CMI varios años atrás. Pityana aclaró al comenzar su alocución que quería evitar caer en la visión fatalista y desalentadora de África como un continente en contínua crisis, como suele enfatizarse en la actualidad. No obstante, no ahorró cifras para describir una realidad apremiante: 220 millones de personas ganan menos de un dólar diario, 122 millones son prácticamente analfabetos y 205 millones no tienen acceso ni al agua potable ni a programas de salud.

A esto deben agregarse otras cifras, como la de la deuda externa de todos los países de África central y del sur que asciende a 227 mil millones de dólares, siendo que cada hombre, mujer y niño africanos deben 379 dólares a los organismos financieros internacionales. Pero Pityana no se dejó abatir por la situación que describía. "Aunque estoy de acuerdo en que África debe asumir la responsabilidad de la gestión de sus asuntos, no se puede perder de vista el hecho de que la pobreza no es un estado natural del género humano", señaló. "La pobreza es una situación creada por los seres humanos, porque es la consecuencia de la adopción de medidas políticas que empobrecen a unos y enriquecen a otros. En la medida en que la pobreza se debe a los propios seres humanos, creo que puede erradicarse". Como solución a este cuadro de pobreza, el orador enfatizó la necesidad de trabajar por la democracia, los derechos humanos y la buena gestión de los asuntos públicos. Hizo también un llamado a "la regeneración moral del continente africano y de sus pueblos" y para ello consideró que era necesario que los africanos "se abran a un ideal conforme al cual la humanidad de cada uno está ligada a la humanidad de otros". Enfatizó que este era el mejor ideal que se podía legar a las futuras generaciones.

Por su parte, Mercy Oduyoye se refirió a la necesidad de desarrollar una identidad cultural netamente africana, forjando un cristianismo que no anule la africanidad sino que contribuya a su enriquecimiento. También condenó la visión fatalista de Africa que se emite a través de los medios de comunicación occidentales y la idea de que "África ha sido abandonada". Lamentó los proyectos de democratización y de control de la población concebidos desde afuera y los ajustes económicos estructurales "que hacen recaer sobre los pueblos mismos la responsabilidad de seguir con vida". En relación al crecimiento numérico del cristianismo en los últimos años, lamentó que el mismo no vaya acompañado por "la correspondiente madurez teológica, litúrgica y económica". Respecto a este tema, convocó a las iglesias africanas a desarrollar su propia forma peculiar de vivir la fe como una contribución al cristianismo y "al significado universal de la venida de Cristo".

El presidente Nelson Mandela también se refirió a la situación africana en su alocución durante la ceremonia de celebración del 50 aniversario del CMI. "Mi África sueña con un renacimiento africano en el cual, a través de la reconstrucción y del desarrollo, superaremos el legado de un pasado devastador y aseguraremos la paz, los derechos humanos, la democracia, el crecimiento y el desarrollo como una realidad viva para todos los africanos." Luego de agradecer al CMI por su apoyo a las luchas de liberación treinta años atrás a través del Programa de Lucha contra el Racismo, Mandela pidió al CMI que acompañe al pueblo africano "en la nueva y más difícil lucha por el desarrollo y el fortalecimiento de la democracia".

La situación en Zimbabwe también tuvo su eco en la asamblea. Durante la sesión inaugural, Simo Vengesai Muzenda, en representación del gobierno nacional, se refirió a la dura situación económica y solicitó al CMI que apoye las gestiones para lograr una justa distribución de la tierra en su país. Zimbabwe es un país de 390 mil kilómetros cuadrados de territorio, en el que habitan 11 millones de personas, de las cuales el 73 por ciento lo hace en las zonas rurales. El 85 por ciento de la población alcanzó un nivel educativo medio. Son tres los idiomas oficiales de Zimbabwe: inglés, shona y ndebele. El desempleo llega a casi el 50 por ciento de la población económicamente activa y el ingreso promedio de cada trabajador apenas redondea los 600 dólares anuales. El nivel sanitario de la población es muy bajo. Debido a ello, el Síndrome de Inmunodeficiencia Adquirida (SIDA) se ha extendido rápidamente en este país, donde el 32 por ciento de la población ya es seropositiva. Cada semana mueren unas 700 personas por este mal y los huérfanos provocados por esta enfermedad alcanzan al medio millón de niños.

Uno de los problemas más acuciantes está ligado a la distribución de la tierra. La población blanca en Zimbabwe apenas llega al 2% del total, pero es la dueña del 70% de la tierra cultivable. Desde que asumió el poder en 1980, el líder Robert Mugabe viene prometiendo una redistribución adecuada. Pero hasta el momento no se ha realizado, y las tierras expropiadas pocos años atrás fueron a manos de la elite política, sin beneficiar al pueblo. Es así, como en este momento unos 4 millones y medio de zimbabwenses viven de la ayuda alimentaria que puede prestarles el gobierno o las agencias internacionales, sin mayores perspectivas para su futuro. Esta situación se ve agravada porque Zimbabwe participa en la guerra civil que tiene lugar en la República Democrática del Congo, y muchos recursos son utilizados en armamentos. Hasta los granjeros blancos consideran que debe haber una redistribución de la tierra, pero toda la población coincide en que los mecanismos para lograrlo deben ser honestos, transparentes y proveer de una compensación a sus actuales dueños.

En su discurso ante el plenario de la asamblea, el presidente Mugabe criticó duramente el orden económico mundial actual y señaló que gobiernos e iglesias deben trabajar juntos para el bien de la humanidad. Mientras tanto, representantes sindicales hicieron llegar a la asamblea su protesta ante la prohibición de las huelgas, emitida por el gobierno recientemente. Estas huelgas afectaron en cierta medida el normal desarrollo de la preparación del lugar donde se celebraría la asamblea, razón por la cual debieron contratarse los servicios de empresas privadas para realizar esta tarea.

1.5. El tema

"¡Buscad a Dios, con la alegría de la esperanza!" fue el tema que convocó a las iglesias miembros del CMI a prepararse para la asamblea general en Harare. El tema de las asambleas es elegido con singular cuidado ya que debe animar y nutrir toda la reflexión de la reunión, como así también debe trascenderla, permitiendo que con el tiempo la asamblea sea vista a la luz de su tema central. Algunos analistas consideraron importante la mención de Dios en el tema central. Hasta ahora, cuatro asambleas habían mencionado a Jesucristo en su tema central (Evanston, Nueva Delhi, Nairobi y Vancouver) y una al Espíritu Santo (Canberra). Se interpretó que esta mención al Dios trino reafirmaba la fe trinitaria de las iglesias del CMI, y que al utilizar dos frases en imperativo, alentaba a las iglesias a reanimar su misión, nutriéndola con la alegría de compartir la fe con esperanza.

La presentación del tema de la asamblea se realizó en sesión plenaria y los delegados asistieron a una presentación integral en la cual las ponencias a cargo de tres teólogos fueron acompañadas por lecturas bíblicas en cinco idiomas, momentos de meditación silenciosa, interludios musicales y la proyección de 25 diapositivas en las que se mostraba como el tema había inspirado a dos artistas zimbabwenses para plasmar su mensaje en sendas obras de arte.

Anastasios, arzobispo de Tirana, de Durres y de toda Albania, hizo énfasis en la "anamnesis", en la memoria como inspiración y como elemento para definir la identidad cristiana. La memoria entendida de esta manera no es una simple función intelectual sino una acción, por la cual se tiene siempre presente la obra redentora de Cristo. Central a esto es la celebración de la eucaristía, donde culmina "la energía divina siempre actuante". El arzobispo ortodoxo también dijo que al experimentar la "anamnesis" "penetramos en el centro de los acontecimientos más esenciales, que conciernen a todo el cosmos". De allí la importancia de que esta memoria no se convierta en una simple celebración, sino que sea una "doxología por todas las maravillas que el Dios del amor ha hecho en el mundo" y una "esperanza para el futuro".

Wanda Deifelt, profesora del Seminario Luterano de Teología de San Leopoldo, Brasil, habló sobre el significado de la "metanoia", de la conversión que nos hace sentir que el mundo es nuestra casa y que nos llama a ser auténticos y responsables por el mundo, para construir allí la realidad del Reino de Dios, "que supone una situación de justicia, de paz, de reconexión y de reconciliación". Deifelt consideró que la metanoia es apertura a los otros, situándonos en posición de igualdad. "La metanoia llena de lágrimas nuestros ojos... ver con los ojos borrosos de llanto no es estar ausente del mundo", afirmó la teóloga brasileña para luego decir que al arrepentirnos podemos celebrar la reconciliación con Dios y con toda la humanidad buscando de nuevo a Dios "confesando nuestros pecados y enderezando nuestros caminos con la alegría de la esperanza".

El teólogo japonés Kosuke Koyama habló sobre el anuncio de la alegría de la esperanza en un mundo destrozado. Consideró que el misterio de este tema "está oculto en esta extraordinaria historia de la vida íntima de Dios", en la cual la gracia cumple una función esencial. Señaló que la gracia actúa en un mundo visible y que su acción produce conmoción, y no tranquilidad. "Nuestra esperanza, por naturaleza, no es tranquila, sino que está llena de conmoción". Afirmó, además, que el misterio bíblico tampoco es tranquilo. "Es apasionado. Y en él vemos al Jesús sin hogar que abraza a todo el mundo yendo a la periferia".

Las diapositivas mostraron al escultor Wilbert Samapundo mientras realizaba una interpretación en piedra del tema de la asamblea basada en el diseño del artista Chaz Maviyane-Davies. Este diseño se convirtió en el logo de la asamblea: una figura humana sentada, mirando al cielo en actitud de oración. La escultura fue obsequiada al CMI por el Consejo de Iglesias de Zimbabwe en recordación por haber celebrado la asamblea en su tierra.

1.6. El programa

La asamblea se programó para alcanzar sus objetivos en el término de doce días. Fue la asamblea más corta celebrada hasta el momento por el CMI. Para poder llevar adelante su labor en tan ajustado tiempo, el trabajo de la asamblea se dividió en tres fases, que en algunos momentos se superpusieron entre sí, y que dejaron tiempo para que los participantes también tomaran parte en una actividad especial, que se denominó *padare*, palabra que en el idioma shona significa "lugar de encuentro" y en la que participaron grupos y organizaciones de distintas partes del mundo.

El programa general de la asamblea se organizó en:

a) *sesiones plenarias*, que podían ser generales, para ceremonias especiales, discursos oficiales y actos públicos de testimonio; deliberativas, para recibir y discutir informes y propuestas para la vida de las iglesias y del CMI; y administrativas, para asuntos sobre los cuales se deben tomar decisiones detalladas;

b) *reuniones de información y debate, fase I*, donde se recibieron los informes de las actividades realizadas por las cuatro unidades en las que se dividía hasta esta asamblea el trabajo del CMI y el informe de la secretaría general. Las unidades eran: Unidad y Renovación; las Iglesias en Misión – Salud, Educación, Testimonio; Justicia, Paz y Creación; Compartir y Servir;

c) *reuniones de información y debate, fase II*, donde se discutieron programas y propuestas en relación a la nueva organización que adoptó el CMI luego de la asamblea, por grupos temáticos. Estos grupos son: Unidad y Espiritualidad, Avanzar Juntos, Justicia y Paz, Educación y Aprendizaje, Misión y Testimonio, y Solidaridad;

d) *el trabajo de ocho comités*, que fueron elegidos al comenzar la asamblea y estaban integrados por delegados de las iglesias, en un balance que contemplaba edad, género, región, denominación y otros aspectos que permitían que estos comités fueran realmente: representativos de toda la asamblea. Los comités fueron los siguientes:

– *Comité de Dirección:* responsable de coordinar el trabajo diario de la asamblea;

– *Comité de Candidaturas:* responsable de preparar y presentar la lista de candidatos para el nuevo Comité Central y para la presidencia del CMI;

– *Comité del Mensaje:* encargado de prestar atención a todo lo que ocurre en la asamblea (desde los cultos, a las sesiones plenarias, los debates, las resoluciones, los contactos a nivel local y el resto de las actividades de la asamblea) para recoger su espíritu y transmitirlo en un mensaje que deberá ser aprobado por los delegados. Este mensaje deberá reflejar el pensamiento de la asamblea y servir de inspiración a las iglesias;

– *Comité de Finanzas:* encargado de examinar las finanzas del CMI durante los últimos siete años y las proyecciones financieras para el próximo período. Propone criterios generales que el nuevo Comité Central deberá tener en cuenta;

– *Comité de Orientación Programática:* encargado de preparar un informe que evalúe la tarea del CMI durante el último período y propone recomendaciones para los próximos años;

– *Comité de Cuestiones de Actualidad:* responsable de preparar y presentar a la asamblea proyectos de declaraciones públicas sobre temas de actualidad;

– *Comité de Exámen I:* encargado de presentar recomendaciones para examen y decisión basadas en los informes del moderador y del secretario general, y sobre relaciones con las iglesias miembros, otros organismos ecuménicos, la Iglesia Católica Romana, las enmiendas a la Constitución y al Reglamento del CMI, y una respuesta al texto sobre Entendimiento y Visión Comunes del CMI, y también otras cuestiones que someta la asamblea;

– *Comité de Exámen II:* responsable de presentar recomendaciones de examen y decisión basadas en el tema de la globalización y la deuda externa, así como otras que surjan de los plenarios dedicados a Africa y el Decenio de Solidaridad de las Iglesias con las Mujeres y otras cuestiones que le presente la asamblea.

e) *Grupos de estudio bíblico:* estos grupos, integrados por un promedio de quince personas cada uno, se reunieron diariamente a lo largo de toda la asamblea y marcaron momentos importantes para el recogimiento, la reflexión y el testimonio. Fueron grupos en los que personas pertenecientes a distintas iglesias y países tuvieron la oportunidad de compartir sus experiencias de fe. Al mismo tiempo, permitieron estrechar los vínculos entre los delegados y nutrieron el espíritu ecuménico de la asamblea.

En los primeros seis días de asamblea, predominaron las sesiones generales y deliberativas, donde se presentaron los saludos oficiales, el tema central de la asamblea, los informes del moderador del Comité Central y del secretario general del CMI, y se discutió sobre el documento Entendimiento y la Visión Comunes del CMI. También se dedicó una plenaria deliberativa al Decenio Ecuménico de Solidaridad de las Iglesias con las Mujeres y otra al tema africano bajo el título de "El Ubuntu y el kairós africano".

Al quinto día de asamblea se desarrollaron las reuniones de información y debate, fase I, donde se evaluó la tarea llevada adelante por cada una de las unidades de trabajo y la secretaria general del CMI durante el último período. En los días octavo y noveno se llevó a cabo la fase II de estas reuniones, en las que se analizaron propuestas para el trabajo futuro del CMI.

Al mismo tiempo, a partir del quinto día de asamblea, y durante cinco días, se desarrolló el "Padare", durante el cual alrededor de 500 grupos y organizaciones presentaron su trabajo en sesiones de una hora y media. Recordamos que "padare" es un término del idioma shona que significa "lugar de encuentro". En otro apartado hablaremos sobre esta experiencia.

A partir del octavo día de reunión, todas las sesiones plenarias fueron de carácter administrativo y allí comenzaron a tomarse las resoluciones de la asamblea. Se recibieron los informes de todos los comités que trabajaron durante la asamblea, se aprobaron las declaraciones públicas, los programas para los próximos siete años y el mensaje de la asamblea y se eligieron a los miembros del Comité Central y a los co-presidentes del CMI.

Las reuniones plenarias fueron bien moderadas y la discusión fue fluída e interesante, sin intervenciones retóricas, sino precisas y significativas. Esto fue notorio especialmente cuando se discutieron los informes del moderador y del secretario general y el proceso del Entendimiento y la Visión Comunes del CMI. En general, se notó una buena participación de mujeres y jóvenes en el pedido de palabra y también de representantes ortodoxos, que hicieron escuchar su parecer sin tapujos a lo largo de toda la asamblea.

Las reuniones de información y debate, en sus dos fases, no fueron todo lo participativas ni concretas como se hubiera deseado. En algunas de ellas primaron las largas presentaciones que impidieron una mayor participación de los delegados. No obstante, todas ellas tuvieron una buena asistencia y despertaron contribuciones interesantes, que alimentaron las propuestas finales con bastante éxito.

El trabajo de los comités se desarrolló en buen diálogo con la asamblea. El Comité de Candidaturas no pudo cumplir con los plazos previstos para la presentación de nominaciones debido a que la primera lista de candidaturas no cubría las expectativas en relación al porcentaje de mujeres y de jóvenes en el futuro Comité Central. Tampoco la Comisión de Mensaje tuvo éxito en su primer presentación y recién a la tercera, la asamblea estuvo dispuesta a votar afirmativamente el texto del mensaje.

1.7. La adoración

Los cultos ocuparon un lugar significativo en la vida de la asamblea. Además de los cultos especiales, los asambleístas asistieron todos los días a un culto devocional matutino, con liturgias especialmente elaboradas, y la participación de un coro de 80 voces y un grupo de músicos que con sus tambores y marimbas alegraron todos los servicios. Algunos delegados y visitas también participaron del coro, vistiendo los coloridos uniformes elegidos por sus integrantes. Estos cultos matutinos se desarrollaban en la gran tienda de culto, situada en el parque de la universidad.

En la capilla de la universidad se celebraban todas las mañanas cultos con eucaristía, de acuerdo con las distintas tradiciones cristianas.

Estos cultos eran a las 6.30 horas y ofrecían la oportunidad de comenzar el día alabando y participando de la Cena del Señor. También en esta capilla se celebraba diariamente un culto de predicación al mediodía. Predicadores de distintas iglesias y países tuvieron la oportunidad de dar a conocer el mensaje del Evangelio ante una congregación internacional. Por las noches, en la capilla se realizaba un culto vespertino y al mismo tiempo se celebraba un culto de adoración en la tienda de cultos.

En los dos domingos que correspondieron a la celebración de la asamblea, los delegados asistieron a cultos en las iglesias locales, compartiendo así la gozosa espiritualidad africana.

Todos los cultos habían sido cuidadosamente planeados, con el fin de compartir ecuménicamente liturgias, cantos y actos simbólicos. De esta manera, se enriqueció la experiencia de los asambleístas y también sus conocimientos sobre las distintas modalidades cúlticas que imperan en las diferentes tradiciones cristianas.

Contrariamente a lo que se esperaba, la mayoría de las delegaciones ortodoxas participaron de los cultos e incluso algunos de sus miembros estuvieron a cargo de las liturgias. Particularmente emotiva fue la participación de miembros de la iglesia ortodoxa de Etiopía en uno de los cultos matutinos. Con sus cantos, letanías y simbología nutrieron espiritualmente a los participantes en una experiencia poco común para la mayoría de ellos.

El primer culto especial fue el culto inaugural, que comenzó con la instalación de una gran cruz de madera de 4,5 metros de altura tallada sobre el mapa de Africa, también en madera. Esta cruz, que presidió todos los servicios de adoración en la tienda de culto, fue realizada por el artista David Guy Mutasa y fue obsequiada al Consejo Mundial de Iglesias.

En este culto inaugural comenzó también la celebración del jubileo del CMI, recordándose la celebración de las siete asambleas anteriores, con la entrada de estandartes y el canto de la canción que caracterizó a cada una de estas reuniones. Más de 5 mil personas asistieron a este evento, donde la predicación estuvo a cargo de la Rev. Eunice Santana, de Puerto Rico, co-presidenta del CMI.

El culto de vigilia se realizó el domingo 6 de diciembre por la noche y se basó en la narración de la pasión según San Marcos. Tuvo lugar en la tienda de cultos y sus alrededores. La congregación peregrinó por el parque, cumpliendo con diez estaciones para la confesión y la oración. En la estación donde se recordó la crucifixión de Cristo, los participantes encendieron velas que ubicaron dentro de un gran círculo, sobre la tierra. El lugar permaneció iluminado hasta unas horas después de finalizado el servicio y de lejos, se podían vislumbrar las siluetas de los participantes que se acercaban al lugar para continuar orando individualmente o en grupos.

El culto de renovación del compromiso se realizó el domingo 13 de diciembre, luego de la plenaria del 50 aniversario "Peregrinación hacia el Jubileo". Este culto fue especialmente emotivo y convocó a un nuevo compromiso ecuménico de todos los presentes. Fue particularmente significativo el intercambio de cruces que hicieron los líderes de iglesias presentes, como señal de fraternidad y vocación para el diálogo. En el culto de clausura, que se realizó el lunes 14 por la tarde, se dedicó a los nuevos miembros del Comité Central y a los presidentes del CMI. La predicación estuvo a cargo del Rev. Emilio Castro, ex-secretario general del CMI.

1.8. Otros acontecimientos de la asamblea

Del 27 al 30 de noviembre se celebró la culminación del Decenio Ecuménico de Solidaridad de las Iglesias con las Mujeres. En este evento participaron 1100 mujeres y 30 hombres de iglesias de todo el mundo. La reunión se desarrolló en la Escuela del Profesorado, en Belvedere, Harare. Se trataron temas duros, como la opresión, discriminación y violencia que sufren las mujeres en el mundo, incluyendo las iglesias. Las mujeres compartieron su testimonio y el agua, como símbolo de las lágrimas compartidas ante tanto dolor, resultó el elemento central de estas presentaciones y también de la vida litúrgica del encuentro.

Estuvo presente en esta reunión la teólogo coreana Chung Hyun Kyung, cuya ponencia provocara un debate agitado en la Séptima Asamblea, en Canberra. Ella guió un acto de curación según la tradición Shaman de su país. Las participantes cantaron y danzaron al ritmo de los tambores, como símbolo de fraternidad y restauración. El encuentro dió a conocer una declaración ante la asamblea durante la sesión plenaria dedicada al decenio. Durante esa sesión, mujeres y hombres dieron testimonio de sus experiencias durante el decenio y la influencia que la misma tuvo en la vida de sus comunidades e iglesias. Como parte del decenio, el CMI organizó visitas de grupos de mujeres y hombres a iglesias de distintos países, que se denominaron "Cartas Vivas". Las experiencias de estas visitas han sido recogidas en una publicación de gran utilidad para continuar profundizando la solidaridad de las iglesias con las mujeres.

Los jóvenes celebraron su pre-asamblea en esta oportunidad con la presencia de unos 400 jóvenes de iglesias de todo el mundo, de entre 18 y 30 años de edad. Varios de ellos eran delegados oficiales a la asamblea y otros visitas o ujieres. La reunión tuvo lugar entre el 28 de noviembre y el 1 de diciembre en el predio de la Universidad de Zimbabwe. En la reunión estuvo presente Priyanka Mendis, quien fue electa co-presidenta joven del CMI por la asamblea de Canberra. En esta oportunidad, los jóvenes también abogaron porque uno de los ocho co-presidentes fuera una persona joven. Al finalizar la reunión, dieron a conocer una declaración en la que instaron al CMI a alentar programas que respondan a los intereses específicos de los jóvenes en el campo ecuménico y a incluir a los jóvenes en el tratamiento de los temas de trabajo del CMI.

El contacto con las iglesias y la cultura africanas durante la asamblea fueron interesantes. El sábado 5 se llevó a cabo un culto unido en el estadio Rufaro, en Harare, con la presencia de delegaciones de las iglesias cristianas en esta ciudad. El maestro de ceremonias fue el Rev. Jonathan Siyachitema y participaron en esta ceremonia el coro "Voces de Angeles", de Bostwana, la banda de bronces "Cristianos en Marcha" y el grupo Jekenisheni, africano tradicional, con sus tambores y silbatos. La danza y el colorido de los trajes dieron un marco especial a toda la celebración.

El mensaje estuvo a cargo del obispo católico Rev. Paride Taban, de la diócesis de Torit, Sudán. En su sermón, el obispo presentó con toda crudeza las consecuencias de la guerra en Sudán, que ya lleva varias décadas, y pidió a las iglesias y a la comunidad internacional que "detengan la masacre en Sudán". El obispo señaló que su pueblo piensa que ya nadie se acuerda de su sufrimiento y se siente abandonado, solo y asustado. "¿Acaso alguien se preocupa por nosotros?", preguntó el Rev. Paride, para destacar que su gente le había pedido que intercediera por ellos, que fuera su voz e hiciera todo lo posible para detener la muerte y el sufrimiento.

A los pocos días hubo un bombardeo en el sur de Sudán, que ocasionó la muerte de seis personas, heridas graves a otras catorce, y dañó la catedral y la escuela donde ejerce su ministerio el obispo Paride. El CMI envió de inmediato una nota de protesta al gobierno sudanés diciendo que "de acuerdo con los informes que hemos recibido el ataque fue en represalia por el sermón que predicó el obispo Paride, en el estadio aquí en Harare, por invitación especial del Consejo Mundial de Iglesias". El CMI urgió al gobierno de Sudán a tomar las medidas necesarias por la absoluta seguridad personal del obispo e identificar y llevar ante los tribunales a los responsables de tan terrible ataque. Luego de la sesión plenaria sobre Africa, los participantes tuvieron oportunidad de asistir a una velada cultural en la cual participaron coros, grupos de danzas, conjuntos musicales y recitadores de Zimbabwe, Tanzania, Lesotho, Namibia y Sudáfrica. Uno de los coros, de 31 voces, viajó durante cuatro días desde Tanzania para llegar a Harare. El viaje incluyó 36 horas en ferry.

El padare se desarrolló durante cinco días e incluyó la presentación de unos 500 grupos y organizaciones que presentaron sus temas de acuerdo con seis grupos temáticos: Justicia y Paz, Unidad y Espiritualidad, Avanzar Juntos, Educación y Aprendizaje, Misión y Testimonio y Solidaridad. Las sesiones del padare se llevaron a cabo en diversas aulas y auditorios de la universidad y también hubo carpas y puestos donde distintas organizaciones ofrecían información sobre su tarea. Si bien la intención del padare fue la de brindar un espacio de diálogo fuera del ámbito de la asamblea y se esperaba atraer la asistencia de delegados y visitantes, la extensión del predio universitario, el mal tiempo, y la superposición de horarios y la oferta demasiado grande y dispersa conspiró contra el éxito de la propuesta. Un buen número de los talleres y reuniones tuvieron buena asistencia, pero otros directamente debieron ser suspendidos por falta de público. En general, tuvieron buena respuesta los padares referidos al tema de la unidad y el testimonio, y los que trataban la temática de la sexualidad humana, unas 12 sesiones, durante las cuales se hicieron oir las voces de organizaciones gay y lesbianas en favor de sus derechos. Dentro del padare también se celebraron 20 foros, que en general contaron con audiencias de más de 100 personas. Los más concurridos fueron los que debatieron temas como globalización, derechos humanos, deuda externa, racismo, violencia, unidad y diálogo ecuménico, que convocaron en algunos casos a más de 250 personas cada uno. Muchos de los padares respetaron la modalidad participativa esperada. Otros, fueron simplemente paneles con largas exposiciones, sin lugar al debate. El programa del padare no era parte del programa oficial de la asamblea, pero no obstante, muchas de las propuestas allí escuchadas fueron tomadas por el Comité de Orientación Programática en su informe a la asamblea, donde se establecieron pautas para el trabajo del CMI en el próximo período.

Durante la asamblea, se desarrolló un programa para las visitas que incluyó seguir por circuito cerrado de televisión algunas de las principales sesiones plenarias, además de talleres, conferencias y participación en el padare. Las visitas también tenían la posibilidad de participar en todos los cultos, las visitas a las iglesias locales y los actos públicos. También como programa paralelo a la asamblea se llevó a cabo un Taller de Teología para jóvenes pastores, sacerdotes y estudiantes de teología de Africa y otras partes del mundo. Los participantes en este taller también pudieron asistir a algunas de las principales sesiones plenarias y contaron con seis áreas temáticas de trabajo a cargo de profesores de teología y personalidades del mundo ecuménico.

La celebración del Jubileo del Consejo Mundial de Iglesias ocupó un espacio especial, que incluyó un acto en el salón plenario sobre "Peregrinación hacia el Jubileo" y el Culto de Renovación del Compromiso del cual ya hablamos en un apartado anterior. El acto fue conducido por Pauline Webb, conocida comunicadora radial de la BBC, ya jubilada, quien fue la primer mujer vice-moderadora del Comité Central. Su elección se produjo en la Cuarto Asamblea de Upsala, en 1968. Con su habitual buen humor y profesionalismo, esta maestra de ceremonias guió a las más de 4 mil personas que participaron del acto, a través de la historia del CMI, que fue presentado en una excelente compaginación en video, que incluyó viejas fotografías y películas, además de videograbaciones más recientes. Como parte del acto, el Rev. Philip Potter, secretario general del CMI hasta 1984, dirigió la palabra a la concurrencia en una emocionada reflexión.

Pero el momento cúlmine de la celebración se vivió cuando entró al enorme salón el presidente Nelson Mandela, de Sudáfrica, junto al presidente Robert Mugabe, de Zimbabwe, y una numerosa custodia. Mandela entró dándole la mano a su paso a muchos de los participantes que se la extendieron a pesar de la rigurosa custodia presidencial. Tras él entró el coro Imilonji KaNtu Choral Society, que viste un uniforme con los colores de la bandera sudafricana y que entonó varios himnos tradicionales africanos. Mandela rindió tributo al CMI señalando que el CMI es conocido en Africa como "el gran defensor de los oprimidos y los explotados". Agregó que "hemos venido a celebrar 50 años de logros para activar la conciencia del mundo hacia la paz, y en nombre de los pobres, los excluídos y desposeídos".

1.9. El debate interno

El debate durante la asamblea tuvo dos centros principales de atención: el futuro de la participación de las iglesias ortodoxas dentro del movimiento ecuménico y la discusión sobre el proceso de Entendimiento y Visión Comunes del CMI. Ambos temas concentraron buena parte de las intervenciones de los delegados y la cuestión ortodoxa se hizo notar en practicamente todos los debates en las sesiones plenarias.

La situación de las iglesias ortodoxas marcaba dificultades desde antes de la asamblea, debido a la renuncia de una de ellas a la membresía plena en el CMI, la iglesia ortodoxa de Georgia, y al anuncio a poco de iniciada la asamblea de la renuncia como miembro de la iglesia ortodoxa de Bulgaria. La iglesia ortodoxa Rusa también expresó serias dificultades en su participación y decidió asistir a la asamblea con una delegación reducida de cinco miembros, cuando le hubiera correspondido una delegación de 25 personas.

Las iglesias ortodoxas celebraron una reunión conjunta en Tesalónica, en abril de 1998, para fijar su posición en el CMI y durante la misma decidieron pedir la creación de una comisión especial sobre la situación ortodoxa en el seno del CMI para que en el término de tres años establezca nuevos lineamientos para el diálogo y el trabajo ecuménico dentro del CMI. En el debate, durante la asamblea, las iglesias ortodoxas objetaron que el CMI estuviera demasiado dominado por el protestantismo occidental que impone sus propios lineamientos en las políticas del CMI, sin tomar en cuenta la opinión ortodoxa. También señalaron que el sistema de debate parlamentario adoptado por el CMI desde su creación debería cambiar por un sistema de toma de decisiones por consenso, sin mayorías ni minorías para que nadie se sienta marginado. Actualmente, las iglesias ortodoxas ocupan el 25% de los escaños en el Comité Central. En el debate, algunos delegados hicieron notar que se trataba de una discusión por cuestiones de poder y rechazaron algunas intervenciones ortodoxas que sonaron agresivas, como las emitidas por los representantes de la Iglesia Ortodoxa Rusa que cuestionaron públicamente la ordenación de mujeres al ministerio y el uso de lenguaje inclusivo en las iglesias. Pero en general, se estuvo de acuerdo en que era importante instalar la comisión de diálogo, hecho que fue aprobado por la asamblea. La idea que primó es que no se trataba meramente de "un problema ortodoxo", sino de una cuestión que atañía a todo el movimiento ecuménico representado en el CMI, ya que las iglesias ortodoxas vienen desempeñando un rol importante en el CMI desde sus inicios, con contribuciones significativas al pensamiento y la espiritualidad ecuménicos. "La comisión no debería concentrarse sólo en cuestiones estructurales", dijo a la prensa el Dr. Konrad Raiser, "sino que debe ir a las raíces del sentimiento de marginación y de exclusión que tiene la Iglesia Ortodoxa. Eso será muy bueno para el movimiento ecuménico". Se espera que esta comisión celebre su primera reunión en agosto de 1999.

A pocas horas de haberse aprobado la creación de la comisión de diálogo con las iglesias ortodoxas, la Iglesia Ortodoxa Rusa anunció la suspensión de la participación de sus delegados en el Comité Central hasta que esa comisión no hubiera finalizado su trabajo, calculado en tres años de labor. "Si estamos satisfechos con los resultados, retomaremos nuestro trabajo", dijo el Dr. Hilarion Alfeyev a la prensa. "Si no, nuestra iglesia tendrá que retirarse del CMI".

Una de las cuestiones que hizo notorio el desentendimiento con las iglesias ortodoxas fue que no se pudo celebrar en esta ocasión la Liturgia de Lima, servicio eucarístico ecuménico aprobado en 1982 y que había sido celebrado en las asambleas de Vancouver y de Canberra. El hecho de que los miembros de las distintas iglesias no puedan comulgar juntos es una muestra clara de las diferencias que todavía existen dentro del movimiento ecuménico. Debido a ello se acordó que habría cultos eucarísticos según las diferentes tradiciones por las mañanas temprano y que uno de los domingos los asambleístas tendrían la oportunidad de asistir a un culto eucarístico de acuerdo a su tradición en una congregación local.

Pero también hubo un momento interesante de encuentro con las iglesias ortodoxas durante el Culto de Renovación del Compromiso que se celebró el domingo 13. Contrariamente a lo que se pensaba, todas las iglesias ortodoxas estuvieron presentes en este culto, incluyendo la Iglesia Ortodoxa Rusa. Estos representantes también se comprometieron con el movimiento ecuménico diciendo al unísono junto al resto de los participantes: "Porque Cristo nos ha elegido como amigos, porque Cristo nos ha designado para llevar frutos que perduran, porque Cristo nos ha pedido que nos amemos los unos a los otros, con la ayuda de Dios decimos con confianza: queremos permanecer juntos. Respondemos a la oración de Jesucristo de que todos sean uno para que el mundo crea (Juan 17:21). Estamos impacientes por avanzar juntos hacia la unidad".

En el debate sobre el Entendimiento y Visión Comunes del CMI (ECV), la atención se focalizó sobre la necesidad de crear un Foro de Iglesias Cristianas y Organizaciones Ecuménicas, para abrir las posibilidades de diálogo ecuménico con otras iglesias cristianas que en la actualidad no son miembros del CMI, como la Iglesia Católica Romana, buena parte de las iglesias de corriente evangélica libre y la mayoría de las iglesias pentecostales. Este foro no sería una instancia de decisión ni de definición de programas, sino una posibilidad de aumentar la cooperación ecuménica. El CMI sería un integrante más del foro. La creación del Foro fue finalmente aprobada, pero el debate fue duro, ya que muchos asambleístas deseaban dejar en claro que de ninguna manera deberá considerarse comparable la participación de las iglesias en un Foro con la responsabilidad y compromiso ecuménicos de seguir siendo miembros del CMI. Se espera que en el foro puedan participar otras iglesias cristianas, como la Católica Romana y las pentecostales e independientes. Estas últimas son especialmente fuertes en el continente africano.

Además de aprobarse la creación de una comisión especial para tratar sobre el futuro del diálogo con la Iglesia Ortodoxa en el seno del CMI, la asamblea aprobó la creación de un Grupo Mixto de Trabajo del CMI con las iglesias pentecostales y alentó nuevas formas de relación con las iglesias evangélicas libres, en el espíritu del EVC. También renovó la vocación al diálogo con la Iglesia Católica Romana, a través del Grupo Mixto de Trabajo.

1.10. Tras bambalinas

El trabajo para mantener en marcha la asamblea demandó el esfuerzo de mucha gente, además de los 139 miembros del personal del CMI y el personal cooptado que trabajó principalmente en las áreas administrativas, de traducción e interpretación y de prensa. Los 182 ujieres también estuvieron al servicio de la asamblea, más 100 voluntarios de las iglesias locales.

A ellos se agregaron 65 policías uniformados que velaban por la seguridad de los participantes en el predio de la universidad, más 120 guardias pertenecientes a un servicio de seguridad privada, que reforzaron esta tarea. No obstante, durante la asamblea hubo una ola de pequeños hurtos que atribuló a más de un participante.

La salud de los asambleístas estuvo atendida por un servicio médico con sede en la universidad. Debido a los cambios frecuentes de temperatura y a los cambios en la dieta alimentaria, muchas personas debieron ser atendidas en este servicio, que recibió unas 1200 consultas en el transcurso de la asamblea.

El servicio de comidas estuvo a cargo del Sheraton Hotel de Harare y para alimentar a los más de 4500 participantes, trabajaron más de 100 personas, entre cocineros, asistentes de comedor y personal de limpieza, que servían las comidas en media docena de comedores. Los equipos de trabajo comenzaban su tarea a las 4 de la mañana y terminaban tarde en la noche. La Universidad de Zimbabwe seleccionó los servicios del Sheraton entre varios otros que se presentaron a la licitación, por tener este hotel una vasta experiencia en la organización de grandes convenciones internacionales.

Durante el transcurso de la asamblea, se realizaron trabajos de infraestructura en el predio de la universidad que dificultaron en cierta medida el tránsito de los peatones dentro del mismo. Por la instalación de un nuevo servicio informático, se abrieron grandes zanjas a lo largo y a lo ancho de los parques y lugares de circulación. Estas zanjas, profundas y a veces no debidamente señalizadas, provocaron varios accidentes entre los delegados.

En la zona más transitada por los delegados funcionó una gran feria de artesanos, que permitió apreciar esculturas, tallas en madera, grabados, y la producción textil de la región. Particularmente interesante fue ver el trabajo de los escultores que mostraron su arte y su habilidad esculpiendo sus obras al aire libre, ante la admiración de los asambleístas.

El amplio predio de la Universidad de Zimbabwe alberga 10 facultades donde estudian 10 mil estudiantes, además de 8 mil alumnos a distancia y otros 8 mil que concurren a otros establecimientos educativos asociados a la universidad.

1.11. Reflexiones personales

A la asamblea de Harare le costó definir su rumbo debido, quizás, al programa tan cargado de actividades, a la diversidad de temas y cuestiones que debían tratarse, a la dispersión que durante algunos días originó la participación en el padare, y a la tensión que provocó el hecho de tener que definir un nuevo carácter para el diálogo ecuménico, más amplio, más participativo, menos estructurado y, por lo tanto, con resultados menos previsibles.

No obstante, el debate se dió sin apuro y con buenas intervenciones de los delegados en las sesiones plenarias, en las reuniones de información y debate, en los foros y en los padares. En muchos de estos últimos se creó una relación coloquial entre presentadores y público que enriquecieron mucho las posibilidades de entendimiento mutuo. Particularmente, fue interesante como ante la controversia creada por los planteos de las iglesias ortodoxas, los padares que tuvieron que ver con temas de unidad y diálogo fueron los más concurridos. Hasta los propios representantes ortodoxos se alegraron porque sintieron que de esta manera sus perspectivas tenían buenas posibilidades de ser compartidas y discutidas en un ámbito menos impersonal que las enormes sesiones plenarias. Los foros sobre temas de actualidad, como globalización, derechos humanos, deuda externa y discriminación racial influyeron, por la envergadura de sus resultados, en las declaraciones públicas y en las resoluciones pro gramáticas finales de la asamblea. También tuvieron buena asistencia los padares relacionados con el tema de la sexualidad humana. En un primer momento, los organizadores de la asamblea temieron que esta temática, sobre todo la cuestión homosexual, iba a agregar tensiones a la relación con los ortodoxos. Pero las discusiones sobre este tema en los padares no generaron ningún tipo de enfrentamientos, sino que por el contrario, dieron lugar a un diálogo sereno sobre esta cuestión. Al llegar el tema al plenario, por recomendación del Comité de Orientación Programática, algunos delegados ortodoxos quisieron quitarlo. Pero finalmente quedó enunciado en relación al estudio sobre eclesiología y ética que viene desarrollando el CMI desde la asamblea de Canberra.

El festejo del Jubileo del CMI le otorgó un marco especial a la asamblea y la visita del presidente Nelson Mandela no hizo más que destacar la necesidad de que este organismo y las iglesias que lo integran continúen trabajando en su línea de compromiso con los más pobres y oprimidos, y en favor de la solidaridad y la democracia participativa, donde los pueblos puedan ser artífices de sus destinos. También hizo ver el valor de programas como el Programa de Lucha contra el Racismo, que tanta controversia provocó en el momento de su creación y por su ayuda a los movimientos de liberación en el sur de Africa, pero que al cabo de 30 años recoge los frutos de haber sido consecuente con el compromiso evangélico de optar por los que más sufren y por la libertad de los pueblos.

Para las iglesias latinoamericanas, las resoluciones de la asamblea reflejaron muchas de las políticas de trabajo y de los compromisos que ya tienen vigencia en el movimiento ecuménico regional. En Harare, la delegación latinoamericana, integrada por unas 50 personas, envió una carta abierta a la asamblea. En ella instó al CMI a no abandonar su carisma profético ni su ministerio en favor de la búsqueda de "justicia para los pobres del planeta". Las declaraciones sobre derechos humanos, sobre las consecuencias de la globalización y las políticas de ajuste estructural y los pedidos a cancelar la deuda externa de los países más pobres renovaron la comprometida posición del CMI en estos temas. También las resoluciones programáticas alentaron la tarea de diálogo que las iglesias ecumémicas latinoamericanas ya desarrollan en la región con las iglesias pentecostales, las iglesias evangélicas libres y la Iglesia Católica Romana. Resulta especialmente significativa la creación del Grupo Mixto de Trabajo con las iglesias pentecostales, debido a la fuerte presencia y crecimiento de estas iglesias en América Latina y la necesidad de ampliar los vínculos ecuménicos en la región.

Un latinoamericano, el obispo emérito Federico J. Pagura, de la Iglesia Evangélica Metodista Argentina, tuvo el honor de ser elegido como uno de los ocho presidentes del Consejo Mundial de Iglesias. El obispo Pagura recibió el apoyo de toda la delegación de la región, que tuvo en cuenta su extensa trayectoria ecuménica y sus acciones por la vigencia de los derechos humanos y por la paz en el continente, que se destacaron especialmente durante el período en el que el obispo Pagura ejerció la presidencia del Consejo Latinoamericano de Iglesias (CLAI), de 1978 a 1995.

¿Que desafíos depara la práctica ecuménica en los próximos años? La convocatoria lanzada por la asamblea de Harare es amplia y generosa. Demostró que más allá de las dificultades institucionales, el movimiento ecuménico está vivo y tiene fuerzas para seguir avanzando. Las resoluciones de la asamblea instan a caminar juntos hacia una unidad visible, abriendo nuevos espacios para el diálogo ecuménico. Las nuevas comisiones y grupos de diálogo, junto con el Foro de Iglesias Cristianas que será convocado en el año 2001, podrán constituirse en referentes significativos para el logro del testimonio unido de todos los cristianos. La construcción de estos nuevos espacios de diálogo deberá, seguramente, dar lugar al análisis y la reflexión que llegan desde "abajo", desde la visión del mundo de los oprimidos y los excluídos, con alternativas que surgen de las prácticas comunitarias y que nos desafían a vivir la unidad a partir de la riqueza de nuestras diversidades.

Seguramente el Decenio para Superar la Violencia (2000-2010) convocada por la asamblea abrirá una instancia de trabajo importante.También es un llamado al compromiso ecuménico el trabajo en los foros internacionales por la cancelación de la deuda externa. En la campaña "Paz en la Ciudad", del Programa para Superar la Violencia del CMI, se pudieron ver claramente los vínculos que existen entre el creciente empobrecimiento de la población y el aumento de la violencia urbana, por ejemplo. El trabajo por la paz está estrechamente ligado al trabajo por la justicia, tanto en las relaciones sociales como en las políticas y económicas.

En el culto de apertura de la asamblea, la predicadora llamó a "globalizar la solidaridad", que no es otra cosa que mantener una esperanza activa y transformadora que alienta acciones a la manera de Jesús, en las que las iglesias trabajan, junto a otros grupos de la población, con tal compromiso evangélico que "donde dice cautiverio escriben libertad. Donde dice prejuicio y marginación, abren las puertas y los corazones. Donde se impone la escasez, juntan y comparten lo que tienen y desafían la mala distribución de los bienes. Donde hay exigencias por pagarés impagables de la deuda externa, explotación y opresión, escriben jubileo y justicia. Donde dice desesperanza, escriben esperanza a través de proyectos y alternativas. Parece ser como en los tiempos de Jesús, que cuando alguno pensaba que el fin estaba cerca, todo estaba apenas comenzando, porque Dios en su infinito amor no abandona a la humanidad, sino que sigue escuchando el gemido de los pueblos y acompañándolos en su caminar". La fe en este infinito amor alimenta la alegría de la esperanza. Las iglesias miembros del CMI mantendrán viva su participación en el movimiento ecuménico si logran hacer realidad, tal como afirman en el mensaje de la asamblea, que el llamado a la unidad no se separe de la "inmensidad de la misión" a la cual han sido convocadas por Dios en el servicio de su Reino.

2. El Tema Central de la Asamblea

2.1. INTRODUCCIÓN

La presentación del tema central de la Asamblea se realizó a sala llena y fue seguida también a través de un circuito cerrado de televisión que funcionaba en una gran carpa situada al lado del Gran Hall donde se realizaban las plenarias. En esta oportunidad no se esperaban largas presentaciones, sino tres reflexiones, que tomarían distintos aspectos del tema. Así la memoria de los acontecimientos extraordinarios (anamnesis), la conversión (metanoia) y la alegría de la esperanza fueron los temas en los que se centraron los tres teólogos invitados a exponer. La elección de los mismos respondió al amplio espectro de iglesias y líneas teológicas presentes en el seno del Consejo Mundial de Iglesias. El Arzobispo Anastasios, de Tirana, de Durres y de toda Albania, representó el pensamiento ortodoxo, la Dra Wanda Deifelt, teóloga feminista luterana brasileña, trajo la visión teológica de las iglesias del Sur y el Dr Kosuke Koyama, de la Iglesia de Cristo Unida del Japón, hizo un aporte desde su experiencia en el diálogo con otras confesiones religiosas.

Fue interesante que en esta oportunidad, las ponencias fueran acompañadas por cantos, lecturas bíblicas y momentos de meditación silenciosa. Se les quitó el marco de ponencia tradicional, para estar más cerca de los participantes y permitirles que reciban estas ponencias con mayor profundidad, capaz de despertar nuevas vivencias y modos de discernir la fe. El tema central no se debatió. Simplemente se permitió que estas tres visiones, muy conectadas entre ellas, permearan el espíritu de la Asamblea. El llamado que realizó uno de los oradores a que las iglesias den respuestas visibles a las múltiples necesidades del mundo porque "la gracia no puede actuar en un mundo de invisibilidad", se reflejó más tarde en muchas de las resoluciones aprobadas.

2.2. ANAMNESIS

Anastasios, Arzobispo de Tirana, de Durres y de toda Albania

Al celebrar en la meseta de Harare el jubileo del Consejo Mundial de Iglesias, recordamos el accidentado camino recorrido por los cristianos al final del segundo milenio. Ese camino ha estado jalonado por asambleas, reuniones de toda índole, y ha sabido de luchas, éxitos y fracasos, entusiasmo y decepción. Pero, sobre todo, esos cristianos continuaron avanzando con esfuerzo y dolor, con visión y esperanza. Y ahora hemos llegado a una encrucijada, en la que debemos examinarnos con juicio crítico y renovar nuestro compromiso.[1]

Un simple repaso de los temas de las pasadas Asambleas[2] revela las condiciones, el punto de partida espiritual, pero también el afán de búsqueda. Durante estos días, recordaremos muchos aspectos de esta accidentada ruta, con una actitud doxológica por todo lo bueno que Dios nos ha dado, y también con un espíritu de arrepentimiento por nuestras faltas y omisiones. Recordaremos las piedras angulares de nuestro pensamiento en las anteriores Asambleas: Jesucristo, Espíritu Santo, Hombre, Dios; Desorden, Esperanza, Luz, Vida, Libertad, Unidad, Renovación; el Mundo, toda la Creación, todas las cosas.

Este jubileo del CMI nos introduce automáticamente en un segundo gran círculo: La marcha de la Iglesia durante dos milenios, con toda su presencia transformadora, pero también con las trágicas aventuras de su historia. Esa historia no es un pasado perdido. Es el subconsciente de lo que hoy vivimos. Todo lo que somos ahora ha estado determinado por los acontecimientos que han tenido lugar durante los veinte últimos siglos. Una comunidad sin memoria o con una memoria intermitente es una comunidad problemática y frágil.

Ahora bien, ese segundo círculo de recuerdos conduce a un tercero, de enormes dimensiones, que abarca el mundo entero, todo el espacio y el tiempo. En función de éste existen los dos primeros círculos. La Igle-

---

[1] Miles de personas de todas las naciones y tradiciones culturales se han reunido aquí en representación de cientos de comunidades cristianas y de millones de creyentes de todo el mundo. El lazo que nos une, lo que es común a todos, es una serie de recuerdos de acontecimientos extraordinarios. Pero, sobre todo, un recuerdo preciso, una *anamnesis*, que es la raíz principal de todos los demás.

[2] Amsterdam (1948): "El desorden del hombre y el designio de Dios". Evanston (1954): "Cristo, la Esperanza del mundo". Nueva Delhi (1961): "Jesucristo, la Luz del mundo". Uppsala (1968): "He aquí, yo hago nuevas todas las cosas". Kenya (1975): "Jesucristo libera y une". Vancouver (1983): "Jesucristo, la Vida del Mundo". Canberra (1991): "Ven, Espíritu Santo, Renueva toda la Creación".

*Miembros de la Mesa del Comité Central: **(arriba)** Soritua Nababan (Indonesia) y Nélida Ritchie (Argentina), vicemoderadores en el período entre Canberra y Harare; **(centro)** Konrad Raiser (Alemania), secretario general, y Aram I (Líbano), moderador (reelegido en Harare); **(abajo)** Marion Best (Canadá) y Sophia Adinyira (Ghana), nuevas vicemoderadoras elegidas en Harare.*

Los cultos en la Asamblea: **(arriba)** la carpa donde se celebraron los cultos diarios, con capacidad para 3400 personas; **(centro)**, la carpa durante la vigila del domingo 6 de diciembre; **(abajo)** miembros de las congregaciones locales en el culto celebrado en el Rufaro Stadium el sábado 5 de diciembre.

Los cultos de la Asamblea: **(arriba)** miembros del dinámico coro de cien voces que animó los cultos matutinos y enseñó a los asistentes nuevas canciones de todo el mundo; **(abajo)** Aram I, moderador del Comité Central del CMI y Konrad Raiser, secretario general del CMI, entran en el Rufaro Stadium, seguidos por el obispo Paride Taban de Torit, Sudán, que pronunció el sermón de ese servicio especial.

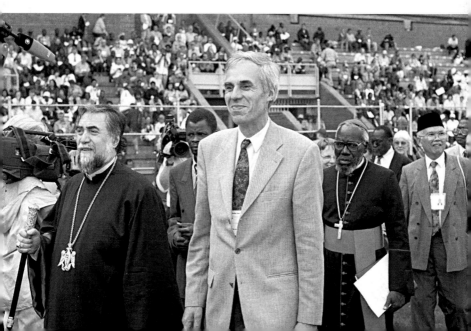

Entre los oradores que intervinieron en las sesiones plenarias de la Asamblea cabe destacar **(izquierda)** Arzobispo Anastasios de Albania, Kosuke Koyama (Japón/Estados Unidos de América) y Wanda Deifelt (Brasil), que en su ponencia abordó el tema de la Asamblea; **(abajo)** Robert Mugabe, presidente de Zimbabwe, que pronunció un discurso el martes 8 de diciembre; y dos de las personas que abordaron el proceso «Entendimiento y Visión Comunes del CMI»: Padre Tom Stransky y Janice Love.

sia ha sido y sigue siendo la comunidad que recuerda. Recuerda cómo Dios, desde la creación del universo, y todo a lo largo del tiempo, ha guiado, protegido y bendecido a la humanidad, eligiendo a personas o entidades que dependían enteramente de Él. "Me acordaré de las obras del Señor; sí, haré yo memoria de tus maravillas antiguas" (Sal 76 (77):11). La Iglesia recuerda con gratitud y encuentra en el recuerdo fuerza e inspiración. "Acuérdate bien de lo que hizo el Señor, tu Dios" (Dt 7:18), fue la orden que Dios dio a su pueblo cuando lo condujo de la esclavitud a la libertad. Este acontecimiento pascual adquirió más tarde un nuevo significado, una perspectiva dinámica en la persona de Cristo.

2. Todos esos recuerdos conducen finalmente a la *anamnesis* fundamental que *define nuestra identidad cristiana:* el recuerdo de la asombrosa intervención de Dios en la vida de la humanidad. El recuerdo de la economía de Dios en Cristo, por el Espíritu Santo, evocado en la fe y la devoción, determina la conciencia que tenemos de nosotros mismos. A partir de ahí empiezan todas las demás cosas y adquieren su significado.

Sabemos que el recuerdo constituye un mecanismo psicológico fundamental, una función compleja vinculada a la conciencia que una persona tiene de sí misma y a su salud. Puede ser, en general, más o menos vívido. En un caso, puede ser una simple y vaga evocación de un pasado remoto. En otro, hay un fortalecimiento de la memoria que hace que el pasado se convierta en presente y defina el futuro de forma decisiva. Toda la civilización humana y todos los conocimientos adquiridos se basan en la capacidad para organizar y sacar partido de la memoria.

La aberración que constituye el declive de la memoria provoca un derrumbamiento más general de la personalidad. Yo recuerdo el caso de un eminente profesor de la Universidad de Atenas, cuya memoria se vio gravemente afectada por un accidente. Al encontrarse con sus amigos solía decir: "Saben ustedes, yo soy el Profesor S., que era uno de los mejores profesores de la Universidad". Era evidente que estaba en decadencia. Cuando uno pierde la capacidad de recordar, se encuentra en una tremenda crisis. Muchas veces, los cristianos, y las comunidades cristianas, parecemos personas o grupos problemáticos porque hemos perdido el vívido recuerdo de la conciencia cristiana o se ha debilitado nuestra facultad de *anamnesis*.

3. El principal pilar en el que nos apoyamos constantemente es la *anamnesis* de la obra redentora de Cristo, que va penetrando en nuestra existencia y continuamente la transforma. *La anamnesis no es una simple función intelectual; es una acción.* Tiene un alcance incomparablemente más amplio, que incluye el pensamiento, y *la convierte en un*

acontecimiento personal existencial. Como miembros de la comunidad eucarística, traemos de nuevo con nuestra memoria a la conciencia la economía de Dios en Cristo por el Espíritu Santo, la Encarnación, la Crucifixión, la Resurrección de Cristo, su Ascensión, y Pentecostés. Vivimos estos acontecimientos y los compartimos, no por nuestras propias capacidades humanas, sino por la gracia del Espíritu Santo y por la energía increada de Dios que hace realidad los sacramentos.

"Haced esto en memoria de mí" (Lc 22:19; 1 Co 11:24) había ordenado el Señor "la noche que fue entregado" (1 Co 11:23). La energía divina siempre actuante culmina en el sacramento de la Eucaristía que, durante veinte siglos, ha sido el eje central del culto cristiano. En el lenguaje litúrgico, el término *anamnesis* definía el núcleo central de la Anáfora Eucarística, la ofrenda consagrada.

Pero la *anamnesis* es algo más amplio. Comienza con las palabras de Cristo "tomad, comed; esto es mi cuerpo" (Mt 26:26; cf. Mc 14:23, 1 Co 11:24), "bebed de ella todos, porque esto es mi sangre del nuevo pacto" (Mt 26:27), sigue con el ofertorio, la invocación al Espíritu Santo, y culmina en la consagración de los sagrados dones y su santificación por el poder del Espíritu Santo, y se completa con la santa comunión, que la convierte en un acontecimiento personal. La *anamnesis* es así un movimiento dinámico incesante, por el que volvemos al Dios Trino, fuente del ser; estamos unidos a Cristo y recibimos el Espíritu Santo; es una orientación que da sentido a nuestra vida y a nuestra marcha a través del espacio y del tiempo. Mediante la renovación de la *anamnesis* la Iglesia mantiene su vitalidad y su verdad.

4. La *anamnesis* se celebra *de muy diversas formas*, dependiendo de las distintas tradiciones que existen dentro de los marcos culturales de los pueblos de la oikoumene. Hace algunos años me encontraba yo en una magnífica catedral de una ciudad de Europa del Este, que acababa de ser devuelta a la Iglesia después de la persecución. Fue una liturgia excepcional, de una riqueza impresionante. Después de la comunión, y sentado en un rincón, recordé la liturgia en la que había participado hacía algún tiempo en una choza africana de un poblado de las montañas, con techo de paja y piso de tierra. Me pregunté: ¿Dónde se sentirá más a gusto Cristo? ¿Allí o aquí? ¿Dónde es más auténtica su *anamnesis*? La respuesta me vino enseguida. Allí tanto como aquí. *A pesar de las diferencias externas*, los elementos que determinan la esencia de los acontecimientos, *son los mismos* en ambos casos: la presencia mística de Cristo y nuestra participación en su cuerpo y su sangre. La cima a la que llegan los creyentes es la misma, la *anamnesis* del acontecimiento "único", de

la piedra angular de la historia universal, y la experiencia de ese acontecimiento.

5. Cuando experimentamos la *anamnesis*, durante la celebración de
la divina eucaristía en un barrio pobre de la periferia de una gran ciudad,
en una iglesia de Albania arruinada por la persecución atea, o en una
magnífica catedral, ya no estamos aislados en nuestro entorno concreto
más o menos estrecho o confortable. Accedemos al centro mismo de los
acontecimientos más esenciales, que conciernen a todo el cosmos. Vivimos en el centro de la historia del mundo, por cuanto nos hemos unido
a Cristo, Autor y Salvador del mundo. Somos así redimidos de cualquier
forma de cautividad en nuestra riqueza o en nuestra pobreza, en nuestra
gloria o en nuestra oscuridad, en el caparazón, pequeño o grande, de
nuestro egoísmo.

La *anamnesis* nos relaciona con el mundo de una manera esencial. Nos
sitúa en el centro de la vida del mundo, de sus sufrimientos, de sus más
profundos anhelos. Nos recuerda que la obra de salvación de Cristo se
extiende al mundo entero, abarca todo el universo, la tierra y los cielos,
"todas las cosas". La Iglesia, "la cual es su cuerpo, la plenitud de Aquel
que todo lo llena en todo" (Ef 1:23), no puede encerrarse en sí misma e
interesarse sólo por ella misma. La Iglesia vive "para todo el mundo".
Con su oración, su mensaje, su interés y su acción, hace suyos todos los
sufrimientos de la humanidad, la explotación de personas o de grupos, las
múltiples formas de opresión de las mujeres y de los niños, los conflictos
locales, las crisis financieras mundiales y la injusticia, y las crecientes
amenazas ecológicas. Ofrece los divinos dones "en todos y para todos".

6. Por supuesto, siempre y en todo lugar existe el *gran peligro de que
la anamnesis se convierta en una simple celebración*, separada de la vida
real, de la acción cotidiana, de nuestros grandes proyectos. Nosotros participamos con frecuencia en la liturgia, pero, pese a ello, persistimos en
la injusticia y en pasiones equivocadas, y el egoísmo define nuestra vida.
La *anamnesis* no actúa por arte de magia. Necesita prolongarse ininte-
rrumpidamente en la vida, fertilizarla, irradiar a través de nuestro comportamiento, ofrecer criterios para nuestros proyectos, iluminar nuestras
decisiones, apoyar nuestros actos. Todos cuantos participamos conscien-
temente en la liturgia, en la rememoración de la Cruz y la Resurrección
de Cristo, tenemos que volver a nuestra rutina diaria para continuar participando en otro tipo de liturgia, "una liturgia después de la liturgia"
(como habíamos propuesto en Etzmiatzin en 1975) celebrada en el altar
cotidiano de nuestra responsabilidad personal, y desempeñar nuestras
obligaciones a nivel local, adoptando una perspectiva universal.

Todos los problemas que hoy preocupan a la humanidad en esta nueva era de mundialización, todas las cuestiones que nos preocupan en el Movimiento Ecuménico, se ven iluminadas por esta *anamnesis* con una luz especial, la luz de la verdad, el amor y el sacrificio de Cristo; la *anamnesis* irradia un tranquilo optimismo, el de las Bienaventuranzas (Mt 5:3-12); debemos estar dispuestos a practicar la diakonía con espíritu de sacrificio, sin la ansiedad de saber cómo llegaremos a ser mayoría, y sin la angustia ni la búsqueda del poder temporal.

La *anamnesis* tiene la dinámica de la metanoia, de la purificación. Diversos complejos nos impulsan a un comportamiento convencional, a la arrogancia, a la hipocresía, a expectativas múltiples y centradas en nosotros mismos. La *anamnesis* nos hace volver a lo esencial y verdadero. Sin una obediencia absoluta a la voluntad de Dios, sin una disponibilidad personal al sacrificio, sin pureza de corazón, sin renunciar al egoísmo y sin un amor audaz, los cristianos pierden su especificidad.

En el Movimiento Ecuménico nos perdemos muchas veces en esa corriente. Hablamos de muchas cosas, pero olvidamos el elemento esencial de nuestra identidad, que es vivir la *anamnesis* con la certeza de que nuestra fuerza no proviene de nuestros propios proyectos y decisiones, sino de la forma en que Dios actúa en nosotros por medio de su Iglesia. Un cambio de actividad, un cambio de vida, una búsqueda de Dios, significan una renovación basada en el modelo único y eterno que el Señor crucificado y resucitado nos ha dejado. Cuando establecemos nuestros programas, el punto de partida, la referencia básica, no puede ser otra que la *anamnesis*, la culminación del amor de Dios por el mundo. Experimentarla, con todas sus consecuencias, nos convierte en células vivas de la Iglesia, su Cuerpo místico. Esto es lo que nos diferencia de todas las demás entidades y organismos humanos, lo que nos purifica de cualesquiera otras peligrosas mixturas.

7. *La anamnesis no es una simple referencia al pasado*, sino que hace presente el pasado y el futuro. Siendo un retorno al centro de nuestra conciencia, de la obra del "que es y que era y que ha de venir" (Ap 1:8), el Eterno y el Intemporal, la *anamnesis* está por encima de todas las categorías clásicas del tiempo creado. "Así pues, todas las veces que comáis este pan y bebáis esta copa, la muerte del Señor anunciáis hasta que él venga" (1 Co 11:26). "Recordando... la segunda venida gloriosa" (Liturgia de San Juan Crisóstomo). La *anamnesis* abre nuestro horizonte a lo escatológico, a lo que ha de venir. En la Eucaristía, los acontecimientos que se anuncian se califican de "ya realizados". Porque Cristo, que es al mismo tiempo el que se ofrece y el que es ofrecido, "está por encima del

espacio y del tiempo, y de las características de las cosas creadas" (Clemente de Alejandría). La Eucaristía abre nuestras almas hacia el fin del mundo, en el que todas las cosas se reunirán en Cristo (Ef 1:9-12).

8. La *anamnesis* se hace así una fuente de doxología, de alabanza, por todas las maravillas que el Dios de amor ha hecho en la historia del mundo, un manantial de gratitud "por su don inefable" (2 Cor. 9:15), y un motivo de alegría y de exultación cuando participamos en la festividad y en el triunfo de los santos, de aquellos que vivieron la *anamnesis* con todo su ser. La *anamnesis* ofrece la iluminación que nos permite situarnos con respeto y con auténtico amor ante cada persona y cada pueblo, ante el mundo entero. Nos da fuerza para el presente y esperanza para el futuro, y determinación para hacer frente a los nuevos retos que se nos plantean.

De este modo, la *anamnesis* significa renovación, apertura de la existencia al espacio y al tiempo. Nos sitúa en el corazón de la historia y de la creación, de modo que podamos ser realmente ecuménicos, contemporáneos y universales.

2.3. METANOIA
Wanda Deifelt

Hay momentos, aunque probablemente demasiado pocos, en los que la humanidad se da cuenta de la necesidad de una conversión real, de un cambio de dirección, de un nuevo comienzo. Esos momentos, en los que Dios irrumpe en la historia, no sólo nos recuerdan que nos hemos alejado de Dios, sino también que, por nuestros pecados, hemos perdido nuestra humanidad. Y de que, al perder el contacto con lo que nos hace humanos, nos hemos vuelto insensibles a las necesidades de nuestros semejantes, e incluso a las nuestras.

La metanoia – la conversión – nos obliga a aceptar la ambigüedad de la existencia humana: esa ambigüedad que hace que seamos santos y pecadores al mismo tiempo. Los humanos somos capaces de bondad, de generosidad y de amor. Pero también hay e nosotros un potencial de maldad, de egoísmo y de odio. Y ante esa dicotomía cedemos fácilmente a los argumentos de la autopreservación, al mantenimiento del statu quo. No nos atrevemos a arriesgarnos. Es asombroso comprobar cuán fácilmente, nosotros, cristianos y cristianas, aceptamos los criterios de valor de este mundo. Y ya hace mucho que hemos domesticado nuestra pasión por la justicia, así como nuestra capacidad de aceptar los riesgos, y nuestro deseo de establecer relaciones más justas, basadas en la igualdad.

Como seres humanos, nos encontramos siempre en la encrucijada entre el cambio y la acomodación. Aunque también es cierto que aspiramos a "otra" realidad, sentimos el vacío y la nostalgia de algo que no podemos conseguir con nuestros propios esfuerzos. Esta búsqueda se traduce mejor con las palabras de Nelle Morton: "Un día comprendí que sentirse en casa no es algo estático. Sentirse en casa es algo dinámico, que se refleja en la calidad de nuestra relación con los demás; un estado en el que cada uno se esfuerza por ser auténtico y por asumir cada vez más su responsabilidad por el mundo." Este es nuestro sentimiento ante la realidad del Reino de Dios, que supone una situación de justicia, de paz, de reconexión y de reconciliación. Anhelamos algo que ya existe, pero que no es todavía del todo realidad, que sólo puede establecerse por la gracia de Dios, en Jesucristo, y por obra del Espíritu Santo, y que cuando se realice nos hará sentirnos en casa.

Por eso, como hijas e hijos pródigos que vuelven al hogar, nos arrepentimos. Nos arrepentimos, primero, por la idea que nosotros nos hacemos de Dios. Chico César, cantautor y músico brasileño, canta con su ritmo afro: "Hay personas que no dejan a Dios en paz, hay personas incapaces de vivir sin Dios y que lo tratan como se estuviera a su servicio... Son como demonios, que hacen de la vida de Dios un infierno." Nosotros nos arrepentimos de nuestros intentos de domesticar a Dios y de definir su grandeza con lo limitado de nuestro lenguaje y de nuestra experiencia. Y confesamos que utilizamos el nombre de Dios para justificar asuntos humanos. Y por eso le pedimos: "Hágase *tu* voluntad, así en la tierra como en el cielo."

También nos arrepentimos por la forma en que percibimos a nuestros prójimos. Según nos cuenta el Génesis, Dios creó al hombre y a la mujer a su imagen. *Todos* los seres humanos, cualesquiera que sean su clase, su raza, su casta, su género, su edad o su preferencia sexual, reflejan, pues, la imagen divina. Y si nos miramos unos a otros a los ojos, podemos percibir en ellos un rastro, una señal de lo divino. Cuando una relación humana se rompe, ya no podemos mirarnos a los ojos. O miramos desde arriba, desde una posición de poder, o miramos desde abajo, sintiéndonos impotentes. Mirar a los ojos a otro ser humano es compartir el mismo espacio, situarse en una posición de igualdad. La metanoia es la apertura a los otros. Y en ella lo extraño, lo no familiar, se pone bajo las alas protectoras de Dios, bajo la cruz de Cristo.

Así pues, estamos invitados a vivenciar nuestra solidaridad con el prójimo, mientras los brazos de Cristo se extienden en un abrazo que todo lo abarca. Se nos exhorta a la solidaridad con las víctimas del SIDA. Actualmente hay más de 33 millones de personas infectadas por el virus VIH en el mundo, de las cuales 22 millones solamente en África. La mitad de las personas infectadas por el VIH tiene entre 15 y 24 años, por lo que no podemos menos que preocuparnos por el futuro de la juventud. Se nos exhorta a que nos arrepintamos de nuestra pasividad frente al hambre, la guerra, la matanza de los pueblos indígenas, el racismo, y la muerte de millones de niños y niñas que no tienen acceso al agua potable o la atención de salud.

Al aproximarnos al final del milenio, comprobamos con vergüenza la disparidad económica entre seres humanos y naciones. Los desechos y la necesidad se dan la mano. Mientras que un pequeño número de personas no sabe qué hacer con los bienes materiales que posee, una multitud de desposeídos viven una vida que se define por el "sin": sin trabajo, sin tierra, sin techo, sin poder, sin voz... En resumen, todo lo que hace que el pobre tenga "menos" vida.

Se dice que el siglo XX es el gran siglo de las mujeres. Y mucho se ha avanzado en relación con el pasado: son muchas las mujeres que ahora tienen acceso al ejercicio de sus derechos, a la educación, a la propiedad, a posiciones de dirección en la iglesia y la sociedad. El propio Consejo Mundial de Iglesias declaró la década 1988-1998 "Decenio Ecuménico de Solidaridad de las Iglesias con las Mujeres". Sin embargo, muchas mujeres y niñas continúan teniendo que hacer frente a la discriminación, la violencia, la prostitución, la mutilación y la violación. En muchas culturas y sociedades aún no se considera a las mujeres como seres humanos de pleno derecho, con un potencial a realizar y talentos para compartir, como hijas de Dios llamadas a la comunión. A partir de los informes sobre el Decenio, podemos preguntarnos si fue realmente un Decenio de Solidaridad de las Iglesias con las Mujeres o si fue un Decenio de Solidaridad de las Mujeres con las Mujeres.

Nos arrepentimos de la manera como consideramos a la naturaleza y como tratamos la creación de Dios. Y, ante el "omnicidio" de que son víctimas no sólo seres humanos, sino también los animales, las plantas y todo el sistema ecológico, reconocemos la ineficacia de los gestos con los que hemos tratado de hacer más hospitalario el medio ambiente en que vivimos. Presumimos que, como seres humanos, nosotros estamos en el centro de la creación, con poder para subyugar y dominar la tierra. Sin embargo, todos somos codependientes. Al final de cuentas, Dios no dedicó un día especial para la creación de la humanidad, sino que hizo a

Adán el mismo día, al lado de "bestias, serpientes y animales de la tierra según su especie" (Gn 1:24).

Aunque incluimos el arrepentimiento en nuestro culto, ¿comprendemos realmente su sentido? Muchos de nosotros se sienten "limpios" porque no han hecho nada malo. Sin embargo, a veces pecamos no por lo que hemos hecho, sino por lo que hemos dejado de hacer. Pecamos por omisión, y no sólo por comisión. No nos lavemos las manos como Pilato, ni pretendamos que nuestra limpieza es pureza de corazón. Atrevámonos, en cambio, a ser proféticos y a ensuciarnos las manos: a ensuciárnoslas con la suciedad de la miseria de los barrios de tugurios, de los pobres, de los niños que duermen en las calles, de las adolescentes que el turismo del sexo arrastra a la prostitución, de los drogadictos que no encuentran sentido a sus vidas. Ensuciémonos las manos tendiéndolas para alcanzar la mano del otro, la mano que hace vacilar las bases de nuestras verdades y de nuestras certezas. Sólo así podremos darnos cuenta que el otro es el santo con rostro de Dios.

Por eso, nos volvemos a Dios, a lo divino que hay en nosotros, en los otros y en la naturaleza. Volvernos a Dios, buscarlo, significa volvernos hacia la humanidad y reconocer los sufrimientos, los dolores y la muerte que caracterizan nuestros tiempos. La metanoia llena de lágrimas nuestros ojos. Reconocemos lo frágil que es el ser humano y la necesidad que tiene de la gracia y del amor de Dios. En su ochenta cumpleaños, y después de un largo exilio en México, el poeta español León Felipe escribía sobre el valor de llegar al límite de uno mismo con lágrimas en los ojos: "cuando mis ojos lo alcancen, su función ya no será la de llorar, sino la de ver. Y entonces, toda la luz del universo, lo divino, lo poético, lo que siempre hemos buscado, lo veremos a través de la ventana de una lágrima vertida."

Vemos el mundo a través de nuestras lágrimas. Ver con lágrimas es reconocer que nuestra mirada no puede menos que ser parcial, que estamos del lado de los que sufren. Ver con ojos borrosos por el llanto no es estar ausente del mundo. Como María Magdalena llorando junto al sepulcro: sus lágrimas la identificaban con aquel que había sido perseguido, con aquel que había muerto en la cruz. Llorar por y con los que sufren es ponernos a su lado y sufrir las consecuencias de nuestra opción. Es anunciar, con Pablo, que no es la muerte lo que prevalece, sino la integridad de la creación de Dios, gracias a la resurrección.

Como un anticipo, un aperitivo de la fiesta que celebraremos, exhortamos al pueblo de Dios a que busque a Dios con la alegría de la esperanza, dando testimonio aquí y ahora de que los signos del Reino de Dios están ya presentes entre nosotros. El Reino de Dios no existe a causa de los esfuerzos que unos y otros hagamos. Existe a causa de Dios. Nosotros, como cristianas y cristianos, estamos invitados a ser signos de este Reino entre nosotros, a ser la voz profética de nuestros tiempos. ¿Qué mensaje transmitimos al mundo si como cristianos no podemos hablar con una sola voz contra las injusticias de nuestros tiempos? ¿Por qué nosotros, cristianas y cristianos, gastamos tanto tiempo y tanta energía en cuestiones que nos separan como personas y como iglesias? Nuestros tiempos exigen de nosotros una declaración más firme, exigen que nos arriesguemos más, y que estemos apasionadamente enamorados de la vida – la vida en abundancia.

Cuando se fundó el Consejo Mundial de Iglesias, hace cincuenta años, las cuestiones que había que tratar estaban bien claras. Después de las dos guerras mundiales vividas en este siglo, la necesidad de reconciliación y reconstrucción era evidente. Era un momento de curación y de reparación, de justicia para todos los que habían sido perseguidos bajo el régimen nazi. Pero también ahora, como entonces, necesitamos voces proféticas, voces de reconciliación y visión de futuro. No obstante, vemos con pesar que el ansia de beneficios ha ido desplazando gradualmente la profecía. Incluso en nuestras iglesias se da a veces más valor al lucro que a los profetas, y el espíritu de cooperación que existía entre nosotros ha cedido el paso a la competencia. Por esto también, nosotros, como iglesias, debemos arrepentirnos.

Dios irrumpe en la historia para ser crucificado. Nosotros, como cristianas y cristianos, vemos el mundo desde la perspectiva de Cristo en la cruz. Vemos el mundo con lágrimas en los ojos, porque compartimos todos sus dolores y sus sufrimientos. Nada puede ser más radical, estando al pie de la cruz, que decir: "Yo creo en Cristo." Este es el profundo compromiso de Dios con la humanidad, de un Dios que no nos vuelve la espalda, que no nos juzga con arreglo a nuestros méritos, sino que nos encuentra allí donde estamos y nos extiende sus manos generosas para abrazarnos, invitándonos a unirnos de nuevo en torno a Él.

Las cruces hechas en El Salvador simbolizan esta nueva dimensión de restablecimiento de nuestra relación con Dios y con los demás. Con colores vibrantes, muestran la presencia de Dios en medio de los pobres, los simples y los marginados. Los sufrimientos de Cristo nos permiten arrepentirnos y decir que el sufrimiento ya no puede ser aceptado. Podemos celebrar los frutos de la reconciliación con Dios y con todos los seres humanos, del mismo modo que saborearíamos los primeros frutos de una cosecha. Los frutos del arrepentimiento son la justicia, la libertad, la paz, la igualdad, el respeto y la dignidad de todos los hijos e hijas de Dios. Por eso estamos invitados a buscar de nuevo a Dios – confesando nuestros pecados y siguiendo por el camino de la justicia – con la alegría de la esperanza.

2.4. LA ALEGRÍA DE LA ESPERANZA
Kosuke Koyama

"La alegría de la esperanza". ¡Qué raro suena! ¿Cómo vamos a "comer" este mensaje (Jer 15:16)? ¡Vivimos en un mundo tan destrozado, tan quebrantado por la violencia! Todo el mundo habitado (*oikoumene*) está lleno de personas desesperadamente pobres, de niños que se mueren de hambre, de personas desarraigadas, y de víctimas inocentes de la guerra y de los conflictos étnicos. La amenaza del apocalipsis nuclear sigue gravitando como una nube sobre nuestro horizonte, y nuestro planeta se debate entre las garras de una crisis ecológica. ¿Cómo podemos nosotros alegrarnos en la esperanza?

La idea que en la vida ordinaria nos hacemos de la alegría y de la esperanza no nos permite comprender el misterio que rodea ese mensaje de esperanza que es motivo de alegría. Es el misterio de un Dios compasivo que abraza al mundo. Cuanto más desesperado está el mundo, tanto más entrañable y apretado se hace el abrazo vivificador de Dios. Esta es nuestra fe. Esta es nuestra posición. "Alégrense en la esperanza" nos dice ese Dios compasivo cuya voz "resuena por todo el país y llega a todos sus habitantes" (véase Lv 25:10). Y escuchamos las palabras de Dios: "Quita el calzado de tus pies, porque el lugar en que tú estás, tierra santa es" (Ex 3:5). Todo el mundo es ahora tierra santa. Y nosotros nos quitamos el calzado. La gracia camina descalza.

Nuestros pensamientos se vuelven a Jesucristo, que tampoco tenía hogar. "... El Hijo del hombre no tiene donde recostar la cabeza" (Lc 9:58, 2:7). El abrazo de Dios al mundo se ha hecho apasionado en este Hijo del Hombre sin casa ni hogar. Nadie está tan despojado de todo como Jesús crucificado. Jesús – crucificado – descalzo – el Cristo roto, desgarrado – habla a este mundo desgarrado y roto también. La cruz es la tierra más santa, en la que el mismo Dios se quita el calzado. "¡Oh, a veces me hace temblar, temblar, temblar! ¿Estaban allí ustedes cuando crucificaron a mi Señor?". En este espacio evangélico "podemos sentirnos derribados, pero no destruidos" (2 Co 4:9). Este espacio está sustentado y mantenido por el Espíritu de Dios cuyo nombre es Compasión. Y éste es el espacio en el que, por la gracia de Dios, se encuentra la Octava Asamblea del CMI.

La invitación a "alegrarnos en la esperanza" proviene ante todo del "Dios celoso" (Ex 20:5, La Biblia Judía). Existe una dolorosa relación entre el mundo y este Dios que lo abraza. En boca del viejo profeta Oseas, dice Dios: "Mi corazón se conmueve dentro de mí, se inflama toda mi compasión" (11:8). Israel ha sido infiel. Pero Dios se niega a abandonarlo. El mundo es infiel. Pero Dios se niega a abandonarlo. Dios se encuentra ante un dilema. Dios está angustiado, con una angustia que el amor agudiza. El misterio de nuestro tema, "la alegría de la esperanza", está oculto en esta extraordinaria historia de la vida interior de Dios.

¿Está la esperanza relacionada con el futuro? Sí. Pero todavía está más relacionada con el amor. La esperanza no es una historia de tiempo. Es una historia de amor. *"We shall overcome someday"* significa: "Venceremos con el poder de la *compasión*". El Evangelio se atreve a poner el amor por encima del tiempo. Todas las historias de curación que cuentan los evangelios, e incluso, en última instancia, la confesión de fe según la cual "Al tercer día resucitó de entre los muertos" (Credo de los Apóstoles) apuntan a esa asombrosa verdad. La esperanza se exalta con el amor, como cada una de las palabras de curación de Jesús. "Levántate, toma tu camilla y vete a tu casa" (Mc 2:11). ¡Acuérdense! El que pronuncia esas palabras es alguien sin hogar, y encarna plenamente al Dios que en sí abraza a todo el mundo. ¡Qué fervor en toda esa situación! Si, como dice el Salmista (139:8), Dios se encontrara en el *seol* (en "el frigorífico"), el ardor de la compasión de Dios derretiría el *seol*. ¿Acaso no se inflamó la prisión de Birmingham con el fervor de la esperanza de Martin Luther King Jr., cuando estuvo encarcelado? ¿Qué es la esperanza si no está inspirada por el amor? ¿Cuál es el ámbito del amor si no es todo el mundo habitado? La esperanza es una historia de amor ardiente.

¿Pero cabe esperar lo que no se ha visto? Sí. "La esperanza que se ve no es esperanza, ya que lo que alguno ve, ¿para qué esperarlo?" (Ro 8:24). "Vosotros que lo amáis sin haberlo visto..." (1 P 1:8). Pero la esperanza tiene sus raíces en "lo que hemos oído, lo que hemos visto con nuestros ojos, lo que hemos contemplado y palparon nuestras manos"(1 Jn 1:1). Pero ¿qué es el amor si permanece invisible e intangible? "El que no ama a su hermano o hermana a quien ha visto, ¿cómo puede amar a Dios a quien no ha visto" (1 Jn 4:20). Visible es la anonadante pobreza en que viven millones de niños. Visible es el racismo. Visibles son las ametralladoras. Visibles son los tugurios. Visibles son los cuerpos famélicos. Y cegadoramente visible es el foso que separa a los ricos de los pobres. Nuestra respuesta a esas realidades tiene que ser visible. La gracia no puede actuar en un mundo de invisibilidad.

No obstante, en nuestro mundo los gobernantes tratan de hacer invisibles "al extranjero, al huérfano y a la viuda" (Jer 7:6; véase Ex. 22:22, Sal 82:3, Mc 12:40, Stg 1:27), y "al hambriento, al sediento, al forastero, al desnudo, al enfermo y al que está en la cárcel" (Mt 25:31-46). Esto es violencia. El Evangelio insiste en la visibilidad – los cuerpos demacrados de los niños famélicos deben seguir siendo visibles para el mundo. Existe una relación entre invisibilidad y violencia. Los seres humanos, a causa de la dignidad de la imagen de Dios que representan, tienen que permanecer visibles. Fe, Esperanza y Amor no son vitales excepto en "lo que se ve". El Movimiento Ecuménico busca la unidad visible de las iglesias. ¿No era Dios visible en Jesucristo? (Jn 1:18, 14:9). El Evangelio ve el misterio de la salvación en lo que se ve. Las religiones parecen ensalzar lo invisible y despreciar lo que se ve. Pero es el Evangelio del "oír, ver y tocar" el que puede alimentar la esperanza que no decepciona.

El Dios uno abarca a todo un mundo que habla más de 7.000 dialectos e idiomas. Dios está abierto a todas las culturas y naciones. "Bendito sea Egipto, pueblo mío; y Asiria, obra de mis manos; e Israel, mi heredad" (Is 19:25). ¿Cuántos idiomas habla Dios? ¡Todos! Nadie puede hablar un lenguaje aislado ni tener una identidad exclusiva. Todos los pueblos están interrelacionados. La Iglesia está en el mundo, y el mundo está en la Iglesia. La palabra de Dios para la Iglesia es la palabra de Dios para el mundo. No hay "dos palabras" de Dios, una para la Iglesia y otra para el mundo. Y el mundo entero escucha las palabras de Cristo a "los cabritos" y a "las ovejas" (Mt 25:31-46). Dirigiéndose a todo el mundo, Jesús exclamó: "Yo veía a Satanás caer del cielo como un rayo" (Lc 10:18). Y cuando Dios abraza compasivamente al mundo, el mundo "se trastorna" (Hch 17:6) ¡Qué conmoción!

Escuchen a Jesús en esta parábola también conmovedora: "Cuando aún estaba lejos, lo vio su padre y fue movido a misericordia, y corrió y se echó sobre su cuello y lo besó" (Lc 15:20). ¡Un Dios que corre! ¿Qué pensar de un Dios que, siendo el centro de todo, sale corriendo hacia la periferia? Y, cuando aún no hemos salido de nuestro asombro, ¡la periferia se convierte en el centro! La luz brilla desde la periferia, no desde el centro. De "la piedra que desecharon los edificadores" viene la salvación (Mc 12:10). ¡Qué conmoción inesperada! "Sacad el mejor vestido y vestidle; y poned un anillo en su dedo y calzado en sus pies. Traed el becerro gordo...". La gracia produce conmoción, no tranquilidad. La Iglesia es el Cuerpo de Cristo que corre al encuentro del mundo quebrantado. Nuestra esperanza, por naturaleza, no es tranquila, sino que está llena de conmoción. El llamamiento apostólico "alégrense en la esperanza" resuena en este mundo "trastornado" por un Dios que corre. Es tarea de la teología describir esa conmoción provocada por la gracia, hacerla visible. El ministerio es "sacad la túnica, vestidle". El acontecimiento clave anunciado por la llegada de Jesucristo es el Evangelio. La conmoción no está libre de dolores. Los seguidores de Cristo pueden tener distintas opiniones y convicciones sobre algunas de las cuestiones que hoy se nos plantean, incluso cuando participan juntos en un sincero estudio de la Biblia y en las devociones del culto. Con sinceridad y con devoción estamos llamados a poner nuestras opiniones y convicciones bajo la luz del Dios compasivo que abraza al mundo. Tanto en la teología como en el ministerio tenemos que desprendernos de nuestro calzado, y hasta de nuestro hogar.

"Alégrense en la esperanza" dice el apóstol sin hogar (Ro 12:12, 1 Co 4:11). Y continúa: "Practiquen la hospitalidad" (Ro 12:13). Está en la misma línea que el ecumenismo de Jeremías: "Procurad en la paz de la ciudad... porque en su paz tendrán ustedes paz" (29:7). El Evangelio del Espíritu de Compasión nos exhorta a alegrarnos con los extranjeros, con el mundo. El mundo no se compone solamente de "cabritos". "Yo os envío como a ovejas en medio de lobos" (Mt 10:16) no es una verdad absoluta y fija. El Espíritu de Dios abraza al mundo de "los cabritos y las ovejas". "El tiempo se ha cumplido y el reino de Dios se ha acercado" (Mc 1:15). Parafraseando el Evangelio de Juan: "¡A lo suyo vino Dios, y lo que era de Dios gozosamente lo recibió" (véase 1:11). Esta es la sustancia de nuestra "alegría en la esperanza". El regocijo de una comunidad privada y excluyente no invita a todos a la esperanza. Y eso no es el Evangelio. Esperar con toda la creación, y alegrarse con toda la creación! ¿Qué horizonte más amplio! (Sal 139:7-10).

Este horizonte no es una alucinación. Porque Dios no es un extranjero. Cada persona – cualquiera que sea su identidad cultural, religiosa, racial o política – es conocida por Dios como irremplazable e incomparable. Esta es la raíz del ecumenismo total de Dios. Pero cuando nuestros actos dicen "¿Soy yo acaso guarda de mi hermano?" (Gn 4:9) – la expresión más clara y más comprensible del pecado – tratamos a Dios como a un extranjero. Decir: "¿Soy yo acaso guarda de mi hermano?" es mirar a los demás como basura. Y esto destruye el fundamento de la esperanza para el mundo. "Alegraos en la esperanza" equivale a "ama a tu prójimo como a ti mismo". Y si la esperanza no la experimentamos *ahora*, es posible que tampoco la experimentemos en el futuro.

Nosotros no podemos amar a nuestros prójimos a menos que estemos dispuestos a dejarnos amar por ellos. No podemos ofrecer hospitalidad a los extranjeros a menos que nosotros también aceptemos su hospitalidad. El Evangelio apoya esa reciprocidad. La unilateralidad de las relaciones da lugar al fariseísmo: "...vino una mujer con un vaso de alabastro de perfume de nardo puro de mucho valor; y quebrando el vaso de alabastro, se lo derramó sobre su cabeza". Profundamente impresionado por esta hospitalidad – a pesar de lo mucho que da que hablar entre los espectadores – Jesús acepta, y la alaba. "De cierto os digo que dondequiera que se predique este Evangelio, en todo el mundo, también se contará lo que esta ha hecho, para memoria de ella" (véase Mc 14:3-10).

"Regocijaos en la esperanza" es una posibilidad de conversión radical. Es vivir hoy en la conmoción causada por la gracia. El misterio bíblico no es tranquilo. Es apasionado. Y en él vemos al Jesús sin hogar que abraza a todo el mundo yendo a la periferia. Cantad pues al Señor, *cantate domino*, ya que "la luz resplandece en las tinieblas, y las tinieblas no la dominaron" (Jn 1:5).

3. Pasado y Presente del Consejo Mundial de Iglesias

3.1. INTRODUCCIÓN

Una gran expectativa rodeó la presentación de los informes del moderador del Comité Central y del secretario general del plenario de la Octava Asamblea del Consejo Mundial de Iglesias. Más allá de querer conocer la evaluación que ambos harían de la etapa vivida por el organismo ecuménico entre las asambleas generales de Canberra y Harare, los delegados y otros participantes, que sumaban unas 2 mil personas en el recinto, estaban también sumamente interesados en saber de qué manera ambos líderes religiosos se referirían a la situación planteada por la posición ortodoxa de solicitar cambios radicales en la estructura y modalidad de trabajo del CMI para permitir una mayor y mejor integración de la familia ortodoxa en su seno. En general, los participantes estaban debidamente informados de la tarea cumplida por el CMI desde Canberra a través de los materiales preparatorios a la asamblea que habían recibido con antelación. Entre ellos, cabe destacar el informe ilustrado *De Canberra a Harare*, publicado en formato de revista, y el libro en inglés *Turn to God, Rejoice in Hope: Orthodox Reflections on the Way to Harare* ("Buscad a Dios en la alegría de la esperanza, reflexiones ortodoxas en el camino a Harare").

El moderador, S.S. Aram I, ya había adelantado su parecer sobre el clima que rodeaba la asamblea al afirmar en la sesión de apertura de las deliberaciones que "a pesar de nuestras distintas perspectivas, percepciones y convicciones, que serán tratadas seguramente por esta asamblea, nuestras diferencias no deberían provocar tensiones ni confrontaciones, sino que tendrían que profundizar y enfatizar nuestra salud ecuménica. El CMI podrá tener manifestaciones organizacionales diversas, pero es en esencia una comunidad de iglesias y un don de Dios. Por sobre todas las consideraciones y las agendas particulares, el respeto, la comprensión y el amor deben guiar y sustentar nuestras deliberaciones".

El interés que concitaron ambos informes también se reflejó en el pedido de palabra de los delegados para reaccionar a los mismos durante la plenaria que prosiguió a la lectura de los informes. Fueron cincuenta solicitudes, de las cuales sólo veintiuna llegaron a exponerse por falta de tiempo, si bien los delegados que intervinieron se cuidaron de cumplir con las reglas de realizar sus intervenciones en un máximo de tres minutos y referirse puntualmente a su tema de interés.

También tuvo una importante recepción el Informe del Comité de Finanzas, que presentó en versión preliminar la Sra. Birgitta Rankatari, moderadora del Comité de Finanzas saliente. Si bien la situación económica y financiera del CMI está saneada, el comité llamó la atención de los delegados señalando que los recortes en personal ayudaron a balancear el presupuesto, pero que ésto tiene implicancias programáticas, ya que no será fácil para el CMI mantener su ritmo de actividades con menos personal. El número de empleados en 1990 era de 340 personas y en 1997 la cifra llegó a 237. También señaló que es necesario que haya un aumento en los ingresos del CMI para desarrollar a pleno su mandato. En la actualidad, algo más del 97 por ciento de los ingresos provienen de las iglesias de Europa Occidental, Estados Unidos y Canadá, mientras que el 48 por ciento de las iglesias miembros no contribuyen con fondos ni siquiera abonando una mínima cuota de membresía. La asamblea aprobó que cada iglesia miembro debe hacer una contribución monetaria al CMI como parte de su compromiso con el movimiento ecuménico y el trabajo de este organismo, tal como se enfatiza en el documento sobre Entendimiento y Visión Comunes. El Comité aspira a que en el término de 5 años, las contribuciones de las iglesias miembros lleguen a 10 millones de francos suizos.

Debate sobre los informes

Durante la sesión que se dedicó al debate sobre los informes del moderador del Comité Central y del secretario general, las intervenciones se centraron en tres temas principales: la cuestión ortodoxa, la globalización y los derechos humanos. Otras cuatro áreas de preocupación ecuménica que se señalaron en este debate fueron: la participación de los jóvenes y de los pueblos indígenas en el movimiento ecuménico, el CMI como agente de paz y la ética de la buena gobernabilidad, considerando a la corrupción de los gobiernos también como una violación a los derechos de los pueblos.

Fue interesante que en el debate sobre la cuestión ortodoxa participaran varias figuras conocidas del protestantismo occidental y que las intervenciones fueran de tono propositivo, alentando una profundización del diálogo y de los estudios sobre eclesiología que ya se vienen realizando en el ámbito de Fe y Constitución. "Que el modelo de toma de decisiones y el carácter del CMI sean protestantes y occidentales no debe ser sólo una preocupación de los ortodoxos sino de todos nosotros", señaló un delegado, quien también alentó a reflexionar sobre el significado eclesiológico del compartir que se da en el movimiento ecuménico. Otro delegado consideró que la toma de decisiones por consenso, tal como aspiran las iglesias ortodoxas, no es de ninguna manera ajena al proceso de EVC que la fraternidad de iglesias reunida en el CMI ya inició. Un delegado ortodoxo pidió la creación de una comisión mixta de diálogo en el seno del CMI para discutir la cuestión ortodoxa, mientras que otro resaltó que las consideraciones de los ortodoxos no deberían ser consideradas como un mero "problema ortodoxo", sino como "un desafío ecuménico".

En relación al tema de los derechos humanos, fue interesante escuchar la intervención de Paul Oestreicher, de Amnistía Internacional, quien integró la delegación de la Iglesia de Inglaterra. Oestreicher dijo que "en los procesos políticos así como en la búsqueda de restaurar las heridas, el perdón no puede quedar afuera. La gracia precede a la justicia. Considero que el CMI podría contribuir a este debate, tanto en las iglesias como en las universidades, sobre la relación entre la gracia y la justicia y las tensiones que esto genera".

En el debate se enfatizó la cuestión de la globalización y sus efectos en el contexto del jubileo y la cancelación de la deuda externa de los países más pobres. También se solicitó que el CMI preste atención a la participación de los jóvenes en el movimiento ecuménico y la presencia de los indígenas en su seno. Al elegirse el nuevo Comité Central, la asamblea dió su apoyo a 5 indígenas de diferentes partes del mundo para que integraran esta importante instancia de trabajo.

3.2. INFORME DEL MODERATOR

Aram I, Catholicos de Cilicia

1. Al reunirnos hoy en esta Octava Asamblea del Consejo Mundial de Iglesias, no puedo menos que recordar aquella Segunda Asamblea que

tuvo lugar en Evanston en 1954. Celebrada en unas circunstancias de miedo y desesperación, así como de enfrentamiento entre el Este y el Oeste, aquella Asamblea hizo un apremiante llamamiento a las iglesias y al mundo para que, dejando los caminos humanos por el de Dios, se regocijaran en la esperanza.[1]

Cuarenta y cuatro años más tarde, estas palabras siguen siendo más que oportunas en este crítico momento de la historia en que nos reunimos de nuevo bajo unas nubes aún más oscuras de incertidumbre y desesperanza, en un mundo amenazado tanto ecológica como espiritual y moralmente, para invitar a las iglesias y al mundo a "buscar a Dios con la alegría de la esperanza".

2. Cambios sin precedentes y de enorme alcance han marcado, por otra parte, la historia de la humanidad desde que nos reunimos en Canberra en 1991. Hemos sido, en efecto, testigos del colapso de las ideologías, al mismo tiempo que muchas barreras han sido destruidas y que el apartheid prácticamente ha desaparecido. Sin embargo, el fin de la Guerra Fría no nos ha introducido en una era nueva de justicia, de paz y de reconciliación. El mundo sigue estando quebrantado, dividido, amenazado... Estos cambios, rápidos y radicales, así como la aparición de nuevas y complejas realidades, han tenido repercusiones directas en la vida y el testimonio de las iglesias, en el Movimiento Ecuménico y en la labor del CMI.

3. De hecho, el período que va desde Canberra hasta Harare ha estado marcado, para el Consejo, por toda una serie de importantes realizaciones programáticas, por un considerable aumento del número de sus miembros, por una grave inestabilidad financiera y por los múltiples y diversos desafíos que no dejan de plantearle las iglesias y la sociedad. A pesar de enormes e imprevisibles dificultades, el Consejo ha llevado a cabo su trabajo con un profundo sentido de la responsabilidad, ateniéndose en todo momento al mandato que había recibido de la Asamblea de Canberra. Pero antes de examinar la labor concreta del Consejo, invito a todos a que recordemos, en un momento de oración en silencio, la "gran nube de testigos", que, provenientes de distintas iglesias y regiones, aportaron su importante contribución a la promoción de los valores y los objetivos del ecumenismo. Estos testigos nos acompañarán siempre a lo largo de nuestro común peregrinar ecuménico. La labor del Consejo es un todo indivisible al que cada persona o cada organismo

---

[1] Visser 't Hooft, W.A. ed., *The Evanston Report: the Second Assembly of the World Council of Churches*, 1954, Londres, 1955, SCM Press, p.1.

aporta su participación activa y hace una contribución específica. Y aquí me gustaría, en nombre de los vicemoderadores y en el mío propio, manifestar mi sincero agradecimiento y mi más profunda admiración al ex Secretario General, Dr. Emilio Castro, al actual Secretario General, Dr. Konrad Raiser, a todos los miembros de los Comités Central y Ejecutivo salientes, así como a las comisiones, los comités, los grupos de trabajo y el personal del Consejo que tanto han contribuido a la ejecución de los programas y de las políticas establecidas por la Asamblea de Canberra.

4. El Comité Central ha sido el eje en torno al cual se han organizado y desarrollado la vida y las actividades programáticas del Consejo. Desde Canberra, se ha reunido cinco veces. Y la asistencia a esas reuniones, cada una de las cuales tuvo sus características peculiares, ha sido excelente, así como muy activa la participación. El CMI es un consejo de iglesias. Las iglesias miembros son las que, por intermedio de sus delegados, nos han elegido para aplicar sus decisiones. El papel del Consejo es estar al servicio de las iglesias. Por eso, la Asamblea es el foro adecuado para dar cuenta de nuestro trabajo y analizar la gestión general del Consejo. De hecho, el largo y sinuoso camino que desde Canberra nos ha conducido hasta Harare no puede condensarse en un breve informe del Moderador. El informe *De Canberra a Harare* y la *Guía de trabajo de la Asamblea* ofrecen una visión más completa y más detallada, y constituyen una valiosa ayuda para hacerse una idea de la vida y las actividades del Consejo durante los últimos siete años. Por otra parte, en una intensa serie de reuniones de información y debate, así como a través del *padare*, tendrán ustedes estos días amplia oportunidad de evaluar la labor del Consejo en todas sus dimensiones, aspectos y manifestaciones.

5. Mi informe se compondrá de dos partes. En la parte I evaluaré críticamente la labor programática del Consejo, destacando algunos sectores clave de su actuación, indicando las tendencias que en ella se aprecian y poniendo de relieve sus repercusiones en las iglesias miembros. En la parte II examinaré la importancia del 50 aniversario de la formación del CMI y del quincuagésimo aniversario de la Declaración Universal de Derechos Humanos, y trataré de señalar algunos de los desafíos y perspectivas que, a partir de esos dos jubileos, se plantean para la vida de nuestras iglesias y para el futuro del Movimiento Ecuménico. Y, para terminar, compartiré con ustedes algunas ideas personales sobre la forma en que el tema de esta Asamblea puede servirnos para iluminar nuestra peregrinación ecuménica.

I
IMPORTANTES ÁMBITOS DE ACTIVIDAD
Y NUEVAS ORIENTACIONES

6. El proceso conocido ahora con la denominación de "Hacia un Entendimiento y una Visión Comunes del CMI" (EVC) se inició en 1989, se convirtió rápidamente en la principal iniciativa del período que estamos considerando, y condujo al Consejo a dos amplios procesos de reestructuración interna y de establecimiento de prioridades programáticas. La primera reestructuración tuvo lugar en 1991, poco después de Canberra, y dividió la labor programática del CMI en cuatro unidades de trabajo, a saber: Unidad y Renovación; Las Iglesias en Misión: Salud, Educación y Testimonio; Justicia, Paz y Creación; y Compartir y Servir. Por razones históricas y metodológicas, cada una de esas unidades se dividió en lo que, según los casos, se denominaron equipos, sectores de trabajo o secretarías. Al mismo tiempo, se instó a las unidades a que, sin perjuicio del carácter específico de cada una, trabajasen con un espíritu de colaboración e integración. Casi seis años de intensa experimentación y de experiencia concreta pusieron de relieve las deficiencias de esa estructura en relación con los grandes cambios que se habían producido en la vida de las iglesias. Esa realidad, combinada con una importante reducción de los ingresos del Consejo, condujo a éste a una segunda reestructuración, siempre dentro del proceso EVC. En su última reunión, celebrada en 1997, el Comité Central decidió someter a la aprobación de la Asamblea los cambios de estructura que entonces se le propusieron y las correspondientes enmiendas constitucionales. Es importante tener en cuenta que estos intentos de reestructuración interna estuvieron motivados por una cuestión fundamental, la de cómo podía el CMI, como instrumento del Movimiento Ecuménico, servir mejor a las iglesias en su continua búsqueda de la unidad visible y en el testimonio común que habían de dar en un mundo en rápida transformación. Esta misma preocupación es la que también ha determinado, sustentado y orientado la labor programática del Consejo.

Hacia una koinonía más plena y más visible

7. La búsqueda de una unidad más plena y más visible sigue siendo una de las preocupaciones centrales del Movimiento Ecuménico y uno de los principales objetivos del CMI. En Canberra, la Asamblea adoptó una declaración en la que se definía la unidad de la Iglesia como koinonía que es don y vocación de Dios, y se consideraba a la Iglesia como el

anticipo de esa koinonía con Dios y con el prójimo. La Quinta Conferencia Mundial de Fe y Constitución (Santiago de Compostela, 1993) analizó el significado y las consecuencias de la koinonía para la vida y la labor de la iglesia, centrando su atención en la "koinonía en la fe, la vida y el testimonio". La conferencia, en la que participaron personas de todos los continentes y de todas las tradiciones eclesiásticas, y que había sido preparada en una serie de consultas regionales sobre el tema, examinó asimismo posibles medidas encaminadas a hacer visible esa koinonía en la vida de la iglesia y precisó las consecuencias teológicas y prácticas de una vida en comunión.

8. En relación con la búsqueda de una koinonía más plena y más visible, Fe y Constitución preparó un documento de convergencia sobre la naturaleza y los objetivos de la Iglesia (The Nature and Purpose of the Church). Esta cuestión es fundamental, por cuanto nuestras diferencias en esta esfera obstaculizan los progresos hacia una koinonía más visible. En ese documento se examina más a fondo la noción de koinonía, que significa "tener que ver con", "participar", "actuar conjuntamente" y "mantener una relación contractual que implica obligaciones de mutua responsabilidad".[2] En el futuro, Fe y Constitución debería estudiar cómo hacer participar a las iglesias en una labor que insistiera más en expresiones tanto contextuales como confesionales de lo que significa ser iglesia. Por otra parte, todos tenemos la responsabilidad de fortalecernos mutuamente al procurar ser fieles al Evangelio en diversas situaciones. La noción del CMI como comunidad de iglesias, que se formula en el documento EVC, constituye una invitación a las iglesias miembros a que manifiesten esa solidaridad y corresponsabilidad.

9. ¿Pero cómo entienden las iglesias el Evangelio, y cómo lo comunican? Los diferentes puntos de vista, que a veces han distanciado a una tradición de otra, tienen en parte su origen en una forma distinta de leer el Evangelio y la historia de la Iglesia. En el empeño por llegar a una koinonía más plena y más visible, ha sido importante buscar una convergencia en los métodos de interpretación, incluidos los métodos contextuales de comprensión y expresión de la fe cristiana. La búsqueda de una koinonía más plena exige también una apreciación de la estructura, el significado y los símbolos del culto. De hecho, durante este período, Fe y Constitución ha reflexionado, con los especialistas en liturgia, sobre los *modelos* básicos del culto (tanto eucarístico como no eucarístico),

---

[2] *The Nature and Purpose of the Church: A Stage on the Way to a Common Statement*, Documento de Fe y Constitución Nº 181, próxima aparición, párr. 52, p.25.

que son actualmente comunes a un número cada vez mayor de iglesias, sobre las cuestiones que plantea la *inculturación* del culto en los contextos locales y sobre las *consecuencias éticas* del culto, especialmente en relación con el bautismo. Esta labor ayudará sin duda a las distintas tradiciones cristianas a reconocer recíprocamente sus formas de culto como expresión auténtica y fiel de oración y de alabanza al Dios Trino.

10. Como afirmó la Quinta Conferencia Mundial de Fe y Constitución, no puede haber ningún proyecto auténtico de unidad de la iglesia que no tome en serio el compromiso de la iglesia con las luchas del mundo. Fe y Constitución, conjuntamente con la Unidad III, ha estudiado, en el proceso de estudio sobre, *Eclesiología y Ética*, las consecuencias de la koinonía para el compromiso en cuestiones de ética social. Personalmente, creo que ese compromiso es intrínseco a la vida de la iglesia. Aplicar nuestra fe a cuestiones esenciales que se plantean a la humanidad y al mundo de hoy no es una cuestión más de la que, porque así les parezca bien, puedan ocuparse las iglesias, sino una cuestión de fidelidad al Evangelio. Y cuando Cristo nos llama a ser uno, está también invitándonos a un compromiso *común* con las cuestiones éticas, sociales y económicas de hoy. Ese compromiso común no es siempre claro ni cómodo, ya que puede herir susceptibilidades y crear tensiones, así como poner a prueba nuestra resolución de "permanecer juntos". Así pues, una unidad costosa exige un compromiso costoso.[3] Eso exige de las iglesias una confianza y una responsabilidad recíprocas. La koinonía tiene que estar sostenida y afianzada por una espiritualidad ecuménica que afirme el carácter central de la oración con y por los demás, que abarque a todos a pesar de nuestras diferencias. Esta espiritualidad ecuménica, que el Consejo ha empezado a estudiar, tiene que desarrollarse aún más.

Ecumenismo y proselitismo no pueden coexistir

11. A través de los años, el Consejo ha señalado repetidas veces la relación intrínseca que existe entre la misión y la unidad, el testimonio y el ecumenismo. Para el Movimiento Ecuménico y el CMI constituye un problema de enorme gravedad, el hecho de que el proselitismo siga siendo una penosa realidad en la vida de las iglesias. Ecumenismo y proselitismo no pueden coexistir. El proselitismo no es sólo un contratestimonio, es la negación de las convicciones teológicas y misiológicas fundamentales.

---

[3] Thomas F. Best and Martin Robra, editors, "Costly Commitment", *in Ecclesiology and Ethics: Ecumenical Ethic Engagement, Moral Formation and the Nature of the Church*, Ginebra, WCC Publications, 1997, párr. 17, p.28.

12. Todos sabemos que la situación producida en Europa oriental y en los países que antes formaban parte de la URSS a raíz del colapso del comunismo se ha convertido en un problema particularmente urgente para el Movimiento Ecuménico. En todas las grandes reuniones ecuménicas celebradas desde 1989 se nos ha recordado que la nueva libertad de las iglesias para expresarse y desarrollar abiertamente su testimonio no sólo ha ofrecido oportunidades imprevistas a las iglesias locales, sino también a un gran número de sectas y grupos misioneros extranjeros que llevan a cabo actividades misioneras competitivas entre personas que ya pertenecen a alguna de las iglesias de aquellos países. El resurgimiento de la tensión entre las iglesias ortodoxas y la Iglesia Católica Romana en torno a la cuestión de las iglesias católicas de rito oriental es otro tema controvertido. Así pues, la cuestión de cómo conciliar nuestra historia y superar la desconfianza y el desconocimiento mutuos se ha convertido también en una preocupación ecuménica fundamental de nuestros días. Por otra parte, si bien es cierto que la situación de Europa oriental es muy particular, no es en modo alguno única. En los últimos años hemos sido también testigos del incremento, en la esfera de la misión, de una competencia y una evangelización agresivas, y casi de libre mercado, en otros muchos lugares del mundo. Podemos estar agradecidos por la regeneración de la misión en muchos contextos locales, pero no podemos cerrar los ojos a los daños que causan a la unidad de la iglesia de Cristo diferentes manifestaciones de proselitismo.

13. Frente a toda una miríada de nuevas y complejas situaciones y quejas, el Consejo organizó visitas de equipos de determinación de hechos a Europa oriental y celebró una importante consulta sobre el uniatismo en Ginebra. En 1991, el Comité Central recomendó a su vez que se estudiara más a fondo la cuestión del proselitismo y del testimonio común. La Unidad II inició entonces un amplio proceso de estudio y consultas que incorporó la labor del Grupo Mixto de Trabajo (GMT) y en el que participaron iglesias, organizaciones misioneras, representantes de las iglesias evangélicas, pentecostales y carismáticas, teólogos, misiólogos y congregaciones locales. Esta actividad recibió nuevos impulsos con la Conferencia Mundial de Misión y Evangelización (Salvador, Brasil, 1996) y con el proceso de EVC. Y todo ello condujo a la formulación de una declaración titulada "Hacia un testimonio común: llamamiento para establecer relaciones responsables en la misión y renunciar al proselitismo". Este documento, aprobado por el Comité Central en 1997, aunque reconociendo el papel facilitador del CMI, pone en manos de las iglesias la responsabilidad principal de la aplicación.

Pluralismo: un nuevo contexto para la educación cristiana subtitle

14. El análisis de estas cuestiones que afectan a nuestra vida común tiene que recordarnos que una de las principales tareas inacabadas del Movimiento Ecuménico es, de hecho, la *formación ecuménica* a todos los niveles. El programa de Formación Teológica Ecuménica (FTE) del Consejo ha hecho una importante labor a este respecto. Y no sólo deberían las iglesias miembros reconocer como nuevas prioridades la formación y el aprendizaje ecuménicos, lo mismo que el amor y el respeto de las demás iglesias, sino que también es vitalmente importante que divulguen, debatan, hagan suyas y sostengan las declaraciones que acerca de la urgencia del testimonio común han sido adoptadas por el CMI. Quizás haya llegado el momento de alentar a las iglesias a que procedan a una evaluación de su grado de conocimiento y de compromiso respecto de los principios y las orientaciones a los que se adhieren en el marco de la comunidad ecuménica.

15. Otra cuestión apremiante que exige una respuesta ecuménica concertada es la realidad del pluralismo. En el mundo entero hay comunidades cristianas locales que se encuentran rodeadas de vecinos de otras religiones, tradiciones culturales, convicciones ideológicas, o carentes de toda fe. Para algunas iglesias, el pluralismo es un fenómeno relativamente nuevo, debido principalmente a las migraciones y a los movimientos de refugiados. Otras, para las que la coexistencia interreligiosa ha sido durante siglos una realidad, están experimentando nuevas tensiones a causa de cambios en el equilibrio de poder entre los grupos religiosos, por una parte, y al auge del fundamentalismo, por otra.

16. La realidad del pluralismo y los desafíos que éste plantea a la educación cristiana tienen que ser objeto de atención prioritaria por parte del Consejo y de las distintas iglesias. ¿Cómo pueden las iglesias, mediante procesos de aprendizaje y formación, expresar más plenamente la reconciliación y la inclusividad de Dios en el contexto de una sociedad pluralista? ¿Cómo ayudar a las congregaciones locales a superar temores y prejuicios que conducen a la exclusión de los forasteros? ¿Cómo ayudar a los cristianos a que se enteren de las tradiciones religiosas de sus vecinos con una actitud de respeto y de apertura? ¿De qué recursos se dispone para mejorar las relaciones interreligiosas? En este contexto, la formación cristiana de los laicos sigue siendo una prioridad continua para las iglesias. De hecho, la iglesia es el pueblo de Dios, la comunidad de hombres y de mujeres. Las iglesias tienen que desarrollar metodologías de formación que permitan a las congregaciones locales llevar a cabo un proceso de enseñanza en su entorno contextual.

17. Durante este período, el Consejo, a través del sector de trabajo de la Unidad I "Comunidad sin exclusiones", y de los programas de El Evangelio y las Culturas, Educación y Misión Urbana y Rural (MUR) de la Unidad II, desempeñó un destacado papel en el fomento de la reflexión y el intercambio de ideas sobre algunas de estas cuestiones, así como en la promoción de una colaboración práctica entre personas de distintas religiones. Más concretamente, promovió también nuevos enfoques de la educación cristiana en un contexto pluralista, con arreglo a un programa con dos vertientes: una orientada a los "monitores de la escuela dominical", los profesores de religión de los institutos de enseñanza, los educadores de adultos, los colaboradores de la parroquia, los redactores de programas de estudios y los profesores de seminarios; y otra destinada a las mujeres que se especializan en distintos aspectos del trabajo de la mujer, a mujeres profesionales y a amas de casa que viven en contextos interreligiosos. También se realizó un trabajo fructífero en un seminario a nivel mundial que tuvo lugar en Salatiga (Indonesia) con miras a preparar un curso de formación básica para aprender a vivir como cristianos en comunidad con personas de otras religiones. Y en Tashkent se celebró una reunión precursora en la que, por primera vez, participaron dirigentes religiosos cristianos y musulmanes, que estudiaron posibles medios de aprender de las otras religiones y de organizar un proceso de educación y formación. Queda ahora por delante la importante tarea de crear oportunidades para que los cristianos sepan convivir mejor con otros, compartiendo con ellos la vida cotidiana, y desarrollando nuevos modelos y métodos de educación interreligiosa.

La misión contextual

18. Las iglesias de todas partes están llamadas a dar testimonio del Evangelio en formas que sean auténticas, tanto en el sentido de ser fieles a lo que Dios ha hecho en Cristo como de estar enraizadas en la cultura local. En los últimos decenios, la exigencia de autenticidad y de oportunidad en la misión se ha recalcado aún con mayor urgencia en el debate ecuménico. La Asamblea de Vancouver pidió al CMI que ayudara a las iglesias miembros a llegar a un entendimiento sobre la relación entre evangelización y cultura, tanto en lo concerniente a la proclamación contextual del Evangelio en todas las culturas como al poder transformador del Evangelio en cualquier cultura. Y en Canberra, también se afirmó rotundamente que el Evangelio de Cristo tiene que encarnarse en cada cultura, y se habló de la necesidad de que las iglesias reconocieran cómo las propias culturas nutren y enriquecen el Evangelio.

19. En los últimos siete años, el Consejo ha hecho decididos esfuerzos por alentar la reflexión y la acción en torno a la misión contextual, entendida como auténtica inculturación y como proclamación contextual. También se han celebrado varias consultas regionales sobre el tema de la misión y la evangelización contextuales. Esas reuniones han sido importantes ocasiones de discernir contexto, y examinar los motivos, el contenido y los métodos de misión y evangelización en las distintas culturas. Por otra parte, hace mucho que se considera la solidaridad con las luchas de las comunidades pobres y excluidas en favor de la justicia y de la plenitud de vida, e incluso la participación en esas luchas, como elemento central de la misión de las iglesias. Esa labor se ha desarrollado y mantenido a través de la MUR.

20. El estudio sobre *El Evangelio y las Culturas* y las perspectivas que abrió a la Conferencia Mundial sobre Misión y Evangelización ayudaron a las iglesias a dar un testimonio más auténtico en el marco de sus propias culturas. Ese estudio, llevado a cabo por iglesias, organizaciones ecuménicas, grupos especiales, instituciones teológicas y personas interesadas, en más de 60 países, arrojó nueva luz sobre las relaciones dinámicas y creativas que existen entre el Evangelio y las culturas y ofreció tanto valiosas críticas como importantes afirmaciones sobre la misión contextual de las iglesias. Allí donde no ha habido una interacción suficientemente profunda entre el Evangelio y la cultura local, las iglesias deben adoptar medidas para incorporar más profundamente el Evangelio. En situaciones en las que la voz del Evangelio se ha visto acallada por fuerzas poderosas, o se ha acomodado con demasiada facilidad a los valores dominantes de individualismo y consumismo, así como en las que el Evangelio ha quedado relegado a la esfera de la vida privada, se insta a las iglesias a que recuperen el desafío propio del mensaje cristiano. De hecho, el estudio sobre el Evangelio y las culturas nos ha ayudado no sólo a centrar nuestra atención en los símbolos y los valores de nuestras culturas en relación con el Evangelio, sino también a examinar las realidades estructurales de culturas que suprimen y niegan la presencia del Evangelio. Y con energía se nos ha recordado que las fuerzas del racismo, la marginación social, económica y política, y las repercusiones destructivas de la mundialización tienen que ser contrarrestadas con el resuelto testimonio de las iglesias de la buena nueva liberadora del amor reconciliador y sin exclusiones de Dios por todos los seres humanos y por toda la creación. Creo que la *mundialización*, la *contextualización* y el *pluralismo*, con todas sus consecuencias en la misión y la evangelización, tienen que seguir siendo objeto de serio estudio en los años venideros.

Hacia un ministerio de la salud integral

21. Las iglesias reconocen que están llamadas por Dios a ser, siguiendo el ejemplo de su Señor y por el poder del Espíritu Santo, comunidades de curación, y a participar en el ministerio de curación. En un mundo marcado por el quebrantamiento a causa de la guerra, la injusticia, la pobreza, la exclusión y la enfermedad, las iglesias están dotadas de la posibilidad de encontrar curación, perdón e integridad, y de ofrecer esos dones a la sociedad. Esta vocación se está haciendo cada vez más profunda en las circunstancias actuales, en las que los desplazamientos de personas por causa de la violencia o de la injusticia continúan a una escala sin precedentes, la degradación del medio ambiente destruye la calidad de la vida, y la combinación de la economía de mercado y el abandono de la salud como prioridad de interés público ponen en peligro la supervivencia y el bienestar de la comunidad humana. Mediante su programa *CMC – Acción de las Iglesias por la Salud*, el Consejo ha llevado a cabo el mandato específico de capacitar, fortalecer y dotar a las iglesias para que participen plenamente en ese ministerio de curación. Clave para el cumplimiento de ese mandato ha sido la convicción básica de que la espiritualidad, la teología y la ética, la justicia y la promoción de los derechos humanos y las perspectivas de las mujeres y los grupos vulnerables, la responsabilización y la creación de capacidad, son todos ellos elementos relacionados entre sí. Durante este período ha sido muy importante lo que se ha logrado mediante seminarios, como el realizado sobre el tema "Medicina y teología: ¿pueden ir juntas?", una serie de talleres sobre enfoques basados en la comunidad y sobre la salud y la curación en el contexto cultural, y reuniones especiales sobre cuestiones específicas como los derechos humanos o la vulnerable situación de la mujer.

22. El Consejo redobló sus esfuerzos por promover la colaboración entre las iglesias, encarar la cuestión del desarrollo de los recursos humanos, propiciar perspectivas eclesiales en los foros mundiales relativos a la salud, analizar los factores que hacen posible la sostenibilidad de los servicios de salud relacionados con las iglesias, y comunicar perspectivas sobre la naturaleza del ministerio de salud y curación de las iglesias. El amplio estudio sobre el VIH/SIDA realizado por el Consejo durante tres años abordó seriamente la enfermedad y la salud, la aflicción y la curación de manera holística. En respuesta al llamamiento de las iglesias pidiendo asistencia para hacer frente al dolor, el temor y la ignorancia asociados con el SIDA, un grupo consultivo especialmente convocado concibió un proceso al que concurrirían la teología y la ética,

la atención pastoral y la iglesia como comunidad de curación, así como la justicia y los derechos humanos, en formas específicas pero relacionadas entre sí. A partir del trabajo previamente realizado por las iglesias, y de las relaciones ya establecidas en las regiones y con órganos de expertos, el proceso de estudio culminó con la producción de una publicación muy valiosa y oportuna para las iglesias: *El SIDA: respuesta de las iglesias*, y con una declaración sobre el SIDA; ese texto fue adoptado por el Comité Central en 1996. Esta labor sigue siendo pertinente, ya que las iglesias, los organismos y las redes discuten, traducen, adaptan y critican sus conclusiones. El trabajo del CMI sobre el ministerio de curación de la iglesia es muy amplio y supone múltiples interrelaciones. Las iglesias deben poner todos sus recursos al servicio de la aflicción humana, como signo de la plenitud de vida que Dios desea para todos. Aunque no será posible seguir realizando programas en este campo en el mismo estilo que anteriormente, el ministerio de curación de la iglesia, como dimensión esencial de la vocación misionera de las iglesias, deberá seguir siendo uno de los polos del trabajo del Consejo.

Un Decenio generador de dignidad y justicia

23. El *Decenio Ecuménico de Solidaridad de las Iglesias con las Mujeres* se inició en 1988. En estos diez años se pretendía dar a las iglesias un espacio y un tiempo para traducir en acciones concretas los compromisos que se habían asumido para con las mujeres desde el comienzo del Movimiento Ecuménico. El Decenio ha tenido un alcance suficiente para abarcar las preocupaciones y los problemas de cada iglesia en el ámbito de su propia vida y en su propio contexto. Se ha dirigido la atención a la iglesia local y nacional, para que cada iglesia, y desde luego cada congregación, sea verdaderamente una comunidad sin exclusiones. Es lamentable que las iglesias no hayan respondido tanto como se esperaba. Ha habido en este tiempo, empero, algunas importantes señales de acciones visibles de solidaridad de las iglesias. Hemos presenciado algunos cambios notables en los últimos diez años. Aunque todos los cambios ocurridos no pueden atribuirse solamente al Decenio, no hay duda de que el Decenio contribuyó realmente a impulsar a las iglesias a la acción. De hecho, el papel dinámico de las iglesias a hacer presión para obtener cambios, la participación cada vez mayor de las mujeres en todas las esferas y a todos los niveles de la vida eclesial y comunitaria, en particular en la toma de decisiones, la reactivación de las asociaciones femeninas para tratar cuestiones relativas a la justicia social y económica, la creciente preocupación por la violencia contra las mujeres y

la aparición de iniciativas y acciones similares en muchas iglesias y sociedades son, ciertamente, expresiones concretas de la repercusión que el Decenio ha tenido en la vida y el testimonio de las iglesias.

24. Es importante observar que los equipos ecuménicos que visitaron a las iglesias miembros a mitad del Decenio comprobaron, entre otros, los hechos siguientes:

a) Las mujeres de todo el mundo han tomado el Decenio como una oportunidad para organizarse mejor relacionándose entre sí ecuménicamente dentro de los países y por encima de las fronteras. Hay muchos ejemplos de este sentido creciente de solidaridad mundial entre las mujeres.

b) Las visitas de equipo a mitad del Decenio dieron a las mujeres la oportunidad de sacar a la luz las cuestiones que más les preocupaban. Cuatro cuestiones recibieron especial atención en este proceso: 1) la pervivencia de los obstáculos a la participación de la mujer en todos los aspectos de la vida de las iglesias; 2) la crisis económica mundial y sus graves efectos en la vida de las mujeres; 3) la violencia contra las mujeres y el convencimiento creciente de que este problema requiere una atención profunda y activa de las iglesias; 4) el racismo y la xenofobia que desgarran a nuestras sociedades y sus efectos en la vida de las mujeres.

c) A menudo las cuestiones relativas a las mujeres han sido causa de división y han amenazado incluso desgarrar el Movimiento Ecuménico y separar a las iglesias. Demasiado a menudo, cuando las mujeres dicen lo que piensan se considera que se oponen por oponerse o que piden una representación simbólica en los puestos de poder. Sin embargo, una lectura seria de la participación de las mujeres en la iglesia revela en realidad que lo que reclaman es una iglesia más abierta y una comunidad participativa y sin exclusiones.[4]

25. Las mujeres vieron en el Decenio un espacio en el que las iglesias podrían acoger favorablemente las contribuciones y los dones de la mujer. Ahora bien, ¿han atendido realmente las iglesias a esta aspiración? El CMI ha dedicado cuantiosos recursos humanos y financieros al proyecto del Decenio. ¿Cuál ha sido su valor para las iglesias y para el Movimiento Ecuménico? Pese a los logros del Decenio y del Movimiento Ecuménico, las mujeres no han sido todavía plenamente aceptadas e integradas en el trabajo y la vida de las iglesias. Lo que ha logrado

---

[4] *Cartas Vivas: Informe sobre las visitas a las iglesias durante el Decenio Ecuménico de Solidaridad de las Iglesias con las Mujeres*, Ginebra, WCC Publications, 1997.

el Decenio es sólo el comienzo de un largo proceso. Esta Asamblea examinará una declaración sobre el Decenio e invitará a las iglesias a que en definitiva asuman con conciencia y responsabilidad los asuntos dimanantes del Decenio.

Por un compromiso de integración de la juventud

26. La integración de la juventud y su problemática en la vida y la labor del Consejo ha sido una tendencia permanente en la historia del Movimiento Ecuménico. La Quinta Asamblea proclamó este objetivo declarando que "El trabajo con la juventud debe tener un carácter en cierto modo autónomo, estar localizado estructuralmente en una unidad de trabajo determinada, pero en relación con todas las unidades de manera que lleve plenamente la presencia de los jóvenes a la vida del Movimiento Ecuménico."[5] Desde entonces, la Oficina de la Juventud del Consejo ha estado ubicada en una unidad, mientras que su mandato ha sido velar por que el trabajo con la juventud penetre en todos los aspectos de los programas del Consejo, con el objetivo de vencer la tentación de poner los asuntos de la juventud "en una isla aparte".

27. El *programa de pasantías* ha tendido un puente entre el Equipo de Juventud y la unidad o programa que acoge al pasante. Ha ayudado a las diversas unidades que reciben a los jóvenes a descubrir sus recursos e integrarlos en su trabajo, así como a dar formación a los jóvenes y desarrollar sus aptitudes, lo que, a su vez, permite a éstos ser catalizadores del ecumenismo en sus localidades o sus países.

El estudio sobre El Evangelio y las Culturas dio lugar a una estrecha cooperación entre la Sección de Evangelio y Culturas y el Equipo de Juventud así como a su actuación conjunta a lo largo de dos años. Los jóvenes se integraron en este proceso participando en: a) un grupo internacional de planificación y dos talleres concebidos específicamente para jóvenes; b) el grupo de redacción de Evangelio y Culturas que hizo de nexo entre las propias actividades de los jóvenes y el proceso general de Evangelio y Culturas; c) la reunión juvenil que precedió a la Conferencia Mundial sobre Misión y Evangelización; esta reunión congregó a muchos de los jóvenes participantes en el proceso y potenció su contribución a la conferencia.

28. El pasado reciente ha mostrado que siempre que el Equipo de Juventud ha cooperado con otros equipos (Mujeres, PLR, ECOS, CIAI)

---

[5] Paton, David M., ed., *Breaking Barriers, The Official Report of the Fifth Assembly of the World Council of Churches*, Londres, SPCK, 1976, p.316.

la experiencia ha resultado positiva para todos los participantes y sus respectivos ámbitos de influencia. A este respecto, debe hacerse una referencia particular al trabajo de Fe y Constitución con los "teólogos jóvenes", relación que deberá alentarse en los próximos años. Atendiendo a la recomendación de Canberra, el Consejo se aplicó a integrar las perspectivas de la juventud en todo el trabajo del CMI. Una evaluación crítica del trabajo de las unidades revela que este mandato no se ejecutó plenamente, excepto en la Unidad III, sede administrativa de la Oficina de la Juventud. Esta anomalía deberá corregirse en el futuro para que la juventud pueda enriquecer más plenamente al Movimiento Ecuménico. Es preciso que el Consejo asuma seriamente esta responsabilidad para que haya una nueva generación de jóvenes con mentalidad y vocación ecuménicas en las iglesias. Tenemos que trabajar junto con los jóvenes para suscitar nuevas vocaciones. Sólo integrando a los jóvenes en la peregrinación ecuménica estableceremos una interacción creativa y significativa que tienda un puente entre las expectativas de la juventud y la nueva visión ecuménica naciente.

De la sociedad sostenible a la creación sostenible

29. La Asamblea de Canberra se caracterizó por una nueva percepción del sufrimiento de la creación de Dios. La Convocación Mundial sobre Justicia, Paz e Integridad de la Creación (Seúl, 1990) había instado ya a las iglesias a renovar la relación con la creación de Dios. La "Cumbre de la Tierra" de Río de Janeiro suscitó esperanzas de que el crecimiento sostenible pudiese fomentar la cooperación internacional y dar a la humanidad un nuevo sentido de finalidad. Ahora bien, el examen de la Cumbre de la Tierra realizado el año pasado por las Naciones Unidas reveló una falta de progreso en la solución de los problemas de pobreza, consumo y destrucción ecológica. El estado del medio ambiente en el mundo no ha mejorado desde 1992; antes bien, se ha caracterizado por mayores niveles de contaminación tóxica, emisiones de gases de efecto invernadero, y desechos sólidos. Se siguen utilizando recursos no renovables a niveles claramente insostenibles. Los adelantos de la biotecnología y de la ingeniería genética añaden otra dimensión a la preocupación por la creación de Dios. La apertura de nuevos mercados para las empresas transnacionales y las cuestiones biotecnológicas ocupan un lugar destacado en los programas de las negociaciones y los acuerdos comerciales internacionales; estas actividades a menudo menoscaban los derechos de los agricultores y de los pueblos indígenas. Es evidente que la relación de la mundialización y el comercio con el desarrollo humano

y el medio ambiente es una cuestión muy importante, decisiva, que condiciona la sostenibilidad y la pretensión de promover comunidades justas y sostenibles.

30. El trabajo del Consejo tanto en el ámbito de la teología de la vida como en el del cambio climático ha dado mayor profundidad a nuestra comprensión del vínculo entre la sostenibilidad de la creación divina y la búsqueda de una sociedad justa y sostenible. Las iglesias y los cristianos desempeñan importantes funciones afianzando este vínculo, celebrando el don divino de la vida y redescubriendo nuestros ricos recursos de fe para ser administradores responsables. Las lecciones aprendidas entre Canberra y Harare se resumieron en la declaración de la delegación del CMI al quinto período de sesiones de la Comisión sobre el Desarrollo Sostenible de las Naciones Unidas, celebrado en 1997. "En nuestro trabajo, nos interrogamos sistemáticamente sobre el término desarrollo sostenible. ...Nuestro ideal de una economía justa y moral nos hace responsables de construir y afianzar economías en las que se atribuya prioridad a las personas y al medio ambiente. ...Hablamos cada vez más de "comunidad sostenible" porque ello implica el fomento de relaciones equitativas tanto dentro de la familia humana como también entre los seres humanos y el resto de la comunidad ecológica; en otras palabras, la justicia dentro de toda la creación de Dios".[6] De hecho, la visión de la Tierra Ecuménica que el Consejo empezó a examinar mediante el *Programa de Teología de la Vida* puede ser una contribución esencial para el futuro de la vida sobre el planeta.

Superar la violencia por medio de la justicia y la paz

31. Pese al final de la Guerra Fría, la guerra misma no ha desaparecido. Las guerras tradicionales entre Estados, como fuente principal de inestabilidad mundial, han sido sustituidas, en gran manera, por guerras de larga duración y baja intensidad dentro de los propios Estados. Estos conflictos violentos se basan a menudo en enconadas divisiones étnicas y religiosas. La violencia se ha trasladado también del campo de batalla a nuestras calles, a nuestras comunidades, a nuestros hogares y a nuestras familias. La violencia no es nada nuevo para la humanidad. Lo que es nuevo en nuestro siglo es su naturaleza y su amplitud. Los pueblos sufren en todo el mundo a causa de la violencia estructural. La imagen

---

[6] Building a Just and Moral Economy for Sustainable Communities: Statement to the High-Level Segment of the 5th Session of the UN Commission on Sustainable Development, por la Comisión de las Iglesias para Asuntos Internaciones del Consejo Mundial de Iglesias, 10 de abril de 1997, Nueva York, pp.1-2.

de la violencia impregna todos los sectores de la vida, incluida la creación. El uso de la violencia se ha incrustado en la cultura mundial. El siglo XX está marcado por la difusión de esta "cultura de la violencia". Los pueblos se mantienen unidos, por encima de barreras políticas y sociales, más por temor y por su experiencia común de la violencia que por sus esperanzas y aspiraciones comunes.

32. La respuesta de las iglesias al problema de la violencia ha estado presente en el CMI desde sus comienzos. Ello es evidente en la declaración de la Asamblea inaugural. "La guerra como método de resolver las disputas es incompatible con las enseñanzas y el ejemplo de nuestro Señor Jesucristo. El papel que desempeña actualmente la guerra en nuestra vida internacional es un pecado contra Dios y una degradación del hombre".[7] Siempre ha existido la esperanza de que, al progresar las iglesias en el camino de la unidad, la religión dejase de ser un factor alimentador de guerras. La construcción de esa fuerte unidad sigue siendo un imperativo crucial para el Movimiento Ecuménico. En 1994 el Comité Central estableció un *Programa para Superar la Violencia* (PSV). El propósito de este programa era cuestionar la cultura mundial de la violencia y transformarla en una cultura de paz. Fue un paso valiente en la historia del Movimiento Ecuménico.

33. El proceso conciliar de JPIC facilitó el marco en el que se creó el PSV. Seúl vio "la concretización del acto de convocación para el proceso de JPIC en un compromiso en favor de una cultura de la no violencia activa que es promotora de vida y no es una huida de las situaciones de violencia y opresión sino una forma de trabajar por la justicia y la liberación".[8] El PSV se construyó sobre las siguientes convicciones, desarrolladas a lo largo de los últimos 50 años: a) la paz y la justicia están inseparablemente relacionadas; b) en condiciones de amenaza nuclear, la guerra no puede ya considerarse como un medio legítimo de política internacional ni de solución de conflictos; c) nuestra vocación es buscar todos los medios posibles para instaurar la justicia, lograr la paz y resolver los conflictos mediante la no violencia activa.

34. Como forma de precisar más la acción del PSV, el Comité Central puso en marcha en 1996 la campaña *Paz a la Ciudad*. La campaña desbrozó un nuevo terreno para el CMI. Permitió entablar activas relaciones de asociación con grupos (cristianos, interreligiosos, seculares)

---

[7] Visser 't Hooft, W.A., ed., *The First Assembly of the World Council of Churches, held at Amsterdam 1948*, Londres, SCM Press, 1949, p.78.
[8] *Ha llegado la hora, Documento final y otros textos: Convocación Mundial sobre Justicia, Paz e Integridad de la Creación, Seúl*, 1990, Ginebra, WCC Publications, 1990.

que no formaban parte del Movimiento Ecuménico, pero que realizaban actividades encaminadas a la construcción de la paz y a limitar o superar la violencia. Mientras muchas personas se encuentran todavía bajo el hechizo del fatalismo y la resignación, y otras recurren a medios violentos para resolver los conflictos y son incapaces de escapar de la cultura de la violencia, esta campaña ha sido un signo de esperanza, una esperanza no basada en palabras, sino arraigada en el ejemplo vivo de comunidades humanas. Frente a la presencia ubicua de la violencia en la vida de las sociedades humanas, y con los recursos limitados del Consejo, es indudable que el PSV debe seguir siendo una de las empresas más ambiciosas del CMI en el próximo período.

Compartir y actuar juntos

35. En los últimos 40 años, las reflexiones teológicas sobre la diaconía han desempeñado un papel central vinculando las preocupaciones de Fe y Constitución y las de Misión y Evangelización. Los cambios radicales en la vida de las iglesias y de las sociedades y las nuevas realidades que despuntan han llevado al Consejo a adoptar un enfoque holístico e integrado de la diaconía. Se han redefinido la naturaleza y el objetivo de la diaconía y se han desarrollado nuevos modelos y métodos. El período pasado, se caracterizó por una evolución significativa de la teología y la praxis del Consejo respecto a la diaconía:

De la ayuda intereclesiástica al compartir la acción conjunta

Compartir recursos no es simplemente un nuevo nombre de la diaconía. Revela un cambio importante consistente en pasar del modelo de donante y receptor al de *copartícipes*. De hecho, la coparticipación ha permanecido en el corazón de las iniciativas y las actividades programáticas del Consejo, incluido todo el sector de la diaconía. La Unidad IV ha revisado y actualizado constante y cuidadosamente el Compartir de Recursos en sus aspectos institucionales y funcionales así como su marco contextual, y las redes ecuménicas han reafirmado enérgicamente la importancia del sistema de Mesas Redondas. Sin duda hay algunos casos en que el sistema no ha funcionado bien, pero en conjunto las mesas redondas han constituido un lugar de encuentro ecuménico en el que han sido posibles la reflexión y el análisis en común, las decisiones conjuntas y la mutua rendición de cuentas. Del mismo modo, grupos regionales se han reunido cada año para ofrecer a los copartícipes de las regiones una plataforma de reflexión común sobre las prioridades y estrategias de la diaconía ecuménica. Estos grupos han contribuido a iniciar el diálogo entre los copartícipes en torno a la problemática del compartir.

37. El Consejo ha procurado en este período analizar críticamente la calidad de la respuesta ecuménica en situaciones de emergencia. Ha ampliado el alcance de la respuesta de emergencia de manera que la ayuda a las víctimas se ha vinculado a una lucha estratégica por la justicia a más largo plazo. Este objetivo ha guiado la diaconía del Consejo en las situaciones más complejas. Rwanda y Yugoslavia son ejemplos concretos de una amplia respuesta ecuménica a emergencias complejas. Hemos aprendido de estas situaciones que un enfoque integrado y completo no puede significar que cada uno de los participantes lo hace todo. Significa que necesitamos una coordinación meticulosa para que todos los participantes puedan desempeñar su propio papel. Llegar a ese elevado nivel de coordinación era el propósito de la gran operación de gestión interna que llevó a crear un nuevo equipo de respuesta a las situaciones de urgencia con sede en Ginebra, *Acción Conjunta de las Iglesias* (ACT), que depende administrativamente del CMI y del Servicio Mundial de la Federación Luterana Mundial. ACT es una expresión de madurez en la coparticipación. Muchas iglesias e interlocutores ecuménicos la consideran un buen modelo de actividad conjunta.

Hacia una diaconía multidimensional y policéntrica

38. Compartir y actuar juntos supone esforzarse de manera coherente y organizada por promover la creación de capacidad y la asunción de responsabilidades a nivel local. El ministerio de acompañamiento ha llegado a ser parte integrante de la diaconía del compartir y de la acción conjunta del Consejo. Mujeres, niños, deudores, desarraigados y marginados han sido los grupos destinatarios de este tipo de servicio diaconal. El Comité Central aprobó una nueva declaración de política sobre las personas desarraigadas en septiembre de 1995. En esa declaración se reconoce la difícil situación común en que se encuentran los refugiados, los migrantes y las personas desplazadas. Se insta a las iglesias a que se familiaricen con las circunstancias nuevas y complejas que empujan a las personas a esta situación, y a que recuerden los principios bíblicos que realzan valores tales como la hospitalidad, la no exclusión y la dignidad en el trato con los extranjeros que están entre nosotros. El Comité Central pidió también a las iglesias que consideraran el año 1997 como el año ecuménico de solidaridad de las iglesias con los desarraigados.

39. En 1996, el Comité Central decidió seguir apoyando la labor de promoción y la formación de redes en favor de los derechos de los niños

con la participación directa de las organizaciones para la infancia del mundo entero. El CMI no se proponía continuar aportando más ayuda a las víctimas infantiles, ya que hay en todo el mundo muchas organizaciones con este fin. El papel del Consejo era, una vez más, aprovechar la capacidad de las iglesias miembros para tejer redes de contactos con base local y conexión mundial.

Una de las causas profundas de la pobreza es la carga de la deuda. En 1997, la preocupación por esta cuestión llevó al Comité Central a instar a las iglesias miembros a que participaran más a fondo en campañas para la condonación de la deuda. La preocupación del Consejo por el problema de la deuda estaba motivado por el conocimiento de que son cada vez más las personas que pasan a engrosar las filas de marginados y los excluidos porque el pago de la deuda está dejando exhaustas las infraestructuras nacionales. Esta Asamblea examinará la cuestión de la deuda y hará una declaración sobre este importante asunto.

Relaciones con la Iglesia Católica Romana

40. El Consejo y la Iglesia Católica Romana (ICR) han proseguido estrechando sus relaciones ecuménicas y su colaboración, y han reafirmado su compromiso con el Movimiento Ecuménico único. La encíclica papal *Ut Unum Sint*, que recalca el "compromiso irrevocable" de la Iglesia Católica Romana con el Movimiento Ecuménico "como parte orgánica de su vida y su trabajo", debe considerarse como un hito en la historia reciente del Movimiento Ecuménico. Estructurada en torno a la noción clave de "diálogo", la encíclica prevé y alienta la disposición a "continuar intensificando el diálogo", que sólo puede concebirse como un "diálogo de conciencias" y un "diálogo de conversión". Particularmente significativa para el CMI y el Movimiento Ecuménico, la encíclica señalaba la importancia de Fe y Constitución, reconocía que "el ministerio de unidad del obispo de Roma... constituye una dificultad para la mayoría de los cristianos", e invitaba a "los dirigentes de iglesia y a sus teólogos" a "un paciente diálogo" sobre "el ejercicio de este ministerio necesario". Junto con la encíclica, otros dos documentos autorizados han sentado las bases teológicas y la orientación pastoral del compromiso ecuménico de la ICR y sus relaciones con otras iglesias y organizaciones ecuménicas. Esos documentos son: el *Directorio para la Aplicación de los Principios y Normas sobre el Ecumenismo* (1993) y *La Dimensión ecuménica en la formación de quienes trabajan en el ministerio pastoral* (1997). Aunque estos documentos conciernen a la vida ecuménica interna de la ICR, su impacto potencial transciende de la Igle-

sia Católica Romana. Son fuentes de inspiración para toda la comunidad ecuménica. Una de las respuestas más significativas al proceso de EVC fue la del Pontificio Consejo para la Promoción de la Unidad de los Cristianos, en nombre de la Iglesia Católica Romana. Esta respuesta afirma, a la luz de la encíclica papal *Ut Unum Sint*, el terreno común del ecumenismo, basado en el "único Movimiento Ecuménico", la visión común que unifica la fe, la vida y el testimonio de las iglesias, y la vocación común que se sustenta en la koinonía real, aunque imperfecta entre las iglesias. Las observaciones finales de la respuesta ponen en relieve el valor de la peregrinación común así como los frutos de una colaboración sostenida entre la ICR y el CMI: "la comprensión ecuménica y el compromiso de la IC es, en general, coherente con las presentes afirmaciones de las iglesias miembros del CMI y del CMI mismo, tal como está expresado en la Declaración de Visión propuesta."

41. En este contexto de hechos positivos y con una clara voluntad de diálogo constructivo, el Grupo Mixto de Trabajo (GMT) presentó su Séptima Relación dando cuenta de las relaciones fecundas entre la Iglesia Católica Romana y el CMI. Se informa allí sobre varias formas de colaboración entre la Iglesia Católica Romana y el CMI, así como dentro de la perspectiva más amplia del único Movimiento Ecuménico. El GMT presentó también, para ulterior consideración, tres documentos de estudio, de particular interés para el actual debate ecuménico: a) Formación ecuménica: reflexiones y sugerencias ecuménicas, b) El reto del proselitismo y la llamada al testimonio común, y c) El diálogo ecuménico sobre las cuestiones morales: fuente potencial de testimonio común o de divisiones.

42. Nuestra colaboración con la ICR por medio del GMT, de Fe y Constitución, de la CMME y por otros medios se ha incrementado notablemente en los últimos siete años. Quedan varias cuestiones que es preciso tratar con más profundidad y amplitud, como la naturaleza, la finalidad y los métodos del diálogo; la naturaleza y la estructura de la "autoridad" y el "magisterio" en la iglesia; la relación entre la iglesia "local" y "universal"; la importancia de los instrumentos ecuménicos regionales y nacionales, etc. Creo firmemente que cuando nos preparamos para entrar en un período especialmente significativo de la vida del CMI, un período durante el cual habrá en nuestra agenda cuestiones fundamentales planteadas por varios interlocutores ecuménicos – particularmente las iglesias ortodoxas – será importante, por una parte, apoyarnos en la experiencia de debates anteriores habidos en el marco del GMT y, por otra, intentar encontrar junto con la Iglesia Católica Romana medios aún

más adecuados de profundizar y ampliar el alcance de nuestra colaboración.

Hacia la estabilidad financiera

43. Durante los últimos siete años, el Consejo ha padecido graves sobresaltos financieros. Efectivamente, los cambios recientes del entorno económico – la recesión en Europa, la mundialización y las tendencias a la liberalización de los mercados – han repercutido profundamente en el contexto financiero en el que el Consejo tiene hoy que funcionar. No sólo se han reducido drásticamente algunas de nuestras fuentes tradicionales de ingresos, sino que la nueva reglamentación de las organizaciones "no lucrativas", las condiciones restrictivas de financiación y los requisitos cada vez más estrictos de información, todo ello ha contribuido a hacer más difíciles las condiciones de trabajo del Consejo y su personal. Los asociados tradicionales de Europa septentrional y occidental anunciaron cumplidamente al Consejo que no podrían mantenerse en el futuro los anteriores niveles de financiación de las actividades. Ante esta situación y sobre la base de la evaluación de nuestro Comité de Finanzas, el Consejo debe concentrar sus esfuerzos en dos sectores específicos: primero, debe incrementar los ingresos procedentes de inversiones y de bienes raíces para disminuir así su dependencia de las contribuciones externas de asociados tradicionales, que están sujetos a algunas de las mismas limitaciones financieras que el propio Consejo. Segundo, debe diversificar geográficamente las fuentes de sus ingresos, procurar decididamente reafirmar sus vínculos con antiguos interlocutores ecuménicos de América del Norte y estudiar la posibilidad de obtener niveles más altos de ingresos procedentes de iglesias y otros interlocutores del Lejano Oriente y otras partes. Tercero, la experiencia adquirida muestra que debe acortarse el ciclo decisorio del Consejo y que su nivel de gastos debe ajustarse permanentemente a las contribuciones que se reciben, lo que requiere un cambio de sus enfoques y metodologías de control financiero.

44. En todas estas tareas, el compromiso financiero de las iglesias miembros sigue siendo un factor básico. Además de sus cotizaciones como miembros, se insta a las iglesias miembros a que contribuyan al trabajo programático del Consejo; de lo contrario, el Consejo no podrá recobrar su estabilidad financiera en el futuro próximo. Los recursos espirituales, intelectuales y humanos son indudablemente esenciales para el progreso del Movimiento Ecuménico. Creo que los recursos materiales son igualmente importantes, y que determinarán en buena

medida el curso futuro del ecumenismo. En verdad, es preciso considerar seriamente el aspecto financiero de nuestro trabajo ecuménico. No podemos dar pasos concretos hacia adelante en nuestra andadura ecuménica sin que los donantes, que son nuestros asociados, quienes apoyan nuestro trabajo, cooperen con nosotros y nos acompañen en la construcción de una visión del Movimiento Ecuménico.

* * *

45. Estos son sólo unos pocos pantallazos del vasto y complejo ámbito del trabajo ecuménico del Consejo. Huelga decir que el trabajo real que se ha hecho en el período que va de Canberra a Harare va mucho más allá de lo esbozado en estas pocas páginas. Quisiera concluir esta sección de mi informe con unas pocas observaciones:

a) Los programas y actividades del Consejo deben guardar relación con las *funciones básicas* señaladas en la Constitución, a saber, los objetivos de la unidad visible, el testimonio, la misión y la diaconía comunes. Deben ser *pertinentes* para las necesidades y expectativas de las iglesias. El Consejo ha reorganizado su trabajo programático sobre la base de esta lógica. Además, ha procurado reforzar la *interconexión* de sus prioridades programáticas. Este empeño y esta visión han dado lugar a una metodología y un estilo nuevos en el trabajo del Consejo. Deben continuarse, empero, los esfuerzos en este sentido.

b) La preocupación por las relaciones internas ha hecho que el Consejo aspire a una mayor *coherencia* e *integridad* en su trabajo. De hecho, un arduo empeño en favor de un enfoque *holístico* ha caracterizado casi todos los aspectos de las actividades programáticas del Consejo. En mi opinión, se han hecho progresos considerables y se ha adquirido mucha experiencia a este respecto. Pero queda todavía mucho por hacer en el futuro.

c) Los programas del Consejo deben generar *relaciones* y *participación*; de otro modo, no pasan de ser meras actividades. Creo que esta dimensión vital del trabajo del Consejo debe tratarse más seriamente después de Harare. De hecho, el proceso EVC ha prestado especial atención a estas cuestiones haciendo hincapié en la participación activa de las iglesias y de los consejos de iglesias, nacionales y regionales, en el trabajo del Consejo.

46. El CMI no puede existir sin las iglesias. Debe responder de manera efectiva a las necesidades prioritarias y a las condiciones cambiantes de las iglesias. Esto será siempre un gran desafío para el Consejo. Por consiguiente, el CMI debería verse a sí mismo, en cierto sentido,

como inmerso en un proceso constante de evaluación de su testimonio ecuménico, de determinación de sus prioridades, de reestructuración, y de redefinición de su visión como comunidad en relación con las iglesias locales. El proceso EVC es una expresión concreta de esta preocupación y este compromiso. En este entendimiento y desde esta perspectiva, trataré ahora de exponer las consecuencias del 50 aniversario del CMI y de la Declaración de Derechos Humanos para la comprensión propia y la vocación del Consejo al acercarnos al próximo milenio.

II
EL 50 ANIVERSARIO DEL CMI: UNA OCASIÓN PARA LA AUTOCRÍTICA Y LA RENOVACIÓN DEL COMPROMISO

47. Hace 50 años, en un momento crítico de la historia humana, un grupo de iglesias concertaron un pacto comprometiéndose a dar testimonio y luchar juntas por la unidad de la iglesia. Dijeron: "... Cristo nos ha traído a Amsterdam. Somos uno por cuanto lo reconocemos como nuestro Dios y Salvador. Estamos separados los unos de los otros no sólo en cuestiones de doctrina, constitución eclesiástica y tradición, sino también por orgullos de nacionalidad, clase y raza; pero Cristo nos ha hecho suyos, y Él no está dividido. Al buscarle a Él, nos hemos encontrado unos a otros. Aquí en Amsterdam nos hemos consagrado de nuevo a Él, y hemos pactado unos con otros al constituir este Consejo Mundial de Iglesias. Estamos firmemente decididos a permanecer juntos."[9]

48. Durante 50 años hemos navegado juntos en la nave ecuménica. Hemos atravesado muchas tormentas. Hemos vivido períodos de guerras "calientes" y "frías". El conflicto y el temor, la incertidumbre y las tensiones han sido parte de nuestro lote común. Ninguna de estas pruebas tuvo bastante fuerza para desviar el navío ecuménico de su rumbo. Hemos avanzado juntos. Nuestra travesía ha sido un camino de mártires. Muchos pueblos, hombres y mujeres, jóvenes y ancianos han sacrificado sus vidas por causas que han pasado a formar parte de la visión ecuménica. En esta peregrinación ecuménica cada generación ha hablado en su propio idioma, ha manifestado sus opiniones, ha expresado sus preocupaciones, ha planteado sus desafíos y ha formulado su propia comprensión de la visión ecuménica.

---

[9] *Amsterdam 1948*, p.9.

49. ¿Hemos sido fieles a la visión expuesta en el Mensaje de la Primera Asamblea del CMI? Al mirar hacia atrás, tenemos muchos motivos tanto de satisfacción como de arrepentimiento. El Jubileo del Consejo es una ocasión para el examen de conciencia. ¿Qué podemos decir con espíritu responsable y con humildad en este momento decisivo de la historia del CMI? ¿Qué estamos confiando a la próxima generación? Este es un momento para mirar hacia atrás, mirar en torno y mirar hacia adelante con juicio crítico. Permítanme subrayar sucintamente algunos puntos:

a) El Consejo ofreció a las iglesias el contexto y la oportunidad de superar sus divisiones nacionales, étnicas, culturales, teológicas y políticas y de dar expresión tangible al espíritu de comunidad. La desconfianza, el distanciamiento y la incomprensión fueron sustituidos por el acercamiento, la confianza mutua y una mejor comprensión.

b) El CMI llegó a ser una comunidad fraternal en la que las iglesias se apoyaban, se interpelaban y se corregían mutuamente en un espíritu de responsabilidad mutua. Dentro de esta comunidad fraternal las iglesias experimentaron su interconexión inherente, expresaron sus propias identidades particulares y descubrieron sus diferencias, permaneciendo siempre firmemente apegadas a la visión ecuménica.

c) El Consejo se convirtió en una comunidad fraternal de iglesias en la que las iglesias miembros reflexionaban y actuaban juntas, oraban y compartían sus recursos materiales y espirituales. Los conceptos y metodologías de "dar" y "recibir", que dominaban en los primeros años del CMI, evolucionaron hacia una coparticipación real, gracias al constante crecimiento del espíritu ecuménico y la expansión de la comunidad ecuménica. El Consejo exhortó a las iglesias a que se esforzasen y creciesen juntas hacia una unidad plena y visible.

50. Y ahora, la pregunta crucial: ¿adónde vamos desde aquí? El CMI es un instrumento, no un fin en sí mismo. Sirve a las iglesias en su quehacer común de llevar el Evangelio al mundo y en su vocación común de crecer juntas en obediencia al mandamiento de Jesucristo. Desde sus mismos comienzos, el Consejo se definió como "un consejo de iglesias, y no el Consejo de la iglesia única indivisa", que representaba "una solución de emergencia, una etapa en el camino."[10] Eso sigue siendo así. La peregrinación ecuménica continúa con todos sus avances y retrocesos, logros y fracasos. Continúa con fe, esperanza y visión renovadas. Es irrevocable e irreversible. No puede exponerse a los riesgos de callejo-

---

[10] *Ibid.*, p.28-29.

nes sin salida o destinos desconocidos. Su vida y su testimonio están condicionados y guiados por la visión ecuménica. Por lo tanto, es de vital importancia que nos detengamos "en el camino", en cada uno de los indicadores de ese camino, para discernir la buena dirección en la que avanzar en seguridad.

Entendimiento y Visión Comunes del Consejo Mundial de Iglesias (EVC): un proceso de redefinición y reorientación de la visión ecuménica

51. En 1948, cuando se formó el CMI, el mundo se enfrentaba con tremendas incertidumbres y profundas congojas. En 1998 no estamos en mejor situación. Los enormes cambios y trastornos que han tenido lugar en casi todos los ámbitos de las sociedades humanas están repercutiendo en las relaciones intraeclesiales, intereclesiales y de las iglesias con el mundo, así como en la vida y el testimonio del Consejo. La crisis ha estado siempre presente en el CMI. Es lo que llamo una crisis de crecimiento, que incita al Consejo a mirar adelante y avanzar. En este momento, no obstante, el Consejo es cuestionado más seriamente que nunca antes. ¿Estamos todavía decididos, tras caminar juntos durante 50 años, a *permanecer juntos* como declaramos en Amsterdam, y a *avanzar juntos* como afirmamos en Evanston? Hemos bregado con esta cuestión candente en todo el trayecto de Canberra a Harare. Interpelados por las iglesias miembros y por las realidades cambiantes del mundo, hemos emprendido el proceso crítico de tratar de entender quiénes somos en cuanto Consejo. ¿Cuáles son nuestra naturaleza específica y nuestra auténtica vocación? ¿Qué visión ecuménica común debe guiarnos? La intención del proceso de EVC era abordar estas cuestiones pertinentes con las iglesias miembros y las organizaciones ecuménicas.

52. El documento EVC ocupará un lugar central en el programa de esta Asamblea. Es importante que veamos este proceso desde la perspectiva correcta tomando seriamente en consideración los nuevos acontecimientos, las preocupaciones y realidades nacientes y los paradigmas ecuménicos cambiantes en la vida de las iglesias en general y en el Movimiento Ecuménico en particular. A este respecto quisiera hacer algunas observaciones:

a) El ecumenismo institucional está en crisis. Estamos presenciando una notable explosión de ecumenismo popular en diferentes formas y en diversas partes del mundo. Gran parte de nuestros interlocutores están desilusionados con las expresiones institucionales del Movimiento Ecuménico. La gente, especialmente los jóvenes, no quieren ser prisioneros de las estructuras. Quieren ir más allá de los sistemas, las metodologías, los procedimientos y los programas establecidos. Anhelan aire fresco para respirar y espacio más amplio para vivir y expresar sus inquietudes y convicciones ecuménicas. Están creando nuevos contextos y oportunidades de acercamiento. Creo firmemente que el futuro del Movimiento Ecuménico está en los jóvenes comprometidos y visionarios, no en las estructuras ni los programas. Por ello, a menos que las iglesias recuperen el Movimiento Ecuménico y reformulen claramente su visión haciéndolo congruente con la vida de los pueblos, el Movimiento Ecuménico puede perder su vitalidad y la conciencia de su objetivo.

b) Las prioridades ecuménicas han cambiado. En sus años de formación, lo que preocupaba principalmente al Consejo eran las cuestiones teológicas y doctrinales. Después de Uppsala se hizo especial hincapié en los problemas derivados de los ámbitos social, económico y político de la vida humana. Una evaluación realista de las actuales dificultades ecuménicas destacará dos realidades básicas: en primer lugar, las cuestiones relativas a la unidad y las cuestiones que conciernen a la sociedad no pueden ya tratarse por separado, deben verse en su dinámica y en su interconexión insoluble. Hemos llegado a esta percepción en el último decenio, y deberíamos continuar construyendo sobre esa base. En segundo lugar, es muy probable que las cuestiones morales y éticas adquieran importancia creciente en el debate ecuménico en los próximos años. Así pues, las iglesias deben prepararse y desarrollar metodologías para tratar estas cuestiones desde una perspectiva realista y pastoral y con un espíritu ecuménico, respetando los valores culturales (ethos) y las convicciones de los otros.

c) Nos encontramos ante una nueva situación eclesial. En muchas regiones y familias confesionales el número de miembros de las iglesias institucionales y su influencia en las sociedades están menguando. La gente abandona las iglesias institucionales porque cree que éstas no son capaces de hacer frente debidamente a las nuevas realidades. En África y Asia, así como entre los pueblos indígenas, los cristianos están redescubriendo su fe cristiana dentro de sus propias culturas. En Europa oriental y en los países de la ex URSS, con la caída del comunismo y el establecimiento de la libertad de culto, las iglesias están buscando maneras de responder a la nueva situación. Además, en diferentes partes del mundo aparecen nuevos tipos de comunidades y movimientos cristianos y nuevas formas de vida religiosa que son un reto para las iglesias, las estructuras y las teologías tradicionales. Por obra de muchos factores externos e internos, religiosos y no religiosos, aparecen cismas y tensiones en muchas iglesias. En algunas regiones, las relaciones entre Iglesia y Estado son cada vez más difíciles a medida que aumenta la frustración de las iglesias por trabajar bajo la tutela del Estado. Todos estos factores llevarán seguramente a las iglesias a revisar y reconsiderar su papel en las sociedades.

d) La creciente mundialización está teniendo un efecto profundo sobre el Movimiento Ecuménico y la teología, la espiritualidad y la misión de las iglesias. Está imponiendo nuevas estructuras, valores y relaciones humanas en los pueblos y las naciones, armonizando, por una parte, y fragmentando, por otra. El contexto en que las iglesias están llamadas a dar testimonio se hace cada vez más multicultural y multirreligioso. Además, por muchas razones, el Movimiento Ecuménico se está volviendo más policéntrico, polifacético y multidimensional. Está expresándose de nuevos modos y maneras. Todas estas realidades repercutirán enormemente sobre la idea que las iglesias tienen de sí mismas y su vocación misionera, y urgirán a las iglesias a proclamar más claramente sus prioridades y a desarrollar nuevas normas y estrategias misioneras.

53. El Movimiento Ecuménico no puede pretender que tiene respuestas a todas estas inquietudes ni soluciones para todos estos problemas. Debe admitir sus debilidades; celebrar sus posibilidades pero reconocer sus limitaciones. Ahora más que en cualquier momento, el Movimiento Ecuménico es el contexto adecuado en el que las iglesias están llamadas a responder juntas a estas nuevas inquietudes y situaciones orando juntas, dando testimonio juntas, sirviendo juntas y trabajando por la unidad visible. El contexto y la imagen del ecumenismo están cambiando, igual que la naturaleza misma y el alcance de la visión ecuménica. El Movimiento Ecuménico necesita, por consiguiente, un nuevo entendimiento y una nueva expresión de sí mismo, así como un sentido claro de orientación, cuando avanzamos hacia el próximo milenio. Creo que esta actual coyuntura crítica de la historia del Movimiento Ecuménico nos ofrece también una oportunidad y nos desafía, y es así cómo el Consejo debe abordarla.

54. El proceso de EVC se inició con este telón de fondo. No debe percibirse, pues, como un proceso que apunte simplemente al cambio interno estructural y programático. El EVC es un intento serio e integrado, primero, de dar nueva expresión a una visión ecuménica fiel al Evangelio y en consonancia con las condiciones actuales; segundo, de recalcar la urgencia apremiante de unidad visible como objetivo principal del Movimiento Ecuménico; tercero, de proclamar la importancia decisiva de la unidad, la misión, la diaconía y la justicia como bases de

cualquier nueva articulación de la visión ecuménica; cuarto, de reflejar la coherencia y la integridad inherentes a la visión ecuménica en la colaboración intereclesial, las relaciones entre el Consejo y las iglesias miembros, y los programas y actividades del Consejo; y quinto, de estimular la participación activa y responsable de las iglesias miembros en todos los aspectos de la vida del Consejo. En otras palabras, el documento EVC nos recuerda que el Consejo debe estar más arraigado en las iglesias y ser dirigido por ellas, promoviendo al mismo tiempo una más amplia coparticipación ecuménica a todos los niveles de la iglesia, y en todos los sectores de nuestra comunidad fraternal ecuménica. Nos ayuda también a contemplar la visión ecuménica y las prioridades programáticas del Consejo desde una perspectiva más amplia y en un conjunto integrado.

Crecer juntos en la responsabilidad: un gran desafío que hemos de afrontar

55. El CMI no es una organización autónoma, independiente y autosuficiente. Es el conjunto de las iglesias en su comunión. Por consiguiente, el Consejo no tiene derecho a insistir en su entendimiento de sí mismo y en su programa de actividades. Las iglesias deben decir lo que es, lo que debería ser y lo que debería hacer. El estudio sobre el EVC no era un asunto interno. Era la iniciativa de *las iglesias.* Las iglesias miembros, la Iglesia Católica Romana y las organizaciones ecuménicas participaron activamente en el proceso. Además, este estudio estaba concebido para ser un *proceso* permanente, no un intento limitado a un período específico de tiempo y a algunos ámbitos concretos de la vida y el trabajo del Consejo. El EVC debe verse como el comienzo de nuevos y serios esfuerzos y de gran alcance con objeto de instar a las iglesias a lanzarse juntas a la difícil empresa de revaluar y reformular su visión ecuménica común.

56. En el contexto del proceso de EVC, las iglesias, así como la Iglesia Católica Romana, han recalcado firmemente la importancia del CMI. Ahora bien, algunas iglesias no están plenamente satisfechas con los cambios propuestos en el documento EVC. Desean ir más allá. Otras quieren reconducir el Consejo a su cauce ya que, a su juicio, el Consejo se está apartando de su vocación central. Los acontecimientos recientes en las relaciones entre el CMI y las iglesias ortodoxas deben verse desde esta perspectiva. Todo intento de considerar objetivamente el malestar instaurado en las relaciones entre el CMI y los ortodoxos debe tener en cuenta la evolución de esas relaciones desde los orígenes del Consejo y

la particular situación creada en la vida de las iglesias ortodoxas tras la caída del comunismo. Ni el tiempo ni la naturaleza de mi informe me permiten analizar esta cuestión en detalle. Quisiera, no obstante, hacer algunas observaciones:

a) Las iglesias ortodoxas han desempeñado un papel importante en la formación y la expansión del CMI. Han aportado contribuciones importantes al pensamiento y la espiritualidad ecuménicas; pero no se han integrado plenamente en todos los aspectos de la vida y el testimonio del Consejo. Este planteamiento, que ha llegado a ser una característica permanente de las relaciones entre los cristianos ortodoxos y el CMI, se debió, primero, a algunas tendencias y prácticas del CMI que no eran compatibles con la tradición ortodoxa; segundo, a la situación minoritaria de las iglesias ortodoxas en el CMI, que se refleja claramente en la composición de los órganos rectores y en los procesos decisorios; y tercero, a la idiosincrasia y el tipo de actividades del Consejo, que han seguido siendo protestantes y occidentales pese a la presencia ortodoxa y a la participación de iglesias de diferentes regiones. Estos factores y preocupaciones crearon un distanciamiento entre las iglesias ortodoxas y el Consejo. El descontento y los desiderata ortodoxos se expresaron en las llamadas "Declaraciones Ortodoxas" hechas en relación con los principales temas del programa o en ocasiones especiales. Y aunque se han respetado la especificidad de la teología y la espiritualidad ortodoxas, se ha hecho muy poco por favorecer su interacción creadora con la teología protestante, que continúa dominando el lenguaje teológico, el pensamiento y las metodologías del Consejo.

b) La caída del comunismo y la reaparición de estados independientes han añadido una dimensión crítica más a la participación ortodoxa en el Movimiento Ecuménico. De hecho, la irrupción de sectas y nuevos movimientos religiosos en los países de Europa oriental y la ex URSS, los crecientes esfuerzos para reafirmar la integridad y la identidad de la ortodoxia, la preocupación de la iglesia por encontrar el lugar y papel que le corresponden en la sociedad, por una parte, y la naturaleza polémica de algunas de las actividades programáticas del Consejo así como su falta de pertinencia para la vida de las iglesias ortodoxas, por otra parte, han aumentado las discrepancias entre las iglesias ortodoxas y el Movimiento Ecuménico. Aquéllas han llegado a considerar el Consejo como un movimiento occidental, protestante y liberal en un contexto en el que la ortodoxia ha tratado de reafirmarse volviéndose a sus auténticas raíces.

57. A su tiempo, el CMI percibió la creciente frustración ortodoxa y el espíritu antiecuménico actual, y tomó varias medidas concretas. Fue-

ron éstas: la reestructuración del Consejo (1991), el establecimiento de un programa especial sobre Educación Religiosa Cristiana para Europa Oriental y Central y los países de la ex URSS (1991), la Consulta sobre el Uniatismo (1992), la declaración del Comité Central sobre el proselitismo (1993), etc. Sin embargo, estas iniciativas del Consejo no produjeron ningún cambio sustancial en las relaciones entre el CMI y los ortodoxos. En realidad, las cuestiones fundamentales que las iglesias ortodoxas planteaban afectaban a las capas más profundas de la vida del Consejo. De ahí que las iglesias ortodoxas hayan manifestado serias dudas sobre la capacidad del estudio EVC para eliminar las causas principales de su frustración, y hayan pedido una "reestructuración radical" del Consejo. Las autoridades del CMI respondieron inmediatamente a la declaración de Tesalónica (abril de 1998) de las iglesias ortodoxas calcedonias invitando a las iglesias miembros ortodoxas, tanto calcedonias como no calcedonias, a celebrar una reunión de la "Comisión Teológica Mixta" propuesta en dicha declaración antes de esta Asamblea. Las iglesias ortodoxas estimaron que necesitaban más tiempo para la preparación de esa reunión.

58. No puedo exponer aquí en detalle las preocupaciones y demandas ortodoxas. Quisiera, no obstante, resumir lo esencial de la reivindicación ortodoxa en dos puntos: primero, el Consejo debería explorar nuevas formas de representación, participación y toma de decisiones que permitan a las iglesias ortodoxas salir de su situación minoritaria y asumir un papel más activo en todos los aspectos del Consejo. Segundo, el Consejo, al dar forma a su marco programático, los puntos de su orden del día y los aspectos constitucionales y estructurales, debe encontrar la manera de reflejar igualmente las convicciones y sensibilidades, tradiciones y expectativas de todas las iglesias miembros.

59. Quiero recalcar que si bien no hay una crisis en las relaciones entre el CMI y los ortodoxos, la situación es ciertamente crítica. A menos que la Asamblea tome en serio esta situación actual, temo que la participación ortodoxa continúe disminuyendo. Tengo la ferviente esperanza de que después de la Asamblea las autoridades del Consejo y los representantes de todas las iglesias ortodoxas emprendan un proceso serio y global de examen a fondo de todas las cuestiones y preocupaciones que dificultan una participación ortodoxa más organizada y eficaz en el Consejo. En mi opinión, los ortodoxos deben venir con un programa claro y una actitud abierta. Las iglesias de tradiciones protestante y anglicana, a su vez, deben ayudar a los ortodoxos a integrarse plenamente en la vida del Consejo ofreciendo amplio espacio y oportunidades para elevar el

nivel de su participación. Es hora de que las iglesias ortodoxas pasen del monólogo al diálogo, de la reacción a la acción, de la contribución a la participación, de la posición de observadores a la de copartícipes cabales en el CMI.

60. En Amsterdam, los pioneros ecuménicos dijeron: "No siempre es fácil reconciliar nuestras lealtades confesionales y ecuménicas. Tenemos también mucho que ganar del encuentro de las tradiciones cristianas de vieja raigambre con las vigorosas iglesias en crecimiento cuyas tradiciones están todavía en proceso de formación. Traemos al CMI estas y todas las demás dificultades entre nosotros, para poder hacerles frente juntos con firmeza ."[11] Diferencias de opinión, desacuerdos, tensiones e incluso conflictos serán siempre parte de esta comunidad solidaria mundial con innumerables tradiciones eclesiales, enseñanzas teológicas, valores culturales, identidades nacionales y étnicas. Esto es lo que hemos aprendido en los 50 años que hemos permanecido juntos. Debemos celebrar nuestra diferencia y al mismo tiempo asumir su costo.

61. La frustración ortodoxa debe verse a la luz de su compromiso con el Movimiento Ecuménico. Criticar al CMI no es ser antiecuménico. El problema de los ortodoxos no es la importancia y la credibilidad del Movimiento Ecuménico, sino la pertinencia de su programa, su lenguaje, su metodología y sus procedimientos. Algunas de nuestras iglesias miembros ortodoxas no están con nosotros en esta Asamblea. Otras no están representadas de la manera que solían estarlo. Estoy seguro de que todos nos damos cuenta de que hay realmente un problema, y que no se trata de un problema *ortodoxo* sino fundamentalmente de un problema *ecuménico*. Creo que hemos madurado bastante en nuestra peregrinación ecuménica en común para ver nuestros problemas y preocupaciones desde una perspectiva más amplia y en sus relaciones entre sí. Esta situación actual debe ayudarnos a saber más cada uno de los demás y a confiar cada uno en el otro. Creo que nuestra comunidad fraternal en el CMI no puede ya basarse en una relación de mayoría-minoría. A menos que esta situación se resuelva, los ortodoxos se sentirán siempre amenazados y marginados. Creo también que no podemos imponer nuestras convicciones y nuestros programas a los demás. Tampoco podemos hacernos recriminaciones, cuando queremos hablar claro sobre cuestiones vitales. El Consejo debe ofrecer un espacio abierto en el que tenga lugar una interacción creativa entre las iglesias basada en el respeto mutuo, la confianza y la responsabilidad.

---

[11] *Ibid.*, p.56.

62. El Movimiento Ecuménico, que se encuentra en una encrucijada en un mundo en rápida transformación, puede desintegrarse si las iglesias no renuevan firmemente su compromiso con los objetivos y la visión ecuménicos. Las iglesias no pueden ya refugiarse en sus propias confesiones y vivir voluntariamente aisladas. Deben convivir; de otro modo no tiene sentido su existencia. Deben interactuar; de otro modo no pueden actuar debidamente. Deben compartir sus experiencias y recursos; de otro modo no pueden crecer. Los acuerdos sobre declaraciones doctrinales no llevarán a las iglesias a la unidad plena y visible ni al testimonio creíble; tan sólo serán una ayuda "en el camino". Bajo el imperativo ecuménico, las iglesias deben crecer juntas de modo responsable. Crecer juntas es, sin duda, un proceso costoso. Requiere conversión, renovación y transformación. El ecumenismo no es ya una dimensión, una función de la iglesia. Es esencialmente una señal de lo que significa ser iglesia, porque afirma la unidad de la iglesia y la sirve. El ecumenismo no es ya una cuestión de opción, sino la manera de responder al llamamiento de Dios. Así pues, ser iglesia significa ser ecuménicos, es decir estar embarcados en una travesía común. El signo de la nave ecuménica es la cruz. Estamos llamados a ser uno bajo la cruz de Cristo. Esta Asamblea del Jubileo nos llama a reafirmar nuestro compromiso ecuménico común para crecer juntos y avanzar juntos con valentía y humildad, y con una visión clara.

Derechos humanos: un tema de creciente interés ecuménico

63. Esta Asamblea nos llama también a redefinir y reformular nuestro compromiso con la justicia, la paz y la reconciliación. De hecho, los derechos humanos siguen siendo un factor clave en cualquier proceso o iniciativa que apunte a la justicia, la paz y la reconciliación. Los derechos humanos son parte integrante del testimonio ecuménico. ¡Qué significativa coincidencia, el hecho de que en esta Asamblea, en el contexto del cincuentenario de nuestro testimonio ecuménico común mediante el CMI, estemos también celebrando el cincuentenario de nuestro compromiso ecuménico común en favor de los derechos humanos!

64. El 10 de diciembre de 1948, al adoptar la Declaración Universal de Derechos Humanos, las Naciones Unidas reconocieron formalmente y afirmaron que "la libertad, la justicia y la paz en el mundo tienen por base el reconocimiento de la dignidad intrínseca y de los derechos iguales e inalienables de todos los miembros de la familia humana."[12]

---

[12] Preámbulo de la Declaración Universal de Derechos Humanos.

Durante los últimos 50 años, las Naciones Unidas han tratado de dar efectividad a esta declaración memorable adoptando Pactos internacionales relativos a varios aspectos y sectores específicos de los derechos humanos. Ahora bien, la Declaración de Derechos Humanos no impidió, que millones de personas fueran víctimas de prácticas inhumanas: tortura, ejecución, atrocidades, represión y genocidio. Hombres y mujeres en todo el mundo han hecho grandes sacrificios, llegando incluso al martirio, para promover y proteger los derechos humanos. Aunque las Naciones Unidas han hablado elocuentemente en favor de los derechos humanos y de la solución pacífica de los conflictos, han demostrado su debilidad frente a las violaciones de los derechos humanos. En muchos puntos los compromisos de la Carta han sido simplemente desdeñados o ignorados mediante acciones unilaterales. A los 50 años de la Declaración, se oyen todavía los gritos de las víctimas de violaciones de derechos humanos. El final de la Guerra Fría puso término al enfrentamiento bipolar, pero no trajo el comienzo de un "nuevo orden mundial" basado en la paz y la justicia. Una vez más las Naciones Unidas tienen dificultades en cumplir sus obligaciones de servir como instrumento de pacificación y mantenimiento de la paz. Aunque los grandes poderes han establecido de vez en cuando una paz frágil mediante amenazas e intervenciones militares, en muchas regiones persisten situaciones de incertidumbre, confusión e inestabilidad, y continúan las flagrantes violaciones de derechos humanos. Además de estas preocupaciones crecientes, tres grandes desafíos se plantean en el tema de los derechos humanos:

a) Los efectos de la *mundialización* en el campo de los derechos humanos son trascendentales. La mundialización ha cambiado notablemente las actuales relaciones políticas, sociales y económicas y ha producido una alteración radical en los valores y estructuras de la sociedad. El proceso de mundialización, que ha penetrado en casi todos los aspectos y esferas de la experiencia humana ha abierto inmensas oportunidades; al mismo tiempo ha originado nuevas formas de injusticia socioeconómica e inseguridad. Las organizaciones transnacionales y las instituciones financieras internacionales excluyen a muchos de la participación en la economía e intensifican el desempleo, el desarraigo y la marginación. África, en cuya tierra nos reunimos, nos recuerda elocuentemente algunos de los graves problemas que se nos plantean. En verdad, guerra, violencia, pobreza, desarraigo, genocidio, catástrofes ecológicas y otros efectos de la mundialización son parte integrante de la vida cotidiana de los pueblos africanos.

b) La *libertad religiosa* que es uno de los derechos humanos fundamentales ha reaparecido en este período siguiente a la Guerra Fría como
cuestión importante en las relaciones dentro de los países e internacionales. En varios países la religión se explota para promover fines nacionalistas estrechos, creando así divisiones y polarizaciones. En algunos
países se dan poderes y privilegios constitucionales a la religión, destru-
yendo así la base secular y plural de esos Estados. Intolerancia religiosa
y restricciones, fundamentalismo y exclusión caracterizan la vida de
muchas sociedades. Por otra parte, los métodos agresivos utilizados por
movimientos religiosos extranjeros para sus actividades proselitistas han
creado otra situación compleja para los derechos humanos.

c) El resurgimiento del *nacionalismo étnico* ha complicado la cuestión del derecho de los pueblos a la libre determinación. En su aspecto
positivo, el resurgimiento del nacionalismo étnico es una búsqueda de
justicia y respeto de sí mismo. Las personas buscan seguridad dentro de
sus propios grupos étnicos, religiosos y nacionales. El nacionalismo es
pues una fuerza creadora que pide respeto a la identidad de la persona y
contribuye al proceso de formación de la nación. Pero cuando se transforma en una ideología puede ser una fuente de males, un gran obstáculo
para la convivencia en justicia y paz. Los conflictos étnicos amenazan la
tolerancia entre religiones. Destruyen la base misma de las sociedades
pluralistas y crean situaciones en que se conculcan los derechos humanos. De hecho, en el último decenio, el nacionalismo étnico ha fragmentado sociedades y conducido a conflictos internos, limpieza étnica y
migración, constituyendo un grave golpe para los derechos humanos.

65. La cuestión de los derechos humanos sigue siendo un tema permanente y prioritario en el programa del Consejo, y es inherente a la
vocación misma de la iglesia. El CMI se ha involucrado en la esfera de
los derechos humanos *condenando* la violación de los derechos humanos, *velando* por que se respeten y se hagan efectivos los derechos humanos, *asistiendo* a las iglesias y los grupos que luchan por los derechos
humanos y *promoviendo* los valores de los derechos humanos mediante
la educación y la comunicación.

66. Creo que en vista de los cambios revolucionarios que han deses-
tabilizado el orden político, social y económico, y a la luz de la experiencia ecuménica que hemos adquirido en las luchas por los derechos
humanos en estos cincuenta años, el Consejo debe, en primer lugar, dentro de su marco programático, prestar más detenida atención a la mundialización, la libertad religiosa y el nacionalismo étnico y sus consecuencias en el ámbito de los derechos humanos; en segundo lugar, al

aplicar una nueva política y estrategia ecuménica respecto de los derechos humanos, el Consejo debe seguir promoviendo el pensamiento social ecuménico y una estrategia que fomente y defienda los valores de los derechos humanos con medidas preventivas y con acciones judiciales, cuando sean violados, sentando así las bases para una nueva ética mundial en colaboración con otras religiones.

Esta Asamblea será llamada a aprobar una política ecuménica actualizada respecto de derechos humanos. A este respecto, permítanme compartir con ustedes algunas perspectivas y apreciaciones.

1) Enfoque preventivo y punitivo

67. En vista de los actuales conflictos étnicos y de las crecientes violaciones de los derechos humanos, la prevención y la solución pacífica de los conflictos siguen siendo prioridades internacionales apremiantes. No hay hoy mecanismos internacionales que puedan garantizar, asegurar y proteger los derechos humanos y establecer procedimientos para la prevención o la solución de conflictos. Antes de la Guerra Fría y durante la Guerra Fría, las grandes potencias consideraban que la intervención militar era la mejor manera de hacer la paz. Después de la Guerra Fría, la construcción de la paz está resultando ser un proceso largo y complejo. Hasta ahora las iglesias, en general, han reaccionado a las situaciones de violaciones de los derechos humanos, en lugar de esforzarse por su prevención. ¿Cómo puede el Movimiento Ecuménico ayudar a las iglesias a planificar una nueva estrategia en su lucha por los derechos humanos, y crear redes locales, regionales e internacionales? Los conflictos pueden resolverse o prevenirse mediante varias formas de vigilancia pública y mediación competente; y la mejor manera de prevenir las violaciones de los derechos humanos es educar para la responsabilidad cívica y buscar las causas profundas de tales violaciones.

68. El castigo de las violaciones con arreglo a la ley es también esencial para prevenir las infracciones de los derechos humanos. La impunidad perpetúa la injusticia, lo que a su vez genera actos de venganza y de violencia sin fin. Los autores de violaciones de los derechos humanos deben rendir cuentas a la humanidad. La supuesta "mano larga" de la justicia se queda corta. A muchos culpables (Estados, naciones, individuos) de matanzas, genocidios, crímenes de guerra e injusticias se les concede la impunidad en atención a los "intereses vitales y estratégicos" de los poderes regionales o mundiales, y no comparecen ante la justicia. Es clamorosa la necesidad de juzgar y exigir responsabilidades a quienes aplicaron políticas conducentes a violaciones de los derechos y la

dignidad de mujeres y niños, comunidades y naciones. La justicia y el imperativo de rendir cuentas deben también prever disposiciones de reparación y restitución, así como de compensación a las víctimas. Tras muchos años de duro trabajo, se ha establecido un Tribunal Penal Internacional. Este y otros mecanismos internacionales deberían ayudar a las Naciones Unidas a hacer respetar los derechos humanos. El CMI debe cooperar con las iglesias, con los interlocutores ecuménicos, con los creyentes de otras religiones y con las ONG para resolver las situaciones y los casos en que la impunidad genera injusticia y violencia. Los enfoques preventivo y punitivo deben asumirse juntos como un todo interconectado.

2) Hacia una ética mundial

69. La iglesia considera a la sociedad desde una perspectiva cualitativamente diferente. No puede sacrificar los valores del Evangelio a las ambigüedades del progreso y la tecnología. No puede suscribir valores que no son compatibles con el Evangelio. La iglesia aspira a una sociedad responsable, sustentada y guiada por valores éticos y normas de derechos humanos. Durante muchos años, los desafíos del secularismo y el materialismo preocuparon a la iglesia. Es hora de que las iglesias hablen y actúen impugnando todas las ideologías y tendencias que ponen en duda la credibilidad del Evangelio y la dignidad e integridad de la persona humana.

70. Pertenecemos a un mismo *oikos* u *Oikoumene* (casa, familia). Nos preocupa la *economía* (*oikos-nomos*), la gestión de nuestra casa común. Estamos llamados a desarrollar una ética común básica que pueda llevar a las sociedades de la mera existencia a una convivencia significativa, de la confrontación a la reconciliación, de la degeneración de los valores morales a la restauración de la calidad de vida que restablece la presencia de la trascendencia en la vida humana. La cultura mundial debe sustentarse en una ética mundial que guíe las relaciones de las naciones entre sí y con la creación, y las ayude a trabajar juntas en favor de una auténtica comunidad mundial. Esta ética mundial, cuya idea proclamó el Parlamento de las Religiones Mundiales en 1993, no debe reflejar el sistema de valores (*ethos*) cristiano occidental; debe basarse en una diversidad de experiencias y convicciones. La iglesia, junto con otras religiones de nuestro tiempo, debe buscar una ética mundial basada en valores éticos comunes que trasciendan de las creencias religiosas y de las definiciones estrechas de intereses nacionales. Los derechos humanos deben apoyarse en principios éticos. Por consiguiente, el diá-

logo entre religiones y culturas es vital como base de una mayor solidaridad en beneficio de la justicia y la paz, los derechos humanos y la dignidad. Las religiones deben aunar sus esfuerzos para encontrar ámbitos y modos de cooperación en defensa de los derechos humanos. En la reflexión en torno a la creación de una ética mundial, hay que prestar la debida atención a los siguientes puntos:

a) Debemos desarrollar una cultura de no-violencia activa transformando las estructuras generadoras de violencia e injusticia. El Programa del CMI para Superar la Violencia emprendió en los últimos años la formidable tarea de impugnar y superar el espíritu, la lógica y la práctica de la violencia para pasar a una cultura de paz justa. La Campaña Paz a la Ciudad es un ejemplo concreto de personas que trabajan juntas como copartícipes con grupos y movimientos religiosos y de otro tipo. En su labor en favor de los derechos humanos, el CMI debe acompañar a las comunidades que luchan estimulándolas a actuar y tejiendo redes entre ellas para la acción colectiva. Para superar la violencia, debemos hacer frente tanto a sus causas como a sus síntomas.

b) Construir la paz con justicia debe convertirse en una estrategia mundial. Los derechos humanos constituyen la base esencial de una paz justa y permanente. Debemos crear mecanismos y redes locales, nacionales e internacionales que puedan propiciar el arreglo pacífico de las controversias. Debemos esforzarnos por hacer que la labor en pro de los derechos humanos pase de la defensa *a posteriori* de las personas cuyos derechos humanos han sido violados a la actividad *preventiva* de construir y capacitar comunidades capaces de hacer valer y defender sus propios derechos. La seguridad nacional debe ser sustituida por la seguridad común, los intereses nacionales por los intereses comunes: justicia para todos, paz para todos, seguridad para todos. Este esfuerzo debe constituir no simplemente una estrategia, sino un principio ético básico. En la Convocación sobre JPIC de Seúl, el CMI afirmó su compromiso en la búsqueda de todos los medios posibles para establecer la justicia, alcanzar la paz y resolver los conflictos mediante la no-violencia activa. Las religiones, con sus recursos espirituales internos, pueden ofrecer oportunidades de arrepentimiento, perdón y reconciliación.

c) Debemos construir una cultura de los derechos humanos que propicie un uso constructivo y responsable del poder. A menudo las instituciones democráticas legitiman el poder en lugar de servir a las necesidades de los pueblos. Toda expresión o uso del poder que no dé pruebas de responsabilidad y transparencia es una fuente de males. El poder es una fuerza liberadora cuando sirve a la justicia, alienta la participación en las instituciones sociales, económicas y políticas, y cuando promueve el pluralismo y la democracia en las estructuras de gobierno.

71. En la *oikoumene* de Dios no puede haber exclusión ni violación de los derechos humanos y de la dignidad humana. Debemos trabajar por una ética que ofrezca una nueva visión de convergencia mundial para contener las consecuencias destructivas de la mundialización, la tecnología y la secularización, una ética que promueva una cultura de solidaridad y el compartir equitativo de los recursos, una ética que no se base en la filantropía caritativa, sino en la justicia. Así pues, "Busquemos a Dios", que en Cristo creó una nueva humanidad y la liberó como comunidad que ha de unirse bajo su reinado, y que invita a la humanidad a vivir como sociedad coherente, justa y responsable en la perspectiva del Reino.

"Buscad a Dios con la alegría de la esperanza"

72. En Amsterdam las iglesias centraron su atención en el tema "El desorden del hombre y el designio de Dios." ¿No nos encontramos, al cabo de 50 años, ante un desorden humano aún más complejo y con consecuencias de mucho mayor alcance? ¿Podemos cambiar el curso de la historia? ¿Podemos proponer nuevas alternativas a los sistemas y estructuras ideológicos y socioeconómicos que generan injusticia, deshumanizan a las sociedades y ponen en peligro la integridad y la sostenibilidad de la creación? Debemos "apuntar al Reino de Dios,"[13] como K. Barth decía en la Asamblea de Amsterdam, y "Buscar a Dios" para discernir el designio de Dios para el mundo de hoy. De hecho, buscar a Dios y apuntar al Reino de Dios nunca es una actitud pasiva y defensiva. Se requiere un compromiso en la misión de Dios capaz de todo sacrificio y destinado esencialmente a transformar a toda la humanidad y la creación en la perspectiva del Reino. Por lo tanto,

Busquemos a Dios, y en Dios busquemos a nuestro prójimo

73. Todos somos ya vecinos en una "aldea mundial", negros y blancos, ricos y pobres, cristianos, musulmanes, budistas, adeptos de otras religiones o ateos. Desgarrados por nuestras diferencias y tensiones, no sabemos todavía cómo convivir en un mundo en el que tenemos que vivir como una sola comunidad.

Buscar a Dios, convertirnos a Dios, entraña volvernos a nuestro prójimo en acciones concretas de amor en la justicia y en la reconciliación.

---

[13] *Op. cit.*, p.33.

Somos un pueblo misionero, no para dominar a otros imponiendo nuestros propios valores y culturas, sino para compartir la "buena nueva" con todos los pueblos. Por ello el diálogo con nuestro vecino no menoscaba en absoluto nuestra total adhesión a nuestra fe. En la interacción dialogada con otros, nuestra propia fe se enriquece, se afina y se fortalece. Dialogar significa dar testimonio, es decir vivir el acontecimiento de Cristo en medio de las ambigüedades, incertidumbres y polarizaciones de este mundo. Significa también escuchar y tratar de entender la fe y las perspectivas de los demás. El diálogo es una salvaguardia contra el sincretismo. Es una búsqueda de una comunidad más amplia.

En un mundo en que la cultura tecnológica y la mundialización propician la deshumanización, en un mundo en que nuevas ideologías de secularización niegan la presencia de la realidad última y promueven valores materialistas y consumistas, la iglesia, en colaboración con otras religiones, está llamada a reformar, renovar y reorientar la sociedad fortaleciendo su fundamento sagrado. En las sociedades pluralistas de hoy tenemos una responsabilidad compartida con nuestros vecinos para un futuro común.

Busquemos a Dios, y en Dios busquemos su creación

74. Estamos viviendo en una creación precaria que avanza rápidamente hacia lo desconocido. El ecosistema mundial está gravemente amenazado, y su población está expuesta a la degeneración moral, la decadencia espiritual y la aniquilación física. Las estadísticas reveladoras de la extensión de la pobreza y el hambre, la destrucción ambiental y la violencia son sencillamente alarmantes. La Asamblea de Evanston afirmó que la humanidad se ha convertido en su "propio enemigo. Busca justicia pero crea opresión. Quiere paz, pero se prepara para la guerra. Su propio dominio de la naturaleza amenaza con arruinarla."[14]

La creación se ha convertido en un objeto de explotación humana. Buscar a Dios significa arrepentirnos de lo que hemos hecho y seguimos haciendo a la creación, nuestro oikos (hogar) que Dios nos ha dado. La creación pertenece a Dios; la humanidad es su administradora. Por ello todo proceso o desarrollo que ponga en peligro la sostenibilidad de la creación debe ser cuestionado. La Humanidad debe restablecer relaciones justas con la creación.

Busquemos a Dios, y en Dios busquémonos a nosotros mismos

75. No podemos transformar el mundo a menos que nos transformemos nosotros mismos. ¿Qué clase de iglesia proyectamos para el siglo

---

[14] *Evanston 1954*, p.1.

XXI? ¿Una iglesia confinada en estados-naciones o grupos étnicos e interesada exclusivamente en su propia perpetuación? ¿O una iglesia misionera, abierta al mundo y presta para afrontar los desafíos del mundo? El futuro del Movimiento Ecuménico dependerá en gran medida de nuestras percepciones y convicciones eclesiológicas. El Movimiento Ecuménico no puede sobrevivir sin una visión apoyada por una perspectiva global de la iglesia, la humanidad y el mundo.

La iglesia no puede aceptar las componendas que el mundo ofrece. La iglesia debe encarnar el Evangelio en su propia vida y en la vida de las sociedades. Todavía resuena en mis oídos la voz de un joven a quien en una ocasión oí gritar: "¿Dónde está mi iglesia? ¿Qué es lo que hace?" Los fieles necesitan una iglesia que los escuche y los atienda. Quieren una iglesia que se realice como realidad misionera. La iglesia debe elevarse por encima de su cautiverio institucional y hacerse "iglesia para otros." Y juntos somos la iglesia, la iglesia del pueblo; juntos realizamos nuestra vocación. Las iglesias que conviven en un lugar deben formar una comunidad renovada, un ejemplo concreto de fraternidad conciliar. El mundo nos escuchará si permanecemos juntos y si actuamos juntos en la obediencia del Evangelio y en la fidelidad al mandamiento de Cristo. Juntas, las iglesias deberán ser signo de esperanza en un mundo acosado por la sinrazón y la desesperanza.

Y por último, busquemos a Dios revelado en Jesucristo.

76. Él es la fuente de nuestro ser y nuestra existencia, nuestra esperanza y alegría. Creemos en un Dios que se volvió, el primero, a la humanidad en Cristo y nos invitó a buscarle y a volvernos a Él. Dios siempre se vuelve a nosotros en la gracia, aun cuando nosotros no estemos dispuestos a abrirnos a Él en la fe y el arrepentimiento. Dios siempre se ha mantenido fiel a su alianza (Gn 9:11; Dt 4:25-31). La cuestión que se nos plantea en esta Asamblea es: ¿Somos fieles a la alianza de Dios con nosotros?

De hecho, hemos optado con más frecuencia por el odio y la violencia, la injusticia y el poder. Nos hemos buscado a nosotros mismos y hemos ignorado el más allá, pretendiendo controlar nuestro propio destino. Hemos hecho un mundo centrado en sí mismo, cerrado sobre sí mismo y carente de esperanza y trascendencia. Buscar a Dios significa tener clara conciencia de que no nos pertenecemos a nosotros mismos, sino a Dios. Significa apartarnos de todos los valores, ideologías y estilos de vida que sustraen de nuestra vida la realidad última. La humanidad no puede sobrevivir sin la dimensión escatológica. Debemos reconocer la insuficiencia y la relatividad de todos los recursos humanos, de los milagrosos logros de la tecnología, y buscar a Dios con espíritu de humildad y arrepentimiento. Debemos pasar de la alienación a la reconciliación con Dios, renunciar a nuestros caminos para seguir el camino de Dios, y someternos al juicio de Dios.

* * *

77. En *Amsterdam* (1948) reconocimos el desorden de la humanidad frente al designio de Dios para el mundo.

En *Evanston* (1954) proclamamos a Cristo como la esperanza del mundo.

En *Nueva Delhi* (1961) confesamos a Cristo como la luz del mundo.

En *Uppsala* (1968) escuchamos el llamamiento de Cristo "He aquí que hago nuevas todas las cosas" (Ap 21:5).

En *Nairobi* (1975), contra la opresión y las divisiones del mundo afirmamos a Cristo como fuente de liberación y reconciliación.

En *Vancouver* (1983) celebramos a Cristo como vida del mundo, un mundo lleno de mal y muerte.

En *Canberra* (1991) pedimos al Espíritu Santo que renovara toda la creación.

Y ahora en *Harare* buscamos a Dios con la alegría de la esperanza.

Buscar a Dios, volverse a Dios, constituye un nuevo tipo de relación con Dios, con el prójimo, con la humanidad y con la creación.

La esperanza cristiana tiene su raíz en la nueva vida dada al mundo por la cruz y la resurrección. Nuestra esperanza no es una realidad teórica, una escatología no realizada. Nuestra esperanza es consustancial. Somos un pueblo de esperanza (Ro 5:4-5), somos un pueblo peregrino en marcha hacia el Reino.

78. El Jubileo es un llamamiento a la reconciliación y a un nuevo comenzar. Nos acercamos a un momento decisivo en la historia. ¿Estamos dispuestos a vivir el Evangelio y llevarlo al mundo proclamándolo, mediante el testimonio en la vida e incluso el martirio, como fuente de liberación, reconciliación y transformación? ¿Estamos dispuestos a reafirmar nuestro compromiso con la unidad visible? Después de un largo proceso común de reflexión teológica y convergencia sobre el bautismo, la eucaristía y el ministerio (BEM), ¿somos bastante valientes para reconocer el bautismo mutuo como paso concreto adelante en nuestra búsqueda común de la unidad plena y visible? En el año 2001, los dos cálculos actuales de la Pascua, es decir los calendarios gregoriano y juliano,

caerán en la misma fecha (15 de abril). ¿No podría ser esto el comienzo de una celebración común de la Pascua?

79. En verdad es ésta una Asamblea crítica. Hemos venido aquí con esperanza y desánimo, entusiasmo y frustración. ¿No es esta paradoja parte de nuestra vida en común? Somos diferentes unos de otros, y lo seguiremos siendo en muchos aspectos. Pero lo que nos reúne es la visión común de unidad, y nuestro firme compromiso de trabajar juntos hacia ese objetivo. El 13 de diciembre, durante la celebración del cincuentenario del CMI, se nos invitará a reafirmar nuestro compromiso diciendo:

Queremos permanecer juntos...
Ni la ausencia de progreso, ni los retrocesos,
Ni los fracasos ni las incertidumbres
Ni el miedo ni las amenazas
harán decaer nuestra voluntad de avanzar juntos hacia la unidad,
de acoger a todos los que deseen unirse a nosotros de ampliar nuestra visión común
y de descubrir nuevas formas de dar testimonio y de actuar juntos en la fe.

No hay crecimiento sin riesgo. Pero debemos crecer juntos de manera responsable, interpelándonos, comprendiéndonos y respetándonos unos a otros. Este es el llamamiento de Dios. Esta es la misión sagrada que se nos ha asignado. Mi deseo profundo es que nuestras oraciones y meditación, nuestras reflexiones y decisiones en los próximos días se fortalezcan, enriquezcan y orienten con esta visión y este compromiso. Y, con esta esperanza en el corazón, "Busquemos a Dios con la alegría de la esperanza".

3.3. INFORME DEL SECRETARIO GENERAL

Konrad Raiser

1. Gracia y paz a vosotros de Dios nuestro Padre y Señor Jesucristo (Ro 1:7). Con las palabras de este saludo apostólico, les doy la bienvenida a esta Octava Asamblea del Consejo Mundial de Iglesias. Les doy la bienvenida a ustedes, los delegados, que representan a más de 330 iglesias miembros del Consejo y que, en su mayoría, han recorrido grandes distancias para llegar hasta aquí. Para muchos se trata no sólo de su primera visita a África, sino también de la primera vez que participan en una reunión ecuménica de esta envergadura. Que Dios, por medio del

Espíritu Santo, bendiga nuestros encuentros, deliberaciones y decisiones. Saludo a todos ustedes que están aquí en calidad de representantes delegados, de observadores, de asesores o de invitados de honor, y cuya presencia nos hace tomar conciencia de que el Movimiento Ecuménico es más amplio que el CMI, aunque éste sea una parte esencial. Doy la bienvenida a los numerosos visitantes, cuya presencia nos recuerda que millones de cristianos en todo el mundo están acompañando esta Asamblea con sus pensamientos y oraciones. Por último, deseo saludar muy especialmente a los representantes de las iglesias de Zimbabwe, nuestros huéspedes. A todos aquellos que, durante estos últimos meses y años, aquí en Zimbabwe, se han afanado por preparar este acontecimiento, les agradecemos el sentido de entrega que han demostrado y la hospitalidad que nos están brindando.

Una asamblea de aniversario

2. Todas las asambleas del CMI han sido acontecimientos importantes, atrayendo la atención más allá de los círculos de las iglesias cristianas. Esto es verdad de manera muy especial para esta Octava Asamblea. Nos estamos reuniendo 50 años después de la Asamblea inaugural del CMI, celebrada en Amsterdam, en 1948. A lo largo de este año 1998, muchas iglesias en todo el mundo se han ido sumando a las celebraciones de este "jubileo ecuménico". Actos especiales han tenido lugar en Ginebra, Amsterdam, Evanston, Nueva Delhi, Uppsala, Nairobi, lugares donde se celebraron anteriores Asambleas; en Toronto, Berlín, Buenos Aires, Johannesburgo, ciudades en las que tuvieron lugar reuniones importantes del Comité Central; y en numerosos otros lugares. Cientos de miles de cristianos de todo el mundo han ido formando una cadena de oración, "camino a Harare". Hoy estamos aquí para reafirmar el pacto concertado por los delegados en la Primera Asamblea al constituir el Consejo Mundial de Iglesias, y para renovar nuestro compromiso en comunión unos con otros y "responder juntos a nuestra vocación común, para gloria del Dios único, Padre, Hijo y Espíritu Santo".

3. La creación del CMI hace 50 años, fue un acto de fe. El mundo estaba buscando un nuevo orden tras la devastación que había dejado la Segunda Guerra Mundial, y se encontraba ante el peligro de una nueva confrontación a comienzos de la guerra fría y de su amenaza nuclear. Las iglesias, que habían sido puestas a prueba en su ser más profundo y en su fe, se enfrentaban con la urgente tarea de la reconstrucción y la reconciliación. En un "Llamamiento a las iglesias respecto de la Primera Asamblea", formulado en abril de 1947 por el Comité Provisional del

CMI, se invitó a todos los cristianos a unirse en una sincera oración "a fin de que la Primera Asamblea. . . sea una oportunidad para que Dios haga realidad un nuevo nacimiento de las iglesias, y que, en la unidad de la fe, las iglesias se comprometan con nuevo ardor con la tarea común de proclamar Su palabra y cumplir Su obra entre las naciones". No había precedente de la formación de un Consejo de Iglesias a nivel nacional o confesional, y nadie sabía si este nuevo marco sería viable. En su informe a la Asamblea, el Secretario General, Dr. Willem Adolf Visser 't Hooft, describió el objetivo del Consejo con estas palabras: "Somos un Consejo *de* Iglesias, y no *el* Consejo de una Iglesia indivisa. Nuestro nombre indica nuestra debilidad y nuestra vergüenza ante Dios, porque sólo puede haber y sólo hay, en última instancia, *una* sola Iglesia de Cristo en la Tierra. . . Así pues, nuestro Consejo representa una solución provisional – una etapa en el camino – que se sitúa entre el tiempo de completa separación de las iglesias unas de otras y el tiempo – en la tierra o en el cielo – en el que será una verdad visible que hay un sólo pastor y un sólo rebaño".

4. El tema de la Primera Asamblea, "El desorden del hombre y el designio de Dios", hacía eco de la doxología con la que comienza la Epístola del apóstol San Pablo a los Efesios: "Dios nos dio a conocer el misterio de su voluntad, según su beneplácito, el cual se había propuesto en sí mismo, de reunir todas las cosas en Cristo, en el cumplimiento de los tiempos establecidos, así las que están en los cielos como las que están en la tierra" (Ef 1:9-10, Reina Valera 1995). Sólo a la luz de este designio de Dios en Cristo es posible, como Karl Barth recordó a la Asamblea, discernir y hacer frente, sinceramente y sin autojustificación, a las causas principales del desorden humano y a la responsabilidad que comparten todas las iglesias. Y la creación del CMI debe entenderse como un acto de fe y de obediencia a la voluntad de Dios revelada en Cristo. El mensaje de Amsterdam expresó esa afirmación en su párrafo de introducción: "Bendecimos a Dios nuestro Padre, y a nuestro Salvador Jesucristo, que reúne a todos los hijos de Dios que están dispersos, y que nos ha reunido en Amsterdam. Estamos separados unos de otros no sólo por cuestiones de fe, de orden eclesiástico y de tradición, sino también por orgullos de nacionalidad, clase y raza; pero Cristo nos ha hecho suyos, y Él no está dividido. Al buscarle a Él, nos hemos encontrado unos a otros. Aquí en Amsterdam nos hemos consagrado de nuevo a Él, y hemos pactado unos con otros al constituir este Consejo Mundial de Iglesias. Estamos firmemente decididos a permanecer juntos, e instamos a las congregaciones cristianas del mundo entero a apoyar y cumplir este

pacto en sus mutuas relaciones. Agradecidos a Dios, dejamos en sus manos el futuro".

5. Cincuenta años más tarde, este pacto continúa vigente. Muchos han sido los cambios en las relaciones de las iglesias unas con otras. Iglesias que se desconocían unas a otras han pasado a ser prójimas, y las que se miraban con desconfianza, son actualmente amigas. Hay una conciencia cada vez mayor de que todas las iglesias, a pesar de lo que aún las separa, pertenecen a la única familia ampliada de los hijos de Dios. De una comunidad de iglesias principalmente protestantes y ortodoxas de Europa y América del Norte, el Consejo ha pasado a ser una organización verdaderamente mundial. El CMI ha propiciado el testimonio y el servicio en común de las iglesias y, actualmente, las iglesias de todo el mundo están unidas unas con otras en una red de colaboración ecuménica multifacética. La misión de defender la causa de la justicia y la dignidad humana, de tratar de discernir y de ejercer tanto "el ministerio sacerdotal de reconciliación como el ministerio profético del conflicto liberador", como expresó M.M. Thomas, ha puesto a prueba, a veces, a esta comunidad, y el Consejo no siempre ha salido ileso. Ciertamente el compromiso de Amsterdam "estamos decididos a permanecer juntos" no se ha dejado de lado. Por todo ello, no podemos menos que dar gracias a Dios, por haber permitido a las iglesias no sólo permanecer juntas, sino seguir adelante y crecer juntas.

6. Ahora bien, en momentos en que conmemoramos la fundación del CMI y celebramos su cincuentenario, no podemos dejar de percibir señales de incertidumbre acerca del objetivo de esta comunidad en el Consejo y dudas acerca del futuro del Movimiento Ecuménico como un todo. Estamos, aparentemente, en una encrucijada. Se nos proponen diferentes concepciones del ecumenismo, y no es claro el camino que tenemos por delante. Se manifiestan sentimientos de frustración por el hecho de que la búsqueda de la unidad visible de la Iglesia aún no ha abierto el camino hacia una verdadera koinonía. También difieren grandemente las concepciones de la misión cristiana en un mundo de pluralidad religiosa y cultural. Y al responder a los efectos del rápido proceso de mundialización sobre la vida de las comunidades humanas, se pone en tela de juicio el pensamiento y la acción sociales ecuménicas. El fin del milenio que se acerca refuerza la impresión de que esta incertidumbre en relación con el ecumenismo es parte de un proceso más profundo de transición que apunta a una nueva época histórica muy diferente de la situación que prevalecía en la época en que fue creado el Consejo Mundial de Iglesias. Muchas de las iglesias que han dado forma a la vida y el testimonio del

CMI durante estas décadas pasadas, se ven ahora confrontadas con problemas internos, y optan, a veces, por centrarse en el mantenimiento de su propia integridad. Al mismo tiempo, el ecumenismo local está floreciente en muchos lugares. Animados procesos de renovación y de crecimiento de la vida y el testimonio cristianos tienen lugar fuera de la comunidad del CMI. ¿Qué significa todo esto para el futuro del Consejo?

Un jubileo ecuménico

7. No fue por casualidad que el CMI decidió aceptar, hace más de cuatro años, la invitación de las iglesias de Zimbabwe para celebrar la Octava Asamblea en Harare en lugar de la invitación de las iglesias de los Países Bajos de celebrar nuevamente una Asamblea en Amsterdam. Esa decisión era una señal de que la Asamblea del cincuentenario del CMI no debía ser sólo una ocasión para mirar hacia atrás rememorando esos decenios y todos los cambios transcendentales que han aportado al mundo, las iglesias y el Consejo, sino una oportunidad de discernir los desafíos actuales con que se enfrenta el Movimiento Ecuménico, y de mirar hacia adelante al siglo XXI. No hay duda de que el futuro del cristianismo y del Movimiento Ecuménico se forjará sobre todo en regiones como África y América Latina más bien que en las regiones septentrionales del cristianismo histórico. Todo permite pensar que, de aquí a las primeras décadas del siglo XXI, África será el continente con mayor población cristiana. Al mismo tiempo, es en África donde se manifiesta con mayor claridad el desorden del actual sistema mundial, y la marginación y fragmentación de sociedades enteras. El período de luchas por la liberación en África, durante los años 1970, correspondió a una de las fases más controvertidas de la historia del CMI. Aún está viva en la memoria la crisis causada por la donación otorgada al Frente Patriótico de Zimbabwe/Rhodesia, en 1978. La decisión de celebrar en Harare la Octava Asamblea fue una expresión de nuestra determinación de no cejar en nuestra solidaridad con las iglesias y la población africana en su búsqueda de nuevos cimientos en los que sea posible afirmar su identidad y reconstruir formas viables de vida comunitaria. En un conjunto de "Directrices normativas para la labor del CMI en África", el Comité Ejecutivo, en febrero de 1995, declaró que "aunque las iglesias y los pueblos de África están luchando por una nueva cultura política y social, el desafío del Movimiento Ecuménico es apoyar la esperanza y la visión de una comunidad humana viable para todo el pueblo africano". Esto significa que nuestra Asamblea aquí en Harare deberá estar muy atenta a lo que Dios nos dice hoy por medio de África.

8. El tema de la Asamblea: "Buscad a Dios con la alegría de la esperanza" se ha formulado con ese telón de fondo. En una situación de creciente desorden y resignación, estas palabras son una nueva reafirmación de la fidelidad de Dios expresada en el tema de la Asamblea de Amsterdam. El Dios que se nos invita a buscar no es el juez y amo inaccesible del destino de la humanidad, sino el Dios de la alianza con Noé, Abraham y Moisés, que se volvió a nosotros en Jesucristo, ofreciendo reconciliación y plenitud de vida para todos. "Buscad a Dios" es una invitación a tener confianza en la fidelidad de Dios en medio de la confusión y las incertidumbres de nuestros tiempos. Descubrir el rostro amoroso de Dios que se vuelve hacia nosotros en el Cristo crucificado y resucitado, asentar nuestra vida en la fidelidad de Dios – esto es lo que el Nuevo Testamento llama *metanoia*, en el doble sentido de comprometerse con firmeza y de abandonar falsas lealtades.

9. En esta Epístola a los Romanos, el Apóstol Pablo describe vívidamente la dinámica de este proceso de reorientación: "Por lo tanto, hermanos y hermanas, os ruego por las misericordias de Dios que presentéis vuestros cuerpos como sacrificio vivo, santo, agradable a Dios, que es vuestro verdadero culto. No os conforméis a este mundo, sino transformaos por medio de la renovación de vuestro entendimiento, para que comprobéis cuál es la buena voluntad de Dios, agradable y perfecta" (Ro 12:1-2). Pablo dice a continuación que esta transformación deja de ser una experiencia personal interior para pasar a ser la expresión de la renovación de la vida de la comunidad. Utilizando la imagen del cuerpo y de sus diferentes miembros, Pablo traza el perfil de una comunidad cristiana que vive concretamente su compromiso con Dios. Entre las muchas exhortaciones encontramos también la segunda parte de nuestro tema: "Con la alegría de la esperanza" (Ro 12:12). Este era el mensaje de esperanza que el Comité Central quería que la Asamblea proclamara, reafirmando implícitamente el tema de la Segunda Asamblea, celebrada en Evanston, en 1954: "Cristo – Esperanza del mundo". Con mucha razón algunos plantearon la pregunta de si la invitación "con la alegría de la esperanza" cabía en la situación actual de África y del mundo. Sin embargo, como afirmó la Comisión de Fe y Constitución en Bangalore, en 1978, en su "Confesión común de esperanza": "La esperanza cristiana es un movimiento de resistencia contra el fatalismo". Y la plenaria de esta mañana sobre el tema de la Asamblea ya nos ha recordado el claro testimonio de esperanza en la doxología con que comienza la Primera Epístola de Pedro: "Bendito el Dios y Padre de nuestro Señor Jesucristo, que según su gran misericordia nos hizo renacer para una esperanza

viva, por la resurrección de Jesucristo de los muertos. . . . Por lo cual vosotros os alegráis, aunque ahora por un poco de tiempo, si es necesario, tengáis que ser afligidos en diversas pruebas, para que, sometida a prueba vuestra fe... sea hallada en alabanza, gloria y honra cuando sea manifestado Jesucristo" (1 P 1:3-7).

10. Estamos reunidos para celebrar un "jubileo ecuménico". La elección del tema de la Asamblea tenía por objeto captar el espíritu de jubileo, que es una de las imágenes de esperanza de mayor pujanza en la tradición bíblica. Jesús reafirmó esta imagen en su sermón inaugural en Nazaret. Inspirándose en el pasaje del libro del profeta Isaías, proclamó "el año agradable del Señor", el año de gracia y de liberación (Lc 4:19). La proclamación del año del jubileo es parte del código de santidad del libro de Levítico (Lev 25). Tras siete ciclos de años sabáticos, el año 50 se celebraba como el año del jubileo. Tras aproximadamente siete veces siete años entre las asambleas, llegamos ahora al año 50 del CMI, el año del jubileo ecuménico. Pero, ¿qué sentido tiene hablar de un "jubileo ecuménico"? Varias iniciativas ecuménicas que pedían la condonación de la deuda externa de los países más pobres del mundo para el año 2000 se han inspirado en el mensaje bíblico del jubileo. Y es ciertamente pertinente: la cancelación de las deudas ocupa un lugar prominente en la tradición bíblica del jubileo; y la cuestión de la deuda externa está en el orden del día de nuestra Asamblea. Ahora bien, el mensaje bíblico del jubileo cala más hondo que una apremiante cuestión de justicia social, económica y política.

11. Históricamente, el año del jubileo debe considerarse como una reapropiación y reinterpretación de la antigua tradición bíblica del año sabático. Durante el año sabático, los campesinos debían dejar la tierra en barbecho a fin de dar un descanso completo no sólo a la tierra, sino a los animales y a los siervos. Los esclavos eran liberados y las deudas condonadas. Todo esto forma parte de la tradición del jubileo, pero el concepto del jubileo trasciende el año sabático. En el año del jubileo todos deberían tener la posibilidad de volver a la tierra de sus padres. En el contexto de la reconstrucción de la comunidad tras el regreso del exilio de Babilonia, el jubileo daba a todas las familias y a los miembros de la comunidad lo necesario para sustentar sus vidas. Lo que es más, como indica Levítico 25: 8-9, el jubileo debía proclamarse al son de la trompeta el día de la expiación, el día en que cada año la comunidad judía pide ser liberada de sus pecados y reconciliada con Dios y con el prójimo. Así pues, el mensaje del jubileo es un mensaje de reconciliación. Extiende el acto liberador de la expiación a todo un año. Juntas estas

prescripciones del jubileo describen los elementos esenciales de la alianza. Periódicamente, se corregían las inevitables injusticias, exclusión y esclavitud resultantes de la distorsión de las estructuras económicas y sociales. El objetivo del jubileo es romper el ciclo de dominación y dependencia proclamando la reconciliación y la liberación e imponiendo una autolimitación en el ejercicio del poder. Los que controlan los factores básicos de la vida económica – tierra, mano de obra y capital – tienen que limitar el ejercicio del poder e incluso renunciar a ese poder, restaurando, así, a los pobres y excluidos la base y el espacio para una vida digna. Tienen que practicar la misma generosidad y justicia que Dios manifiesta en el acto de expiación, de reconciliación.

12. Jesús resume su interpretación del mensaje del jubileo con estas palabras: "Hoy se ha cumplido esta escritura delante de vosotros" (Lc 4:21). En Jesús, se ha cumplido el ofrecimiento de reconciliación de Dios, la proclamación del jubileo final del reino de Dios. Su vida y su muerte son el ejemplo para nosotros de quien abandonó su poder y condición de igual a Dios y se hizo ser humano a fin de abrir en nuestra historia humana el espacio para la reconciliación que nos permita gozar de la libertad gloriosa de los hijos de Dios. Si este es el mensaje del jubileo a la luz de la proclamación de Jesús, no cabe duda de que el jubileo es un mensaje de alegría y esperanza también para el Movimiento Ecuménico. Desde los comienzos de este siglo, las iglesias han estado buscando formas de restaurar la unidad y la comunión del pueblo de Dios, respondiendo a la oración de nuestro Señor para que todos sean uno. Han estado tratando de reorientar y corregir las relaciones entre los miembros dispersos del pueblo de Dios que han sido desvirtuadas por la condena mutua, el odio, los prejuicios y la exclusión, cuando no por reivindicaciones de poder y de control sobre los medios de salvación, de la plenitud de la vida.

13. Así pues, el jubileo ecuménico es, en primer lugar, un llamamiento a la conversión, al arrepentimiento y a una evaluación crítica de nosotros mismos, reconociendo la culpa acumulada y la corresponsabilidad en la división del cuerpo de Cristo. Buscad a Dios en Cristo – es una invitación a todas las iglesias a abandonar sus actitudes defensivas y de autojustificación, y a volverse a la fuente y el centro de su unidad: Cristo, crucificado y resucitado. En segundo lugar, el jubileo ecuménico es una invitación a celebrar el ofrecimiento de reconciliación de Dios y afirmar la unidad redescubierta y restaurada gracias a la acción del Espíritu Santo en el Movimiento Ecuménico. Hoy podemos decir: lo que nos une es más fuerte de lo que aún nos separa. Nos reconocemos nueva-

mente unos a otros como miembros de la familia de Dios, aunque seamos diferentes. En tercer lugar, el jubileo ecuménico es un mensaje de esperanza, no sólo para la comunidad cristiana sino también para el mundo al aproximarnos al comienzo del nuevo siglo y del nuevo milenio. En un mundo cautivo de las fuerzas de la competencia, la dominación y la exclusión, hay esperanza porque se ha abierto en Cristo el camino de reconciliación y de una vida viable en comunidad. En su presencia y gracias a su poder de curación y de restauración de la integridad, se nos concede la liberación y el perdón. En el espíritu del jubileo ecuménico, estamos llamados a ser comunidades de esperanza, siguiendo los pasos de quien renunció a su reivindicación del poder, compartió y dio su vida, dándonos así la posibilidad de vivir la plenitud de vida, de aquél que abrazó al extranjero, al excluido, al desheredado y al pobre, y restauró su dignidad como miembros de pleno derecho de la comunidad. En los albores del siglo XXI, el camino de Cristo es nuestra vocación ecuménica.

Abrir el espacio ecuménico

14. Ahora bien, ¿estamos realmente preparados para celebrar este jubileo ecuménico? ¿Estamos preparados para volvernos a Dios, para recibir el ofrecimiento de reconciliación y ser liberados de los cautiverios institucionales que nos impiden vivir concretamente la koinonía que afirmamos como don de Dios en Jesucristo? La prescripción del jubileo estaba destinada a dar orientación al pueblo judío en la tarea de reconstruir una comunidad viable tras el exilio de Babilonia. ¿Qué inspiración y orientación puede darnos la tradición del jubileo para restaurar la comunión entre las iglesias separadas? ¿Cuál es el lugar y la tarea del CMI en este contexto? ¿Acaso el CMI no ha llegado a ser también víctima del cautiverio institucional, y necesita, también, ser liberado? ¿Sigue siendo un instrumento del Movimiento Ecuménico, de las iglesias juntas en el camino, o es una institución aparte, con sus propios objetivos? ¿Cómo puede el CMI abrir y crear el espacio que permita la consolidación de la comunión y dé lugar a la reconciliación?

15. Uno de los legados más importantes de la Asamblea de Canberra al nuevo Comité Central fue el estudio, que comenzó en 1989, "Hacia un Entendimiento y una Visión Comunes del CMI". El Comité Central continuó este proceso y, en 1995, decidió orientarlo hacia la Octava Asamblea. Los resultados de este estudio se presentan a esta Asamblea en forma de un documento normativo que fue aprobado por el Comité Central en su última reunión, en septiembre de 1997. Este documento, que

figura en la Guía de Trabajo de la Asamblea, ha recibido el aporte de propuestas de muchas iglesias miembros, que se incluyeron en la redacción del texto final. En su forma actual, representa no más – y no menos – que un fiel informe del Comité Central, como principal órgano rector entre las asambleas, sobre los resultados de este estudio en relación con la vocación del CMI en el momento actual de la evolución del Movimiento Ecuménico. Como delegados de las iglesias miembros en la Asamblea, ustedes están invitados ahora a responder a esta evaluación de la concepción y la tarea del CMI, y a determinar sus consecuencias.

16. Como ustedes habrán percibido al estudiar este documento, el texto no propone una concepción radicalmente nueva del CMI. Antes bien, trata de ofrecer una interpretación contemporánea de la definición del propio Consejo que figura en la Base, y en otros textos constitutivos, especialmente la Declaración de Toronto de 1950. Un elemento central, en estas primeras definiciones del Consejo, fue su caracterización como una "comunidad de iglesias". Aunque este término "comunidad" se entiende de diversas maneras, su utilización en la Base parece sugerir claramente "que el Consejo es más que una simple asociación orgánica de iglesias constituida para organizar actividades en ámbitos de interés común" (párr. 3.2 EVC). Reconociendo que la existencia del CMI como una comunidad de iglesias plantea un desafío eclesiológico a las iglesias, en el documento EVC figura una serie de afirmaciones para aclarar el significado y el alcance de la comunidad que las iglesias viven en el CMI. En muchos sentidos, esto refleja lo que dije anteriormente acerca del "jubileo ecuménico". La comunidad no es el resultado de un acto de voluntarismo por parte de las iglesias. Tiene su centro en el compromiso común con Jesucristo. A medida que las iglesias buscan a Dios en Cristo, descubren la comunidad que constituyen. Así pues, la comunidad no es simplemente el resultado de un acuerdo institucional entre organismos eclesiásticos establecidos y entre sus dirigentes. "Es más bien una realidad dinámica y relacional que abarca a las iglesias como manifestaciones del pueblo de Dios en toda su plenitud. No es un fin en sí misma, pero existe para servir como signo e instrumento de la misión y de la actuación de Dios en el mundo. Así pues, el CMI podría definirse como una comunidad de iglesias misionera, diaconal y moral" (3.5.3). La importancia de esta comunidad reside precisamente en el hecho de que abre un espacio en el que la reconciliación y la responsabilidad mutua pueden tener lugar, y donde las iglesias pueden aprender juntas a seguir el camino de un compromiso ecuménico costoso: "reconocer su solidaridad unas con otras, ayudarse unas a otras en caso de necesidad, abste-

nerse de llevar a cabo acciones que sean incompatibles con las relaciones de hermandad, entablar relaciones espirituales para aprender unas de otras, y 'consultarse unas a otras inspirándose en Jesucristo nuestro Señor, para discernir el testimonio que están llamadas a dar al mundo en su nombre' (Toronto)" (3.5.6).

17. Esa comprensión relacional del Consejo como comunidad de iglesias coloca la preocupación por su estructura y su perfil institucional dentro de un contexto más amplio y más propiamente teológico. Está en consonancia con las afirmaciones de la Quinta Conferencia Mundial de Fe y Constitución, celebrada en Santiago de Compostela, en 1993, acerca de "El concepto de koinonía y su significado" (Informe de la Sección I). Al considerar la koinonía como un don de la gracia de Dios y como vocación de las iglesias, el informe utiliza la imagen de la peregrinación como un acto de *metanoia* o conversión. Este movimiento constante de *metanoia* expresa claramente el carácter relacional de la Iglesia. Estar en relación significa estar preparado a exponerse uno mismo a la alteridad, a la singularidad del otro, a permitir que cambie el propio ser en ese encuentro. También significa aceptar los temores y las ansiedades que ese tipo de encuentro suscita en nosotros. Esta interpretación aclara lo que he dicho anteriormente acerca de la invitación "buscad a Dios" como un llamamiento a la *metanoia*, y acerca del "jubileo ecuménico" como un llamamiento a una autolimitación del poder. " El encuentro con el otro en la búsqueda de la koinonía, fundada sobre el don de Dios, exige una *kénosis*, una autoentrega, un despojo personal. Esta *kénosis* produce miedo a perder la identidad y nos invita a aceptar nuestra vulnerabilidad; no se trata sino de ser fiel al ministerio de Jesús en su vulnerabilidad y su muerte al intentar llevar a los seres humanos a la comunión con Dios y de unos con otros. Él es el modelo y el patrono de la reconciliación que conduce a la koinonía por medio del ministerio de la *kénosis*" (párr. 20).

18. Cuando se considera al Consejo como una comunidad de iglesias en la perspectiva de la dinámica de peregrinación constante de la koinonía, que las iglesias en el Consejo tratan de manifestar, comprendemos que el costo del compromiso que requiere esa comunidad es muy elevado. Debe ser sustentado y regenerado continuamente a medida que las iglesias tratan de cumplir su vocación común. Esto es particularmente importante cuando las iglesias se ven confrontadas a la necesidad de dar un testimonio profético y de servir al mundo. En el estudio del CMI sobre "eclesiología y ética" se han profundizado las percepciones de la Conferencia Mundial de Fe y Constitución, el proceso ecuménico de

Justicia, Paz e Integridad de la Creación, así como los esfuerzos anteriores para relacionar el *ser* de la iglesia con su carácter de *signo profético* en el mundo. En este estudio se ha examinado la dimensión ética de la iglesia como koinonía tal como se expresa en la liturgia, especialmente en los sacramentos de bautismo y en la eucaristía y se ha prestado particular atención al proceso de formación moral y espiritual, y de discernimiento, en el que se genera la koinonía y se reconstruye. Esto conlleva la importante sugerencia de que la *oikoumene* debe entenderse como un "campo energético" de resonancia y reconocimiento mutuos generado por el Espíritu Santo. Al elegir las metáforas de resonancia y reconocimiento nos remitimos a una imagen bíblica de la literatura juanina. Las ovejas reconocen la voz del pastor (Jn 10:3; véase Ap 3:20)... Ser discípulo significa oír la voz, estar inspirados y modelados por ella: no sólo por su sonido sino también por el contenido, el tono auténtico de una manera de hablar por el que somos conformados, dando testimonio de una manera reconocible de ser en el mundo, aunque una manera de ser que tiene múltiples formas. . . En el centro del reconocimiento ecuménico está el hecho de que la otra comunidad ha asumido un compromiso análogo al propio y el compromiso propio es análogo al del otro. Hay analogía porque hay un modelo – reconocimiento compartido – de la práctica moral en el Espíritu. La gente... reconoce que otros "tienen el mismo espíritu"... Ese reconocimiento es global, y no meramente doctrinal o jurisdiccional, aunque incluye tanto elementos doctrinales como jurisdiccionales. Es reconocimiento de una vivencia: un sentido de comunión moral. Esto es lo que significa la *oikoumene*". (*Costly Obedience*, párr. 90 y ss.).

19. En este documento se interpreta el CMI como el "espacio" que da la posibilidad de esa comunión de reconocimiento y resonancia mutuas. Aunque no es en sí esa comunión moral, "*es* una comunidad de iglesias que oran para recibir los dones espirituales que esa comunión en el testimonio moral requerirá" (párr. 99). "El CMI necesita demarcar, mantener y *ser* efectivamente un espacio en el que la comunión eclesial y moral... puede expresarse, donde se procura sin cesar un lenguaje que exprese más plenamente la realidad, donde se conciben acciones comunes que encarnan el testimonio moral necesario, y donde tiene lugar una formación ecuménica que le da a ese testimonio una densidad y una plenitud cada vez mayores "(párr. 102). Esta comprensión del CMI ha servido de inspiración al programa de Teología de la Vida, que examinó las diez afirmaciones de la Convocación de Seúl sobre Justicia, Paz e Integridad de la Creación (1990), como "una definición preliminar del

marco y el espacio en el que se podrán construir relaciones de confianza. Esas afirmaciones no son declaraciones confesionales ni criterios para juzgar posiciones supuestamente heréticas. Por el contrario, pueden considerarse como varas con que se mide la responsabilidad mutua, como principios que permiten resolver los conflictos de interpretación mediante el diálogo ecuménico y colaborar en contextos radicalmente diferentes" (M. Robra en *Ecumenical Review*, 1996/1, pág. 35). La conferencia Sokoni en Nairobi, celebrada en enero de 1997, que fue organizada siguiendo el modelo del mercado de aldea africano, que es para la comunidad un lugar de comunicación e intercambio, ofreció una experiencia concreta de ese espacio ecuménico. Este es también el propósito del Padare como un espacio abierto, aunque protegido en medio de esta Asamblea.

20. Así pues, el concepto de "espacio ecuménico" amplía nuestra comprensión del CMI como comunidad de iglesias. De hecho, esta noción ya se había utilizado en anteriores debates ecuménicos sobre la comunidad conciliar. En la declaración de la Comisión de Fe y Constitución sobre "Conciliaridad y el futuro del Movimiento Ecuménico" (1971) se afirma: "si la unidad de la iglesia ha de servir a la unidad de la [humanidad], *debe ofrecer espacio* tanto para la amplia variedad de formas, como para las diferencias e incluso los conflictos. . . La unidad de la Iglesia debe ser de una índole tal que haya *amplio espacio* para la diversidad y para la confrontación abierta de intereses y convicciones diferentes" (Informe de Louvain, págs. 226 y ss; la bastardilla no existe en el original). Más recientemente, los debates de Fe y Constitución han sugerido que la noción de "espacio ecuménico" puede facilitar el debate doctrinal acerca del ministerio de los obispos. "Living in Spaces with Open Doors" (Vivir en espacios con puertas abiertas) es el título de un informe de una consulta celebrada en 1995 y organizada por varios programas de formación del CMI, convocada para examinar los paradigmas educativos que permiten a las personas vivir en espacios abiertos, aceptar la diversidad, ampliar horizontes y mantener viva la esperanza. En el informe se habla del concepto de "sociedad civil" como un espacio, diferente de las estructuras económicas y políticas del Estado y del mercado, en el que se va construyendo la auténtica comunidad. Cabe decir asimismo que el Decenio Ecuménico de Solidaridad de las Iglesias con las Mujeres hizo una espectacular petición en favor de que la iglesia sea una comunidad verdaderamente incluyente. Por último, el debate ecuménico acerca de la integridad de la creación dio lugar al reconocimiento de que la Tierra es el espacio que ha dado el Creador para que todas las cosas

vivientes vivan juntas en comunidades viables. El séptimo día de la creación, el Sabat divino, cuando Dios descansó de su obra de creación, abre
el espacio para que se expanda y crezca la vida. Haciéndose eco de la tradición rabínica, Larry Rasmussen afirma que "es el Sabat y no la dominación lo que simboliza la justa relación de los seres humanos con el
resto de la naturaleza y de toda la creación, y con el Creador. En realidad el Sabat, y no la creación de los seres humanos, es la culminación y
el clímax de la propia historia de la creación..." (L. Rasmussen, *Earth
Community, Earth Ethics*, Ginebra 1996, pág. 232). En este sentido el
Sabat y el año del jubileo ofrecen el espacio para la reconstrucción perió-
dica de la vida comunitaria.

21. Todo esto nos recuerda la exhortación profética: "Ensancha el
sitio de tu tienda, y las cortinas de tus habitaciones sean extendidas; no
seas apocada; alarga tus cuerdas y refuerza tus estacas" (Is 54:2). Estas
palabras pueden inspirar una revitalización de la vida en comunidad de
las iglesias unas con otras en el CMI. Ahora bien, actualmente, muchas
iglesias, bajo la presión de problemas internos y externos, se están reple-
gando detrás de líneas defensivas confesionales e institucionales. La
colaboración ecuménica con otras iglesias sigue siendo, a menudo, formal, dando lugar rara vez a un encuentro vital. A medida que el compartir de recursos se profesionaliza, los vínculos ecuménicos de solidaridad
se debilitan. Muchos consideran el Consejo Mundial de Iglesias como un
organismo de cooperación orgánico, cuya eficacia se evalúa en relación
con la de muchas organizaciones no gubernamentales internacionales
especializadas. Otros opinan que el CMI plantea aún más problemas y
presiones de los que las iglesias ya tienen, imponiendo posiciones y
orientaciones programáticas que están en contradicción con sus tradiciones eclesiales. Incluso la interpretación del Consejo como una comunidad de "responsabilidad mutua", puede entenderse como una imposición
que no respeta la integridad de las iglesias miembros. Habida cuenta de
esta situación, mi sugerencia de que las nociones de "peregrinación y
"espacio ecuménico" pueden contribuir a nuestra comprensión del Consejo como una comunidad de iglesias es aún más pertinente. En la inseguridad de la situación actual, y teniendo en cuenta la tentación de pro-
tegerse de forma defensiva y exclusiva, el Movimiento Ecuménico necesita recuperar el sentido de pueblo peregrino de Dios, de iglesias en el
camino juntas, dispuestas a trascender los límites de su historia y de su
tradición, escuchando juntas la voz del pastor, reconociéndose unas a
otras y resonando unas en otras, revitalizadas por el mismo Espíritu. El
CMI como comunidad de iglesias es el espacio en el que ese encuentro

arriesgado puede tener lugar, en el que puede construirse la confianza y crecer la comunidad. Actualmente, esta convicción es puesta a prueba gravemente por conflictos en torno a cuestiones morales, especialmente en cuanto a la sexualidad humana, y debido a desafíos teológicos y eclesiológicos que se han planteado durante el Decenio Ecuménico de Solidaridad de las Iglesias con las Mujeres. Más que nunca antes necesitamos que el CMI sea un espacio ecuménico abierto, aunque rodeado por la fidelidad de Dios y protegido por el vínculo de paz, un espacio de aceptación y de comprensión mutua, así como de interpelación y de corrección recíprocas.

22. La comunidad de iglesias en el CMI no es un fin en sí misma. Está destinada a servir como signo e instrumento de la misión de Dios en el mundo. Apoyándonos en la noción de espacio ecuménico, hemos definido el término "comunidad" como un espacio en el que "las iglesias pueden explorar (juntas) lo que significa estar en comunidad para alcanzar una mayor unidad en Cristo" (párr. 3.5.4, EVC). Ahora bien, el CMI, en sí mismo, no va más allá de la perspectiva de un ecumenismo limitado a las relaciones de las iglesias entre sí. De ahí que será necesario que el espacio ecuménico se abra a las preocupaciones del mundo. En su análisis de las respuestas de las iglesias al documento EVC, Peter Lodberg dijo: "El CMI es un santuario en un mundo dividido" (en *Ecumenical Review*, 1998/3, pág. 276). Un santuario es un lugar de refugio para el forastero, ofrece hospitalidad a los que no tienen hogar. Reflexionando sobre el significado de la búsqueda contemporánea de significado espiritual, que se percibe en todas partes, y el amplio resurgimiento de la religión en nuestros días, Lewis Mudge cree que la comunidad cristiana – e implícitamente también la comunidad ecuménica de iglesias – "Pueden proporcionar no sólo hospitalidad material al forastero, sino también hospitalidad espiritual: un santuario de significado para los que, por muchas razones – intelectuales, religiosas, políticas – no pueden confesar la fuente de ese significado" (L. Mudge, *The Church as a Moral Community*, Ginebra 1998, pág. 82). A veces, las iglesias, en su comunidad ecuménica, han ofrecido a la comunidad secular más amplia el espacio para ahondar en su reflexión sobre las dimensiones morales y espirituales de la justicia y la injusticia, la reconciliación, los derechos humanos y la construcción de la paz. Como dice L. Mudge: "Las iglesias pueden y deben ofrecer una especie de espacio metafórico en el mundo para aquellos – creyentes y no creyentes – que están convencidos de que la sociedad humana puede superar su violencia original, su resentimiento y su desconfianza permanentes, y llegar a hacer realidad su

vocación verdadera de ser la comunidad amada que se describe en los textos bíblicos. Las iglesias existen para mantener abierto un espacio social en el que las estructuras y prácticas vigentes de la sociedad quedan al descubierto y en el que las relaciones en la comunidad humana pueden articularse nuevamente, un espacio en el que las metáforas de vida en común pueden confrontarse con su dimensión transcendental (*loc. cit.* párr. 112).

¿Más allá de la condición de miembro?

23. En el documento EVC se pone de relieve la concepción del CMI como una "comunidad de iglesias" que *tiene* una estructura y una organización, pero no debe identificarse con esa estructura. Ahora bien, en parte como respuesta al documento EVC, se ha entablado un nuevo debate, precisamente en torno al carácter institucional del CMI como una organización con iglesias miembros. Al trazar las líneas generales de lo que entraña la condición de miembro de este organismo, el documento EVC se remite a un texto anterior recibido por el Comité Central en 1996 (véase el "Significado de la Condición de Miembro", Actas del Comité Central en inglés, 1996, págs. 184-187). Cuando un proyecto anterior de este texto se envió a las iglesias miembros para estudio y comentario, sólo unas pocas iglesias respondieron. Retrospectivamente comprendemos que una explicación del significado de la condición de miembro inspirada en la noción bíblica del cuerpo – en otras palabras, las iglesias en comunidad como miembros *unas de otras*, no puede conciliarse fácilmente con la noción de miembro de una organización. Por lo que respecta a la condición de miembro, muchas iglesias parecen sobre todo preocupadas por la participación, la representación y la influencia en la toma de decisiones, que se resume en la frase "hacer suya la organización". La condición de miembro conlleva derechos y privilegios, pero también entraña responsabilidades y obligaciones. En el documento EVC se habla mucho más extensamente de las responsabilidades de la condición de miembro que acerca de los derechos de participación y representación. Aunque en un proyecto anterior del documento EVC se había incluido una sección sobre las consecuencias institucionales de esa comprensión del CMI, particularmente para sus estructuras rectoras, el Comité Central consideró que estas propuestas requerían mayor atención, y que deberían ser tratadas por separado respecto de la declaración normativa. Actualmente, el debate está centrado precisamente en esas preocupaciones.

24. Son sobre todo las iglesias ortodoxas (calcedonias) las que han planteado cuestiones fundamentales. En una reunión en Tesalónica, a comienzos de este año, exigieron una "reestructuración radical" del Consejo, planteando el cumplimiento de este objetivo, como una condición para la continuación de su participación en la vida y la labor del CMI. El concepto de "miembro" es central en su argumentación. Actualmente, la condición de miembro del Consejo se basa en la identidad institucional de las iglesias como entidades autónomas, principalmente nacionales. La Constitución y el Reglamento del CMI, de conformidad con la Declaración de Toronto de 1950, dejan abierta la cuestión eclesiológica de la definición de iglesia. Una iglesia miembro en potencia debe expresar su acuerdo con la Base, y dar pruebas de autonomía, así como y "la autonomía permanente de su vida y su organización". Debe reconocer "la interdependencia esencial de las iglesias, esencialmente las de la misma confesión, y mantener relaciones ecuménicas constructivas con otras iglesias en su país o región". Además de estas condiciones, las iglesias miembros candidatas deben tener, al menos, 25,000 miembros (para ser admitidas como miembros asociadas, se necesitan 10,000 miembros). Estas formulaciones sobre "la condición de miembro", no indican la manera en que el CMI ha de responder cuando una iglesia miembro se divide o cuando dos o más iglesias miembros se unen o llegan a un acuerdo de plena comunión. El hecho de que la mayoría de las iglesias de tradición protestante en el día de hoy vivan en una situación de plena comunión (al menos de facto) unas con otras, plantea la cuestión de cómo esto puede expresarse de forma más adecuada en su condición de miembro del Consejo.

25. Durante más de 25 años, las iglesias ortodoxas han expresado su preocupación ante la constante aceptación de nuevas iglesias miembros por parte del CMI, la mayoría de las cuales son de tradición protestante, mientras que la cantidad de iglesias ortodoxas ha continuado siendo prácticamente la misma, y no es probable que cambie. Se sienten asimismo encerradas en una situación minoritaria por razones estructurales. Por consiguiente, sólo tienen una influencia limitada en las orientaciones programáticas y en los órganos rectores del CMI. Las iglesias ortodoxas ponen de relieve que representan una de las dos principales tradiciones cristianas – ortodoxa y protestante – que constituyen el Consejo, y que la cantidad combinada de sus fieles corresponde al menos a una tercera parte del total de todas las iglesias miembros de CMI, y piden que se proceda a un nuevo examen de las estructuras del Consejo y de los procedimientos de gestión. La concesión de cuotas (actualmente del 25 por

ciento) para los puestos en los órganos rectores, así como las cuotas para laicos, mujeres, jóvenes, etc., no es, a su entender, la forma de resolver el verdadero problema. También ponen en tela de juicio el Reglamento de los debates y el proceso de toma de decisiones, basados en el modelo parlamentario de mayoría de votos. Queriendo respetar su firme convicción de que las cuestiones que afectan a la comprensión eclesiológica que una iglesia tiene de sí no pueden ni deben decidirse por mayoría de votos, el Consejo aprobó el inciso b del apartado 6 del artículo XVI, según el cual esas cuestiones pueden abordarse en una sesión deliberativa sin procederse a votación. Ahora bien, recientemente, las iglesias ortodoxas han planteado una cuestión más fundamental acerca de lo que significa continuar siendo miembros de una organización cuyo programa responde a preocupaciones que son a menudo ajenas, no sólo en relación con su comprensión eclesiológica, sino también con su propia idiosincrasia y cultura. Aunque no desean poner en tela de juicio su compromiso y corresponsabilidad en el Movimiento Ecuménico, en el que han participado desde los comienzos, se preguntan si la condición de miembro, con todas sus consecuencias y responsabilidades estipuladas en el documento EVC, es la única forma de participar en el Movimiento Ecuménico. Algunos han observado que la Iglesia Católica Romana tiene mayores posibilidades de participación como asociada esencial en programas y actividades del CMI, sin asumir, sin embargo, las responsabilidades de miembro.

26. Lo que revelan estas cuestiones es que el perfil institucional del CMI y su idiosincrasia han sido conformados siguiendo el modelo de las asambleas y los sínodos de las iglesias protestantes históricas, que imitaron la tradición parlamentaria de toma de decisiones de los países con constituciones democráticas. En efecto, el Consejo ha defendido con firmeza el criterio de la participación de las personas en decisiones que afectan su vida, y ha permitido, por lo tanto, que grupos de interés en torno a muchas cuestiones importantes influyeran en su vida. Aunque muchas iglesias consideran apropiado este procedimiento, se trata esencialmente de un modelo que se deriva de su vida política, y cuya aplicación al Consejo no es necesariamente la mejor forma de expresar la comprensión que tienen las iglesias de una "comunidad de iglesias". No sólo las iglesias ortodoxas, sino también muchas iglesias de África y de otras partes del hemisferio sur, siguen modelos diferentes, en los que se da prioridad al diálogo y al consenso, y al respeto de la jerarquía y de la autoridad. Sin rechazar la disciplina de la "responsabilidad mutua" como criterio para una comunidad comprometida, insisten en que esto presu-

pone una colaboración auténtica, así como estar dispuestos a exponerse al encuentro con el otro en un diálogo de amor en lugar de entablar negociaciones de compromisos entre diferentes posiciones y grupos de interés. En efecto, si el CMI ha de servir de marco para un espacio ecuménico sería necesario plantearse la pregunta de si la forma actual de gobierno por mayoría es la más adecuada para organizar su vida. Cabe destacar que la toma de decisiones por consenso se ha adoptado como un procedimiento válido incluso en algunos foros políticos a nivel internacional. Y se utiliza en la mayoría de los programas del CMI. Estos modelos también deben examinarse en relación con los procedimientos de toma de decisiones oficiales en el CMI. Al mismo tiempo, debe ampliarse el espacio para una deliberación auténtica en reuniones como las del Comité Central, invitando a los diferentes interlocutores a reunirse y a intercambiar ideas sin tener necesariamente que tomar una decisión mediante votación. Queda claro que todas las cuestiones relativas a la participación y a la condición de miembro no podrán abordarse de forma satisfactoria en esta Asamblea. En la reunión entre iglesias ortodoxas en Tesalónica que mencionamos anteriormente, se insistió mucho en la necesidad de crear una "Comisión Teológica Mixta" para examinar los cambios institucionales necesarios a fin de lograr una forma aceptable de participación ortodoxa en la vida del CMI. Esta respuesta ya ha recibido el apoyo del Comité Ejecutivo, y se espera que esta Asamblea tome las medidas necesarias para establecer esa comisión.

27. Ahora bien, la activa participación de la Iglesia Católica Romana en muchos aspectos de la vida y de las actividades del CMI, nos obliga a volver a la cuestión de si la "condición de miembro", concebida como un vínculo institucional con derechos y responsabilidades es, de hecho, la única forma – o la más apropiada – de expresar la participación en el Movimiento Ecuménico. Siempre se ha reconocido que el Movimiento Ecuménico es más amplio y más global que el Consejo Mundial de Iglesias con sus iglesias miembros reconocidas. Son muchos y diversos los instrumentos y agentes del Movimiento Ecuménico. Algunos son, incluso, más antiguos que el propio CMI. El Consejo mantiene, con regularidad, relaciones de trabajo con los organismos que representan a las Comuniones Cristianas Mundiales, con las organizaciones ecuménicas regionales y con los consejos nacionales y otras organizaciones ecuménicas internacionales. Aunque en el Reglamento del CMI se reconoce que estas organizaciones son esenciales para el "único Movimiento Ecuménico", no pueden ser miembros del Consejo, y su participación en la realización de los programas y actividades del CMI es limitada. Además

de la Iglesia Católica Romana, otras "iglesias no miembros", particularmente procedentes de las tradiciones pentecostal y evangélica libre, contribuyen a su manera a establecer el programa del Movimiento Ecuménico aunque no estén relacionadas institucionalmente con el CMI. El Consejo continúa siendo la expresión institucional más global y representativa del Movimiento Ecuménico. Así pues, tiene una responsabilidad particular en la consolidación del "único Movimiento Ecuménico", como se reconoce en el Artículo III revisado que se propone de la Constitución del CMI. En la propuesta de enmienda constitucional se reconocen los diferentes copartícipes ecuménicos del CMI, y se considera como responsabilidad especial del CMI esforzarse "por mantener la coherencia del único Movimiento Ecuménico en sus diversas manifestaciones".

28. Así pues, la enmienda propuesta atribuye al CMI una responsabilidad que trasciende su relación con sus miembros oficiales. La nueva formulación no cambia la naturaleza del Consejo Mundial como "consejo de iglesias", pero reconoce que "la calidad de miembro" no puede y no debe ser la única categoría para la participación en el esfuerzo ecuménico común. Para dar una expresión concreta a su deseo de promover relaciones más amplias que trasciendan las que mantiene con sus miembros, el Consejo ha propuesto que se estudie la formación de un "Foro de Iglesias Cristianas y Organizaciones Ecuménicas". El término "foro" fue elegido deliberadamente para sugerir que la participación es más importante que la condición de miembro. El foro estará abierto a todos los organismos y organizaciones que comparten la confesión de fe en Jesucristo como Señor y Salvador según las Escrituras, y que tratan de ser obedientes al llamamiento de Dios. Su objetivo sería crear un espacio en el que pueda tener lugar un intercambio auténtico acerca de los desafíos con que se enfrenta el Movimiento Ecuménico y en el que puedan concebirse otras formas de colaboración. El foro no deberá ser otra institución con estructuras burocráticas y administrativas. No se prevé como un marco en el que se toman decisiones o se aprueban resoluciones. Su objetivo es constituir una red de relaciones que trascienda las limitaciones de los mecanismos vigentes. El CMI participaría en el foro junto con las otras entidades sin reivindicar ningún lugar de privilegio. Tras las consultas iniciales con la mayoría de las organizaciones más próximas, cuya voluntad de participar en esta empresa es decisiva para el establecimiento del foro, se llevó a cabo una consulta exploratoria en agosto de este año, y se formuló una propuesta común que se ha distribuido a las diferentes organizaciones para examen y respuesta. En nom-

bre del CMI, y por mediación del Comité de Examen I, se pide a esta Asamblea que se pronuncie en relación con esta propuesta.

Una visión ecuménica para el siglo XXI

29. Para terminar, deseo volver a las amplias perspectivas que abre el tema de la Asamblea cuando nos invita a "la alegría de la esperanza". ¿Estamos dispuestos a "dar cuenta de la esperanza que está en nosotros"? ¿Tenemos una visión ecuménica que pueda orientarnos al acercarnos al siglo XXI y que sea suficientemente convincente para inspirar a la nueva generación? Al celebrar el cincuentenario del CMI, se nos recuerda que la afirmación de la Asamblea de Amsterdam – "estamos firmemente decididos a permanecer juntos", no era sólo un acto de fe. También expresaba una visión de la iglesia y del mundo, y un compromiso con la acción. Al comenzar esta Asamblea jubilar, cabe recordar, una vez más, las palabras del Mensaje de la Asamblea de Amsterdam que solemnemente declaró ese compromiso: "Cuán vano sería nuestro encuentro para constituir el Consejo Mundial si los cristianos y las congregaciones, en todas partes, no se comprometieran con el Señor de la Iglesia en un nuevo empeño juntos, allí donde viven, por ser sus testigos y sus siervos para con sus prójimos. Debemos recordar, nosotros y toda persona, que Dios derrocó a los poderosos y exaltó a los humildes. Tenemos que aprender juntos nuevamente a hablar con osadía en nombre de Cristo tanto a los que están en el poder como a toda persona, a oponernos al terror, la crueldad y la discriminación racial, a estar al lado de los marginados, los prisioneros y los refugiados. Tenemos que hacer que la iglesia sea, en todo lugar, la voz de los que no tienen voz, y un hogar acogedor para todos. . . Tenemos que pedir a Dios que nos enseñe a decir juntos No y a decir Sí en verdad. No, a todo lo que desobedece al amor de Cristo, a todo sistema, todo programa y toda persona que trata a [otros] como si fueran seres irresponsables o un medio de obtener beneficios, a los defensores de la injusticia en nombre del orden, a los que consideran las semillas de la guerra o presentan la guerra como inevitable; Sí, a todo lo que es conforme al amor de Cristo, a todos los que buscan la justicia, a los pacificadores, a los que esperan, luchan y sufren por la causa de [la humanidad], a todos los que – incluso sin saberlo – buscan un nuevo cielo y una nueva tierra donde morar con justicia".

30. Con ese compromiso y esa visión, en cincuenta años de existencia, el CMI ha llegado a ser, de hecho, fuente de esperanza para muchas personas y comunidades: para los desarraigados y las víctimas de la discriminación y la opresión racial, para los que luchan por la justicia y la

dignidad humana, para las mujeres y todos los marginados de la iglesia y de la sociedad. Estos signos visibles de la obediencia cristiana común han dado forma al perfil del CMI a lo largo de varias generaciones, han favorecido el surgimiento de redes de solidaridad ecuménica en todas partes, cambiando la comprensión de lo que significa ser iglesia en el mundo.

31. Pero al celebrar el patrimonio que nos dejaron los que nos han precedido, no podemos contentarnos con simplemente reafirmar su visión y compromiso. En Amsterdam, la visión y el compromiso se formularon bajo los efectos de la devastación que había dejado la más destructiva de las guerras de la historia humana. Debemos formular claramente nuestra visión y nuestro compromiso al tratar de hacer frente a la situación del mundo y del Movimiento Ecuménico en vísperas del siglo XXI. Y nos encontramos actualmente obligados a participar en un proceso de transformación histórica llamado comúnmente "mundialización". Esa mundialización ha incrementado espectacularmente la interdependencia de todas las partes del mundo, en particular en las esferas de la economía, las finanzas y la comunicación. Al mismo tiempo, es causa de la creciente fragmentación y exclusión de gran cantidad de personas en todo el mundo. Y lo que es más, el Movimiento Ecuménico se encuentra en una encrucijada y ante la necesidad urgente de nueva orientación. Tras celebrar este jubileo y afirmar nuevamente que deseamos permanecer juntos, no podemos simplemente regresar a nuestros hogares y continuar como si nada hubiera cambiado. El tema de la Asamblea nos exhorta a la conversión, al arrepentimiento y a una evaluación crítica de nuestros fallos para curar las divisiones del cuerpo de Cristo, de nuestra vacilación en decir No a todo lo que nos divide y Sí a todo lo que augura una mayor unidad.

32. Sin embargo, a veces, nuestro No ha sido más fuerte que nuestro Sí. A veces, hemos permitido que se confundan nuestra visión de unidad y las relaciones justas en la iglesia y en el mundo con ambigüedades y antagonismos de años de confrontación en la guerra fría. No es el momento de dormirnos en los laureles, de conformarnos con nuestro pasado. Las tensiones que se evidencian actualmente en nuestras redes de solidaridad ecuménica debido a las dinámicas del proceso de mundialización, expresan un "ecumenismo de dominación" despiadado. Aunque debemos decir No al orden mundial que niega a cientos de millones de personas el derecho a la vida y a la dignidad humana, y pone en peligro la viabilidad del tejido de la propia vida, se nos exhorta a decir Sí, hoy más que nunca, a los esfuerzos que afirman y defienden la vida,

(*Arriba*) *mostrador de Amnistía Internacional en el Padare*; (*izquierda*) *el Embajador Sueco, Thomas Hammerberg, y el Obispo Aldo Etchegoyen de Argentina, en una conferencia de prensa sobre los derechos humanos*; (*abajo*) *Padare para conmemorar el 50 aniversario de la Declaración Universal de Derechos Humanos.*

Plenaria sobre África: **(arriba, izquierda)** Barney Pityana (Sudáfrica) y Mercy Oduyoye (Ghana); **(arriba, derecha)** escena de la presentación dramática a cargo del «Zimbabwean theatre group» (ZACT); **(abajo)** los niños de Zimbabwe también estuvieron presentes en el escenario.

(**Arriba, derecha**) *Festival Ecuménico del Decenio: en el salón de plenarias, los participantes presencian una escena simbólica en la que varias mujeres vierten juntas agua procedente de sus países respectivos;* (**abajo**) *celebrando los cincuenta años del CMI, o la peregrinación hacia el jubileo;* (**izquierda**) *Pauline Webb y Nelson Mandela, presidente de Sudáfrica,* (**derecha**) *Philippe Potter, ex secretario general del CMI, con Sithembiso Nyoni, de Zimbabwe, y su hija de quince años, Mvuselelo, a quien Potter había tomado en los brazos en la Asamblea de Vancouver, en 1983, como gesto simbólico con las nuevas generaciones.*

Presidentes y presidentas del Consejo Mundial de Iglesias

Dra. Agnes Abuom

Rev. Kathryn Bannister

Obispo Jabez Bryce

Metropolita Crisóstomos

Dr. Moon-Kyu Kang

Obispo Federico Pagura

Obispo Eberhardt Renz

Patriarca Ignatius Zakka I Iwas

que curan la comunidad humana y restauran la integridad de la creación. El mensaje del jubileo, inherente al tema de la Asamblea, no es un proyecto de un nuevo orden, sino que, en medio de un mundo quebrantado e imperfecto, apunta a esferas en las que es necesaria la conversión. No promete un inminente "nuevo cielo y nueva tierra", antes bien, es lo que era y sigue siendo: un mensaje de liberación de cautiverios que aún nos retienen en nuestro camino ecuménico, y un proyecto de esperanza para la reconstrucción de la comunidad en la que se restaura el lugar que corresponde a los que han sido marginados y excluidos.

33. En el texto "Nuestra Visión Ecuménica", (que se incluye en la Guía de Trabajo de la Asamblea), que se formuló sobre la base del documento EVC, se pretende dar cuenta de la esperanza que está en nosotros. El texto ha sido redactado en forma de letanía expresada en el lenguaje litúrgico del culto. Constituirá el marco del servicio de culto de renovación del compromiso, el 13 de diciembre, cuando se celebrará el cincuentenario del CMI. Constituye una invitación a contextualizar la visión para que llegue a ser la expresión común de esperanza de esta Asamblea. Y lo que está en juego no es tanto el núcleo central de la propia visión, sino los símbolos bíblicos del reino de Dios, de plenitud de vida en la presencia de Dios, de un nuevo cielo y una nueva tierra establecidos por relaciones justas, la reunión de todas las cosas en Cristo, que son la fuente de inspiración de nuestras esperanzas y visiones. Lo importante aquí es sobre todo encontrar un lenguaje que nos permita interpretar y explicar esas imágenes bíblicas a las generaciones actuales y futuras, a fin de que puedan, así, responder a la vocación ecuménica con la misma convicción con la que lo hicieron las generaciones que nos prepararon el camino.

34. La declaración sobre la visión comienza afirmando el legado de los que nos precedieron. Nos recuerda que seguimos siendo el pueblo peregrino de Dios. Y formula una visión para el Movimiento Ecuménico del día de hoy:

> Anhelamos la unidad visible del cuerpo de Cristo, que afirma los dones de todos, jóvenes y ancianos, mujeres y hombres, laicos y ordenados.
>
> Tenemos esperanza en la curación de la comunidad humana, la plenitud de toda la creación de Dios.
>
> Creemos en el poder liberador del perdón, que transforma la hostilidad en amistad y rompe la espiral de la violencia.
>
> Aspiramos a una cultura del diálogo y de la solidaridad, a compartir la vida con los extranjeros y a buscar el encuentro con los creyentes de otras religiones.

El elemento central de esta visión es la restauración o la construcción de comunidades humanas viables. En tiempos de creciente individualismo, fragmentación y exclusión, arroja nueva luz sobre las esperanzas tanto del Norte como del Sur. Al afirmar con firmeza la vida y el derecho a la vida para todos, continúa el impulso de la Asamblea de Canberra. Sus ejes son los conceptos de plenitud, reconciliación, comunidad, diálogo y tolerancia, solidaridad y limitación del poder. La declaración sobre la visión fomenta la formulación de valores y normas compartidas, la construcción de una nueva cultura del diálogo y la buena disposición para aprender unos de otros, de la no violencia y de la solución pacífica de los conflictos, del compartir y de la solidaridad. Esta visión de una cultura alternativa de la comunidad humana en la iglesia y la sociedad puede parecer utópica, ya que es contraria a la imposición de otros valores y normas en un mundo mundializado. Está arraigada en la confianza de que existe una alternativa a la competencia sin límites, al crecimiento a cualquier costo, en lugar del crecimiento suficiente, al uso abusivo en lugar de la regeneración, al individualismo en lugar de la comunidad.

35. Cualquier visión que no inspire nuevas formas de actuar es una lejana utopía. Y hasta puede impedir un discernimiento sensato de la realidad, corriendo el peligro de transformarse en una ideología sofocante. Sólo es convincente cuando ayuda a descubrir e identificar las contradicciones del presente y a liberar energías para el cambio y la transformación. Es esa visión común la que impulsa a las iglesias en el Movimiento Ecuménico a hacer manifiesta una nueva calidad de relaciones unas con otras, que exprese y anticipe un nuevo orden, una nueva cultura. La pujanza y la integridad del Movimiento Ecuménico residen en esa red mundial de relaciones que sustenta, en cada lugar, el deseo de las iglesias de ser una verdadera iglesia, de constituir comunidades de vida viables, de construir comunidades de apoyo, de proporcionar un santuario y un espacio a los que están perdidos o excluidos. Al dar expresión a esa visión en su culto y su vida, las iglesias ofrecen un nuevo sentido a la vida de quienes se sienten perdidos o abandonados, y anticipa la plenitud que es la promesa escatológica de Dios. Con esa visión, las iglesias pueden, por la gracia de Dios, llegar a ser auténticas comunidades de esperanza en un mundo que necesita firmes fundamentos.

3.4. INFORME DEL COMITE DE FINANZAS

Introducción

De 1948 a 1998, la visión del CMI sobrepasó siempre sus posibilidades financieras. Las siete asambleas anteriores tuvieron todas ante sí la difícil tarea de compaginar la visión con los fondos. Después de Canberra, los costos se redujeron gracias a la disminución de un tercio de la dotación de personal. Ahora, a esta Asamblea jubilar incumbe la responsabilidad de aumentar los ingresos profundizando el compromiso de todos los miembros y aceptando nuevos métodos.

Antes de pasar a las recomendaciones, en el presente informe se examinan brevemente:
- la posición financiera estable conseguida después de Canberra frente a una situación mundial de convulsión económica; y
- algunas consecuencias financieras del documento y el proceso de Entendimiento y Visión Comunes (EVC) para la situación actual y la que puede preverse.

I. DE CANBERRA A HARARE

1. Evolución externa

Los grandes cambios políticos, sociales y económicos ocurridos en el mundo han influido profundamente en las finanzas del CMI durante los siete últimos años. Entre los más significativos cabe señalar:
- el fin de los sistemas comunistas en la URSS y en Europa Oriental;
- la mayor integración y el mayor crecimiento de la economía mundial;
- los conflictos en la ex Yugoslavia, el Oriente Medio y África;
- las crisis financieras, primero en México y, más recientemente, en los países del sur y el este de Asia, Rusia y el Brasil;
- la imposición de programas de ajuste estructural a países con deudas imposibles de pagar.

Estos acontecimientos se han repercutido, directa o indirectamente, en las condiciones financieras de las iglesias miembros. La situación se ve agravada por la concentración de las fuentes de ingresos del CMI. En 1997, la situación era la siguiente:

Europa Occidental 81,76%
Estados Unidos y Canadá 15,83%
Resto del mundo 2,41%

Los gobiernos de los países occidentales reaccionaron ante las repercusiones de la evolución de la situación mundial en sus países, y la situación financiera de las iglesias resultó deteriorada. Por ejemplo, las iglesias alemanas, que aportan la mitad de la contribución de Europa, han tenido que hacer frente a las restricciones financieras en su trabajo y a los recortes de sus gastos a causa de las modificaciones previstas de la política fiscal del país, que influirán profundamente en la situación financiera de las iglesias. Además, muchas iglesias miembros occidentales afrontan crisis originadas por la disminución del número de fieles y el envejecimiento de las congregaciones. En consecuencia, no hay motivos para sentirse plenamente satisfechos respecto de la estabilidad de la situación financiera del CMI.

2. Evolución interna

2.1. La reestructuración 1991-1993

En vista del empeoramiento de la economía mundial a comienzos de la década de 1990, y ante el importante déficit de funcionamiento del propio Consejo en 1990, la Séptima Asamblea aprobó en Canberra una serie de medidas para lograr un equilibrio entre gastos e ingresos. En enero de 1992 se procedió a una reestructuración radical del Consejo.

CUADRO 1: RESULTADOS DE FUNCIONAMIENTO 1987-1997

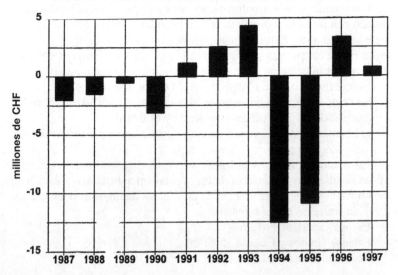

Las diecisiete dependencias administrativas y grupos financieros existentes se substituyeron por cinco departamentos administrativos: cuatro unidades de trabajo y una secretaría general ampliada. Sin embargo, cada unidad de trabajo conservó varias funciones financieras y mantuvo su propio encargado de finanzas.

Habida cuenta de los déficits presupuestarios proyectados, el Comité Central también aprobó una importante reducción de la dotación de personal. El número de miembros del personal descendió de 340 en 1990 a 270 en 1992. Esta disminución del 20% de la dotación permitió al Consejo equilibrar sus presupuestos y obtener pequeños superávits desde 1991 hasta 1993.

2.2. Haciendo frente a los déficits 1994-1996

El mejoramiento de las finanzas del Consejo conseguido en 1993 sufrió un grave revés en 1994 a causa de diversos factores. Después de varios años de bonanza, las carteras de inversiones del CMI registraron mediocres resultados.

CUADRO 2: INGRESOS (PÉRDIDAS) TOTALES PROCEDENTES DE LAS INVERSIONES DEL CONSEJO, 1994-1997)

CHF 000	*1994*	*1995*	*1996*	*1997*
Total de ingresos/pérdidas por inversiones del Consejo	(9.158)	(3.048)	10.774	5.669

Las fluctuaciones de los tipos de cambio originaron algunas pérdidas excepcionales en las transacciones, y algunos de los asociados financieros del CMI se vieron obligados a reducir sus contribuciones.

El Consejo emprendió un examen completo de los presupuestos, inició una evaluación programática total y estableció un plan de reestructuración del personal. En 1997, el número de miembros del personal quedó reducido a 237.

2.3. En busca del equilibrio 1997-1998

Quedó claro entonces que las dificultades financieras del CMI no eran temporarias. Sus ingresos de funcionamiento se mantenían estáticos y sus reservas habían quedado substancialmente reducidas.

Muchas iglesias miembros y organismos de cooperación se encontraban en situaciones similares. Era obvio que el Consejo tendría que proceder, una vez más, a un ajuste radical de sus estructuras y actividerefix-

CUADRO 3:
CONTRIBUCIONES DE INGRESOS DE FUNCIONAMIENTO, 1997

CHF 000	*1994*	*1995*	*1996*	*1997*	*1998*	*1999*
					Presupuesto	*Presupuesto*
Contribuciones de los miembros	6.366	6.267	6.347	6.659	6.531	6.972
Contribuciones asignadas para funcionamiento	20.906	21.026	20.358	21.035	18.338	16.355

des. El resultado fue la adopción de una nueva estructura y un nuevo estilo de trabajo en virtud de los cuales se eliminaban las cuatro unidades de trabajo y toda la labor del Consejo se reagrupaba en "un conjunto administrativo único", que funcionaría en cuatro grupos básicos de equipos de personal. Con la aplicación de una nueva metodología presupuestaria basada en la transparencia el personal de dirección debatió las prioridades presupuestarias y, a su vez, adoptó un enfoque coordinado del presupuesto de 1999.

En 1997, se registró un pequeño superávit de funcionamiento, y se prevén resultados análogos para 1998.

El Comité de Finanzas de la Octava Asamblea reconoce y aplaude los enérgicos esfuerzos y significativos cambios realizados por el Comité de Finanzas del Comité Central a lo largo de los últimos siete años para lograr la estabilidad de las finanzas del CMI. Un elemento importante del considerable progreso realizado ha sido también el empeño inquebrantable de los dedicados miembros del personal del CMI por mejorar la responsabilidad financiera así como la claridad de los mecanismos de presupuestación y presentación de informes.

Pese a los importantes progresos logrados después de Canberra, el Comité de Finanzas de esta Asamblea es consciente de una serie de problemas que aún persisten:

Problemas internos y externos que afectan al CMI:
– la disminución de los recursos financieros de algunas iglesias miembros y organismos de cooperación relacionados con las iglesias;
– la pugna cada vez mayor en las iglesias entre las necesidades internas y las externas;
– el cambio de prioridades en los organismos de desarrollo;
– la mayor competencia por fondos de otros organismos ecuménicos;
– la fluctuación de los tipos de cambio;

- la volatilidad de las carteras de inversiones;
- la insuficiencia de los ingresos no asignados para sufragar todos los costos de funcionamiento;
- la constante dependencia financiera que recae en sólo diez iglesias miembros;
- la falta de pago de las contribuciones del 48% de los miembros actuales;
- la reducción del nivel de las reservas;
- la permanente necesidad de mayor transparencia en el proceso de preparación del presupuesto y en los informes financieros.

II. EL PROCESO DE "ENTENDIMIENTO Y VISIÓN COMUNES" Y SUS CONSECUENCIAS PARA LA POLÍTICA FINANCIERA DEL CMI

El documento "Hacia un Entendimiento y una Visión Comunes del Consejo Mundial de Iglesias" entraña algunas consecuencias concretas para las funciones financieras del CMI.

La reestructuración del Consejo en equipos y grupos básicos interrelacionados requiere nuevos procedimientos financieros y tiene repercusiones en lo que supone la condición de miembro.

1. Nueva forma de entender la "condición de miembro"

1.1. El Comité de Finanzas reafirma el principio de que las contribuciones de los miembros deben alcanzar el objetivo de 10 millones de francos suizos en los próximos cinco años. Para lograr esa meta, las iglesias miembros tendrán que trabajar con voluntad y profundo empeño a fin de satisfacer y, cuando sea posible, exceder esa contribución mínima. Los cambios en las posibilidades de los contribuyentes tradicionales estimulan a otras iglesias miembros a contribuir como expresión de responsabilidad compartida.

1.2. El Comité de Finanzas apoya firmemente el principio de que cada iglesia miembro haga efectiva la contribución que en tal calidad le corresponde.

1.3. La importancia de las contribuciones de los miembros no radica sólo en sus consecuencias financieras sino también en que son expresión de la participación en el Movimiento Ecuménico y en el trabajo del CMI, como se recalca en el documento EVC.

2. Los equipos han de ser centros de ingresos y gastos

2.1. El Comité de Finanzas entiende que hay considerables posibilidades de que los equipos de personal generen ingresos. La prevista organización de talleres para ayudar a desarrollar de forma innovadora la capacidad de los equipos de personal como centros de ingresos sobre la base de la noción de proyectos mejorará la capacidad del Consejo para cumplir su labor a ese respecto. El Comité estima que se dispone de un potencial considerable para movilizar nuevas fuentes de ingresos mediante relaciones de asociación con otras organizaciones en torno a temas y proyectos. Asimismo, considera que podría lograrse una reducción significativa de los costos remitiendo aquellos proyectos que no sean de carácter básico a organizaciones ecuménicas nacionales y regionales o a iglesias miembros. El imperativo para los equipos de personal es operar con una nueva mentalidad previsora capaz de determinar y generar fuentes de financiación mediante la ejecución de las actividades de proyecto. Esta labor será coordinada por la Oficina de Coordinación y Movilización de Fondos (OCMF).

2.2. Es posible movilizar fuentes de financiación alternativas y reducir los costos mediante nuevas empresas conjuntas con organizaciones ecuménicas de iglesias y/o con otras organizaciones.

2.3. También se reafirma la necesidad de que las iglesias miembros faciliten personal en régimen de adscripción, cuando proceda.

3. Control financiero

Las funciones financieras y de contabilidad de los equipos deben seguir integrándose en una función de servicio administrativo y financiero para el trabajo de todo el Consejo.

4. Hacia el equilibrio financiero

4.1. Equilibrio financiero significa hacer corresponder determinados tipos de ingresos con categorías específicas de gastos. El cuadro 4 ilustra una situación "ideal". Las flechas representan las corrientes de fondos de una categoría de ingresos hacia la correspondiente categoría de gastos.

4.2. Definición de los términos utilizados en el Cuadro 4:

– *Ingresos procedentes de las contribuciones de los miembros:* Estos ingresos representan las contribuciones anuales abonadas por las iglesias miembros para el apoyo general del Consejo. Deben utilizarse primordialmente para las funciones de la Secretaría General, los servicios de finanzas y administración e información.

CUADRO 4. UNA PROPUESTA PARA ALCANZAR
EL EQUILIBRIO

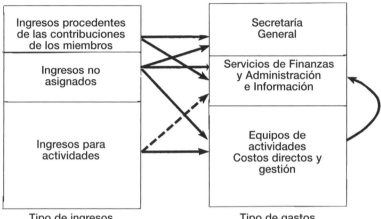

Tipo de ingresos · · · · · · · · · · · Tipo de gastos

- *Ingresos no asignados:* Estos fondos dan al Consejo la necesaria flexibilidad para llevar a cabo las tareas prioritarias establecidas por las iglesias miembros. Comprenden contribuciones adicionales de iglesias miembros y de otras fuentes, que no conllevan restricciones de utilización. A estos fondos se añaden los ingresos en concepto de alquiler de propiedades, los ingresos procedentes de las inversiones y los ingresos en concepto de producción. Pueden utilizarse en cualquiera de las categorías de gastos indicadas en el diagrama.
- *Ingresos para actividades:* Son los fondos que recibe el Consejo destinados a actividades determinadas y que deben utilizarse para esas actividades, tanto para sufragar costos directos como costos de gestión.

4.3. Propuesta de equilibrio

Algunos ingresos para actividades pueden estar destinados a proyectos especiales de duración determinada radicados en los sectores logísticos, por ejemplo la base de datos ecuménica. Esto se señala con la flecha punteada.

La flecha a la derecha del recuadro de gastos en concepto de actividades representa una tasa (derechos de gestión) que abonan los equipos de actividades a los equipos de logística por los servicios prestados, por ejemplo servicios de contabilidad y finanzas, personal, tecnología de la información, y mantenimiento del edificio.

5. Responsabilidad y transparencia

El Comité de Finanzas tiene conocimiento de que algunas iglesias miembros han expresado preocupación por la falta de detalles en la presentación de los informes financieros. El Comité de Finanzas de la Asamblea reafirma la necesidad de una completa apertura y transparencia en lo tocante a la responsabilidad financiera. Esa transparencia debe ser mutua para que el Consejo tenga confianza en el compromiso de sus iglesias miembros.

6. Fortalecimiento del compromiso ecuménico

El Comité de Finanzas ha aceptado con entusiasmo la posibilidad de que las iglesias miembros observen un domingo de compromiso ecuménico el tercer domingo de Adviento u otro domingo, tras la solemne renovación del compromiso con el Consejo Mundial de Iglesias durante la presente Asamblea, el tercer domingo de Adviento de 1998. Esto tendría por finalidad poner de relieve el compromiso que implica la condición de miembro y sería al mismo tiempo una oportunidad para recaudar fondos. También podría llegar a ser una ocasión para que las iglesias miembros tuvieran una mayor intervención en el Movimiento Ecuménico mundial.

III. RECOMENDACIONES DEL COMITE DE FINANZAS

El Comité de Finanzas desea hacer las recomendaciones siguientes a la Asamblea:

1. Domingo de Compromiso Ecuménico

Recomendamos que se aliente a las iglesias miembros a que observen el Domingo de Compromiso Ecuménico realizando una donación para las actividades del Consejo Mundial de Iglesias. Proponemos para esta actividad el tercer domingo de Adviento u otro domingo que elijan las iglesias. *(Texto aprobado)*

2. Apoyo financiero de las iglesias miembros y los miembros asociados

2.1. Recomendamos a la Asamblea que apruebe la modificación del Reglamento en lo concerniente a la participación financiera, y que pida al Comité Central en su primera reunión que decida cómo debe interpretarse el artículo I.6.c sobre el incumplimiento de las obligaciones financieras, e informe a las iglesias miembros al respecto.

2.2. Recomendamos que la contribución mínima se mantenga baja para alentar así a todos los miembros y miembros asociados a que contribuyan.

2.3. Recomendamos que se alcance el objetivo de recaudar 10 millones de francos suizos en concepto de contribuciones de los miembros en un plazo de cinco años.

2.4. Recomendamos, además, que aparte de las contribuciones de los miembros, se fomenten las donaciones no asignadas. *(Texto aprobado)*

3. Otras fuentes de financiación

3.1. Recomendamos que los equipos, bajo la coordinación de la OCMF, aborden la cuestión de la generación de ingresos para las actividades, con enfoques apropiados de las fuentes de financiación más allá de las iglesias miembros. Para ello, el CMI debería organizar talleres que ayudaran a cumplir esa tarea de manera dinámica e innovadora.

3.2. Recomendamos al Secretario General que vele por que se convoque una consulta con expertos de la familia ecuménica en recaudación de fondos y en "marketing" sobre nuevos medios de movilización de fondos y la búsqueda de nuevos recursos.

3.3. Recomendamos el empleo de personal en régimen de adscripción así como la aceptación y utilización de recursos "en especie". *(Texto aprobado)*

4. Reservas

4.1. Recomendamos que se establezca un nivel apropiado y prudente de reservas, y que los fondos de reserva utilizados para atender las emergencias fiscales de los últimos años se repongan lo antes posible; en consecuencia, debería llevarse a cabo por parte del personal un examen de las reservas con objeto de verificar el nivel y la utilización de esos fondos, y debería informarse al respecto al Comité Ejecutivo en su próxima reunión.

4.2. Recomendamos que se formulen directrices claras sobre la utilización de los fondos de reserva para su aprobación por el nuevo Comité Ejecutivo en su primera reunión. *(Texto aprobado)*

5. Políticas de inversión

Recomendamos la continuación de la prudente política de inversiones recientemente establecida, con un seguimiento regular de las inversiones. *(Texto aprobado)*

6. Movilización financiera y presupuestación

6.1. Recomendamos que se asignen recursos suficientes (materiales y humanos) para la movilización de fondos.

6.2. Recomendamos el desarrollo de mejores instrumentos de pronóstico financiero.

6.3. Al reafirmar el compromiso con un presupuesto equilibrado, recomendamos una previsión de tres años y alentamos a las iglesias miembros a que prevean sus contribuciones para ese período.

6.4. Recomendamos que se establezcan plazos para los proyectos y pedimos que se respeten esos plazos, a reserva de una adecuada evaluación del trabajo realizado. *(Texto aprobado)*

7. Instalaciones – Centro Ecuménico de Ginebra e Instituto Ecuménico de Bossey

Tomamos nota del establecimiento de un fondo para la renovación de esos edificios y recomendamos al Secretario General que presente una propuesta financiera detallada para esos proyectos a la reunión del Comité Ejecutivo que se celebrará en el segundo semestre de 1999. *(Texto aprobado)*

8. Relaciones públicas y promoción

Reconociendo que las relaciones públicas y la comunicación son un tema que incumbe principalmente a los equipos de Comunicación del Consejo, el Comité de Finanzas entiende que el éxito de este trabajo es decisivo para el establecimiento de una estrategia eficaz de movilización de fondos. En consecuencia, recomendamos que se prepare un plan para elevar el perfil del Consejo Mundial de Iglesias. El Programa de Formación de Laicos de Bossey podría considerarse uno de los ingredientes de esa estrategia. *(Texto aprobado)*

Conclusión

El Comité de Finanzas de la Asamblea hace hincapié en que no hay lugar para la autocomplacencia por lo que respecta a las finanzas del Consejo, y recomienda estos informes y sus recomendaciones a la Asamblea, en este año del cincuentenario en el que nos comprometemos a fortalecer el Consejo Mundial de Iglesias.

4. El Trabajo Futuro
del Consejo Mundial de Iglesias

4.1. INTRODUCCIÓN

El trabajo futuro del CMI aparece delineado y con propuestas concretas en los informes del Comité de Orientación Programática y los Comités de Examen I y II. En ellos se toma en cuenta la evaluación de la tarea del CMI en el período anterior, tal como surge de la primera fase de audiencias públicas, para luego dedicarse a realizar recomendaciones en base a las propuestas de trabajo que surgieron de la segunda fase de audiencias públicas, de las plenarias temáticas de la asamblea – con los debates que surgieron en las mismas – y del padare.

Uno de los debates más intensos de la asamblea tuvo lugar cuando se discutió el documento sobre Entendimiento y Visión Comunes (EVC), que dió una mirada exhaustiva al proceso que comenzó en 1989 para culminar en el documento EVC, aprobado por el Comité Central en su sesión de septiembre de 1998. La asamblea dedicó dos sesiones plenarias a discutir este tema, ya que, por un lado, era necesario que la asamblea pudiera dar a conocer su parecer sobre este proceso y, por otro, la adopción del EVC tenía consecuencias normativas. La asamblea debía dar su acuerdo o no a las modificaciones a la Constitución y el reglamento del CMI que se proponía. Las modificaciones aprobadas figuran en el informe final del Comité de Exámen I.

Previo al primer debate, sobre el significado y el proceso del EVC, se celebró una sesión plenaria en la cual representantes de diversas iglesias y líneas teológicas que co-existen en el seno del CMI, tuvieron oportunidad de dar a conocer su parecer. Aram I, moderador del Comité Central, introdujo el tema señalando que el proceso que culminó con la aprobación del EVC no pertenece al CMI sino a sus iglesias miembros y a sus socios ecuménicos, incluyendo a la Iglesia Católica Romana, que también contribuyó en la discusión. El moderador agregó que para interpretar este documento se debe tener en cuenta que se trata de "una articulación renovada de la visión ecuménica que es fiel al mensaje del Evangelio y que responde a las necesidades y experiencias de las iglesias miembros, reafirma la unidad como meta principal del movimiento ecuménico, define la importancia decisiva de la unidad, la misión, la evangelización, la diaconía y la justicia como bases de cualquier articulación seria de la visión ecuménica y da más visibilidad a la coherencia, integridad y responsabilidad que deben existir en la colaboración y las relaciones entre las iglesias, la agenda y los programas del CMI".

Las personas que participaron como ponentes en este plenario fueron claras al expresar que tener una visión en común significa ser responsables unos para con otros, trabajando por la comunión conciliar y además por una comunión que sea capaz de responder a las necesidades del mundo. También llamaron a dialogar no sobre los límites de la diversidad, sino sobre aquello central que une a las diversas iglesias y tradiciones cristianas, y a desarrollar una espiritualidad en común que tenga a la oración ecuménica como uno de sus pilares.

En la segunda plenaria sobre el EVC, la Dra. Marion Best, de la Iglesia Unida de Canadá, y el Protopresbítero Georges Tsetsis, del Patriarcado Ecuménico, presentaron a los delegados las principales consecuencias institucionales de la aplicación de este documento y los diversos pedidos de modificación de la Constitución y el reglamento del CMI que surgían del texto del EVC. Al finalizar estas ponencias, se abrió otro amplio debate, en el que participó un buen número de delegados con reflexiones y propuestas, siguiendo así una tónica de esta asamblea que se destacó por la cantidad de pedidos de palabra y las bien articuladas propuestas que se volcaron en estas intervenciones. Veinte delegados hablaron en estos dos plenarios.

En el debate volvió a surgir la cuestión ortodoxa y un delegado pidió una "nueva igualdad entre las tradiciones eclesiales que se aleje de los denominacionalismos", mientras que otro señaló nuevamente la importancia de lograr las decisiones por consenso. Una voz ortodoxa muy crítica, argumentó que el CMI está dominado por "una concepción del mundo occidental" que aísla y margina a los ortodoxos, haciéndolos sentir fuera de lugar en el CMI. "No estoy amenazando", dijo el delegado. "El mío es un grito de dolor porque no podemos seguir tolerando que las cosas continúen así. No queremos irnos, queremos continuar caminando juntos si a través de una transformación radical se puede crear un verdadero hogar para las iglesias ortodoxas dentro del CMI".

Otros delegados solicitaron la necesidad de no olvidar "nuestro llamado en común a involucrarnos en los temas candentes", sabiendo que las iglesias pueden hacer muchas más cosas juntas que separadas. Y tampoco estuvieron muy de acuerdo en crear estructuras que pudieran complicar el trabajo del CMI y crear una doble instancia ecuménica: el Foro de Iglesias Cristianas por un lado y el CMI como institución por otro. Hubo consenso en que los esfuerzos debían darse de manera simultánea y en que debían quedar fuera de la discusión los manejos de poder. Una delegada señaló: "En el Festival de las Mujeres dijimos: 'tu historia es mi historia'...iniciemos nuestro andar guiados por Dios, sintiéndonos vulnerables, pero juntos, en nuestro camino hacia la unidad".

Uno de los temas incluídos en el EVC es la creación del Foro de Iglesias Cristianas y de Organizaciones Ecuménicas. Esta cuestión provocó un debate puntual, en el que también participó un buen número de delegados. Las opiniones se dividieron entre los que pensaban que la creación del Foro disminuiría la importancia de las asambleas generales del CMI y abriría las puertas a una participación en el diálogo ecuménico sin necesidad de asumir responsabilidades mutuas entre las iglesias y organizaciones ecuménicas, y los que creyeron que esta instancia más amplia de diálogo ecuménico daba lugar a una nueva visión del ecumenismo acorde con las exigencias del siglo XXI y marcaba un avance importante luego de 50 años de trabajo del CMI.

En general, los delegados estuvieron de acuerdo en que no era necesario crear una nueva estructura institucional, sino un espacio de diálogo diferente, cuidando que ésto no implicara tener que invertir muchos recursos en personal y dinero. También advirtieron sobre la necesidad de evitar que se creara una suerte de "membresía de segunda clase" debido a la existencia del Foro. "La idea del foro es un proceso que debemos explorar y no una institución que debemos crear", dijo uno de los delegados, mientras que otro apuntó que "debemos tener en cuenta que el CMI no es el movimiento ecuménico, sino que está al servicio del mismo" para lo cual "es imperativo avanzar, involucrando al cuerpo de Cristo en toda su amplitud". Recordando las palabras del Prof. Koyama en su exposición sobre "La alegría de la esperanza", con las que el teólogo japonés dijo que si corriéramos a la periferia, encontraríamos a Dios como centro, otro delegado señaló que sería bueno correr hacia la periferia de la membresía del CMI, explorando una dimensión creativa del ecumenismo que desafía a "profundizar y ampliar la fraternidad de iglesias" en el movimiento ecuménico. Los resultados de este debate están en las resoluciones sobre el tema que contiene el informe del Comité de Exámen I.

4.2. INFORME DEL COMITÉ DE ORIENTACIÓN PROGRAMÁTICA

Introducción

¿Quién de vosotros, queriendo edificar una torre, no se sienta primero y calcula los gastos, a ver si tiene lo que necesita para acabarla? No sea que, después que haya puesto el cimiento, no pueda acabarla y todos los que lo vean comiencen a hacer burla de él, diciendo: "Este hombre comenzó a edificar y no pudo acabar." (Lc 14:28-30)

Una de las tareas de los delegados en la Asamblea es *determinar la política general del Consejo Mundial de Iglesias y examinar los programas emprendidos para aplicar las directrices previamente adoptadas* (Constitución del CMI, V.1.c.3). La Asamblea debe examinar las actividades del Consejo durante los últimos siete años y dar orientaciones para las actividades del Consejo en el futuro.

¿Con qué criterio se examina el pasado y se establecen orientaciones para el futuro? *La Base* dice que el Consejo Mundial de Iglesias es una comunidad de iglesias... que procuran responder *juntas* a su *vocación común* (artículo I, Constitución del CMI). En el documento *Hacia un Entendimiento y una Visión Comunes del CMI* se considera que esta vocación común integra la visión de Juan 17:21 ("que todos sean uno... para que el mundo crea") y la visión de Efesios 1:10 ("según este plan que se cumplirá finalmente a su debido tiempo, Dios va a unir bajo el gobierno de Cristo todas las cosas, tanto en el cielo como en la tierra") (párrafo 2.5., Documento EVC). Esta "vocación común" es la búsqueda de la unidad visible de la Iglesia para reconciliar la creación con Dios y consigo misma. Con este renovado hincapié en el Consejo como comunidad de iglesias y como servidor del único Movimiento Ecuménico, en la orientación para los próximos siete años podría utilizarse el concepto de "común" para determinar sus prioridades: vida común en Cristo, testimonio común y preocupaciones comunes al estar al servicio de las necesidades de los seres humanos.

El proceso

El Comité de Orientación Programática realizó su trabajo en dos fases. En la primera examinó las actividades emprendidas por las cuatro unidades y la Secretaría General, evaluando lo que se había logrado y señalando qué tareas podrían continuar en el siguiente período. En la segunda fase, el Comité trabajó en el marco de los seis grupos temáticos del Padare. Los miembros del Comité dialogaron con los delegados, y aportaron sugerencias iniciales para nuevos ámbitos de trabajo que fueron luego modificadas a la luz de las contribuciones ulteriores que estos aportaron. El Comité de Orientación Programática presenta su informe como un instrumento a través del cual la Asamblea puede determinar la política general del Consejo Mundial para los próximos siete años.

REUNIONES DE INFORMACIÓN Y DEBATE: FASE I

Introducción

El Comité de Orientación Programática agradece al personal del CMI todos sus esfuerzos para presentar el trabajo de las cuatro unidades y de la Secretaría General en esta primera fase de las reuniones de información y debate. Con un personal muy reducido y restricciones financieras importantes, lo que se logró nos sorprendió por la cantidad y la calidad del trabajo realizado. Sin embargo, se manifestó preocupación por el hecho de que los cambios de organización introducidos después de Canberra no siempre habían llevado a la integración y la cooperación, que era uno de sus objetivos. La reducción de personal afectó, aparentemente, a unas unidades más que a otras y tuvo un efecto nocivo en la realización del trabajo.

Algunos de los temas eran comunes a todas las reuniones de información y debate.

¿Cuántas tareas se pueden asumir? En un Consejo en el que la dotación de personal se redujo en el 45 por ciento desde la última Asamblea, existe el peligro de que se pida al personal actual que siga produciendo el caudal de trabajo de un grupo mucho mayor. El Comité de Orientación Programática se enteró de que una de las consecuencias de la reducción del personal en el Consejo había sido que algunos programas aprobados nunca pudieron emprenderse, y que otros habían sido recortados. La reestructuración ha causado cierta inquietud por la posibilidad de que se malogren las realizaciones así como las actividades que sería preciso continuar. Es necesario crear de inmediato algún tipo de estructura que permita disipar esas preocupaciones.

¿Cómo se llevarán a cabo? La pregunta que el Consejo debe plantearse respecto de cada programa es la siguiente: "¿Cuál es el método más apropiado y eficaz que se ha de aplicar?" El personal tiene mucha experiencia en la utilización de diversas metodologías: creación de redes, trabajo en colaboración, grandes conferencias y consultas, visitas a iglesias

miembros, publicaciones, o el traspaso de trabajo a grupos regionales. Sin embargo, hay muchas formas nuevas de trabajar. El principal método que ha aplicado el Consejo ha sido el de las consultas y los viajes de los miembros del personal a distintas partes del mundo. Tal vez este no sea el mejor método, habida cuenta de los recursos reducidos de que se dispone para cumplir el mandato del Consejo.

¿Quién las realizará? En la publicación *De Canberra a Harare* se dice, "... el CMI *no puede* hacer todo,... [y] no es necesario ni debe tratar de hacer todo". Es bueno recordar que con frecuencia lo mejor es enemigo de lo bueno. Puede ser que haya tareas que sólo el CMI puede asumir. Dos ejemplos podrían ser el Programa de Lucha contra el Racismo (PLR), y el documento Bautismo, Eucaristía y Ministerio. Sin embargo, sobre la base del principio de subsidiaridad, las preguntas que la Asamblea y, a continuación el Consejo tienen que plantear a continuación son, primeramente "¿Qué debe hacer el CMI?", y después, "¿qué se debería hacer localmente?", "¿qué deberían hacer otros organismos ecuménicos?" y "¿qué deberían hacer las Comuniones Cristianas Mundiales?"

El CMI tiene un servicio especial que ofrecer al Movimiento Ecuménico único. Debe encontrar interlocutores, trabajar con ellos y alentar la cooperación en donde sea posible, preguntando directamente a otras organizaciones ecuménicas, institutos de enseñanza, Comuniones Cristianas Mundiales, e incluso a las propias iglesias, si están dispuestos a trabajar en nombre del Movimiento Ecuménico único.

¿Quién las recibirá? Huelga decir que el CMI ha realizado un trabajo considerable y de buena calidad de buen trabajo, pero en gran parte no es conocido ni aprovechado por los dirigentes de las iglesias ni por los cristianos de la base. A la luz del proceso del EVC, las iglesias deben hacer suyos los programas en colaboración unas con otras, y arraigarlos en su vida.

Secretaría general

La *Oficina de Relaciones con las Iglesias y la Comunidad Ecuménica* (ORICE) se creó después de la Asamblea de Canberra. Su mandato era profundizar el espíritu de comunidad y la responsabilidad entre las iglesias miembros, y entablar relaciones con iglesias y organizaciones que no son miembros. Las posibilidades de trabajo de la ORICE en cuanto a la ampliación de las relaciones del CMI exceden con mucho la capacidad de esta oficina que dispone de poco personal. El período anterior demostró claramente que esta función es esencial. La labor del CMI sobre Hacia un Entendimiento y una Visión Comunes, el lugar asignado a la participación de las iglesias ortodoxas en la vida del Consejo, las crecientes expectativas de las iglesias pentecostales, las iglesias evangélicas libres y las iglesias de reciente formación, las nuevas iniciativas del Grupo Mixto de Trabajo de la Iglesia Católica Romana y el CMI, y la eventual creación del "Foro", son todos elementos que indican claramente la necesidad de aumentar en gran medida la capacidad de esta oficina en el período siguiente a Harare.

La *Oficina de Relaciones Interreligiosas* (ORI) pasó a depender administrativamente de la Secretaría General, después de Canberra, con el propósito de desplazar el centro de la labor del "diálogo" a la promoción de las relaciones interreligiosas. El trabajo sobre las "dimensiones religiosas de los conflictos", que formaba parte del mandato anterior, merece mayor atención. La ORI se ocupará principalmente de ayudar a las iglesias miembros que viven en situaciones de pluralismo religioso y se enfrentan cada vez más con problemas de orden teológico, misiológico y político. Por último, en las nuevas estructuras, esta labor no debería circunscribirse a la tarea de una sola oficina sino realizarse de manera interactiva.

Por su parte, el *Instituto Ecuménico de Bossey*, cuatro años después de la Asamblea de Canberra, se transfirió de la Unidad I a la Secretaría General. Últimamente, este instituto ha demostrado un compromiso más dinámico en el ámbito de la formación ecuménica, a pesar de los períodos de incertidumbre financiera con que se ha enfrentado. En el próximo período, será preciso que el Instituto refuerce sus lazos con los ex alumnos interesados, amplíe los programas para laicos, establezca vínculos con otros institutos de formación ecuménica, y explore medios creativos de ofrecer la riqueza de sus recursos didácticos en otras partes del mundo. En este momento es aún más importante elaborar una formación y una reflexión ecuménicas destinadas a los dirigentes de iglesia, los profesores de seminarios y otras personas, así como prestar atención a los métodos del diálogo ecuménico. Y es necesario que se intercambien constantemente estas ideas y perspectivas con otros sectores de la vida del CMI.

La *Oficina de Comunicación* cumplió sus tareas fundamentales en el período ulterior a Canberra con una escasa dotación de personal y ampliando las posibilidades tecnológicas de su labor. La creación de Noticias Ecuménicas Internacionales (ENI) ha resultado particularmente eficaz pues constituye una fuente semiautónoma y fiable de noticias ecuménicas en todo el mundo. Subsisten dudas sobre el papel de los medios de comunicación impresos frente a los electrónicos, y hay que recordar la gran diversidad de necesidades de las iglesias miembros. Una de las prioridades del próximo período consistirá en aplicar claramente una estrategia y un proceso de comunicación integrados en todo el Consejo.

Unidad I – Unidad y Renovación

El mandato de esta Unidad, compartido parcialmente por otras unidades, es asistir a las iglesias miembros en los respectivos procesos de renovación y reconciliación, y obrar por la unidad visible de la Iglesia. Ello se hace mediante el diálogo y la reflexión teológicos, la formación teológica ecuménica, la participación de los laicos en la creación de una comunidad sin exclusiones, el culto y la espiritualidad. En la reunión de información y debate se afirmó que el anhelo de alcanzar la unidad visible debe situarse en el centro de la vida común de las iglesias; en el futuro, será preciso dar a esta prioridad una expresión más concreta en el programa del CMI.

Las actividades se llevaron a cabo en cuatro secciones.

Fe y Constitución debe esforzarse por aumentar la participación regional y la colaboración con otras unidades, y hacer mucho mayor hincapié en el proceso de recepción como parte integrante de su enfoque y estilo de trabajo. El trabajo sobre hermenéutica ecuménica recibió una fuerte aprobación y se insistió en la necesidad de continuarlo. Se dijo que el texto sobre "Nature and Purpose of the Church" (Naturaleza y finalidad de la Iglesia) se encontraba en una etapa preliminar y que era preciso que lleguen a su madurez. El mandato de Evian indicaba que Fe y Constitución debía realizar un estudio sobre "Identidad étnica, nacionalismo y la unidad de la iglesia", estudio que acaba de iniciarse y se encuentra en una fase muy preliminar.

La Participación de los Laicos en una Comunidad sin Exclusiones: Este tema, por las posibilidades que encierra, puede promover la renovación de las congregaciones locales en la misión y tender puentes hacia otras actividades programáticas del CMI: ofrece asimismo la posibilidad de establecer relaciones de colaboración con movimientos y organizaciones de fuera del CMI. Esta sección puso de relieve los recursos de que disponen las iglesias y el Movimiento Ecuménico, es decir las personas que ya ejercen ministerios laicos y, por consiguiente, la necesidad de apoyar a las iglesias y los movimientos en sus esfuerzos para capacitar y formar a laicos en el ejercicio de esos ministerios.

Se reconoció que inclusión y visibilidad son asuntos de orden espiritual. Aunque las actividades relativas a las personas con discapacidades pasaron a depender administrativamente de esta sección (mientras que el sector de Juventud se ubicó en la Unidad III), se trata de una cuestión que atañe a la vida de las iglesias en todas sus dimensiones, a fin de que el cuerpo de Cristo pueda alcanzar su plena expresión.

Formación Teológica Ecuménica: En esta sección se destacó la necesidad de tener en cuenta la contextualización y la creación de redes, así como la viabilidad y la pertinencia estratégica de la formación teológica ecuménica, tanto para sacerdotes y pastores como para laicos. La sección ha facilitado el intercambio interregional y el acceso a los recursos. Dondequiera que se ubique esta nueva estructura, será importante conservar su orientación regional, al tiempo que se abordan los temas fundamentales y los criterios de formación teológica a escala mundial. Quedó claro que era preciso estimular a las instituciones de formación teológica a que fuesen abiertas e inclusivas desde un punto de vista ecuménico, e hiciesen teología con una perspectiva global en aras de la renovación de la misión y el ministerio, así como de la salud del ecumenismo de la iglesia.

Culto y Espiritualidad: La celebración común del culto es la expresión más visible del ecumenismo y un poderoso instrumento para crear comunidades sin exclusiones y ayudar a dar a conocer la riqueza espiritual de las distintas tradiciones, culturas y contextos. La sed de espiritualidad que se manifiesta en nuestros días hace que esta labor sea prioritaria, y que el vínculo entre espiritualidad y culto sea esencial. La publicación de liturgias e himnos utilizando material de fuera del CMI ha resultado ser muy útil. Se recomendó a las iglesias la iniciativa de determinar una fecha común de la Pascua.

Unidad II – Las Iglesias en Misión – Salud, Educación, Testimonio

El mandato de la Unidad consistía en estimular y preparar a las iglesias para el cumplimiento del papel que les corresponde en la misión de Dios, apoyando y alentando su trabajo mediante la creación de redes, el seguimiento de las actividades y la exhortación a las iglesias a que adopten una actitud de responsabilidad y transparencia.

Misión: Se manifestó una gran preocupación por el futuro de la misión en el CMI, en especial teniendo en cuenta las nuevas estructuras. Es necesario mantener la tradición del Consejo Misionero Internacional. La misión debe mantenerse en el centro del Movimiento Ecuménico y estar acompañada de la preocupación por la unidad.

Sería necesario completar la declaración sobre la misión que actualmente se está elaborando y continuar el estudio sobre el Evangelio y las Culturas y los trabajos de la Conferencia de Salvador (sobre todo por lo que se respecta al desarrollo de metodologías hermenéuticas para estudiar las culturas y el Evangelio); y debería prestarse una atención constante a la experiencia de los pueblos indígenas y a las cuestiones que éstos plantean, así como a la elaboración de métodos nuevos y eficaces para dar testimonio en las sociedades seculares.

El *proselitismo* continúa causando sufrimiento y es un problema que se extiende mucho más allá de los ex países comunistas, y que afecta a muchas más iglesias además de la ortodoxa. Lo que para una persona es proselitismo para otra es evangelización, y la condena del Consejo no ha conseguido disuadir a quienes siguen esa conducta. Las iglesias deben centrar su atención en el afianzamiento de su propia fe y misión, a fin de poder dar al pueblo un testimonio positivo, convincente y creíble, para lo que el CMI podría proporcionar medios.

No se realizó el estudio previsto sobre *la significación teológica de otras religiones*. En este caso, la reestructuración emprendida después de Canberra no ha dado resultado. El Comité de Orientación Programática tomó nota de los comentarios formulados en la reunión de información y debate sobre la Secretaría General y las modificaciones propuestas de la Constitución del Consejo, que apuntan, en uno y otro caso, a la necesidad de centrarse en esta labor y de consolidarla.

Salud: La misión de Dios incluye la curación en su sentido más amplio. Aunque el trabajo en esta esfera se ha reducido, el Comité de Orientación Programática señaló la importancia fundamental de la labor sobre el SIDA y encomió los notables esfuerzos realizados hasta la fecha para exhortar a las iglesias a que aborden esta cuestión y para darles medios para la reflexión y la acción.

La *educación* seguirá siendo objeto de la atención del CMI con miras a dotar de medios a las iglesias para la misión en un contexto pluralista. Se precisan estrategias flexibles, adaptadas a las diferentes partes del mundo que están experimentando cambios rápidos en diversos sentidos.

La *Misión Urbana y Rural* (MUR) ha insistido en la importancia de la presencia de la iglesia junto a las personas marginadas y vulnerables. Esto se encuentra en el centro de lo que significa ser iglesia, y debería interpelar más a las iglesias cuyos miembros son de clase media y que, hasta ahora, parecen ajenas a esta cuestión.

Unidad III – Justicia, Paz y Creación

El mandato de la Unidad era continuar la labor sobre Justicia, Paz e Integridad de la Creación (JPIC). En 1995, la Unidad determinó los cinco temas programáticos en torno a los que habría de emprender su trabajo (*Guía de Trabajo de la Asamblea*, página 64 y siguientes). El Comité de Orientación Programática tomó nota con aprobación de que la Unidad se había esforzado por simplificar e integrar programas específicos dentro de un marco mayor en consonancia con la reestructuración.

Fundamento Teológico: En cada uno de los sectores programáticos se observó la necesidad de expresar claramente el contenido teológico subyacente a la acción moral. Esta tarea comenzó con los estudios sobre eclesiología y ética, en cooperación con la Unidad I, así como por medio de la Teología de la Vida.

Estilo de Trabajo: Un tema siempre presente fue la necesidad de que la Unidad y el CMI adoptaran el método de creación de redes como una de las principales maneras de hacer frente a las prioridades programáticas. La Unidad ha ampliado sus esfuerzos de creación de redes y ha adquirido experiencia al respecto. En cada uno de los sectores programáticos ya se han realizado estudios o se dispone de estudios procedentes de otras fuentes, pero es necesario revisar y sintetizar los materiales actuales utilizando un estilo claro, desprovisto de jergas. Estos documentos han de servir de complemento de las actividades de creación de redes.

Además de los programas específicos, la Unidad se ha esforzado mucho por adoptar nuevas formas de trabajo, en particular el *Sokoni* (*Guía de Trabajo de la Asamblea*, pág. 65). Se pretendía crear un espacio y un método que permitieran una participación abierta, lo que ha dado resultado *cuando* se ha preparado adecuadamente.

Sectores Programáticos

Todas los sectores programáticos recibieron fuerte apoyo. Los temas principales han sido:

Violencia: Se insistió en la necesidad de que, en el futuro, se amplíe la definición de violencia, incluyendo todas sus formas. Hubo una clara invitación al estudio de la relación entre el problema de la violencia y los programas de desarme. No cabe ninguna duda de que el Decenio Ecuménico de Solidaridad de las Iglesias con las Mujeres ha ampliado esta esfera de trabajo señalando la necesidad de denunciar y hacer frente a la violencia contra las mujeres en la iglesia y en la sociedad.

Racismo: Lo mismo que en el caso de la violencia, se insistió en la necesidad de tener en cuenta las definiciones que ya se han formulado y de ampliar las relativas a racismo y etnicidad, así como de seguir considerando prioritaria esta labor en el futuro. En la reunión de información y debate quedó claro que existía una interrelación entre racismo y violencia que sería necesario tener en cuenta en cualquier trabajo futuro.

Medio Ambiente y Economía: El Comité de Orientación Programática percibió la necesidad de examinar la relación entre medio ambiente y economía. A este respecto, se consideró que el proceso de *globalización* (o mundialización) era un importante principio organizador en torno al cual se podrían abordar estas cuestiones.

Asuntos Internacionales: Los principales comentarios respecto a las relaciones internacionales se centraron en la importancia de la utilización de las redes locales, regionales e internacionales existentes, en particular, las Naciones Unidas, para educar y movilizar a las personas en relación con estas cuestiones.

Se reconoció que el trabajo con las *mujeres, los jóvenes y los pueblos indígenas* era mucho más que un trabajo programático. Es esencial para la vida de las iglesias miembros y del CMI. Esta labor ha conseguido dar voz y visibilidad a esos grupos, tanto dentro del propio Consejo como en muchas de las iglesias miembros. Aunque estos sectores programáticos se encuentran integrados en la Unidad III, ha sido difícil integrarlos plenamente en todas las demás actividades del CMI.

Se celebraron y encomiaron los logros del *Decenio Ecuménico de Solidaridad de las Iglesias con las Mujeres.* En sesión plenaria y en la reunión de información y debate sobre la Unidad III se destacó la necesidad de continuar el trabajo sobre racismo, justicia económica, participación en la iglesia y, como ya se ha señalado, la violencia contra las mujeres.

Será necesario continuar el trabajo con los *pueblos indígenas* y los programas relacionados con ellos, de los que se tomó nota con aprecio.

Es necesario reforzar de manera significativa el trabajo con los *jóvenes.* Se destacó la importancia de la formación ecuménica, particularmente las pasantías, el programa de stewards y las orientaciones previas a las reuniones. Convendrá llevar a cabo esta tarea al mismo tiempo que se propicia una mayor participación de los jóvenes en los órganos decisorios.

Unidad IV – Compartir y Servir

El mandato de esta Unidad era ayudar a las iglesias miembros y las organizaciones y organismos ecuménicos conexos a promover la dignidad humana y la comunidad sostenible junto a los marginados y los excluidos. De este modo se facilita la labor diaconal del CMI. En la reunión de información y debate se examinaron las bases teológicas y metodológicas de este trabajo, así como los problemas y las enseñanzas que de él se derivan. La manera concreta en que ha llevado a cabo su mandato la Unidad IV en relación con el concepto del jubileo puede encontrarse en la Guía de Trabajo de la Asamblea, páginas 84 a 101. La Unidad ha utilizado, en particular, los modelos de mesa redonda, oficinas regionales, creación de redes mundiales (sobre todo, de niños y personas desarraigadas) y las actividades de defensa y promoción.

El Comité de Orientación Programática tomó nota de la especial importancia atribuida a tres elementos de reflexión que es preciso tener en cuenta en el futuro:

1. un análisis más detallado de las principales causas de muchos de los problemas que dan lugar a la marginación y la exclusión, en particular, las cuestiones relativas al poder y a la globalización;
2. un examen teológico de la *diaconía* como signo visible de unidad, como parte del compromiso del Consejo con la unidad visible de la Iglesia;
3. el significado del "justo compartir" en contextos diferentes (Norte, Sur, espiritualidad de los pueblos indígenas).

Por último, se instó a las iglesias a reflexionar sobre sus funciones de "dar" y "recibir", y sobre el llamamiento a asumir más decididamente la labor de la diaconía mediante un compartir ecuménico mutuo y justo, fomentando los encuentros interpersonales y dando testimonio de la unidad de la Iglesia.

Como en el caso de otras unidades, se expresó la preocupación por los marginados con la esperanza de que se estudiaran formas de desarrollar el potencial que existe a nivel local, a fin de que la labor diaconal no marginara aún más a los que ya están excluidos, sino que diera lugar a una concepción integrada del testimonio de las iglesias.

Transición

El CMI tiene ante sí el desafío fundamental de promover el espíritu de comunidad entre sus iglesias miembros y la responsabilidad mutua, tal como se destaca en documento *Hacia un Entendimiento y una Visión Comunes*. Debe buscar, además, formas de ampliar esta comunidad al servicio del Movimiento Ecuménico único. Centrar la atención en estos objetivos constituye una prioridad absoluta que se tendrá en cuenta antes de determinar la importancia de los diversos programas.

REUNIONES DE INFORMACIÓN Y DEBATE: FASE II

Una vez finalizada la primera fase de las reuniones de información y debate, los miembros del Comité de Orientación Programática se dividieron en seis grupos. Los miembros de cada grupo asistieron a las presentaciones del Padare en cada uno de los seis grupos temáticos. Sobre esa base, actuaron como equipo de animación en el correspondiente grupo temático en la segunda fase de las reuniones de información y debate.

Por supuesto, las cuestiones planteadas y los temas discutidos en las tres sesiones de cada una de estas reuniones de información y debate fueron muy variados. En relación con los temas de justicia y paz, unidad y espiritualidad, avanzando juntos, educación y aprendizaje, misión y testimonio, y solidaridad (cada uno de estos grupos temáticos del Padare se dividió a su vez en varios subtemas), los participantes aportaron a las sesiones no sólo impresiones e ideas en relación con las presentaciones del Padare a las que asistieron, sino también la riqueza de sus contextos eclesiales, experiencias ecuménicas y convicciones.

En cada reunión de información y debate, los miembros del Comité de Orientación Programática tomaron debida nota de lo que se decía. Plantearon preguntas cuando deseaban que los participantes aclararan algún punto de sus intervenciones, e hicieron una síntesis preliminar de lo que se había tratado. Sin embargo, no se había previsto preparar un informe para ser adoptado o aprobado por la reunión misma. Cada una de las reuniones de información y debate examinó, pues, a vuelo de pájaro, muchas cuestiones y temas que preocupan actualmente al mundo ecuménico y se obtuvieron algunas contribuciones útiles sobre cómo puede y debe trabajar el CMI. Pero en ninguna de esas reuniones – cada una con su propio tema – se logró concretar prioridades generales respecto al trabajo del CMI en los próximos años, ni siquiera ofrecer un listado completo de preocupaciones ecuménicas importantes y posibles intereses en relación con el tema que se había tratado.

Cada grupo presentó un resumen oral de los resultados centrales de su reunión de información y debate, ante el pleno del Comité de Orientación Programática. Se examinaron los informes que habían sido preparados por otros comités de la Asamblea a fin de considerar sus posibles consecuencias en las orientaciones de las futuras actividades del CMI. Sobre esta base, se determinaron varios temas generales para el trabajo del Consejo en los próximos años. Si bien estos temas generales constituyen la sustancia de este informe, el Comité de Orientación Programática consideró conveniente incluir en él breves informes resumidos de la Fase II de las seis reuniones de información y debate.

1. Unidad y espiritualidad

El objetivo del Movimiento Ecuménico es reunir a todos los cristianos en torno a la misma mesa eucarística. Nuestra teología es el resultado de la interacción de la hermenéutica ecuménica, el culto, la espiritualidad, los estudios de eclesiología y ética.

Hace ya tiempo que se reconoce que la oración y los principios teológicos dan mayor profundidad a nuestras vidas cuando compartimos nuestros recursos en las iglesias entre las iglesias. Es necesario continuar los recientes trabajos ecuménicos de Fe y Constitución sobre la iglesia como koinonía, investigando las ricas variedades de espiritualidad cristiana que se encuentran en la iglesia en todo el mundo. La espiritualidad indígena que se expresa en muchos lugares del mundo puede ser una contribución a ese trabajo.

La labor de Fe y Constitución presenta importantes desafíos ecuménicos a las iglesias y al Consejo Mundial de Iglesias, así como una sólida base teológica para los esfuerzos comunes en favor de la unidad visible, la misión conjunta y un servicio inclusivo. Esta labor se beneficiará de otras actividades programáticas de otros sectores del Consejo Mundial de Iglesias, y podrá aportarles su contribución. Se trata, en particular, de los estudios sobre culto y espiritualidad, y sobre el fundamento teológico del compromiso ecuménico en favor de la solidaridad, la justicia y la paz.

A las puertas del nuevo milenio, una de las más importantes tareas de las iglesias será estudiar los problemas éticos contemporáneos que suscitan los enormes progresos logrados en campos tales como la ingeniería genética y la comunicación electrónica. También se deben encarar cuestiones de ética personal e interpersonal. El CMI debería ofrecer espacio y orientación para el diálogo y la consulta, haciendo posible que las iglesias miembros examinen esas difíciles cuestiones – incluida la sexualidad humana – que causan divisiones en y entre sus iglesias miembros. Estos debates deben basarse en la reflexión teológica y hermenéutica común como fue el caso en los debates ecuménicos anteriores sobre temas éticos ecuménicos en relación con cuestiones tales como el racismo.

Teniendo en cuenta la rápida transformación del panorama ecuménico, el CMI debe continuar impulsando y apoyando las conversaciones bilaterales y multilaterales a nivel local y regional, ofreciendo espacio para la reflexión, el intercambio de ideas y la evaluación de los progresos realizados por quienes participan activamente en la marcha hacia la unidad.

2. Avanzar juntos

Los delegados presentes en la Primera Asamblea del CMI, celebrada en Amsterdam, en 1948, declararon en su mensaje: "Estamos decididos a permanecer juntos". Cincuenta años más tarde, la consigna correspondiente de la Asamblea de Harare debería ser: "Nos comprometemos a avanzar juntos". Al formular este compromiso, debe entenderse y subrayarse que este "nos" designa a una comunidad *sin exclusiones.*

Una y otra vez, las iglesias y las organizaciones ecuménicas en los planos local y regional descubren nuevas maneras de vivir y trabajar juntas. Hay que aplaudir esta flexibilidad y creatividad ecuménicas; y el CMI debe sacar enseñanzas de estas experiencias, sin dejar de llamar la atención sobre los obstáculos que el proselitismo interpone a nuestro avanzar juntos.

Para avanzar juntos, será necesario esforzarse especialmente por reunir las Organizaciones Ecuménicas Regionales (OER), las Comuniones Cristianas Mundiales (CCM), los organismos de financiación, y los grupos y redes ecuménicamente abiertos como interlocutores ecuménicos en el seno de la familia del CMI. El Consejo deberá elaborar mecanismos adecuados para mejorar sus relaciones y modelos de cooperación con esos grupos a medida que se encamina hacia una nueva estructura interna.

El actual retroceso del Movimiento Ecuménico puede atribuirse en gran medida a la falta de entendimiento mutuo y de verdadero conocimiento entre las iglesias y entre las tradiciones históricas. Una manera de abordar este problema y de profundizar nuestra comunidad ecuménica podrían ser las visitas entre las iglesias – no precisamente en forma de delegaciones enviadas desde el CMI a las iglesias, sino de delegaciones enviadas por unas iglesias a otras por intermedio del CMI.

Es imperiosa la colaboración del CMI con las facultades y los seminarios de teología en todas las partes del mundo, tanto para facilitar el estudio teológico como la formación ministerial y la investigación. Los intercambios y las actividades en colaboración que ya se están realizando con éxito entre facultades de algunas partes del mundo podrían ampliarse de modo fructífero, quizás con los auspicios del CMI; y podría solicitarse de manera más sistemática la asistencia de facultades de teología y otras facultades para la realización de proyectos de estudio en nombre del CMI. Habida cuenta de los beneficios obtenidos de los diálogos teológicos bilaterales en cuanto a entendimiento y cooperación mutuos, el CMI debe continuar fomentándolos en provecho de las iglesias de todas las partes del mundo.

El CMI debe seguir estudiando las enormes posibilidades que ofrecen los avances tecnológicos en la esfera de la comunicación, sin dejar de permanecer atento a los problemas que plantean los medios de comunicación contemporáneos, en especial la promoción de los valores consumistas y el ensanchamiento de la brecha entre ricos y pobres, entre poderosos y débiles.

La diversidad de maneras en las que el CMI ha utilizado la palabra escrita ha contribuido en gran medida a la comunicación del mensaje ecuménico; se debe prestar mayor atención a la distribución de esos materiales, teniendo en cuenta al mismo tiempo las limitaciones que imponen los idiomas, el nivel de tratamiento y los costos.

Es preciso estudiar más a fondo el potencial ecuménico del arte, la música y otras modalidades de expresión creativa como medio de comunicación.

3. Justicia y paz

La labor de las iglesias en favor de la justicia y la paz está arraigada en un compromiso de fe, y tiene por objeto afirmar y defender la igualdad de derechos y la dignidad de todas las naciones y los pueblos, un desarrollo justo y sostenible, la superación de la violencia y la posibilidad de la plena participación de todos. La discriminación, las violaciones de los derechos humanos, la exclusión y la incapacidad para mediar en los conflictos y lograr soluciones pacíficas están estrechamente interrelacionadas.

Los *derechos humanos* son indivisibles. Los derechos económicos, sociales y culturales son inseparables de los derechos civiles y políticos. Es un imperativo evangélico que las iglesias no sólo reconozcan las violaciones de los derechos, sino también que actúen cuando se violan el don de la vida y la santidad y dignidad de todo lo que creado. Las iglesias deben estudiar las causas profundas de las violaciones de los derechos humanos y ofrecer un análisis desde el punto de vista de las víctimas. Deben denunciar las amenazas actuales a la integridad de la naturaleza y a todo lo creado. Deben empeñarse juntas, y con los creyentes de otras religiones, en contribuir al desarrollo de una ética mundial que favorezca la aplicación de los compromisos en materia de derechos humanos a una comunidad mundial cada vez más interrelacionada.

Es necesario sensibilizar a las iglesias por lo que respecta a la creciente injusticia económica generada por la globalización y el sistema financiero mundial imperante, y a sus efectos en el derecho al trabajo y a medios de vida suficientes y seguros. Es preciso esforzarse particularmente por combatir los efectos negativos de la globalización y defender los derechos de los pueblos indígenas y las minorías étnicas a la libre determinación, y velar por que la ley proteja sus derechos de propiedad de los recursos. Al analizar y confrontar estas fuerzas, las iglesias deben vincular constantemente los planos mundial y local. Es necesario reconocer la vulnerabilidad particular de las personas desarraigadas. Las iglesias deben oponerse enérgicamente a la limpieza étnica y el genocidio en los planos local, nacional y mundial; y tienen una particular responsabilidad, allí donde se ponen en tela de juicio los principios de la libertad religiosa.

La *discriminación* en todas sus formas constituye una violación de los derechos de la persona. Ante la creciente complejidad de sus manifestaciones, las iglesias deben reconocer y denunciar los mecanismos subyacentes de exclusión y marginación. Sólo si se afirma la dignidad, la identidad y el valor de cada persona, independientemente de su capacidad física o mental, mediante su inclusión en la comunidad de la iglesia, es posible hacer efectiva la plena expresión del Cuerpo de Cristo. Todavía prevalece, tanto en la iglesia como en la sociedad, la discriminación estructural e interpersonal por motivos de raza, y están surgiendo nuevas formas de racismo.

Los conflictos armados y la violencia son violaciones graves de los derechos humanos y causan enormes sufrimientos. La respuesta cristiana debe abarcar la edificación de una paz justa, la mediación en los conflictos y la reconciliación. La intervención de las iglesias debe ajustarse a cada situación concreta, conjugando la defensa de los derechos de las víctimas, el discurso profético y la mediación. Es preciso establecer vínculos más flexibles y eficaces entre lo local y lo mundial, así como una colaboración más deliberada con las iglesias que no forman parte de la comunidad del CMI, y hacer mayor hincapié en catalizar y posibilitar la cooperación interreligiosa.

Por consiguiente, el papel de la iglesia, a todos los niveles, consiste en: (1) participar en acciones de vigilancia y seguimiento a fin de determinar y denunciar las causas de las violaciones de los derechos, la discriminación y la violencia; (2) crear comunidades de paz y reconciliación, proporcionando espacios de diálogo abiertos y seguros, y (3) garantizar una presencia y un acompañamiento espiritual y afectivo que aporten promesas de reconciliación.

4. Educación y aprendizaje

Existe la imperiosa necesidad de formar a los sacerdotes, pastores y laicos para que puedan fortalecer y renovar el Movimiento Ecuménico. El modelo más idóneo para la labor ecuménica es el de la educación contextual, que utiliza la acción y la reflexión para aprender y propiciar una fructífera interacción de los programas locales, regionales e internacionales. Debería hacerse especial hincapié en asegurar una formación ecuménica a las mujeres, los pueblos indígenas, las personas con discapacidades y los jóvenes.

Entre los modelos de educación ecuménica más promisorios figura la ampliación de los programas de extensión, que se imparten en seminarios, centros de formación de laicos, y el Instituto Ecuménico de Bossey, lo que aumenta las posibilidades de acceso a la educación de personas con recursos financieros y tiempo limitados. Las necesidades de educación y formación ecuménicas también se manifiestan en las iglesias de Europa oriental y central. Deberían aumentarse los fondos para programas de becas.

Habida cuenta de que las iglesias viven y trabajan en un mundo caracterizado por un creciente pluralismo religioso, el CMI debería incluir el aprendizaje interreligioso en su propio programa de formación y estimular a las iglesias y los centros de formación de laicos a hacer lo mismo, teniendo en cuenta el vínculo que existe entre esa enseñanza y el diálogo interreligioso.

La formación ecuménica y teológica debe seguir siendo una prioridad de la labor educativa del CMI. La creación de redes, la asociación y la colaboración en los programas entre el CMI, el Instituto Ecuménico de Bossey y los centros de formación de laicos permitirán fortalecer el proceso educativo. Se deberían facilitar recursos a los docentes de los seminarios de las distintas regiones para ayudarles a promover la formación ecuménica. El Consejo debería favorecer la creación de centros de formación de laicos allí donde no los haya, en particular, en Europa oriental y el Pacífico.

Asimismo, es necesario proseguir y profundizar las actividades de formación y de aprendizaje ecuménico que pueden acompañar y enriquecer el trabajo del CMI en general en la esfera de la justicia, la paz y la creación. Un ejemplo particularmente importante es la elaboración de material pedagógico y de formación sobre la vida familiar y la violencia doméstica; otros temas importantes son la globalización, la economía, la sociedad civil y la función de la religión en la edificación de la nación, así como las cuestiones relativas a la problemática de la discapacidad.

5. Misión y testimonio

La misión y la evangelización deben estar en el centro de la vida de las iglesias y, por ende, del trabajo del CMI. A este respecto, se plantean forzosamente tres ámbitos de preocupación: (1) el Evangelio y las culturas (con especial referencia a la necesidad de examinar la relación entre el Evangelio y las culturas de África y de Occidente); (2) la misión y la evangelización en las sociedades secularizadas contemporáneas, (3) la salud y la curación (con especial referencia a la atención de salud basada en la comunidad y al SIDA).

Dado que la última Conferencia Mundial sobre Misión y Evangelización del CMI (Salvador, noviembre y diciembre de 1996), fue convocada inmediatamente antes del período de intensa preparación para la Octava Asamblea, ha resultado imposible poner en práctica muchas de las sugerencias formuladas en esa conferencia para dar seguimiento a sus trabajos. Así pues, ya existe un sólido programa para la labor del CMI en la esfera de la misión y la evangelización.

Por lo que respecta al estudio sobre misiología y a otras actividades de programas que el CMI debería abordar en los años venideros cabe destacar: (1) el examen y la revisión de los métodos misioneros; (2) la construcción de la solidaridad entre las iglesias en misión; (3) la definición de "nuevos frentes" en la misión, en particular, las preocupaciones por la salud y la curación en colaboración con organizaciones gubernamentales e internacionales (UNOSIDA); (4) un estudio más a fondo del arraigo del Evangelio en las distintas culturas; (5) el fortalecimiento del testimonio común y el diálogo sobre la cuestión del proselitismo; (6) la relación entre fe, curación y plenitud, 7) las relaciones entre los organismos misioneros, las iglesias y el CMI.

6. Solidaridad

La existencia de una única red económica mundial, no sujeta a ningún marco de valores para proteger el bien común de la humanidad, la dignidad de todas las personas y el valor inherente de la creación de Dios, plantea toda una serie de problemas relacionados que interpelan a las iglesias, entre otros, las amenazas al medio ambiente, la pobreza, la deuda internacional, la crítica situación de las personas desarraigadas y el VIH/SIDA. Para responder a la globalización es esencial que las iglesias respondan al llamamiento de "buscar a Dios". Sólo así podrán promover una visión mundial y apoyar iniciativas y modelos diferentes que sean fuente de "alegría de la esperanza".

Exhortar a las iglesias a la unidad es invitarlas a responder al amor transformador de Dios en Cristo, a hacer suyo el sufrimiento y las necesidades del mundo, y a actuar juntas con ese fin. La erradicación de la pobreza mediante la edificación de comunidades sostenibles es una de las prioridades del CMI por cuanto ese es también el designio de Dios para el mundo. En fidelidad a Dios las iglesias están llamadas a compartir el sufrimiento de nuestro mundo sustentándose en la esperanza del pleno Evangelio para todo el mundo. Nuestra vocación ecuménica responde al divino imperativo de dar testimonio común en nuestro mundo, que es uno.

Esa vocación exhorta a las iglesias a sustentar la vida de sus comunidades, a ahondar en su compromiso recíproco en favor de la comunidad, y a tener esperanza, orar y obrar en aras de una comunidad mundial que responda al amor infinito de Dios. Para ello se requiere una base teológica bien definida. La labor realizada por el CMI sobre la "teología de la vida" y sobre la teología del compartir y servir debe proseguir e integrarse en ese ámbito.

Desde la Asamblea de Vancouver, el CMI no ha cejado en su empeño de reagrupar los compromisos de las iglesias en favor de la justicia, la paz y la integridad de la creación. Desde la Asamblea de Canberra, esa cuestión ha permitido integrar y precisar la labor del CMI en esos tres ámbitos. El CMI dispone ahora de bases sólidas para responder en palabras y actos al desafío de construir comunidades viables. Es necesario proseguir la labor dentro de este marco integrado. Entre los ejemplos que pueden citarse están las actividades relativas al cambio climático, la ética planetaria, el comercio, la reducción de la deuda y la biotecnología. También ha llegado el momento de examinar de qué forma puede integrarse el compromiso del CMI en favor de los derechos humanos y la dignidad en un marco general de valores que obligue a las fuerzas que conforman la economía mundial a asumir la responsabilidad que les incumbe.

De igual importancia para el testimonio del CMI ha sido su compromiso de ayudar a las iglesias en su tarea de compartir los recursos, manifestando el amor de Dios que todo lo abarca y la necesidad de edificar comunidades viables. En el actual contexto mundial, el CMI debería exhortar nuevamente a las iglesias a exigir unas de otras los costosos compromisos que entraña la pertenencia recíproca.

Las actividades que se han llevado a cabo para promover el compartir de recursos entre las iglesias han reforzado los lazos fraternales y han planteado cuestiones de eclesiología práctica. Análogamente, el compromiso común de las iglesias en favor de la justicia, la paz y la integridad de la creación ha puesto de relieve cuestiones eclesiológicas que se plantean en el contexto del compromiso moral. La labor efectuada en el ámbito de la eclesiología y la ética ha sido un punto de partida fundamental. Ahora bien, gracias a la experiencia de la koinonía y al llamamiento a la misión que han recibido las iglesias será posible, en los próximos años, continuar los trabajos ya realizados por el CMI en este ámbito y reforzar su cohesión.

¿Cómo pueden las iglesias compartir su vida, sus recursos y compromisos por el bien del mundo? Una de las tareas fundamentales del próximo período será ayudar a las iglesias a responder fielmente a ese desafío.

Temas generales

De conformidad con la Constitución revisada del CMI, "el objetivo principal de la comunidad de iglesias que forma el Consejo Mundial de Iglesias es ofrecer un espacio donde las iglesias puedan exhortarse unas a otras a alcanzar la unidad visible en una sola fe y una sola comunión eucarística, expresada en el culto y la vida común en Cristo, mediante el testimonio y el servicio al mundo, y a avanzar hacia la unidad para que el mundo crea." En el curso de las reuniones de información y debate y en las sesiones plenarias se reafirmó, una y otra vez, la importancia de los temas de unidad visible, misión y evangelización, y servicio. La interrupción de la labor en esos ámbitos es inconcebible. Como miembros del Comité de Orientación Programática, destacamos la importancia de la continuación de la labor del Consejo en esas esferas.

Los informes de los grupos de las seis reuniones de información y debate y las contribuciones e intervenciones durante otras sesiones de la Asamblea han puesto en evidencia la necesidad de que en los próximos años, el Consejo Mundial de Iglesias dedique mayor atención a una serie de esferas de interés general en el marco de sus esfuerzos para "estar al servicio del único Movimiento Ecuménico" . Todas esas cuestiones son multifacéticas y en muchos aspectos están interrelacionados. El hecho de que se las clasifique como prioridades, no significa que deban estar confinadas a un sólo programa, sino que se trata de sectores de actividad en los que el CMI debe practicar un estilo de trabajo integrado, fundamental en su nueva estructura interna.

Un ecumenismo del corazón

El tema de la Asamblea nos invita a "buscar a Dios". El Movimiento Ecuménico único no se limita a programas, estructuras y actividades en colaboración con otros. El fundamento de nuestro compromiso ecuménico es ante todo nuestra respuesta a Dios, que nos exige nada menos que una conversión de corazón. Si el ecumenismo está centrado en Dios y en el mundo tan amado de Dios, el culto y la espiritualidad deben enraizarse aún más en todo lo que hacemos como Consejo Mundial de Iglesias. Reconocemos que esta prioridad no está exenta de sufrimiento y conflicto; sin embargo, el único camino que nos lleva juntos al centro de la unidad que buscamos pasa por el culto, la oración y una vida espiritual compartida.

Eso mismo dijo el Consejo después de Vancouver y Canberra, pero ahora hemos tomado conciencia de que no se trata simplemente de un "programa" más entre muchos. El culto y la espiritualidad son una "vía" esencial de nuestra peregrinación ecuménica y conforman y sustentan esa peregrinación. Habiendo renovado esa experiencia en Harare, estamos convencidos de que esta dimensión nunca podrá disociarse de la vida del Consejo. Por el contrario, debemos utilizar plenamente esos ricos recursos para sustentar nuestra conversión y nuestra respuesta a Dios.

Comunidad sin exclusiones

En el marco de las reuniones de información y debate se reconoció que el papel de las mujeres, los jóvenes, los pueblos indígenas y las personas con discapacidades en la vida de la iglesia tiene un alcance mucho mayor que la simple organización de actividades programáticas. Es la primera vez que una Asamblea del CMI recibe una carta de niños, poniendo en evidencia que todos los sectores de la iglesia estuvieron verdaderamente representados en Harare. Particular atención debe prestarse a la necesidad de que la labor emprendida por el CMI con esos grupos marginados no se pierda en la transición entre la estructura de unidades de trabajo del pasado y la nueva estructura basada en equipos.

Muchos piensan que la labor con los jóvenes es hoy menos visible y está menos integrada en las actividades del CMI que en el pasado. En aras de una comunidad inclusiva y para garantizar el futuro del Movimiento Ecuménico es importantísimo emprender un trabajo de formación ecuménica a fondo con los jóvenes, así como por lo que respecta a cuestiones que atañen a su futuro.

La Asamblea debe respaldar firmemente la visión de una comunidad sin exclusiones, en la que todos tienen cabida y voz, y cada persona tiene la oportunidad de contribuir con sus dones a la vida de la comunidad.

Para poder avanzar hacia esa visión, el CMI debe formular programas y métodos encaminados hacia la *edificación de comunidades inclusivas y reconciliadas* en las que se afirmen la identidad, los dones y el valor de cada persona, como expresión más cabal del cuerpo de Cristo. De fundamental importancia sería en ese sentido abrir espacios para el diálogo, que permitan escuchar y ahondar en nuestra comprensión común de la realidad de la exclusión, y hacerle frente mediante el arrepentimiento, la reparación y la reconciliación. En esta tarea también debería abordarse la cuestión de la reconciliación en contextos en los que la intolerancia religiosa es una amenaza para las minorías. El Consejo Mundial de Iglesias debería proporcionar un espacio a las iglesias en la próxima Asamblea para que se informen unas a otras del seguimiento dado al Decenio Ecuménico de Solidaridad de las Iglesias con las Mujeres.

No-violencia y reconciliación

Juntas, la verdad, la justicia y la paz representan los valores básicos para garantizar los derechos humanos, la inclusión y la reconciliación. Cuando se abandonan esos valores, la confianza se convierte en temor y el poder humano deja de estar al servicio del don de la vida y de la santidad y la dignidad de toda la creación.

La violencia generada por las diversas formas de violaciones de los derechos humanos, la discriminación y la injusticia estructural, es objeto de creciente preocupación a todos los niveles de una sociedad cada vez más pluralista. El racismo viene a agravar las causas de la exclusión y la marginación. Hoy los conflictos, cada vez más complejos, ya no se producen tanto entre naciones como al interior de las propias naciones, y afectan en especial a las mujeres y los niños.

Hoy deben ir a la par la labor sobre las cuestiones de género y de racismo, de derechos humanos y la mediación en los conflictos, de modo que las iglesias emprendan iniciativas de reconciliación basadas en el arrepentimiento, la verdad, la justicia, la reparación y el perdón.

El CMI debe elaborar una estrategia de colaboración con las iglesias en torno a estas cuestiones, con miras a crear una cultura de la no-violencia, estableciendo una relación de interacción con otros interlocutores y organismos internacionales, y adoptando enfoques apropiados sobre la mediación en los conflictos y la pacificación de los conflictos en el nuevo contexto mundializado. Así pues, el CMI declara el período 2000 a 2010 Decenio Ecuménico para Superar la Violencia.

Sexualidad humana

Tanto en las sesiones plenarias como en el Padare y las reuniones de información y debate, ha quedado patente que la sexualidad es una cuestión importante que se plantea hoy a las iglesias. Es evidente que las cuestiones relativas a la sexualidad han sido y siguen siendo causa de división para algunas iglesias.

Un enfoque ecuménico de las cuestiones relativas a la sexualidad debe tener en cuenta la antropología cristiana, y una hermenéutica que podría basarse en el testimonio bíblico y la relación entre la ética y la cultura, dando suficiente cabida para que mujeres y hombres cristianos aborden esas cuestiones en un clima de creciente confianza recíproca.

El estudio y el diálogo del CMI sobre los aspectos teológicos, sociales y culturales de la sexualidad pueden inspirarse en la labor realizada desde la Asamblea de Canberra sobre eclesiología y ética, y tener cabida en las perspectivas que se exponen en el documento del Grupo Mixto de Trabajo "El diálogo ecuménico sobre las cuestiones morales: fuente potencial de testimonio común o de divisiones" (1996).

Globalización

El término "globalización", cuyo uso se ha generalizado en los últimos años, se ha escuchado reiteradamente durante esta Asamblea. Como se indica en el documento EVC (párr.. 2.9), "el surgimiento... de estructuras de comunicación, financieras y económicas transnacionales, y de un alcance cada vez más global ha creado una unidad mundial de carácter particular" a costa de "una fragmentación creciente de la sociedad y la exclusión de más y más personas de la familia humana... Esta situación constituye una grave amenaza que se cierne sobre la integridad del Movimiento Ecuménico, cuyas formas institucionales representan un modelo peculiar de relaciones, basado en la solidaridad y el compartir, la responsabilidad y el fortalecimiento mutuos."

En ese sentido, la globalización debe entenderse ante todo como un desafío teológico y espiritual para las iglesias. El amor de Dios, expresado plenamente en Cristo, es una visión de plenitud de vida para todos; la globalización de la economía proyecta una imagen de gratificación material sin límites para los que pueden permitírselo. Las iglesias están llamadas a dar testimonio y encarnar el designio de Dios para el mundo frente a la creciente globalización y los valores en los que se apoya.

Desde su singular perspectiva de comunidad mundial, el CMI puede ayudar a las iglesias a hacer frente a ese desafío. Durante muchos años ha desempeñado un papel fundamental en la creación de redes de grupos y organismos ecuménicos comprometidos en favor de la justicia, el compartir y la edificación de comunidades sostenibles. Sobre la base de esta experiencia puede contribuir a la importantísima tarea de proponer modelos diferentes de comunidades viables. Puede basarse en los amplios recursos que ofrecen sus iglesias miembros y las organizaciones ecuménicas para consolidar el testimonio de las iglesias en torno a cuestiones fundamentales que se plantean a nivel internacional en los planos político, social, económico y cultural. Puede ampliar sus esfuerzos para instar a las iglesias miembros a ahondar en su conocimiento de la vida y el testimonio unas de otras en toda la oikoumene, ayudándolas a establecer y consolidar vínculos entre sus preocupaciones locales y las realidades mundiales. También puede entablar relaciones con interlocutores de otras religiones para estudiar la manera de integrar los compromisos en favor de los derechos humanos y la dignidad en un sistema universal de valores.

Aunque el término "globalización" suele inducir a error y muchas de las características de ese proceso son ambivalentes, queda claro que, en los próximos años, el CMI deberá prestar especial atención a los elementos del nuevo contexto mundial implícitos en ese término.

Frente a la globalización, el Consejo debe adoptar un enfoque ecuménico que permita discernir las diferentes cuestiones y vincularlas entre sí, y poner de manifiesto los imperativos bíblicos. A ese respecto, particular atención debe prestarse a la gestión de los asuntos públicos a nivel internacional y nacional, a las pautas del consumo y la producción, a los sistemas financieros y el comercio, así como a los efectos de todos esos factores en la deuda nacional y los derechos de los pueblos a la tierra y a medios de vida suficientes y seguros.

La condonación de la deuda

En muchos países del Norte se ha intensificado la campaña en favor de la condonación de una deuda imposible de pagar. En la sesión plenaria sobre África, en particular, así como en muchos otros momentos de esta Asamblea, se ha hecho un llamamiento a la comunidad de las iglesias miembros, las instituciones relacionadas con las iglesias y los movimientos sociales, para que den especial prioridad al trabajo destinado a posibilitar la condonación de las deudas que imponen una pesada carga a aquellos países que menos pueden permitirse tal sangría de sus recursos. El CMI debería elaborar un plan de acción sobre la condonación de la deuda que tenga en cuenta la complejidad de la cuestión para que esta remisión de la deuda permita liberar de la pobreza a los ciudadanos de esos países.

En una etapa ulterior será necesario velar por la reparación en relación con las deudas social y ecológica, así como por la creación de un modelo de acuerdos comerciales a escala mundial en el que el concepto de justicia y equidad ocupe un lugar preponderante.

Además de este programa, el Comité de Examen II recomendó que se profundizaran el trabajo ya iniciado a través del programa de diálogo y estudio "Reconstrucción de África", con especial referencia a la creación de capacidad y al intercambio de información, para que África pueda aportar su singular contribución al Movimiento Ecuménico.

Metodologías

Como se ha señalado en la introducción, el Consejo cuenta con limitados recursos financieros y de personal con los que asumir el mandato de su trabajo futuro. En consecuencia, se han hecho muchas sugerencias acerca de los métodos que el Consejo podría aplicar en el próximo período. En el documento EVC se recomienda que las iglesias miembros, las redes y organizaciones relacionadas con el CMI asuman su parte de responsabilidad para llevar a cabo los programas y las actividades.

En todos los grupos temáticos de las reuniones de información y debate se pidió que se atribuyera la debida importancia a la necesidad de sentar las bases teológicas y bíblicas de los programas. Esto exigirá estrechas relaciones de trabajo y responsabilidades compartidas entre los equipos, y la colaboración, en particular, de Fe y Constitución.

Es evidente que con el desarrollo de la tecnología de la información se dispone de nuevas formas, estimulantes e interesantes a nivel de los costos, de mantener relaciones en el marco de los programas, por medio del correo electrónico, Internet y la World Wide Web. También se reforzarán los métodos tradicionales de trabajo, como las actividades de defensa y promoción de diversas causas, la creación de redes a nivel regional y mundial, y el intercambio de información. Cabe señalar que últimamente se han puesto en práctica nuevos modelos de trabajo procedentes de culturas no occidentales, como el sokoni de África, que, cuando se ha preparado cuidadosamente, ha dado excelentes resultados.

Un aspecto negativo que lamentamos es el hecho de que la recepción del trabajo del Consejo en la vida de las iglesias locales fue, en el mejor de los casos, fragmentaria, y, en la mayoría de los casos, inexistente. En este próximo período, si queremos utilizar con eficacia los recursos, habrá que dedicar más tiempo e imaginación a la creación de nuevos medios que hagan posible que el trabajo del Consejo incida en la vida de las iglesias miembros.

En su trabajo futuro, el CMI debe ampliar las funciones siguientes:
- servir de *plataforma común para las actividades de defensa y promoción* y hacer oír las voces de las iglesias en el marco de instituciones y medios internacionales que actúan en el escenario mundial;
- servir de *catalizador* para la formación de alianzas con otros sectores y para compartir la información y la acción con otras comunidades de fe;

- servir de *facilitador*, vinculando a las iglesias locales y regionales, cuando proceda, y llevando a las partes interesadas a la mesa de negociación;
- ser un centro de coordinación para el *intercambio de información, la creación de redes y vigilancia*;
- acompañar a las iglesias y desempeñar la función de mediador en situaciones de urgencia.

Con esta finalidad, el CMI también debe evaluar y analizar sus propios estilos y métodos de trabajo.

Un marco y un foco para las actividades futuras del Consejo

El proceso de Entendimiento y Visión Comunes llama al Consejo Mundial de Iglesias a profundizar decisivamente, así como a ampliar, la comunidad que compartimos como iglesias. Nuestro testimonio y nuestro servicio en el mundo, que se necesitan hoy con mayor urgencia que nunca, dependen del fortalecimiento espiritual de nuestros vínculos de compromiso y responsabilidad. Debemos, como lo hemos prometido en Harare, "construir juntos".

Para ello, en el período siguiente a la Octava Asamblea y al entrar en el siglo XXI, la comunidad del CMI debe hacer que cada iglesia miembro se plantee de inmediato cuatro preguntas centrales para los objetivos del Consejo Mundial de Iglesias.

- ¿De qué manera, como iglesias, asumimos juntos la misión y la evangelización en un mundo en gran medida pluralista?
- ¿De qué manera entendemos que el bautismo es uno de los fundamentos de la vida en comunidad que estamos llamados a compartir juntos?
- ¿Cómo ofrecemos juntos nuestros recursos, nuestro testimonio y nuestra acción por el bien del futuro del mundo?
- ¿Cómo recorremos juntos la senda que conduce a la unidad visible?

Antes de reunirnos otra vez en asamblea, será necesario examinar la vida de cada iglesia miembro desde un punto de vista ecuménico a la luz de estas cuatro preguntas. Nuestra respuestas comunes servirán para construir nuestra vida juntos y fortalecer nuestro testimonio en el mundo. No hay tarea más importante que ésta. Todas las actividades del CMI deberían estar centradas en estas cuatro preocupaciones.

Esto sólo puede hacerse cambiando fundamentalmente el estilo de trabajo del CMI en el próximo período, afianzando nuevos valores y métodos. Como declaró nuestro Secretario General, no tenemos derecho de volver de Harare a nuestros países y "proseguir nuestras actividades en relación con el ecumenismo como siempre". Por el contrario, comprometemos a nuestras iglesias, y orientamos nuestra vida compartida en el CMI, a asumir con energía, imaginación y responsabilidad esta vocación común. Entonces, nuestro compromiso ecuménico esencial nos guiará hacia el futuro de Dios.

Recomendación

En este informe se presenta el contenido programático de las futuras actividades del Consejo en el próximo período, así como un marco para centrarlas y orientarlas. El Comité de Orientación Programática no pudo integrar plenamente ese contenido programático en el marco propuesto: por lo tanto, *recomendamos* que un pequeño grupo de trabajo continúe esta tarea como preparación para la reunión de agosto de 1999 del Comité Central.

Documentos de referencia
1. Texto de la Carta de los Niños.
2. Notas tomadas en las fases I y II de las reuniones de información y debate y en los seis grupos temáticos del Padare
3. Informes originales de las fases I y II de las reuniones de información y debate
4. Informes del Comité de Cuestiones de Actualidad
5. Informe del Comité de Examen II
6. Plan de Acción del CMI sobre la condonación de la deuda
7. Carta del Festival del Decenio "De la solidaridad a la responsabilidad"
Los materiales presentados por delegados separadamente y no incluidos en el informe se tendrán en cuenta en el proceso de seguimiento.

4.3. INFORME DEL COMITÉ DE EXAMEN I

I. Informe del Moderador

El informe del Moderador presenta una evaluación general de las actividades del CMI desde la última Asamblea, contiene un interesante análisis de la actual dinámica del Movimiento Ecuménico y pone de relieve el papel del CMI dentro del "único Movimiento Ecuménico", recordando las lecciones aprendidas durante el proceso de reflexión que dio lugar a la declaración normativa *Hacia un Entendimiento y una Visión Comunes del CMI* (EVC). Ofrece además una seria evaluación de las relaciones entre las iglesias ortodoxas y el CMI, y sugiere la búsqueda de soluciones constructivas decididas de común acuerdo. Es una estimulante lectura de las actitudes de las iglesias por lo que respecta a los derechos humanos y al desafío de la globalización. También presenta una propuesta de política de futuro, en la que se integra una visión respecto del papel de la generación más joven en el Movimiento Ecuménico.

Al hablar claramente acerca de la crisis causada por muchos factores, el Moderador exhortó a tener confianza en el futuro, instando al Consejo a una autocrítica y una redefinición de sus orientaciones futuras, sus estructuras y sus actividades. Al destacar que "el ecumenismo institucional está en crisis", el Moderador recordó que esa crisis no puede calificarse indiscriminadamente de "crisis del Movimiento Ecuménico" o de "crisis ortodoxa".

La conciencia de que estamos viviendo una nueva situación requiere renovación. El proceso de reflexión sobre el EVC ha sido un esfuerzo para formular una expresión nueva de la visión ecuménica y reflejar su coherencia e integridad. En el espíritu del EVC, el Moderador llamó a la conversión y la transformación, a una evaluación de nuestra comprensión de la Iglesia en el contexto ecuménico, aunque reconoció que algunas iglesias no están plenamente satisfechas con los cambios propuestos en el EVC. Por lo tanto, destacó el hecho de que el EVC debe considerarse en el marco de un proceso permanente.

El Moderador abordó las preocupaciones ortodoxas en el contexto de ese proceso. Reafirmó el compromiso ortodoxo con el Movimiento Ecuménico, destacó la contribución ortodoxa al CMI, expuso las causas de las dificultades actuales e informó a la Asamblea acerca de las iniciativas tomadas y de los esfuerzos realizados hasta el presente. Habida cuenta de esa situación, sugirió que se proporcionase un espacio en el que las iglesias ortodoxas pudiesen entablar una interacción creativa con otras iglesias miembros.

El Moderador afirmó la necesidad de que el CMI y sus iglesias miembros redefiniesen y reformulasen su compromiso con los derechos humanos, la justicia, la paz y la reconciliación. Aunque es de destacar la índole global del informe, también cabe resaltar el debate que siguió a la presentación, en cuyo marco se puso sobre el tapete la cuestión del *perdón y el arrepentimiento*, como parte integrante del proceso de reconciliación, así como la cuestión de la *corrupción*, que podría calificarse de enfermedad crónica que afecta a todas las sociedades y a todas las esferas de la vida.

En casi todas las partes de su informe, el Moderador hizo referencia a los jóvenes y exhortó a su integración en el Movimiento Ecuménico. Durante el debate en plenaria, el Moderador insistió con más fuerza aún en esa preocupación, diciendo que las propias iglesias deberían crear más oportunidades para la participación de los jóvenes en su vida y en el Movimiento Ecuménico.

En el año 2001, la Pascua caerá en la misma fecha, el 15 de abril. El Moderador destacó la posibilidad de que este hecho pueda ser el comienzo de una celebración común de la Pascua.

La Octava Asamblea recibió el informe del Moderador con aprecio y gratitud por lo que ha aportado a la vida del Consejo desde la Séptima Asamblea del CMI.

II. Informe del Secretario General

En su informe, y mediante una reflexión y un análisis de las experiencias del CMI y de sus iglesias miembros en los últimos años, el Secretario General hizo una descripción realista de la Asamblea del Jubileo, exponiendo las dificultades y los desafíos actuales, y terminando con una visión ecuménica para el próximo siglo. Al referirse a la conmemoración del cincuentenario de la fundación del CMI, el Secretario General hizo una evaluación realista de la situación ecuménica actual, mencionando los signos de incertidumbre en relación con el objetivo de la comunidad en el CMI y las dudas acerca del futuro del Movimiento Ecuménico.

El Secretario General se preguntó qué inspiración y orientación puede aportar la tradición del Jubileo a nuesto camino común hacia la comunión y qué lugar le cabe al CMI en ese contexto. Utilizando la imagen de "cautividad institucional", el Secretario General nos invitó a una profunda reflexión sobre el significado actual de "espacio ecuménico", una comprensión inspirada principalmente en el programa de Teología de la Vida. Se trata de una tentativa de superar las limitaciones del ecumenismo institucional actual, de forma que vaya más allá de la comunidad de las iglesias miembros en el CMI. Las numerosas posibilidades de aplicar la noción de "espacio ecuménico" a las diversas actividades y programas del CMI requiere que se ahonde en el examen de sus consecuencias ecuménicas. Ésta podría ser la tarea, en los próximos años, de los equipos y grupos básicos de la nueva estructura del CMI.

Haciendo suya la preocupación expresada por el Moderador acerca de la situación actual de las relaciones con los ortodoxos, el Secretario General amplió el horizonte y planteó preguntas acerca del actual enfoque institucional de la condición de miembro, que refleja opciones hechas en el pasado y evoluciones más recientes. En su informe, el Secretario General no trató de dar soluciones, sino que simplemente planteó la pregunta de si existen otras formas de participación aparte de la afiliación institucional. También planteó la cuestión de si la formación de un foro podría dar una expresión concreta a la voluntad del CMI de promover relaciones más amplias con partícipes ecuménicos más allá de su ámbito de influencia. Ambas cuestiones requieren una reflexión más a fondo y una respuesta, durante y después de esta Asamblea.

El informe concluye con una referencia a la segunda parte del tema de la Asamblea "con la alegría de la esperanza", como centro de una visión que puede orientar a las iglesias al acercarse al siglo XXI, una visión ecuménica suficientemente convincente para inspirar a la nueva generación.

La Octava Asamblea recibió el informe del Secretario General con aprecio y gratitud.

III. Declaración normativa: "Hacia un Entendimiento y una Visión Comunes del Consejo Mundial de Iglesias"

El Comité Central presentó a la Asamblea la declaración normativa "Hacia un Entendimiento y una Visión Comunes del CMI" (EVC) como un hito importante en el camino de la reflexión crítica sobre la naturaleza y el propósito del Movimiento Ecuménico en general, y la vocación del Consejo Mundial de Iglesias en particular. Sobre la base de varios años de constante reflexión teológica por parte de las iglesias miembros y de las diversas estructuras del Consejo, en el documento EVC se intenta expresar valores y principios que han estado y seguirán estando en el centro del Movimiento Ecuménico. En este documento se señalan los cambios experimentados en el contexto eclesial y mundial desde que se fundó el Consejo Mundial de Iglesias, hace 50 años. Por último, se presenta un amplio programa para la vida futura del Consejo y sugerencias sobre la forma en que el CMI, juntamente con otros asociados ecuménicos, podría poner en práctica ese programa. La declaración EVC se suma así a otros importantes documentos del CMI que expresan la profunda aspiración del Consejo a la unidad visible de la Iglesia y la reconciliación de todas las cosas en Cristo.

El título completo de la Declaración, "Hacia un Entendimiento y una Visión Comunes del CMI", indica que en esta declaración las iglesias miembros todavía no se atreven a hablar de una visión *común* o de un entendimiento *común*. Esto se puso de manifiesto en las deliberaciones de la plenaria y en los informes del Moderador y el Secretario General, donde se señalan numerosos aspectos en los que no se ha alcanzado el pleno consenso, ni en nuestra visión ni en nuestro entendimiento. Por consiguiente, aunque el EVC es un documento terminado, su recepción en la vida de las iglesias y en el CMI, así como las aclaraciones, enmiendas y elaboraciones posteriores, constituirán un proceso dilatado. Así pues, la acción por parte de la Octava Asamblea del CMI respecto al documento EVC no entraña el pleno acuerdo con todo su contenido sino una afirmación de que en él se plantean un entendimiento y una visión suficientemente ricos y prometedores para modelar e inspirar nuestra vida futura juntos, y un compromiso de formular orientaciones concretas para acciones e iniciativas específicas en los años siguientes a la Asamblea. Se pide a la Asamblea que inicie este proceso de recepción examinando las recomendaciones que figuran en el informe del Comité, referentes a la estructura del Consejo, la necesidad de cuidar el buen estado de las relaciones entre las iglesias miembros, en particular, pero no sólo, las iglesias ortodoxas, y el deseo de ofrecer un amplio "espacio ecuménico" en el que las relaciones ecuménicas puedan al mismo tiempo ampliarse y profundizarse.

Tras el debate de la plenaria queda claro que la recepción del documento EVC entraña varios desafíos para el CMI y sus iglesias miembros. Es un desafío encontrar un lenguaje para nuestro entendimiento y visión que sea accesible y estimulante para todos los bautizados, no sólo para los especialistas. Es un desafío evitar ser arrastrados a una preocupación institucional que impide ver claramente el compromiso evangélico del Movimiento Ecuménico con la misión de Dios. Es un desafío para las iglesias miembros realizar una autocrítica de su compromiso como miembros y de su participación. Es un desafío encontrar nuevas formas de discernimiento y toma de decisiones en la vida del Consejo, que mejoren la calidad de sus relaciones en comunidad, capacitándolo, al mismo tiempo, para una acción clara y decisiva. Es un desafío buscar formas de compartir el poder en el Consejo, que pongan en evidencia su compromiso con la justicia, la apertura a todos, la reciprocidad y la participación. Es un desafío cultivar una espiritualidad ecuménica y una integridad moral que sustenten una comunidad en la que las voces de todos se oigan con respeto y las preocupaciones de todos se reciban con comprensión. Es un desafío ser un Consejo Mundial de Iglesias al servicio de la vitalidad y la coherencia del único Movimiento Ecuménico.

Reconociendo que todavía queda mucho por hacer, pero con profundo aprecio por las perspectivas que ofrece la Declaración normativa, el Comité afirma que el documento "Hacia un Entendimiento y una Visión Comunes del CMI" es un hito importante en este año jubilar del Consejo Mundial de Iglesias, y un punto de partida en nuestro camino juntos hacia el nuevo milenio.

La Octava Asamblea recibió con gratitud "Hacia un Entendimiento y una Visión Comunes del Consejo Mundial de Iglesias" e instó al CMI a que lo utilice como marco y punto de referencia cuando se evalúen y elaboren programas del CMI en el futuro."

IV. Solicitudes de miembro

A. Por recomendación del Comité de Examen I, la Octava Asamblea decidió admitir en calidad de miembros de pleno derecho del Consejo Mundial de Iglesias a las siguientes iglesias:

1. Iglesia Cristiana Protestante de Angkola (Indonesia) (Gereja Kristen Protestant Angkola – GKPA)
2. Iglesia Cristiana de Sumba (Indonesia) (Gereja Kristen Sumba – GKS)
3. Iglesia Harrista (Côte d'Ivoire) (Eglise Harriste, Côte d'Ivoire)
4. Consejo de Iglesias Africanas Independientes (CAIC, Sudáfrica)
5. Iglesia de Cristo Reformada de Nigeria
6. Iglesia Unida de Cristo de Zimbabwe
7. Iglesia Anglicana del Congo (República Democrática del Congo)
8. Iglesia Evangélica Luterana del Congo (República Democrática del Congo).

B. La Octava Asamblea aprobó la candidatura de los siguientes consejos nacionales de iglesias en calidad de consejos asociados con el Consejo Mundial de Iglesias:

1. Consejo de Iglesias de Samoa
2. Consejo de Iglesias Evangélicas de Guinea Ecuatorial.

C. La Octava Asamblea (de conformidad con el artículo XIV del Reglamento del CMI) reconoció a las siguientes organizaciones como organizaciones ecuménicas internacionales que mantienen relaciones de trabajo con el Consejo Mundial de Iglesias:

1. Programa Experimental de Misión
2. Coalición Ecuménica de Turismo en el Tercer Mundo
3. Asociaciones Cristianas Femeninas
4. Sociedades Bíblicas Unidas
5. Asociaciones de Escuelas y Universidades Cristianas: Foro Ecuménico Internacional.

D. Iglesia Celestial de Cristo de Nigeria – véase apéndice I.

[El Comité de Examen presenta estas recomendaciones para examen y decisión plenamente consciente de que la cuestión de la condición de miembro será uno de los puntos del orden del día que se deberá examinar más a fondo durante y después de la Octava Asamblea, a la luz de la declaración normativa "Hacia un Entendimiento y una Visión comunes del Consejo Mundial de Iglesias" (EVC) y sus consecuencias.]

V. Relaciones con las iglesias ortodoxas

En el período posterior a la Asamblea de Canberra quedó claro que las relaciones de las iglesias ortodoxas con el Consejo habían llegado a una etapa crítica. En efecto, dos iglesias ortodoxas (calcedonias) han renunciado a su condición de miembro del CMI: la Iglesia de Georgia, en 1997, y la Iglesia de Bulgaria, en 1998. En sus informes a la Asamblea, tanto el Moderador como el Secretario General prestaron una atención detenida a la evaluación de las razones que han llevado a la comunidad del CMI a esta situación crítica.

En una reunión celebrada en Tesalónica en mayo de 1998, las iglesias ortodoxas (calcedonias) hicieron una primera evaluación de la situación actual y propusieron que se creara una comisión con el CMI para examinar las formas aceptables de la participación ortodoxa en el Movimiento Ecuménico y la reestructuración radical del CMI. Asimismo, en mayo de 1998, en una reunión ortodoxa previa a la Asamblea celebrada en Damasco, los representantes de las iglesias ortodoxas (calcedonias) y ortodoxas orientales (no calcedonias) evaluaron la situación ecuménica en la que se encuentran los ortodoxos. Consideraron la necesidad de un cambio que permita una presencia y un testimonio más eficaces, junto con una participación más constructiva y comprometida de los ortodoxos.

El Comité Ejecutivo del CMI ha prestado particular atención a la cuestión de las relaciones de las iglesias ortodoxas con el CMI, ha suscrito la idea de crear una comisión especial y ha determinado el alcance de su labor (Comité Ejecutivo, Amersfoort, septiembre de 1998, Doc. No 7; Comité Ejecutivo, Harare (Zimbabwe), diciembre de 1998, Docs. No 5 y 5.1).

Aunque la necesidad planteada a la Asamblea de crear una comisión especial después de Harare es una respuesta a la preocupación ortodoxa sobre la naturaleza y la calidad de la comunidad ecuménica del CMI, está claro que otras iglesias y familias eclesiales tienen sus propias preocupaciones a veces similares, que tendrán cabida en los trabajos de la comisión. Por consiguiente, en la labor de la comisión, la comunidad del CMI seguirá su camino "hacia un entendimiento y una visión comunes" y hará una contribución a la vida y la visión ecuménica de todas las iglesias miembros del CMI. Si la labor de la comisión ayuda a que las iglesias, las familias de iglesias y el Consejo Mundial de Iglesias aborden constructivamente el desafío que enfrentamos, será un ejemplo vivo y práctico de la nueva actitud fundamental que nos proponemos. Se nos ofrece, pues, una oportunidad, no sólo de resolver esta crítica situación actual, sino de hacer una contribución a la búsqueda de la unidad cristiana, una búsqueda no sólo para alcanzar acuerdos estructurales negociados sino para discernir la voluntad de Dios, la verdad de Dios y el amor de Dios.

> *La Octava Asamblea aprobó la creación de la comisión especial sobre la participación ortodoxa en el CMI, la mitad de cuyos miembros serán determinados por las iglesias ortodoxas, y la otra mitad, por el Comité Ejecutivo del CMI tras consultar con otras iglesias miembros.*
>
> *Por otro lado, la Octava Asamblea:*
> 1) *pidió que la comisión especial estudie y analice el conjunto de las cuestiones relativas a la participación ortodoxa en el CMI, reconociendo que muchas de estas preocupaciones también son de importancia para otras iglesias miembros;*
> 2) *pidió que la comisión especial presente propuestas acerca de los necesarios cambios de estructura, estilo y manera de ser del Consejo;*
> 3) *sugirió que tales propuestas se sometan a examen y decisión del Comité Central presentándose los necesarios cambios institucionales a la próxima Asamblea del CMI;*
> 4) *propuso que se planifique la totalidad del trabajo de la comisión para un período de tres años como mínimo.*

VI. Relaciones con las Organizaciones Ecuménicas Regionales

El Comité estudió el documento sobre relaciones con las Organizaciones Ecuménicas Regionales (OER), aprobado por el Comité Ejecutivo en septiembre de 1998, y, en particular, el capítulo en el que se tratan esas relaciones desde la perspectiva del EVC. El Comité también examinó una serie de respuestas escritas por lo que respecta a este sector de relaciones, con especial consideración de las posibilidades de descentralizar la labor del CMI.

Durante estos dos o tres últimos años, el EVC ha sido el tema del diálogo con las OER, en diversos contextos. El proceso EVC ha contribuido a que el CMI se vea como uno de los diversos protagonistas de un movimiento policéntrico en el que las OER son partícipes de pleno derecho. Éstas, a su vez, han comenzado a percibir la importancia de la reflexión acerca del EVC para ellas mismas. Algunas de las cuestiones que se han planteado en esos debates son la ampliación de las estructuras ecuménicas, en particular, con objeto de favorecer la participación de la Iglesia Católica Romana y las iglesias evangélicas libres y pentecostales; la interacción entre movimiento e instituciones, la transición a una generación más joven y la importancia de la formación ecuménica.

En el último capítulo del EVC se afirma que la "relación del CMI con los consejos (conferencias) de iglesias locales, nacionales y regionales o con los consejos (conferencias) cristianos es fundamental para la vitalidad y la coherencia del Movimiento Ecuménico". Esa relación incluye la búsqueda de medios concretos para lograr una mejor coordinación de las actividades, una planificación conjunta de los programas y la toma de decisiones en común, habida cuenta de las particularidades de cada región. Las OER también plantearon la cuestión de su posible representación y participación en las estructuras y procesos del CMI. En el EVC no se trata específicamente esta cuestión. Ahora bien, ya nadie pone en duda la correlación de los programas del CMI y de las OER y, por lo tanto, la necesidad de coordinarlos. Se trata de ir avanzando hacia un programa ecuménico común, lo que exigirá no sólo coordinar sino también tomar medidas para integrar las estructuras ecuménicas.

La cuestión de las relaciones regionales también es pertinente por lo que respecta a la propuesta de crear un foro. Sin embargo, los últimos avances en las relaciones del CMI con las OER, y la búsqueda de una mayor coordinación e integración, no deberían concluir o interrumpirse si se emprendiera un proceso más amplio encaminado a crear un foro que englobe a más copartícipes. Antes bien, los avances presentes y futuros de las relaciones entre el CMI y las OER deberían con el tiempo encontrar su lugar en el marco más amplio de ese foro.

Desde la perspectiva del EVC, las relaciones con las OER revisten especial importancia. En tres regiones (el Pacífico, el Caribe y Oriente Medio) la ICR es miembro de pleno derecho de las OER y en otras regiones hay una creciente cooperación entre las OER y el organismo católico romano regional (por ejemplo Asia y Europa). En varias ocasiones, las OER han planteado la cuestión de establecer sus relaciones con la ICR en el marco de las relaciones que mantiene el CMI con esa iglesia.

Otro aspecto de la perspectiva del EVC en relación con las iglesias que no están afiliadas al CMI, es la cuestión de las relaciones con las iglesias evangélicas libres y pentecostales. Estas iglesias han creado alianzas y comuniones regionales que, en algunos casos, han crecido llegando a constituir organizaciones representativas de índole similar a las OER. Como respuesta a la exhortación del EVC de "buscar nuevas formas de relaciones a todos los niveles", el CMI y las OER podrían elaborar un enfoque común que diera cabida a diversas iniciativas innovadoras.

A la luz de lo que precede, según lo expuesto en el EVC, la Octava Asamblea exhortó
   – *al CMI y las OER, a iniciar un proceso de reflexión sobre un programa ecuménico común y sobre el tipo de integración de las expresiones estructurales a nivel regional y mundial del Movimiento Ecuménico (teniendo en cuenta otros procesos, como las relaciones con los ortodoxos y por lo que respecta al concepto del foro);*
   – *al CMI y las OER a establecer procedimientos de consulta y toma de decisiones por lo que respecta a la división de las responsabilidades en los programas ecuménicos;*
   – *a estudiar formas de representación de las OER en el Comité Central;*
   – *a considerar un mecanismo que permita que quienes prestan servicios en los órganos rectores del CMI y de las OER de una misma región puedan reunirse por lo menos una vez durante el período comprendido entre dos asambleas;*
   – *a consultar a las OER sobre la labor del Grupo Mixto de Trabajo del CMI y la ICR (GMT), teniendo en cuenta la cooperación regional entre algunas OER y la ICR;*
   – *al CMI y las OER a elaborar un enfoque común por lo que respecta a las relaciones con las iglesias y organizaciones evangélicas libres y pentecostales.*

VII. Consejos nacionales de iglesias (CNI)
   El Comité recibió un informe del personal en el que se describe el trabajo realizado para dar cumplimiento a lo expresado por la Séptima Asamblea en relación con la necesidad de contar con un marco permanente de relaciones con los CNI en su calidad de comunidades de iglesias arraigadas en un determinado contexto. El Comité examinó una reseña de la labor de la Tercera Consulta Internacional de Consejos Nacionales de Iglesias, que tuvo lugar en Hong Kong, en febrero de

1993, titulada *Directrices para las relaciones entre los consejos nacionales de iglesias y el Consejo Mundial de Iglesias*, que fue aprobada por el Comité Central en 1995, y la labor de la Unidad IV en relación con los CNI de África. Además, se tomó nota de las posibilidades de participación que se ofrecieron a los CNI en el proceso de reflexión que dio lugar al EVC, en el que se declara que "tanto el CMI como las OER reconocen que los consejos nacionales de iglesias son partícipes esenciales en su trabajo, por su tarea de mediación y de coordinación de las relaciones con las iglesias miembros en un determinado país; y esto debe reconocerse en cualquier esfuerzo para establecer un marco global que reúna a los diferentes consejos y conferencias de iglesias en un único Movimiento Ecuménico". A pesar de estas afirmaciones y de la importante labor llevada a cabo desde la Séptima Asamblea, está claro que aún no se ha dado una respuesta satisfactoria a la cuestión de una participación más efectiva de los CNI en el CMI.

La Octava Asamblea apoyó el examen que lleva a cabo actualmente el CMI sobre su relación con los consejos nacionales de iglesias para tener en cuenta sus experiencias y colaborar con ellos a fin de ayudar a las iglesias miembros a hacer suyo y hacer efectivo el compromiso ecuménico a nivel local y nacional en el marco del EVC.

VIII. Relaciones con las Comuniones Cristianas Mundiales (CCM)

Durante varias décadas ha habido cierto grado de cooperación entre el CMI y varias CCM, por ejemplo la presencia del CMI en las reuniones de los secretarios de las CCM y el copatrocinio del Foro sobre Diálogos Bilaterales. Entre otros ejemplos más recientes de esa cooperación cabe destacar la Acción Conjunta de las Iglesias (ACT) y Noticias Ecuménicas Internacionales (ENI). Ahora bien, existe una duplicación injustificada de actividades y proyectos del CMI y otras CCM. Dado que uno y otras están llamados a llevar a cabo un trabajo ecuménico, es indispensable aumentar el grado de colaboración y de aprendizaje recíproco.

También es necesario reconocer que, como resultado directo del compromiso común del CMI y las CMM, se ha progresado en el debate, que ya dura decenios, sobre *modelos de unidad* relativos a la *comunidad conciliar* y *la unidad en una diversidad reconciliada*; estos avances han conducido a los conceptos actuales de *unidad visible* y *plena comunión*. Uno de los elementos de este proceso es la importancia dada al "entendimiento que tienen de sí mismas las iglesias", mencionado por algunas de las CCM, que caracteriza las relaciones entre el CMI y las CCM. Por la razón antes mencionada, el CMI debe reconocer el carácter único, desde el punto de vista histórico y eclesiológico, de los esfuerzos para consolidar las actuales relaciones con las distintas CCM.

En el documento EVC se afirma que la relación entre el CMI y las CCM debe caracterizarse por la mutua responsabilidad y la reciprocidad y se pide que se encuentre la forma de asociar más directamente estas entidades a la vida organizada del CMI. Por ejemplo, en el marco de la propuesta de constituir un foro, ampliamente apoyada por varias CCM, se prevé la posibilidad de realizar asambleas conjuntas. También se investigó la posibilidad de que las CCM participen directamente en los órganos de toma de decisiones del CMI. Ninguna de esas iniciativas se llevarán a la práctica debido al actual marco jurídico y constitucional en que operan estas organizaciones ecuménicas. Cabe señalar que la enmienda constitucional propuesta (artículo III) reconoce a los interlocutores ecuménicos del CMI y considera responsabilidad del CMI mantener "la coherencia de un único Movimiento Ecuménico".

La Octava Asamblea recomendó la iniciación de un proceso orientado a facilitar y consolidar las relaciones entre el CMI y las CCM, de conformidad con el documento EVC. La Asamblea reconoció la fundamental contribución histórica y eclesiológica que han aportado las CCM al único Movimiento Ecuménico. El propósito de este esfuerzo es incrementar la cooperación, la eficiencia y la eficacia.

La Asamblea tomó nota con aprecio del trabajo ya realizado por la Conferencia de Secretarios de las CCM, e instó a que se invite a esa Conferencia a contribuir a ese esfuerzo en el futuro.

IX. Relaciones con la Iglesia Católica Romana: Séptima Relación del GMT

El Comité estudió cuidadosamente la Séptima Relación del Grupo Mixto de Trabajo (GMT) de la ICR y el CMI, teniendo en cuenta el amplio marco de relaciones reseñado en el informe del Moderador. El Comité expresó su profundo aprecio por la expresión tangible del compromiso irrevocable de la ICR con el Movimiento Ecuménico, que contiene el cordial y estimulante mensaje enviado a la Octava Asamblea por el Papa Juan Pablo II.

Este informe describe el intenso trabajo realizado por el GMT durante los últimos siete años. Tanto la Asamblea de Canberra como el Pontificio Consejo para la Promoción de la Unidad de los Cristianos (PCPUC) habían aprobado y apoyado las siguientes prioridades para el período

1991-1998: "la unidad de la Iglesia: meta, pasos e implicaciones eclesio-lógicas; formación y educación ecuménica: cuestiones éticas como nuevas fuentes de división: testimonio común en el compromiso misionero: pen-samiento y acción sociales". El informe demuestra que el GMT ha logrado resultados concretos por lo que respecta a las prioridades establecidas en su mandato. Sin embargo, por razones de tiempo y de disminución de los recursos financieros y humanos, no pudo cumplir con su tarea.

La Séptima Relación es un documento descriptivo y de evaluación. Destaca la importancia de las relaciones entre la ICR y el CMI, conside-rándolas un factor decisivo en la búsqueda de la unidad cristiana. El informe subraya algunos ejemplos de cooperación ecuménica, sobre todo a nivel local. Reconoce que es posible abordar cuestiones morales y sociales con distintas metodologías, manteniendo al mismo tiempo el espíritu de fraternidad. Señala que se debe prestar particular atención a la cooperación ecuménica, especialmente a nivel local. La representa-ción de la ICR en casi todas las actividades programáticas del CMI, pone en evidencia la creciente cooperación entre las dos entidades que consti-tuyen el GMT. Por último, el informe presenta algunas sugerencias para el trabajo futuro. Cuatro son los temas determinados en el informe que están dando forma al programa ecuménico y que demuestran las posibi-lidades de contribución del GMT al actual diálogo ecuménico: a) la uni-dad de la iglesia como koinonía (en cooperación con la Comisión de Fe y Constitución); b) la formación ecuménica; c) la continuación del tra-bajo de estudio sobre cuestiones morales y sobre el testimonio común, y el resurgimiento del proselitismo; d) la creciente participación de la ICR en la vida y el testimonio de los CNI y las OER.

El informe incluye también tres importantes documentos de estudio: a) El diálogo ecuménico sobre las cuestiones morales: fuente potencial de testimonio común o de divisiones; b) El reto del proselitismo y la lla-mada al testimonio común; c) Formación ecuménica: reflexiones y suge-rencias ecuménicas. Para explicar lo que es exactamente el GMT, el informe incluye un anexo sobre su historia.

El Comité reconoció la positiva respuesta del PCPUC a la Séptima Relación y expresó su aprecio por las sugerencias relativas al trabajo futuro del GMT.

La Octava Asamblea aprobó la Séptima Relación del GMT entre la Iglesia Católica Romana y el Consejo Mundial de Iglesias.

La Octava Asamblea suscribió además las prioridades especí-ficas sugeridas por el GMT para el próximo período de su mandato (véanse págs. 22 y 23 del informe).

*La Octava Asamblea exhortó al GMT a continuar esforzándose
por comprender las dificultades pasadas y abrir el camino hacia
nuevas perspectivas y posibles iniciativas positivas para una futura
colaboración en el terreno del "pensamiento y la acción sociales".*

El Comité Ejecutivo subrayó que el desarrollo de relaciones ecuménicas depende de las repercusiones de los diálogos teológicos.
Asimismo, tomó nota de las amplias consecuencias ecuménicas de
las recientes declaraciones de la ICR. En ese sentido, la Octava
Asamblea pidió al GMT que en el período 1998-2005 diera prioridad a las cuestiones relacionadas con: a) la naturaleza, el propósito
y los métodos del diálogo; b) la naturaleza de las organizaciones
ecuménicas regionales y nacionales.

Expresando su reconocimiento por la fundamentada respuesta de
la ICR al documento EVC, la Octava Asamblea pidió al GMT que
incluyera en su futuro programa un análisis de las consecuencias del
EVC para la comprensión de la condición de miembro y otras formas
de participación en organizaciones ecuménicas, así como para los
esfuerzos en curso para la ampliación de la colaboración ecuménica.

Dado que en su Séptima Relación, el GMT ha "destacado el
potencial ecuménico de una "celebración común" del nuevo milenio
en todo el mundo", la Octava Asamblea pidió al Comité Central del
CMI que examinara las posibilidades de celebración ecuménica
común en los planos local, nacional, regional y mundial para el año
2000.

X. Relaciones con los evangélicos libres

En el amplio contexto de las relaciones con iglesias que no son
miembros del CMI, el documento EVC reconoce que la comunidad del
CMI está limitada por la ausencia de muchas iglesias evangélicas libres.
El Comité observa que en el CMI hay algunas iglesias evangélicas
libres, y que entre los fieles de las iglesias miembros hay personas que
se definen a sí mismas como evangélicos libres. Desde la Séptima Asamblea se han venido estableciendo contactos que comienzan a derribar
barreras. Además, el EVC exhorta a buscar nuevas formas de relación
entre el CMI y otras iglesias y organizaciones ecuménicas, entre ellas las
evangélicas libres.

*La Octava Asamblea instó al CMI y sus iglesias miembros a conti-
nuar buscando nuevas formas de relación con los evangélicos libres*

*en colaboración con los numerosos evangélicos libres del CMI y las
iglesias miembros, en el espíritu del EVC.*

XI. Relaciones con las iglesias pentecostales

El Comité consideró la propuesta de formar un grupo mixto de trabajo entre el CMI y los pentecostales aprobada por el Comité Ejecutivo
(febrero de 1998).

La Séptima Asamblea había formulado recomendaciones relativas a
las relaciones entre el CMI y los pentecostales. Desde entonces se han
tomado varias iniciativas. Las consultas, visitas y otros encuentros, han
abierto canales de comunicación con importantes sectores de la dirección del movimiento pentecostal internacional, así como con pentecostales que participan directamente en las comunidades locales. Estos
avances en el ámbito del CMI deben ser considerados en el contexto más
amplio de otras iniciativas, tales como el diálogo entre la ICR y los pentecostales, que existe desde hace 25 años, el papel del Consejo Latinoamericano de Iglesias en relación con las iglesias pentecostales de la
región, el ingreso de las Asambleas de Dios de Corea en el Consejo
Nacional de Iglesias de Corea y las discusiones en muchos contextos
locales.

*La Octava Asamblea aprobó la propuesta que formuló el Comité Eje-
cutivo en febrero de 1998, de formar un Grupo Mixto de Trabajo del
CMI y los pentecostales, y pidió al Comité Central que supervisara
el proceso.*

*Sobre la base de las consultas entre el CMI y los pentecostales
desde la Séptima Asamblea, la Asamblea recomendó incluir entre
las tareas de este Grupo Mixto de Trabajo:*

*a) la consolidación de las relaciones existentes y la ampliación de
las iglesias miembros del CMI incluyendo a más iglesias pentecostales;*

*b) la iniciación de estudios e intercambios sobre temas de interés
común, incluidas cuestiones polémicas;*

*c) el estudio de formas de participación, en el espíritu del EVC, que
no estén basadas principalmente en la afiliación formal al CMI, y*

*d) exhortar a las OER y los CNI a estudiar posibles formas de cola-
boración.*

*Al hacer esta recomendación, la Octava Asamblea reconoció la
importante contribución de las iglesias pentecostales que son actualmente miembros del Consejo Mundial de Iglesias.*

XII. Propuesta de un foro de iglesias cristianas y organizaciones ecuménicas

El Comité examinó las partes de los informes del Moderador y del Secretario General que hacen referencia a la idea de un foro; estudió la presentación de Marion Best, escuchó atentamente el debate en la plenaria y recibió contribuciones por escrito. El Comité recibió el documento "Propuestas relativas a un foro de iglesias cristianas y organizaciones ecuménicas", basado en una consulta celebrada en agosto de 1998 que había sido convocada tras la reunión del Comité Ejecutivo de febrero de 1998 y que exhortó "a explorar más a fondo la cuestión y a convocar una consulta para examinar más detenidamente la propuesta (de un foro) con las principales entidades interesadas". Esta consulta reunió a representantes de la Conferencia de Comuniones Cristianas Mundiales, de las organizaciones ecuménicas regionales, de los consejos nacionales de iglesias, de las organizaciones ecuménicas internacionales y de las iglesias miembros del CMI.

La Octava Asamblea exhortó al Comité Central del CMI a continuar el proceso de consulta con los dirigentes de las diversas entidades que han expresado su interés por el foro.

En este proceso, la Octava Asamblea recomendó que se preste particular atención al informe de la consulta de agosto de 1998 en Bossey en la que se formularon "propuestas relativas a un foro de iglesias cristianas y organizaciones ecuménicas" (Apéndice II).

Insistiendo en que se prosiga el trabajo con miras a propiciar una red de relaciones más eficaz, funcional e inclusiva entre las iglesias y organizaciones ecuménicas, la Octava Asamblea ofreció al Comité Central la orientación siguiente a este respecto:

a) Es necesario que el CMI examine atentamente la naturaleza y el alcance de su función con otros copartícipes en la labor de preparación del foro.

b) Es preciso que exista una clara distinción entre la naturaleza y el objetivo del CMI y los del foro.

c) La participación de las iglesias en un foro no puede en modo alguno equipararse a la responsabilidad y el compromiso ecuménicos que entraña la condición de miembro del CMI.

d) Es importante tener en cuenta la experiencia positiva de diversos foros que existen actualmente en algunas regiones del mundo, por lo que habría que considerar la utilidad de los foros en otros contextos regionales o nacionales.

e) *Es evidente que se precisará una pequeña estructura de organización con una responsabilidad limitada para convocar, organizar, financiar y evaluar el foro. La creación y el mantenimiento de esta estructura deberá ser una responsabilidad compartida de las iglesias y las organizaciones participantes.*

f) *Sobre la base de los criterios de participación estipulados en el punto 9 del apéndice II, el proceso de invitación debería ser lo más amplio posible y continuar siéndolo en el futuro, a fin de promover una participación lo más inclusiva posible.*

g) *La concepción eclesial específica que de sí misma tiene cada iglesia miembro y cada familia eclesial del CMI, de las Comuniones Cristianas Mundiales, como el Consejo Anglicano Consultivo, la Alianza Bautista Mundial, la Federación Luterana Mundial y la Alianza Reformada Mundial, deberá respetarse cuando se elabore el concepto del foro.*

h) *Es necesario fomentar consultas con el Grupo Mixto de Trabajo de la ICR y el CMI, así como con el Grupo Mixto de Trabajo propuesto del CMI y las Iglesias Pentecostales, para contribuir a aclarar la posibilidad de participación de estas iglesias en el foro.*

i) *Deberá determinarse si los foros regionales o nacionales deben considerarse como alternativa o como complemento del concepto de foro mundial.*

XIII. Enmiendas a la Constitución y al Reglamento

El Comité examinó las enmiendas propuestas a la Constitución y el Reglamento del CMI a la luz del debate general en torno al EVC y sus consecuencias, la presentación en sesión plenaria de Georges Tsetsis, y varias sugerencias presentadas por escrito.

1. Artículo III. Objetivos y Funciones

En la enmienda propuesta se reflejan varias convicciones derivadas del proceso de reflexión sobre el EVC. Se afirma que el CMI está constituido por las iglesias para servir al Movimiento Ecuménico; se recuerda el legado ecuménico, especificando que el CMI es el heredero y la continuación de los movimientos mundiales; se pone en el centro de la vocación común la preocupación por la unidad visible en una sola fe y en una sola comunión eucarística, subrayando la importancia de que las iglesias se exhorten unas a otras para alcanzar esta meta; se describen las posibilidades ofrecidas a las iglesias dentro de la comunidad en la búsqueda de la koinonía en la fe y la vida, el testimonio y el servicio; y se recalca la función del CMI en los esfuerzos para fortalecer el Movimiento Ecuménico único, sustentando las relaciones con las organizaciones ecuménicas en las esferas local, nacional y regional.

La Octava Asamblea aprobó la enmienda propuesta.

2. Artículo V: Organización

2.1. La enmienda propuesta del artículo V.1.c) 3), con respecto a las funciones de la Asamblea en la determinación de la política del CMI, consiste en la inserción de una sola palabra (general).

La Octava Asamblea aprobó la enmienda propuesta.

2.2. La enmienda propuesta del artículo V.2.c) 1) confiere la responsabilidad de la elección de la presidencia colegiada al Comité Central. Aunque el Comité no llegó a un consenso sobre esta recomendación, reconoció que esta enmienda procede del Comité Central en un intento de afirmar y reforzar la autoridad moral y espiritual de los presidentes modificando un procedimiento electoral que se ha politizado y ha resultado penoso en el pasado. El cambio pretende también facilitar, después de la Asamblea, un proceso de consulta más amplio y sensible con las iglesias miembros y las OER para la identificación de candidatos que gocen de amplio prestigio y respeto por su liderazgo espiritual y su compromiso ecuménico. Para que la plenaria pudiera deliberar sobre esta enmienda, el Comité recomendó a la Octava Asamblea que aprobara la enmienda propuesta.

La enmienda propuesta fue rechazada.

2.3. La enmienda propuesta del artículo V.2.c) 4), que se refiere al método de elección de las comisiones y las juntas directivas y que pasa a ser una atribución del Comité Central, es de hecho una adaptación a las nuevas estructuras de trabajo del CMI. Aunque el Comité entiende que las estructuras del CMI deben mantenerse tan flexibles como sea posible, lamenta que no se hayan mencionado, al menos en el Reglamento, las comisiones y los grupos asesores ya previstos.

La Octava Asamblea aprobó la enmienda propuesta.

2.4. La enmienda propuesta del artículo V.2.c) 5) especifica la responsabilidad de los programas y las actividades del CMI de conformidad con la nueva estructura del Consejo y la función del Comité de Programa (véase el artículo VII del Reglamento).

La Octava Asamblea aprobó la enmienda propuesta.

3. Artículo VI: Otras organizaciones ecuménicas
   La enmienda propuesta del artículo VI.1. con respecto a las funciones de la Asamblea en la determinación de las políticas del CMI consiste en la inserción de una sola palabra (internacionales).
   La Octava Asamblea aprobó la enmienda propuesta.

4. Enmiendas del Reglamento propuestas por el Comité Central
   Estas enmiendas se proponen incorporar las disposiciones ya adoptadas por el Comité Central para garantizar que las principales directrices propugnadas por el EVC queden reflejadas en las estructuras del CMI. Por otra parte, armonizan el Reglamento con la Constitución (si se adoptan las enmiendas propuestas).

   La Octava Asamblea confirmó las enmiendas siguientes propuestas por el Comité Central:
   - *I.3,4,5 y 6, sobre los criterios de admisión al Consejo como miembro y como miembro asociado, y las obligaciones financieras de las iglesias miembros del CMI;*
   - *IV.5.a.1, sobre la función del Comité Central en la elección del Comité de Programa*
   - *IV.5.d, sobre la determinación de prioridades y políticas del CMI;*
   - *VII., sobre el Comité de Programa.*
      La Octava Asamblea recomendó al Comité Central que prosiga la reflexión sobre el entendimiento y los criterios de admisión de miembros a la luz de la evolución de la situación, de las experiencias y de los debates a diversos niveles.
      La Octava Asamblea recomendó al Comité Central que examine la posibilidad de que las iglesias y las organizaciones ecuménicas participen en los órganos rectores, consultivos y asesores del CMI, con el fin de que su participación no se limite al número fijado de puestos en los actuales Comités, Comisiones, y Juntas Directivas.

APÉNDICE I: IGLESIA CELESTIAL DE CRISTO, NIGERIA

   La Iglesia Celestial de Cristo (Nigeria) fue una de las nueve iglesias cuya candidatura fue recomendada por el Comité Ejecutivo para su admisión como miembro de pleno derecho del Consejo Mundial de Iglesias.
   En su informe provisional a la Asamblea (Documento núm. RC-I.1), el Comité de Examen recomendó la postergación de la decisión sobre la admisión de la Igle-

sia Celestial de Cristo como miembro de pleno derecho, para proceder a un ulterior estudio.

El Comité de Examen I formó un Subcomité que se reunió con los dirigentes de la Iglesia Celestial de Cristo presentes en la Octava Asamblea; también participó en esta reunión uno de los integrantes de la delegación del CMI que visitó la Iglesia Celestial de Cristo de Nigeria en septiembre de 1998. El punto principal que requería aclaración era la posición de dicha iglesia respecto a la cuestión de la poligamia. Al igual que muchas otras iglesias africanas independientes, la Iglesia Celestial de Cristo acepta a las personas polígamas que se hayan convertido, pero en el documento PL 1.1 se informa que también los integrantes del clero pueden seguir siendo polígamos.

Tras esa reunión, el Subcomité informó al Comité de Examen I que, aunque en el pasado la iglesia admitía a pastores polígamos, en 1986, se había decidido que los nuevos pastores debían ser monógamos y que esta norma se estaba aplicando estrictamente a todos los postulantes para el ministerio. Sólo unos pocos ministros del período anterior pueden seguir ejerciendo su liderazgo espiritual. Además, el Subcomité tuvo la posibilidad de conocer mejor otros aspectos de la vida de la Iglesia Celestial de Cristo y sus motivos para solicitar la afiliación al CMI y llegó a la convicción de que la afiliación ayudaría a esta iglesia en sus esfuerzos para proclamar y practicar el mensaje del Evangelio en el ámbito de la cultura africana.

El Comité de Examen I tomó conocimiento con satisfacción del informe del Subcomité y decidió recomendar que la Octava Asamblea admitiera a la Iglesia Celestial de Cristo en calidad de miembro de pleno derecho del CMI.

El resultado de la votación para aprobar la candidatura de esta iglesia fue negativo. Sin embargo, la votación fue impugnada por cuanto se consideró que el procedimiento no había sido conforme a las disposiciones de la Constitución. Los asesores jurídicos del CMI reconocieron la legitimidad de la impugnación y la invalidez de la votación. El Secretario General invitó a la Asamblea a remitir el asunto al Comité Central con miras a un nuevo proceso de consulta con la Iglesia Celestial de Cristo en lugar de proceder a una nueva votación sobre la cuestión.

La Octava Asamblea decidió remitir la cuestión al Comité Central.

APENDICE II: PROPUESTAS RELATIVAS A UN FORO DE IGLESIAS CRISTIANAS Y ORGANIZACIONES ECUMÉNICAS

1. Del 26 al 29 de agosto de 1998 tuvo lugar en el Castillo de Bossey, cerca de Ginebra, una consulta para examinar la posibilidad de crear un amplio foro de iglesias cristianas y organizaciones ecuménicas. Asistieron 28 participantes en representación del CMI, las Comuniones Cristianas Mundiales, las Organizaciones Ecuménicas Regionales, los consejos nacionales de iglesias, las organizaciones ecuménicas internacionales y las iglesias que actualmente no están asociadas a las grandes estructuras ecuménicas.

2. Se señalaron en la reunión los grandes cambios de la situación mundial, así como los avances principales en las relaciones entre las iglesias y entre las orga-

nizaciones ecuménicas. Los esfuerzos por hacer progresar la unidad de los cristianos adoptan hoy muchas formas, tienen muchos protagonistas y se ordenan en torno a muchos centros. Sin embargo, esta diversidad plantea cuestiones urgentes sobre la manera de afianzar la integridad del movimiento frente a las tendencias a la fragmentación y la competitividad, en especial habida cuenta de la disminución de los recursos. Es necesario crear una red de relaciones más eficaz, más firme y más inclusiva, que permita un serio diálogo sobre las diferencias de entendimiento entre los interlocutores y que favorezca un discernimiento más claro y una obediencia más fiel por parte de todos.

3. En la consulta se formuló la propuesta de crear un foro de iglesias cristianas y organizaciones ecuménicas con la esperanza de que las iglesias y las estructuras ecuménicas encontraran en ella un camino de progreso para el futuro más inmediato.

Finalidades y objetivos

4. El foro propuesto es *posible* gracias a la unidad que ya no es dada en Cristo. Es un *imperativo*, por nuestra fe común en un Dios de reconciliación cuya iglesia se sabe llamada a ser el pueblo reconciliado y reconciliador de Dios.

5. El foro tiene por objeto ayudar a establecer relaciones más pertinentes y más abiertas a todos. No será una voz que hable en nombre de los organismos participantes, sino que será un espacio que dará a estos organismos, más allá de las limitaciones de las estructuras actuales, la posibilidad de tener nuevos pensamientos, nuevos sueños y nuevas visiones.

6. Procurando ser receptivo a los carismas que el Espíritu da al pueblo de Cristo, el foro tendrá un estilo abierto y sujeto a un mínimo de reglas y estructuras. Una condición para la participación es, por consiguiente, la disposición a aceptar a otros participantes como interlocutores de buena fe en un diálogo cuya finalidad es reforzar la obediencia de todos a Cristo.

7. Las reuniones ocasionales del foro serán también oportunidades para el culto, el examen de asuntos de interés común para los cristianos y el desarrollo de un mejor entendimiento mutuo. No se conciben como instancias de adopción de decisiones, iniciación de programas o producción de documentos. Podrían, en cambio, conducir a nuevas formas de cooperación.

Participación

8. Se trata de un foro, no de una organización, por lo que la cuestión que hay que considerar es la participación, no la afiliación.

9. La participación se basará en la confesión del Señor Jesucristo como Dios y Salvador según las Escrituras y en el empeño de cumplir juntos la vocación común para la gloria del Dios uno, Padre, Hijo y Espíritu Santo. Debe caracterizarse por el deseo de los participantes de comprometerse mutuamente a obedecer a Cristo.

10. Los participantes serán principalmente representantes de organismos eclesiales y organizaciones ecuménicas de relieve internacional. Algunos participantes serán también personas que representen a sectores determinados comprometidos con nuestra vocación común, y que sean responsables ante ellos.

11. Entre los participantes previstos en el foro cabe destacar a católicos romanos, ortodoxos, evangélicos libres, pentecostales y otras familias representadas en

la Conferencia de las Comuniones Cristianas Mundiales, así como organizaciones ecuménicas regionales, organizaciones ecuménicas internacionales y el Consejo Mundial de Iglesias.

12. Uno de los criterios de participación es la disposición para escuchar, hablar y responder junto con otros miembros de la familia cristiana al llamamiento de Dios. Los participantes deben respetarse mutuamente y respetar la manera en que los demás se entienden a sí mismos.

Dimensión, proceso y contenido de las reuniones del foro

13. El foro es un concepto que se expresará de varias maneras, en particular, las reuniones internacionales. Una vez que se haya arraigado la idea, el foro podría reunirse adoptando diversas formas y en distintos lugares.

14. La reunión inicial debería congregar como máximo entre 150 y 250 participantes, según las respuestas que se reciban a las invitaciones. El objetivo es dar cabida a una participación máxima. Se empezará por pedir a los organismos participantes, antes de la reunión, que presenten cuestiones y problemas para el debate.

15. Habrá un equilibrio entre el tiempo destinado a reuniones plenarias y a reuniones de grupos, dejando lugar para la celebración y la espontaneidad. El culto será parte integrante del foro. La reunión debe reflejar la conciencia que tienen los participantes de las fuerzas históricas que los llevan a unirse y debe dar oportunidades para un debate a fondo.

16. La peculiaridad radicará en el estilo de la reunión, que promoverá un franco diálogo de intercambio sin ceñirse a documentos ni recomendaciones. No habrá votaciones.

17. Se podrían adoptar disposiciones para que un grupo de "oyentes" ayude a discernir y formular las ideas recogidas en la reunión.

Financiación y calendario

18. Se prevé que los participantes sufraguen sus gastos. Con el fin de lograr la máxima participación, el comité organizador recaudará fondos para que pueda disponerse de una modesta suma destinada a subsidios.

19. La primera reunión del foro podría celebrarse ya en el año 2001.

Organización

20. Un reducido comité de seguimiento, constituido en la consulta de agosto de 1998, dará continuidad a la labor realizada hasta el momento. También podría ser el grupo básico del comité de organización de la primera reunión del foro.

21. El comité de seguimiento debe analizar las respuestas a esta propuesta y preparar la primera reunión del comité de organización antes de octubre de 1999. El comité de seguimiento tendrá que reunirse antes de mediados de 1999.

22. El comité de seguimiento podría establecer un grupo reducido de eminentes personalidades que gocen de gran credibilidad entre los cristianos y las iglesias, para que actúe como órgano invitante. No es indispensable que este grupo se reúna. Las invitaciones para participar se cursarían entonces con la firma y bajo el patrocinio de estas personas.

23. El comité de seguimiento invitará al comité de organización a reunirse con los dirigentes de los organismos que, en su respuesta a la propuesta inicial enviada tras esta reunión, hayan expresado su interés por el foro.

24. El comité de organización estará integrado por representantes de organizaciones ecuménicas de relieve internacional que actualmente colaboran a distintos niveles, así como de otras entidades que representen a la comunidad más amplia y que demuestren interés, como las iglesias pentecostales, la Comunidad Evangélica Mundial y la Organización de Iglesias Africanas Independientes. Por otro lado, se ha subrayado la importancia de una fuerte representación de la Iglesia Católica Romana.

25. Entre las tareas del comité de organización cabe destacar:
a) recibir y evaluar las respuestas que contribuirán a elaborar el orden del día;
b) velar por que el programa sea inclusivo;
c) encargarse de la logística y el presupuesto del foro;
d) recaudar fondos para los gastos generales así como para poder otorgar pequeños subsidios a quien pueda necesitarlos;
e) preparar un procedimiento para evaluar la primera reunión del foro.

4.4. INFORME DEL COMITÉ DE EXAMEN II

La reunión de Zimbabwe ha dado a las iglesias del mundo la oportunidad de vivir de cerca algunas de las realidades de la vida en África meridional. Recordamos que a nuestra llegada aquí el tipo de cambio era de 34 dólares de Zimbabwe por un dólar de los Estados Unidos. Una semana más tarde el tipo de cambio era de 40 dólares de Zimbabwe por un dólar americano. ¿Qué pasará la semana próxima y las semanas siguientes? Cada devaluación aumenta las dificultades para la población local.

He aquí algunas imágenes fuera del contexto de la Asamblea que nos han ayudado a sentir el pulso de África:

– el culto del domingo en las afueras de Harare con cientos de personas sentadas sobre piezas de plástico en un simple cobertizo abierto escuchando atentamente el mensaje;

–– un niño que se quita sus andrajosos y destrozados zapatos y camina descalzo (ecos de "la gracia va descalza", de la presentación del tema en la Plenaria);

– la mujer que vende hermosos objetos de artesanía hechos por mujeres y jóvenes desempleados apenas salidos de la escuela. Ella nos invita cálidamente a "no apurarnos" y "tomar nuestro tiempo" mientras conversa con nosotros preguntándonos por nuestro país y por el trabajo que hacemos aquí.

Todos los seres humanos han sido creados a imagen de Dios y tienen derecho a vivir con dignidad en una sociedad libre y justa, a la vida en toda su plenitud. La iglesia está llamada a la solidaridad con aquellos que sufren privaciones, injusticia y opresión. También estamos llamados a celebrar la vida como un don gratuito de Dios, y a alegrarnos en la esperanza cuando pensamos en el año de gracia del Señor.

I. Respuesta a la sesión plenaria sobre África

Preámbulo

1. A lo largo de toda la Asamblea hemos tenido presente la importancia de nuestro encuentro en África. Hemos disfrutado de la hospitalidad y la cortesía de las iglesias y la gente de Zimbabwe y hemos respondido agradecidos. Hemos oído hablar mucho de la cantidad de problemas y dificultades con que se enfrentan actualmente los gobiernos, los pueblos y las iglesias en todo este vasto continente.

2. La celebración de la Octava Asamblea del Consejo Mundial de Iglesias en suelo africano nos da la oportunidad de entregarnos de nuevo al sueño y a los proyectos africanos para el siglo XXI. Es imprescindible que tenga lugar un cambio real en el continente africano para conseguir una paz duradera, que se den los medios a la población para que participe en la toma de las decisiones que afectan a sus vidas, y que se respete la integridad de la persona humana y la comunidad.

3. Estamos profundamente impresionados por la representación dramática de la plenaria sobre África acerca de las esperanzas y las situaciones traumáticas del pasado y el presente en la vida de los países africanos, incluido nuestro país huésped. Expresamos nuestro profundo respeto por el valor profético de esta presentación.

El sueño de África

4. Mediante su programa de diálogo y estudio "Reconstrucción de África", que culminó en el acto celebrado, en mayo de 1997, en Johanesburgo, con el tema "Jubileo y Kairós Africano", el CMI ya se ha esforzado por actuar creativamente y en solidaridad con África y estimular un nuevo modo de mirar este continente. De esta forma se ha renovado en la iglesia africana la esperanza de que el cambio sea posible. Los participantes en la reunión de Johanesburgo manifestaron su convicción acerca del futuro de África en los siguientes términos:

> Nos enorgullece tener una visión del camino de esperanza que emprenden las iglesias africanas hacia el desarrollo del continente en el siglo XXI. Estamos decididos a hacer realidad esta visión que promete vida con dignidad para el pueblo africano. Consideramos que esta visión se basa en el espíritu del "ubuntu" ("ubu", "umuntu"), la encarnación de la espiritualidad africana y de la integridad moral vividas en comunidades viables.

Esta es una visión que
- nos invita a trabajar juntos, de manera creativa, en solidaridad unos con otros, para acompañar a aquellos de nosotros cuyas cargas son demasiado pesadas para llevarlas solos;
- nos obliga a luchar por la eliminación de las barreras y los muros que nos dividen y esclavizan;
- nos proporciona instrumentos para restaurar relaciones rotas y sanar heridas infligidas por métodos violentos de solución de malentendidos y conflictos;
- puede ser hecha realidad si los africanos se ponen de acuerdo en trabajar juntos en el espíritu del panafricanismo, y administran sus recursos humanos y naturales de modo responsable y ético, juntos y en comunidad unos con otros y con la naturaleza."

El desafío africano

5. En el Padare hubo muchas oportunidades de compartir e intercambiar relatos sobre los problemas del cambio social en África. En la sesión plenaria, que se centró de manera específica en áfrica, oímos, de manera insólita y pujante, las voces de los pueblos de África. Entre esas voces había no sólo lamentos de dolor y sufrimiento, sino también testimonios de lucha, de fe y de esperanza. Escuchamos informes de la doble herencia de África de opresión y resistencia y de la actual oportunidad de determinar su propio futuro. Mediante la música, el teatro y el debate, se presentaron y analizaron los conflictos y los desafíos: la liberación del colonialismo; la lucha por superar la pobreza; el progreso hacia un buen gobierno y una sociedad civil participativa; los problemas de la justicia, los derechos humanos, el imperio de la ley, la fragmentación y la exclusión, y la regeneración moral de la sociedad.

6. Hemos oído hablar de los enormes problemas con que se enfrenta África, muchos de ellos producto de la economía de "guerra y maná" que ha dado lugar al fenómeno conocido como globalización. Las presiones mundiales hacen que las naciones y los individuos combatan contra abrumadoras dificultades socioeconómicas que surgen de la crisis de la deuda, los programas de ajuste estructural, y en algunos casos el soborno, la corrupción y la mala utilización de los recursos. Actualmente las guerras civiles afectan a la mitad de África y los sobrecogedores relatos de los sufrimientos en el Sur de Sudán nos recordaron que desde hace cincuenta años esta región es escenario de una guerra civil. En algunas partes de África, como por ejemplo en la región de los Grandes Lagos, los conflictos han sido constantes durante muchos años. Las cuestiones de la indigenización no se plantean de forma tan clara en África como en otros lugares, pero son abordadas actualmente por el Programa de los pueblos autóctonos. Hay una gran preocupación por las cuestiones de

salud, en especial la propagación del SIDA. Por encima de todo, es necesario proseguir, con la mayor urgencia, el proceso de regeneración moral, proceso en el que las iglesias tienen una importante contribución que hacer tanto mediante una nueva visión ecuménica, profética y coherente como mediante su capacidad para examinar y formular el pensamiento social ecuménico.

7. En cuanto a la prioridad que debe darse a los derechos humanos, a la integridad y a la dignidad de la persona, los dirigentes de las iglesias de África deben garantizar la plena participación de las mujeres, los jóvenes y los laicos en la definición, la formulación y la puesta en práctica del programa para África a todos los niveles. Esto promoverá iniciativas y acciones comunes que garanticen la permanencia y el éxito del programa. También es necesario que se analicen y clarifiquen en el contexto de la sociedad civil en formación, el papel y el lugar de la familia y los valores cristianos, como integridad, generosidad y sobre todo la fe en Cristo.

8. Es importante que el acento sea positivo, dejando atrás los tonos fatalistas, el desánimo y la impotencia que tienden a caracterizar algunas actitudes y reacciones. Existen en África claros signos de que, junto con una vibrante fe cristiana y una vitalidad espiritual, está surgiendo un nuevo espíritu de patriotismo, un sentido de orgullo por su identidad ("ubuntu") y el deseo de construir una imagen diferente del continente. Como respuesta a todo lo que hemos oído, queremos celebrar la herencia y la cultura de África y reflexionar sobre el tema de la Asamblea "Buscad a Dios con la alegría de la esperanza". Con sentimiento de arrepentimiento, reconocemos que los gobiernos y las iglesias de fuera de África tienen mucha responsabilidad en las políticas y decisiones que han contribuido a las actuales dificultades. Pero nos encontramos hoy en una situación promisoria y esperanzadora. Reiterando el acto con que finalizó nuestra sesión plenaria sobre África, nos comprometemos solidariamente con la reconstrucción de África. Para los que somos africanos, este acto representa el compromiso de trabajar con las iglesias y por su intermedio por un futuro mejor, de manera que nunca más sufra África la humillación que padeció en el pasado. Para los que pertenecemos a otros países, el acto representa el compromiso de trabajar con las iglesias y por su intermedio acompañando a nuestros hermanos y hermanas africanos en su camino de esperanza.

Recomendaciones
La Octava Asamblea del Consejo Mundial de Iglesias

1) suscribe el programa africano e insta a las estructuras del Consejo Mundial de Iglesias y a su comunidad ecuménica, a apoyar, acompañar y ayudar la puesta en práctica de ese programa, prestando especial atención a África en los comienzos del siglo XXI;

2) apoya plenamente el compromiso asumido ante Dios por los dirigentes y los representantes de las iglesias miembros de África, presentes en la Asamblea, de:

   a) continuar la tarea actualmente inconclusa de trabajar por la transformación de sus sistemas e instituciones sociales, políticas y económicas a fin de crear una sociedad justa en la que las mujeres y los jóvenes tengan oportunidades de participar plenamente;

   b) buscar y promover la paz y la reconciliación para sus fieles y sus comunidades;

   c) trabajar por el establecimiento de valores éticos apropiados en el trabajo, el gobierno y la administración, así como una buena gestión de los bienes;

   d) hacer todo lo que esté a su alcance para ayudar a contener y superar el flagelo del SIDA;

   e) afirmar el derecho de los niños africanos a esperar un futuro luminoso que ellos mismos contribuyan a crear con su fuerza y su talento.

3) encarga al Comité Central que prosiga el trabajo iniciado con el programa de diálogo y estudio "Reconstrucción de África", haciendo hincapié en el aumento de capacidad a nivel local y la comunicación, para fomentar la solidaridad dentro de la familia ecuménica y para que África pueda aportar su contribución específica al Movimiento Ecuménico mundial.

4) alienta a los consejos de iglesias de África y a la Conferencia de Iglesias de toda el África a buscar nuevos caminos, dentro de los límites de los recursos disponibles, para trabajar con sus iglesias en sus respectivas regiones, y en asociación con organizaciones de la sociedad civil de África, con objeto de dar a los africanos una orientación moral, formular una nueva visión de áfrica y movilizar a la población africana para que participe en la construcción de comunidades justas y viables;

5) insta a todas las iglesias miembros a entablar un diálogo con sus respectivos gobiernos y ejercer presión sobre los gobiernos, las organizaciones de las Naciones Unidas y otros organismos internacionales para que contribuyan en cuanto les sea posible al proceso de reconstrucción y reconciliación en África, por ejemplo, garantizando el res-

peto de los derechos humanos, la promoción de un orden económico diferente, la condonación de la deuda, la reducción del comercio de armamentos, y adoptando medidas urgentes para lograr la paz con justicia en Sudán, la Región de los Grandes Lagos y otras zonas de conflicto en África en particular y en el mundo en general.

(Véase anexo I: Declaración sobre el Sudán)

(Recomendaciones aprobadas)

II. Un llamamiento jubilar a poner fin al yugo de la deuda que oprime a los pueblos empobrecidos

1. La deuda y el jubileo en el nuevo milenio

En vísperas del tercer milenio, la Asamblea jubilar del Consejo Mundial de Iglesias (CMI) debe reflexionar sobre las prescripciones del jubileo instituidas por Dios y la proclamación de Cristo, que reafirma esa visión. Reunidos en el África subsahariana, hemos oído el clamor de millones de personas que soportan los costos sociales, políticos y ecológicos del implacable engranaje de la deuda. Estamos llamados a buscar, a través de un proceso de discernimiento y acción, nuevos medios de romper ese yugo, remediar sus consecuencias y velar por que las crisis de la deuda no se repitan. Esto sólo puede lograrse mediante un nuevo y justo orden mundial. El CMI está firmemente empeñado en unirse a las personas de fe y a las comunidades de conciencia en el cumplimiento del mandato del sabat y del jubileo, haciendo resonar la trompeta y alegrándose en la esperanza del jubileo y de la condonación de la deuda. Proponemos para estudio la presente declaración a todos los miembros de la comunidad ecuménica, exhortamos a las iglesias a la acción, y nos comprometemos a lograr la condonación de la deuda. Desde el decenio de 1970, el Consejo Mundial de Iglesias, sus iglesias miembros y sus asociados ecuménicos atribuyen gran prioridad a la solución de la crisis de la deuda. En varias ocasiones, el CMI ha manifestado su solidaridad con las víctimas del endeudamiento. En cumplimiento de una decisión del Comité Central, la consulta del CMI sobre la deuda celebrada en Los Rubios (1998), en la que participaron representantes de 24 países y diversas denominaciones, puso en marcha un proceso encaminado a elaborar esta declaración de política y este plan de acción. Lamentablemente, las esperanzas de las iglesias de lograr la condonación de la deuda de los países pobres y la solución del problema del hambre no se han cumplido.

2. La visión del sabat y del jubileo... un llamamiento jubilar en favor de la vida para todos

A través de la tradición del sabat y del jubileo, las escrituras hebraicas y cristianas presentan un importante mandato de superar periódicamente la injusticia y la pobreza estructurales, y restablecer relaciones justas. En las tradiciones hebraicas más antiguas, la utilización y la explotación de la tierra estaban limitadas por el respeto al sabat y al año del sabat. Las personas y los animales debían descansar cada siete días y la tierra cada siete años (Ex 23:10-12). Durante el año del sabat se debían condonar las deudas y liberar a los esclavos, y durante el año del jubileo, se debían restituir todas las tierras familiares (Lev 25). Estos mandamientos se recogen en el "año favorable del Señor"(Is 61:1-2a) y se describen en Isaías 65:17-25 como "nuevos cielos y nueva tierra". En otras palabras, la justicia trae la paz a toda la creación de Dios. En el Nuevo Testamento, Jesús amplía la visión del jubileo proclamando la buena nueva a los pobres, la libertad a los cautivos, la devolución de la vista a los ciegos y la liberación a los oprimidos. Jesús enseñó a sus discípulos a orar por el perdón de las deudas (como nosotros perdonamos a nuestros deudores). Pentecostés se caracterizó por la redistribución de las posesiones para que "no hubiera entre ellos ningún necesitado" (Hch 4:34; cf. Dt 15:4).   La tradición del sabat y la visión del jubileo son tan pertinentes hoy como lo eran hace miles de años. El sometimiento de los países más pobres a los gobiernos y acreedores occidentales a causa de la deuda es una forma actual de esclavitud. La acelerada concentración de la riqueza en manos de unos pocos en los países ricos y la devastadora caída del nivel de vida en los países más pobres exigen la adopción de medidas correctivas en consonancia con los ciclos del sabat y el jubileo. La crisis de la deuda tiene unos costos sociales, políticos y ecológicos que ya no se pueden tolerar y deben ser suprimidos. Sólo cuando hayamos cumplido el mandamiento del sabat y del jubileo, podremos "volvernos a Dios" y "alegrarnos en la esperanza".

3. La Octava Asamblea del Consejo Mundial de Iglesias afirma que:

a. Es urgente condonar la deuda de los países pobres y poner fin al devastador ciclo de la acumulación de la deuda.

La economía mundializada de hoy favorece la acumulación de la riqueza en las manos de unos pocos mediante préstamos o especulación. Este proceso es impulsado por los países del G7 a través de las instituciones de Bretton Woods, que han incitado a los países deudores a solicitar préstamos en los mercados financieros internacionales, y se ve facilitado por la desregulación de los movimientos de capital en el mundo entero, propiciada por el FMI. Como la deuda externa sólo se puede pagar en divisas fuertes (por ejemplo, dólares estadounidenses o libras esterlinas), los países endeudados están obligados a orientar sus economías hacia la movilización de los fondos necesarios mediante las exportaciones o nuevos préstamos. Esto explica por qué los países deudores se ven obligados a concentrarse en cultivos comerciales como café, cacao y claveles, en vez de los alimentos básicos, y por qué están atrapados en interminables ciclos de créditos.

La deuda externa crece en forma exponencial. Las propuestas actuales para la gestión de la deuda, como las elaboradas por los acreedores (Iniciativa en favor de la reducción de la deuda en los países pobres muy endeudados (PPME)) ofrecen demasiado poco, demasiado tarde y a pocos países. Como son formuladas por los acreedores, su finalidad es el cobro de la deuda, no su alivio. Además, los acreedores occidentales, representados por el FMI, imponen condiciones que tienen por objeto generar ingresos para el servicio de la deuda. Los programas de ajuste estructural imponen condiciones inaceptables a los países deudores y los despojan de preciosos recursos. A menos que los actuales planes de gestión de la deuda se transformen en oportunidades de remisión de la deuda, el devastador ciclo de acumulación se repetirá, condenando a más millones de personas al sufrimiento.

Los países más pobres no son los únicos atrapados por la crisis de la deuda. Países a los que arbitrariamente se define como países "de ingresos medios" también están amenazados por las crisis de la deuda. Tal como lo muestran las crisis de Asia sudoriental y de Brasil, los préstamos irresponsables conducen a inversiones especulativas, altos niveles de endeudamiento y fugas de capitales. Cuando los gobiernos tienen que respaldar sus propias monedas contra ataques especulativos, se ven obligados a aumentar los tipos de interés y a solicitar nuevos préstamos al FMI. Además, como lo ilustra el caso de Tailandia, el FMI obliga a los gobiernos deudores a "nacionalizar" las pérdidas causadas a la economía privada por la crisis financiera, transfiriendo al sector público la carga de los préstamos de los que no se benefició. Se necesita con urgencia una reducción considerable de la deuda de los países de ingresos medios gravemente endeudados para que puedan escapar a la espiral de la deuda y el deterioro económico.

Las políticas de las instituciones de Bretton Woods, en especial la rápida liberalización de las corrientes de capital, son, cada vez más, puestas en tela de juicio. En recientes declaraciones públicas, el economista jefe del Banco Mundial, ha llamado la atención sobre los vicios fundamentales de esas políticas. Además, ha señalado el doble rasero aplicado por las instituciones de Bretton Woods según se trate de economías occidentales o de países endeudados.

b. Las necesidades básicas y los derechos fundamentales de las personas y las comunidades y la protección del medio ambiente deben anteponerse al reembolso de la deuda.

Los países muy endeudados, forzados por la escasez de capital a solicitar nuevos préstamos, están obligados a adoptar las políticas del FMI y a renunciar al control de su soberanía económica. Se presiona a los gobiernos deudores para que den prioridad al reembolso de la deuda, antes que al gasto destinado a satisfacer las necesidades en materia de salud, saneamiento, agua potable, educación y otras necesidades sociales. Esto socava la credibilidad de esos gobiernos ante su población, lo que, a su vez, debilita las instituciones democráticas nacionales. Las negociaciones sobre deudas y préstamos siempre se realizan en secreto entre élites del Norte y élites del Sur, lo que favorece la corrupción.

El desvío de recursos desde las poblaciones empobrecidas de los países deudores hacia los ricos acreedores occidentales es una violación de los derechos humanos. Además, la impunidad con la que los acreedores pueden imponer esas políticas es una burla a la justicia. Los niños y las mujeres se ven obligados a soportar el costo exorbitante del reembolso de la deuda a causa de las reducciones que impone a los programas en materia de salud, saneamiento y agua potable. Por otra parte, al dar la prioridad a las exportaciones, los países pobres talan sus bosques y explotan en exceso sus tierras y sus recursos no renovables, agravando aún más la deterioración ambiental. Los altos niveles de la deuda y la degradación conducen inevitablemente al conflicto y la desintegración social, en particular, la guerra. Las dictaduras militares y corruptas así como los gobiernos del régimen de apartheid han contraído el tipo de deuda más inaceptable, definido en el derecho internacional como deuda odiosa.

c. Se necesita con suma urgencia nuevas estructuras y mecanismos, que entrañen la participación y el diálogo entre acreedores y deudores.

Tanto los prestamistas como los prestatarios deben asumir la responsabilidad de la crisis de la deuda. Es injusto que los acreedores dominen el proceso de alivio de la deuda. Necesitamos estructuras nuevas, independientes y transparentes, que rijan las relaciones entre los deudores y los acreedores. En especial, necesitamos un nuevo procedimiento de arbitraje justo para la condonación de la deuda internacional, que asegure que las pérdidas y las ganancias se compartan a partes iguales.

Se necesita con urgencia una voluntad política colectiva para idear un mecanismo internacional de concesión y solicitud de préstamos, inspirado en principios éticos, que suponga la participación de la sociedad civil, incluidas las iglesias, en el proceso de alivio de la deuda y en la prevención de futuras crisis. Este mecanismo debe propiciar soluciones basadas en la ética, que impliquen responsabilidad mutua, que sean transparentes y que satisfagan no sólo las exigencias de eficacia económica sino también las de protección de las necesidades humanas básicas y derechos fundamentales, así como el medio ambiente. Cuando la condonación de una deuda u otras medidas de alivio den lugar a una liberación de fondos, se debe permitir a las organizaciones de la sociedad civil que participen en las decisiones acerca de la reasignación de esos fondos para fines sociales.

d. Las iglesias pueden hacer una contribución importante y necesaria a la búsqueda de soluciones para poner fin a la crisis de la deuda, particularmente mediante el establecimiento de relaciones de colaboración solidaria.

Las iglesias y las Comuniones Cristianas Mundiales han realizado una importante labor en favor de la condonación de la deuda. El CMI alienta a las iglesias miembros, a las instituciones relacionadas con las iglesias y a las campañas y movimientos pertinentes, como el Jubilee 2000 Coalition, a que renueven su compromiso con la solución de la crisis de la deuda, informando y movilizando a la opinión pública para generar una voluntad política capaz de transformar las estructuras y relaciones internacionales injustas. La mejor forma en que las iglesias pueden hacerlo es pidiendo información a sus gobiernos sobre las políticas de concesión y solicitud de préstamos.

La Asamblea insta a las iglesias miembros y a sus asociados a que organicen los foros indispensables para el debate con los gobiernos y las instituciones financieras internacionales. Las iglesias deberían instar a los gobiernos de los países más ricos a: (i) que aumenten el apoyo a programas bilaterales y multilaterales para la condonación de la deuda, y (ii) que respalden los esfuerzos para lograr que las instituciones financieras internacionales sean más democráticas, transparentes y sensibles a las necesidades de los más pobres del mundo.

4. La Octava Asamblea del Consejo Mundial de Iglesias insta a las iglesias miembros y al Movimiento Ecuménico a que obren en favor de:
a. la condonación de la deuda de los países pobres gravemente endeudados, para que al entrar en el nuevo milenio puedan volver a empezar;

b. una reducción considerable, en el mismo plazo, de la deuda de los países de ingresos medios gravemente endeudados;

c. la participación de la sociedad civil en las decisiones sobre la forma en que los fondos disponibles gracias a la condonación de la deuda deberían utilizarse para reparar los daños sociales y ecológicos, y la posibilidad de que la sociedad civil participe en el seguimiento de esas medidas;

d. el establecimiento de un procedimiento de arbitraje, transparente e independiente, para la condonación de la deuda, y de políticas en materia de solicitud y concesión de préstamos, basadas en criterios éticos, a fin de impedir que vuelva a producirse la crisis de la deuda;

e. la promoción de principios éticos de gobierno en todos los países para erradicar la corrupción;

f. un apoyo sin reservas a la población empobrecida de los países endeudados que no pueden cumplir las obligaciones del servicio de la deuda y sufren sanciones en consecuencia.

5. En consonancia con la tradición del sabat y del jubileo, la Octava Asamblea del Consejo Mundial de Iglesias hace un llamamiento a los dirigentes de los países del G8 para que reconozcan la urgente necesidad de:

a. condonar las deudas de los países más pobres para que al entrar en el nuevo milenio puedan volver a empezar;

b. reducir considerablemente las deudas de los países de ingresos medios dentro del mismo plazo;

c. aceptar que la condonación de la deuda no puede depender de que se hayan reunido las condiciones establecidas por los acreedores;

d. establecer un nuevo procedimiento de arbitraje, independiente y transparente, para negociar y ponerse de acuerdo sobre la condonación de la deuda internacional;

e. aplicar medidas para promover la responsabilidad y transparencia por parte de los países deudores cuando se condone la deuda. Estas medidas deberán ser determinadas y controladas por organizaciones comunitarias locales, incluidas las iglesias y otras organizaciones representativas de la sociedad civil;

f. utilizar su poder para conseguir que los fondos ilícitamente transferidos a cuentas bancarias extranjeras secretas sean devueltos a los países deudores;

g. iniciar, en consulta con la sociedad civil, un proceso de reforma económica mundial encaminado a una justa distribución de las riquezas y a la prevención de nuevos ciclos de deuda.

(Recomendaciones aprobadas)

III. Globalización

La globalización es una realidad del mundo de hoy, un hecho ineludible que se repercute en la vida de todas las personas y plantea problemas, no sólo económicos, sino culturales, políticos, éticos y ecológicos. Cada vez son más los cristianos y las iglesias que se ven confrontados a nuevas y graves consecuencias de la globalización, que afectan a un gran número de personas, en particular, los pobres. ¿Cómo vivir la fe frente a la globalización?

Recomendaciones

1. Estamos profundamente convencidos de que el problema de la globalización debe ocupar un lugar central en las actividades del Consejo Mundial de Iglesias, como parte de las numerosas e importantes iniciativas tomadas por el CMI en el pasado. La visión de la globalización conlleva una perspectiva de competencia que se contrapone al compromiso cristiano con la oikoumene, la unidad de la humanidad y toda la tierra habitada. Este reconocimiento debe reflejarse en nuestros esfuerzos en favor de un Entendimiento y una Visión Comunes así como en las actividades a ese respecto de las iglesias miembros y de otros organismos ecuménicos. Aunque la globalización es un hecho ineludible, no debemos someternos a la visión de competencia que conlleva, sino afianzar otras formas de avanzar hacia la unidad visible en la diversidad, hacia una oikoumene de fe y solidaridad.

2. Es necesario contraponer a la lógica de la globalización una forma alternativa de vida comunitaria en la diversidad. Los cristianos y las iglesias están llamados a reflexionar sobre el desafío de la globalización desde la perspectiva de la fe y, por lo tanto, a oponerse a la dominación unilateral de la globalización económica y cultural. Y es imperioso buscar alternativas al actual sistema económico así como corregir y poner límites políticos efectivos al proceso de globalización y a sus consecuencias.

3. Expresamos nuestro reconocimiento a la 23a. Asamblea de la Alianza Reformada Mundial (Debrecen, 1997) por su llamamiento a comprometer a sus iglesias miembros en un proceso de reconocimiento, educación y confesión *(processus confessionis)* por los que respecta a la injusticia económica y la destrucción del medio ambiente, e instamos a las iglesias miembros del CMI a unirse a ese proceso.

4. Dado el poder irresponsable de las compañías y organizaciones transnacionales que generalmente actúan en el mundo con impunidad, nos comprometemos a trabajar con otros para crear instituciones eficaces de gobierno mundial.

5. Especial prioridad debe darse a la necesidad de mejorar la capacidad del CMI para responder al desafío de la globalización, desde un enfoque más coherente y global, prestando particular atención a la necesidad de una cooperación y coordinación mayores de las actividades en torno a cuestiones económicas y ecológicas.

6. La labor acerca de la globalización debe basarse en las iniciativas que ya han tomado las iglesias, los grupos ecuménicos y los movimientos sociales, afianzándolas, apoyar su cooperación, alentarlos a actuar y formar alianzas con otros interlocutores de la sociedad civil que llevan a cabo actividades en relación con la globalización, a saber:

– formular respuestas alternativas a las actividades de las empresas transnacionales, la Organización de Cooperación y Desarrollo Económicos, el Fondo Monetario Internacional, el Banco Mundial, la Organización Mundial del Comercio, la Oficina Internacional del Trabajo, y los acuerdos multilaterales conexos a fin de determinar con competencia las repercusiones tanto perjudiciales como beneficiosas de sus políticas;

– abogar y lanzar campañas en favor de la condonación de la deuda y promover un enfoque ético alternativo y un nuevo sistema de préstamos y de obtención de préstamos;

– asociarse a las iniciativas en curso en favor de un nuevo sistema financiero, en particular, la aplicación de un impuesto sobre las transacciones financieras (impuesto Tobin) destinado a apoyar el desarrollo de opciones alternativas, y a imponer límites al flujo no reglamentado de capitales, etc.;

– apoyar iniciativas que hagan frente al desempleo y al deterioro de las condiciones laborales de los trabajadores de todas las regiones como resultado de la globalización;

– facilitar y apoyar soluciones a nivel local mediante nuevas formas de organizar la producción, un comercio justo y nuevos sistemas bancarios y, particularmente en los países altamente industrializados, los cambios en la forma de vida y en las pautas de consumo;

– examinar las propias operaciones de las iglesias por lo que respecta a la tierra, el trabajo, el desempleo y las finanzas, por ejemplo, la ética de las inversiones en fondos de pensiones y otros instrumentos financieros, el aprovechamiento de tierras para la agricultura, etc.;

– promover la formación en cuestiones económicas, así como la capacitación de dirigentes en relación con la globalización y otras cuestiones relacionadas;

– reflexionar sobre los problemas económicos desde una perspectiva de fe

*(Véase anexo II: Frente a la dominación – afirmemos la vida – El desa-
fío de la globalización)*   *(Recomendaciones aprobadas)*

IV. Respuesta a la plenaria sobre el Decenio Ecuménico de Solidaridad de las Iglesias con las Mujeres

Agradecemos la carta viva titulada *De la solidaridad a la responsabilidad* enviada por los participantes, mujeres y hombres, en el *Festival
del Decenio Ecuménico – Visiones más allá de 1998*. Nos asociamos a
todos aquellos que se han alegrado de los progresos realizados a lo largo
del *Decenio Ecuménico de Solidaridad de las Iglesias con las Mujeres*,
celebrándolos y participando en ellos. Como se señala en la publicación
De Canberra a Harare, en algunas iglesias el Decenio puso en contacto
a "grupos (...) que hasta entonces no se habían sentado nunca alrededor
de una misma mesa para reflexionar juntos sobre las preocupaciones
manifestadas en el Decenio". Esas preocupaciones o esferas de interés
fueron las siguientes:
– facilitar a las mujeres los medios necesarios para impugnar las
  estructuras de opresión;
– reafirmar las contribuciones de las mujeres a sus iglesias y comunidades;
– dar a conocer su compromiso en las luchas por la justicia, la paz y la
  integridad de la creación;
– ayudar a las iglesias a liberarse del racismo, el sexismo, el clasismo
  y la discriminación, y
– alentar a las iglesias a que adopten medidas de solidaridad con las
  mujeres.

Ahora bien, en esta publicación se reconoce también que el progreso
del Decenio obedeció en gran medida a la "solidaridad de las mujeres
con las mujeres", y que transformar a las iglesias en verdaderas comunidades sin exclusiones debería ser una prioridad constante del CMI en el
nuevo milenio. Pedimos a los delegados que den a conocer a las iglesias
miembros de su respectiva región la carta viva *"De la solidaridad a la
responsabilidad"*, junto con los demás documentos presentados en la
sesión plenaria sobre el Decenio.

Voces de la plenaria sobre el Decenio
"... *habéis transformado en alegría los lamentos de los portadores de
mirra*" (himno ortodoxo). Se alzaron voces jubilosas de solidaridad y
alabanza por el Decenio Ecuménico. Muchas piedras, muchos escollos
se removieron durante el Decenio. Los presentadores de la plenaria

sobre el Decenio fueron unánimes en encomiar el avance logrado. Hubo voces que afirmaron el profundo llamamiento por los derechos humanos y sociales de la mujer, y voces que deploraron todas y cada una de las múltiples formas de la violencia contra la mujer. Otras voces manifestaron el compromiso de proseguir la lucha para que el nuevo milenio sea verdaderamente nuevo, en particular para las mujeres.

Sin embargo, en respuesta a la presentación del Decenio, algunas voces de la Asamblea expresaron opiniones discrepantes e incluso opuestas. Algunas de ellas dicen "ni ahora, ni nunca" a las cuestiones planteadas sobre la ordenación, la orientación sexual y el lenguaje inclusivo. Alguien lo expresó con estas palabras: "a veces parece que estuviéramos recorriendo un camino apostólico distinto".

Otras voces llamaron la atención a la Asamblea por la demora en remover las piedras que obstaculizan la plena participación de las mujeres en todos los aspectos de la vida de la iglesia y de la sociedad. Esas voces dicen que ha llegado la hora de pasar de la solidaridad a la responsabilidad. Dicen que no hay vuelta atrás en el camino de fe que ha abierto el Decenio. Éste es el momento de Dios, el kairós de Dios, para la transformación.

Como lo dice el título de la carta enviada al CMI, ahora estamos llamados a la "responsabilidad". El CMI ha comprendido claramente la exigencia de asumir su compromiso con los objetivos del Decenio en todas sus actividades y orientaciones. Nosotros también hemos escuchado el llamamiento a fortalecer la solidaridad de las iglesias con las mujeres.

Para afianzar la solidaridad de las iglesias con las mujeres, es obvio que el CMI y las iglesias deberían participar en un proceso profundo de conversación, conversión, oración y acción con respecto a las cuestiones examinadas en el documento *De la solidaridad a la responsabilidad* y en la Plenaria sobre el Decenio. Como iglesias, tratamos de dar vida a la afirmación bíblica de que hemos sido creados, hombre y mujer, a imagen de Dios (Gn 1:28) y a la visión bautismal según la cual "ya no hay judío ni griego, no hay esclavo ni libre, no hay varón ni mujer porque todos vosotros sois uno en Cristo Jesús" (Gá 3:20). A tales efectos, hacemos las siguientes recomendaciones.

Recomendamos:
1. Al CMI, que prepare directrices sobre la conducta en las relaciones entre hombres y mujeres, que introduzcan el entendimiento de que cualquier forma de violencia contra la mujer es un pecado.

2. Que se inste a las iglesias a que ofrezcan a las mujeres oportunidades de hablar claro en relación con los casos de violencia y de abuso, que permitan tanto a las víctimas como a los agresores experimentar el poder del perdón y la reconciliación. Se reconoce la necesidad del arrepentimiento por las acciones y las omisiones en relación con la inclusión de las mujeres, así como por la violencia de las que muchas han sido víctimas.

3. Que la Asamblea apoye la labor en curso del CMI para impugnar la legitimidad de la guerra, y recomiende la declaración del Comité Central de 1995 sobre la superación de la violencia, así como otras declaraciones del CMI, en particular por cuanto tales declaraciones tienen repercusión para las mujeres y los niños, víctimas inocentes de la guerra, de las situaciones de conflicto y de la violencia en el hogar.

4. Que la Asamblea inste a que se utilicen lenguajes y políticas que sean inclusivas, especialmente en relación con el sexo, la edad, la raza, el contexto cultural o la discapacidad, y que, en el marco de esas políticas, se apoye la inclusión de personas, sin discriminación, en los cargos de dirección a todos los niveles de la vida de las iglesias, en consonancia con la comprensión eclesiológica que tienen las iglesias de sí mismas.

5. Que el CMI abogue por medidas de condonación de la deuda y la utilización de los recursos economizados por este concepto para mejorar la calidad de vida, en particular de las mujeres, los jóvenes y los niños.

6. Que el CMI denuncie la explotación sexual de las mujeres y los niños con fines comerciales, como la esclavitud sexual, la prostitución, la pornografía, y toda clase de trata de mujeres y niños.

7. Que el CMI apoye la creación de estructuras y sistemas económicos justos en la iglesia y en la sociedad a fin de que las personas, independientemente de su sexo, edad, raza, procedencia cultural o capacidad, puedan beneficiarse de la justicia, de la igualdad salarial, de sueldos que permitan vivir decorosa y dignamente, y prácticas laborales equitativas.

8. Que la Asamblea recomiende a las iglesias miembros el estudio de la Convención de las Naciones Unidas sobre la eliminación de todas las formas de discriminación contra la mujer, el documento de las Naciones Unidas "Plataforma de Acción de Beijing", y el Decenio de las Naciones Unidas para la Erradicación de la Pobreza 1997-2007.

9. Que la Asamblea invite a las iglesias miembros a buscar medios de tener siempre presentes los objetivos del Decenio.

(Recomendaciones aprobadas)

*A título informativo, las recomendaciones siguientes fueron someti-
das a la consideración del Comité de Orientación Programática:*

1. Que el CMI facilite y apoye programas, oportunidades y planes de
   estudio teológicos que incluyan las voces, las perspectivas y las
   experiencias de las mujeres. *(Remitido para examen al Comité Central)*

2. Que el CMI emprenda un estudio sobre la sexualidad humana, en
   toda su diversidad, y que lo ponga a disposición de las iglesias miembros. Además, que el CMI aliente a las iglesias miembros a iniciar un
   debate y entablar un diálogo sobre el tema de la sexualidad humana.
   *(Incorporado en el Informe del Comité de Orientación Programá-
   tica)*

3. Que la Asamblea se haga eco de la insistencia del Decenio en los
   esfuerzos para combatir el racismo y en la preocupación por los trabajadores migrantes, y pida que estas preocupaciones se incorporen
   a los diversos programas del CMI. *(Incorporado en el Informe del
   Comité de Orientación Programática)*

4. Pide al CMI que, en consulta con las iglesias, siga de cerca los progresos en esta esfera, que celebre una consulta a mitad de camino y
   que informe al respecto a la Novena Asamblea. *(Remitido para examen al Comité Central)*

ANEXO I: DECLARACIÓN SOBRE EL SUDÁN

En su mensaje a la Octava Asamblea del CMI, el obispo Paride Taban de la
diócesis de Torit (Sudán), instó a la comunidad internacional a demostrar una
voluntad política más firme y ayudar a poner fin a las matanzas en el Sur de Sudán.
La Asamblea recuerda que, en 1972, el Consejo Mundial de Iglesias (CMI) y la
Conferencia de Iglesias de toda el África (AACC) actuaron como intermediarios
para lograr un acuerdo de paz entre el Gobierno del Norte de Sudán y Anyanya I,
precursor del Movimiento del Ejército de Liberación Popular del Sudán
(SPLM/A), en el Sur. Como resultado de este acuerdo, firmado en Addis Abeba,
hubo paz en el país hasta que se reavivó el conflicto a comienzos de los años 1980.
Este nuevo brote de violencia, que continúa su escalada, ha ocasionado la pérdida de un millón de vidas, ha desplazado a innumerables personas, tanto dentro
como fuera de las fronteras del país, y ha obligado a la mayoría restante a sobrevivir gracias a la ayuda humanitaria exterior. Más aún, la economía del Sur ha quedado devastada y se encuentra prácticamente en bancarrota. Por si la situación no
fuera ya suficientemente desesperada, el azote del hambre está causando estragos
en la región.
Como sucede con frecuencia en situaciones de conflicto, todos los bandos
cometen violaciones de derechos humanos, y son cada vez más numerosos los

casos de ejecuciones extrajudiciales, violaciones, torturas, reasentamientos forzosos, así como los casos de expropiación de tierras y ganado ode esclavitud, especialmente de mujeres y de niños. Los organismos de cooperación internacionales tienen muchas pruebas de esos crímenes. Sin embargo, no se prevé ayuda alguna para las víctimas ni para sus familias.

Lo que comenzó como consecuencia del litigio entre el Norte y el Sur por cuestiones de distribución equitativa del poder y de los recursos se ha transformado en un conflicto mucho más complejo. La prolongación de la guerra ha dado lugar a violentos enfrentamientos entre diferentes facciones étnicas en el Sur. En el Norte, la decisión gubernamental de aplicar la Sharia islámica ha alienado y marginado por completo a las minorías religiosas no musulmanas. Pero la guerra tiene también dimensiones regionales e internacionales. Los factores políticos y económicos que desempeñan un papel en el Cuerno de África, y el temor al expansionismo islámico han malogrado los intentos de concertar un alto el fuego.

Durante este nueva fase del conflicto, el CMI y sus iglesias miembros, así como organismos de ayuda han continuado proporcionando a las víctimas asistencia humanitaria de urgencia y ayuda al desarrollo. Asimismo han seguido expresando su preocupación ante la escalada del conflicto y la pérdida resultante de vidas y bienes, así como el empleo de la ayuda humanitaria como arma de guerra.

En mayo de este año, tras una visita a la región, el Secretario General de las Naciones Unidas, Kofi Annan, dijo que las partes beligerantes han limitado el acceso a esa región particularmente afectada; han prohibido los vuelos de aviones que aportan ayuda humanitaria, y han atacado campamentos de refugiados, convoyes de camiones de transporte y a los socorristas. Es cada vez más evidente que la ayuda por sí sola no pondrá fin al sufrimiento del pueblo sudanés. Tan sólo un arreglo justo y pacífico les dará la posibilidad de reconstruir sus vidas.

El CMI se ha esforzado por conseguir la paz en el marco del Foro Ecuménico del Sudán que ha ofrecido un espacio a los dirigentes de las iglesias del Norte y el Sur para redoblar sus esfuerzos en favor de la paz. Como consecuencia, estos dirigentes de las iglesias han definido su posición sobre la paz en el Sudán y la han hecho pública en el documento "Unidos en la Acción por la Paz" (United We Stand in Action for Peace). El CMI continúa apoyándolos y estimulándolos en su lucha por una paz justa y duradera en el país. Está convencido de que el proceso de paz iniciado por la Autoridad Intergubernamental para el Desarrollo (IGAD) constituye la mayor esperanza para lograr este objetivo. Por lo tanto, el CMI insta a la comunidad internacional a que adopte todas las medidas necesarias para reavivar y fortalecer el proceso de paz de la IGAD. La Declaración de Principios de la IGAD ofrece un marco y una base viables para una paz justa y duradera en Sudán.

ANEXO II: FRENTE A LA DOMINACIÓN – AFIRMEMOS LA VIDA: EL DESAFÍO DE LA GLOBALIZACIÓN

La globalización es una realidad del mundo de hoy, un hecho ineludible que se repercute en la vida de todas las personas y plantea problemas, no sólo económicos, sino culturales, políticos, éticos y ecológicos.

Cada vez son más los cristianos y las iglesias que se ven confrontados a nuevas y graves consecuencias de la globalización, que afectan a un gran número de personas, en particular, los pobres.

La visión de la globalización se contrapone a la visión de la oikoumene, toda la tierra habitada y la unidad de la humanidad. ¿Cómo vivir la fe frente a la globalización?

Nuestra reunión en Harare

1. Reunida en Harare, la Octava Asamblea del Consejo Mundial de Iglesias escuchó las voces de los pueblos africanos durante la Plenaria sobre África y en el marco del Padare. Fueron gritos de dolor y sufrimiento, pero también testimonios de resistencia, fe y esperanza. La notable fortaleza, creatividad y espiritualidad de nuestros hermanos y hermanas africanos fueron una fuente de inspiración para todos. Juntos, recordamos la visión de un pueblo libre que inspiró la lucha de África para liberarse del colonialismo.

2. Esa visión sigue viva en las luchas cotidianas del pueblo para sobrevivir, para sustentar la vida comunitaria que se nutre de las ricas tradiciones y valores heredados del pasado, para vivir en armonía con la tierra y encontrar el espacio necesario para expresarse. El pueblo africano aspira a una vida digna y a comunidades justas y sostenibles. Y nosotros, aunque venimos de todas las partes del mundo, hicimos nuestra su visión pues compartimos las mismas aspiraciones.

3. Al expresar ese ideal para nuestro pueblo, nuestros hijos, y los hijos de nuestros hijos, hemos tomado todavía más conciencia de que, en algunos aspectos fundamentales, el legado del colonialismo todavía está presente entre nosotros pero con un nuevo rostro, que en apariencia puede parecer atractivo pero paulatinamente se convierte en degradante y peligroso. Los motores de esta nueva forma de dominación son los poderes económicos, tan insidiosos como los colonizadores políticos, una sutil pero poderosa ideología que parte de la base de que la forma de mejorar la calidad de vida es dar carta blanca a las fuerzas del mercado.

Concentración del poder

4. Hoy en día, a pesar de la independencia de gran número de pueblos colonizados en el pasado, el poder se concentra cada vez más en las manos de unas pocas naciones y compañías, sobre todo del Norte, y ese poder, que se extiende por todo el mundo y a muchas esferas de la vida, es considerable. Las principales decisiones corren a cargo de unas 30 naciones y 60 corporaciones. La deliberada globalización de la producción, el capital y el comercio refuerza con creces el poder de los centros financieros del mercado mundial.

5. La globalización nos afecta a todos, contribuye a la erosión de la nación-estado, socava la cohesión social e intensifica el dominio de la naturaleza, que significa un atentado contra la integridad de la creación. La crisis de la deuda y los programas de ajuste estructural han pasado a ser instrumentos que sirven para lograr mayor control de los presupuestos nacionales y crear un ambiente provechoso y seguro para las inversiones del sector privado con un costo abrumador para la población.

6. A este proceso contribuye en gran medida la expansión de las comunicaciones mundiales y de las redes de medios de comunicación, junto con una costosa pero exitosa estrategia de los Estados Unidos de América y otros países desarrollados para obtener y garantizar la hegemonía militar y política a escala mun-

dial. La creación de nuevas instituciones, como la Organización Mundial del Comercio y el propuesto Acuerdo Multilateral sobre Inversiones, consolida el poder de los ya privilegiados. La convergencia de esos factores en los años 90 ha agravado la situación de los pobres, que constituyen la gran mayoría de la población mundial.

7. La homogeneización resultante del proceso de globalización no incluye el mercado del trabajo. Mientras que el movimiento de capitales a nivel mundial no conoce restricciones, se están creando nuevos obstáculos para detener el flujo de trabajadores migrantes. Confrontado a la globalización, el mercado del trabajo es sometido a control y está perdiendo fuerza. Aunque la liberalización del comercio es una de las prioridades de la globalización económica, los países desarrollados siguen protegiendo su agricultura y algunos sectores de su industria frente a la importación de productos competitivos, y continúan subvencionando sus exportaciones, con todo lo graves que suelen ser sus consecuencias para los mercados locales del Sur.

Pobreza y exclusión

8. Reconocemos que esta globalización creciente también tiene aspectos positivos. Es evidente que las nuevas tecnologías crean vínculos que permiten luchar contra la injusticia y los abusos de poder y pueden servir para alertar a la comunidad cristiana en situaciones de persecución, violación de los derechos humanos, necesidades y casos de urgencia. La mayor facilidad de acceso entre las regiones promueve la solidaridad entre movimientos y redes sociales.

9. Según los partidarios del libre mercado, las economías de libre mercado han dado prueba de una excelente capacidad para producir bienes y servicios en un mundo presionado para satisfacer las necesidades materiales básicas de las personas. Aunque reconocen la distorsión de algunas economías al estrechar sus vínculos con la economía mundial, ponen de relieve que algunas veces esos vínculos han significado nuevos niveles de prosperidad. Esos beneficios teóricos hacen de la globalización una idea atractiva para los que ven en el sistema de mercado libre sin restricciones una solución a la pobreza.

10. Ahora bien, la desigualdad en la distribución del poder y la riqueza, de la pobreza y la exclusión es una realidad que pone en tela de juicio el demagógico discurso sobre una única comunidad mundial. La reiterada imagen de "aldea mundial" induce al error por cuanto en la nueva situación lo que falta precisamente es sentido de comunidad, pertenencia y responsabilidad mutua, que caracterizan la vida de aldea. Las redes mundiales de comunicación fomentan una monocultura consumista. La situación de un gran número de personas pobres se está deteriorando. Recientemente, el Banco Mundial llegó a la conclusión de que en 1998, el número de países con crecimiento económico negativo había aumentado de 21 a 36 y que las políticas fiscales y los tipos de interés habían conllevado costos sociales mucho mayores que los que se habían previsto inicialmente.

11. Por otro lado, sólo una pequeña parte del billón y medio de dólares que se cambian en el mercado de divisas cada día se invierte en actividades económicas básicas. La mayor parte de ese monto es objeto de pura especulación financiera antes que de verdadera inversión. Esta especulación debilita las ya endebles economías. La desmesurada especulación indujo el colapso de los mercados financieros de Asia y es una amenaza para la economía mundial en su conjunto.

12. La vida de las personas está cada vez más expuesta a la vulnerabilidad y la inseguridad. La exclusión en todas sus formas atiza la violencia que se propaga como una enfermedad. El número de migrantes que buscan desesperadamente un trabajo y un hogar para sus familias ha aumentado drásticamente. En los países industrializados de Europa y América del Norte, los focos de pobreza están aumentando en número y volumen y en todas las partes del mundo se está ensanchando la diferencia entre ricos y pobres, haciendo de las poblaciones indígenas, las mujeres, los jóvenes y los niños, las principales víctimas de la pobreza y la exclusión. Invariablemente, la gran mayoría de las personas excluidas son también víctimas de la xenofobia, el racismo y la opresión.

Contradicciones, tensiones y preocupaciones

13. La globalización origina toda una trama de contradicciones, tensiones y preocupaciones. La sistémica interrelación de la realidad local y la realidad mundial en este proceso ha dado lugar a una nueva dinámica. Ha conducido a la concentración del poder, el conocimiento y la riqueza en instituciones influidas cuando no controladas por las empresas transnacionales, generando también una dinámica descentralizadora por cuanto los ciudadanos y las comunidades están luchando por recuperar el control de las fuerzas que amenazan su propia existencia. Confrontados a esos cambios y a grandes presiones en su vida y su cultura, los pueblos quieren afirmar su identidad cultural y religiosa. La globalización ha universalizado aspectos de la vida social moderna pero también ha causado y fomentado la fragmentación del tejido social de las sociedades. A medida que va avanzando el proceso, las personas pierden esperanza y empiezan a competir entre sí para sacar algún beneficio de la economía mundial. En algunos casos, eso ha dado origen al fundamentalismo y la limpieza étnica .

Ideología neoliberal

14. La globalización económica se inspira en la ideología neoliberal. El credo del libre mercado se apoya en la firme creencia de que a través de esas fuerzas y metas económicas en pugna, si cada individuo se ocupa de su propio provecho económico, una "mano invisible" garantizará el máximo bien para todos. Se considera a los seres humanos como individuos antes que como miembros de una comunidad, como seres fundamentalmente rivales antes que solidarios, como seres consumistas y materialistas antes que espirituales. Se ha llegado así a un sistema despiadado en el que se considera a las personas como objetos desechables y se los abandona si no son capaces de competir con los pocos poderosos de la economía mundial.

15. Así es como las personas empiezan a perder su identidad cultural y dejan de asumir su responsabilidad política y ética. Con sus promesas de riqueza para todos y de cumplimiento del sueño de un progreso sin límites, el neoliberalismo presenta un espejismo de salvación universal. Pero con su sed de ganancias en los mercados financieros, de expansión del comercio y crecimiento de la producción, el sistema económico mundial cierra los ojos a las destructivas consecuencias sociales y ecológicas.

Desafíos para las iglesias y el Movimiento Ecuménico

16. La globalización plantea un desafío pastoral, ético, teológico y espiritual a las iglesias y al Movimiento Ecuménico en particular. La visión de la globaliza-

ción se opone a la visión de la oikoumene, toda la tierra habitada y la unidad de la humanidad. Esta oikoumene mundializada, basada en el dominio, contrasta con la oikoumene de fe y solidaridad, fuente de inspiración y energía para el Movimiento Ecuménico. A la lógica de la globalización cabe contraponer una forma alternativa de vida y de diversidad en la comunidad.

17. Por ejemplo, la pluralidad y la diversidad en el seno del Movimiento Ecuménico ya no se consideran un obstáculo para la unidad de las iglesias y el futuro viable de la humanidad. La diversidad puede aportar ricos recursos y diferentes opciones de solución viable si se tienen en cuenta los relatos de vida, las experiencias y las tradiciones de todos, y si los cristianos, los grupos ecuménicos y las iglesias se esfuerzan juntos por encontrar soluciones viables que afirmen y sustenten la vida en la tierra. El concepto y la práctica de la catolicidad puede entenderse como la respuesta del cristianismo de los primeros tiempos al modelo imperial de unidad que representaba el Imperio Romano. Esa respuesta alternativa al poder imperial es pertinente al afirmar la dimensión ecuménica de la vida de las iglesias en el contexto de la globalización.

El jubileo y la globalización

18. En estos días que pasamos juntos hemos evocado frecuentemente el jubileo, un tiempo de emancipación, de restablecimiento de relaciones y justas y de nuevos comienzos (Lv. 25, Is.61, Lc.4). En el jubileo se reconoce que el poder, librado a su curso normal e ininterrumpido, tiende a concentrarse cada vez más en manos de unos pocos, y que, si no hay una intervención, la sociedad se vuelve cada vez más injusta. Como nos recuerda la Biblia hebraica, los poderosos juntan casa a casa y añaden hacienda a hacienda (Is.5:8). Los débiles y los pobres son cada vez más vulnerables, marginados, excluidos. Restauración significa oponerse al curso de la historia (Miq.7; Neh.5). Para preservar la integridad de un pueblo, de una persona, es necesario intervenir e interrumpir periódicamente el curso normal de los acontecimientos.

19. El jubileo tiene importantes consecuencias para nuestra reflexión acerca de la globalización. Con frecuencia la globalización se muestra como algo benigno e incluso benéfico, sobre todo para los que sacan alguna ventaja en el proceso. Pero la creciente concentración del poder, ya sea económico, político, cultural o militar, influye decisivamente en el mundo de hoy y del mañana de una forma que está lejos de ser benigna. El escándalo de la deuda, la marginación y la exclusión de tantos hermanos y hermanas, la explotación de las mujeres y los niños, la creciente presión que sufren las minorías que luchan por preservar su cultura y por mantener vivas su tradición religiosa y su lengua, la destrucción de tierras ancestrales de los pueblos indígenas y sus comunidades no son sino una manifestación de esa concentración del poder, legitimada en nombre de la mejora del nivel de vida.

Afirmar el don divino de la vida

20. Hoy es más necesario que nunca exigir una remodelación del sistema económico y afirmar el don divino de la vida que es objeto de tantas amenazas. El concepto de desarrollo sostenible, que tanto se reitera en los foros internacionales, ha permitido que las poderosas fuerzas de la globalización sigan asumiendo el mando, sin poner en tela de juicio el subyacente paradigma del progreso y el crecimiento continuos e ilimitados. En medio del dolor, el sufrimiento y la destruc-

ción causados por la globalización económica, afirmar el don divino de la vida para toda la creación requiere adoptar una perspectiva centrada en la vida.

21. Jesús vino para que todos tuvieran vida en abundancia (Juan 10:10). La salvación de Dios en Jesucristo no sólo significa plenitud de vida para la comunidad humana sino la restauración de la bondad y la integridad de toda la creación. El Espíritu Santo de Dios viene para renovar toda la creación. Los relatos bíblicos acerca de la creación nos cuentan que la tierra fue creada como hogar para todas las criaturas vivas, que viven en espacios diferentes pero están vinculadas entre sí en una red de relaciones. La comunidad humana forma parte de la comunidad más amplia de la tierra, que se arraiga en la casa de vida de Dios. Esta visión de una tierra verdaderamente ecuménica impulsa al Movimiento Ecuménico a buscar nuevas formas de revitalizar y proteger a las comunidades indígenas, a los marginados y excluidos, a oponerse al creciente dominio de la globalización económica y a comprometerse en favor de la construcción de una cultura de paz y de justicia en las relaciones, una cultura del compartir y la solidaridad.

22. La historia de los pueblos pone en evidencia un deseo profundo de garantizar la vida respondiendo a las necesidades esenciales de todos, así como de protegerla mediante la construcción de la paz y la solución pacífica de las situaciones de violencia y guerra, un deseo de afirmar la vida mediante el fortalecimiento de la responsabilidad en el marco de sociedades genuinamente democráticas y la mejora del bienestar económico, ampliando las oportunidades y las redes de solidaridad, un deseo de enriquecer la vida, ahondando en la espiritualidad y las actividades culturales, y promoviendo la edificación de comunidades justas y viables.

23. En aras de una visión centrada en la vida, cuatro elementos son esenciales: la participación, entendida como la máxima inclusión de todos a todos los niveles; la equidad, como la justicia fundamental aplicada también a otras formas de vida; la responsabilidad mutua, entendida como el rendimiento de cuentas unos a otros y a la tierra misma; y el compromiso de responder a las necesidades básicas de la vida en todas sus dimensiones y de desarrollar una calidad de vida que signifique pan para todos pero sea algo más que pan.

La tarea de la familia ecuménica

24. ¿Cómo deben responder las iglesias a este desafío? ¿Qué debe hacer la familia ecuménica? ¿Qué pueden hacer las iglesias por intermedio del Consejo Mundial de Iglesias? ¿Cómo pueden las iglesias y el CMI hacer suya la lucha por responder a los problemas que plantea la globalización? ¿Podemos ser instrumentos del jubileo de Dios, elemento central del mensaje de Jesús (Lc.7:18-23)? La respuesta incumbe a cada persona y cada comunidad representada hoy aquí.

25. Reconocemos que en el contexto de la globalización hemos comprometido nuestras propias convicciones. Nos arrepentimos porque el poder de las nuevas tecnologías, el señuelo de la acumulación, la tentación de llevarse por un sentimiento de superioridad y poder han desviado nuestra atención de nuestros prójimos que sufren. Reconocemos la tentación de formar parte de un mundo que sólo da cabida a unos pocos privilegiados. Si nuestra confesión y arrepentimiento son genuinos, estamos llamados a descubrir y restablecer la solidaridad con los excluidos.

26. El CMI está llamado a promover el ecumenismo en la vida de las iglesias y a ser un espacio para el diálogo y la edificación recíproca en aras de un testimonio común de las iglesias en los planos local, regional e internacional. Es nece-

sario reforzar la presencia y la representación del CMI a nivel internacional, una representación que no sólo se basa en su capacidad de analizar las tendencias mundiales sino que depende del tipo de redes de acción, de apoyo y de transformación que puede promover el CMI como instrumento de las iglesias. En el centro de la visión de la tierra como hogar para todos está un llamamiento a todos y cada uno, en sus situaciones y contextos muy diferentes, a poner en práctica la fe y la solidaridad y a afirmar juntos la vida en la tierra.

27. Mirando retrospectivamente, es evidente que desde la Séptima Asamblea de Canberra, todos los sectores de trabajo del CMI han tomado mayor conciencia de los problemas y los peligros que entraña el proceso de globalización. Debe exhortarse al nuevo Comité Central y a todas las iglesias miembros a adoptar un enfoque más coherente frente a esas amenazas, y a promover una vida digna en el marco de comunidades justas y viables.

ÚLTIMAS PUBLICACIONES DEL CMI SOBRE LA GLOBALIZACIÓN Y OTRAS CUESTIONES ECÓNOMICAS

- Tony Addy, *The Globalising Economy. New Risks-New Challenges-New Alliances*; Unidad III del CMI, Ginebra, 1998.
- Tony Addy, *The Globalising Economy, New Risks-New Challenges-New Alliances*; Summary of Recommendations; Unidad III del CMI, Ginebra, 1998.
- Bas de Gaay Fortman/Berma Klein Goldewijk, *God and the Goods. Global Economy in a Civilizational Perspective*; CMI, Ginebra 1998.
- Richard Dickinson, *Economic Globalization: Deepening Challenge for Christians*; Unidad III del CMI, Ginebra, 1998.
- Rob van Drimmelen, *Faith and the Global Economy Today*; CMI, Ginebra, 1998.
- Samuel Kobia, *The Changing Role of the State and the Challenge for Church Leadership in Africa*, en Echoes 14; Unidad III del CMI; Ginebra 1998, págs. 8-11
- Julio de Santa Ana, *Globalization and Sustainability*; CMI, Ginebra 1998
- Unidad III del CMI: Dossiers I and II on Multilateral Agreement on Investment, Ginebra, 1998.
- Unidad III del CMI: Featuring Globalization, Echoes 12, Ginebra, 1997.

ANEXO III: CARTA A LA OCTAVA ASAMBLEA DEL CONSEJO MUNDIAL DE IGLESIAS

de las mujeres y los hombres participantes en el Festival
del Decenio Ecuménico de Solidaridad de las Iglesias con las Mujeres

De la solidaridad a la responsabilidad
Queridas hermanas y queridos hermanos en Cristo:

Como miembros del cuerpo de Cristo procedentes de diferentes partes del mundo y pertenecientes a diferentes confesiones, reunidos en el Festival del Decenio, los saludamos en nombre de Jesucristo. Alabamos y damos gracias a Dios por el don del Decenio Ecuménico de Solidaridad de las Iglesias con las Mujeres iniciado por el Consejo Mundial de Iglesias hace 10 años, que permitió crear un espacio para que las mujeres compartieran su espiritualidad, sus luchas cotidianas y sus dones. Sin embargo, las *Cartas Vivas* que se les enviaron hace cinco años pusieron en evidencia la dolorosa realidad de que muchas iglesias no habían tomado debidamente en serio este proceso. Venimos, pues, una vez más como una *carta viva*, para invitar a las iglesias participantes en esta Asamblea del Jubileo a unirse a nosotras a fin de renovar nuestro compromiso en favor de una auténtica comunidad cristiana basada en el Evangelio. No se trata de una opción, sino de un mandato del Evangelio.

Ahora que llegamos al final de este camino, tenemos que reconocer que el Decenio de Solidaridad de las Iglesias con las Mujeres ha sido un decenio de solidaridad de las mujeres con las mujeres. Al estar juntas en el Festival recordamos la herencia que hemos recibido de nuestras antepasadas: la espiritualidad de "no resignarnos". Sobre las alas del Espíritu Santo, pasamos de la solidaridad a la responsabilidad confiando en la promesa de que Dios no nos abandona. Y con renovadas fuerzas hoy podemos alegrarnos.

Por medio de las *Cartas Vivas* hemos escuchado y oído a nuestras hermanas responder a la pregunta de Jesús: "Mujer, ¿por qué lloras?" Las mujeres rompieron el silencio revelando su dolor debido al aislamiento, la injusticia económica, los obstáculos a la participación, el racismo, el fundamentalismo religioso, el genocidio étnico, el acoso sexual, el SIDA y la violencia contra las mujeres y los niños. Esta situación nos aflige profundamente. Buscamos en las Escrituras, oramos y encontramos que el Espíritu Santo intercede con gemidos indecibles (Ro 8:26). Reconfortadas, hemos comenzado nuestro camino hacia la curación.

Ante nuestras hermanas jóvenes, reconocemos que a veces las hemos dejado de lado. Aceptamos de todo corazón su desafío: afirmar sus dones y apoyarlas para que asuman la herencia que les transmitimos: no resignarse. Con anticipación, nos alegramos por el compañerismo y la solidaridad que estamos construyendo.

Apreciamos la solidaridad expresada por nuestros hermanos y los dirigentes de iglesia que han recorrido el camino con nosotras. Juntos, tratamos de vivir la afirmación bíblica de que hemos sido creados, hombre y mujer, a imagen de Dios (Gn. 1:27) y la visión bautismal según la cual "ya no hay judío ni griego, no hay esclavo ni libre, no hay varón ni mujer porque todos vosotros sois uno en Cristo Jesús" (Gá. 3:28).

Nuestra visión y nuestro compromiso

Nosotras y nosotros, mujeres y hombres participantes en el Festival del Decenio, nos comprometemos a cumplir la misión de Dios y a construir un mundo donde todo el pueblo de Dios pueda tener vida en abundancia, compartir equitativamente los recursos del mundo, vivir en armonía con la creación y reconocerse unos a otros como creados a imagen de Dios.

Por consiguiente, apoyamos firmemente la visión de una comunidad humana donde se valore la participación de todos y cada uno, donde nadie sea excluido por motivos de raza, sexo, edad, religión o práctica cultural, donde se celebre la diversidad como don de Dios al mundo.

Con este propósito, nosotras y nosotros, mujeres y hombres participantes en el Festival del Decenio, instamos a nuestras iglesias participantes en la Octava Asamblea, a hacer suya esta visión y a asignar recursos del CMI para crear programas, materiales educativos, redes y oportunidades a fin de apoyar y hacer efectivo el potencial de las mujeres.

Instamos a nuestras iglesias a dedicar tiempo y energía a la lucha contra los males de la dominación y la discriminación. Las exhortamos a velar por que se erradique cualquier forma de exclusión en las estructuras y prácticas de la iglesia.

Incluyamos en nuestras iniciativas:
– oportunidades y programas de educación teológica para las mujeres, que tengan debidamente en cuenta sus voces y experiencias;
– programas teológicos que incluyan las perspectivas de las mujeres y estudios sobre la cuestión del género;
– formación para mujeres, niñas y niños que los introduzca a una vida en comunidad donde reine la justicia;
– liturgias, y orientaciones en materia de lenguaje que sean sensibles a la cuestión del género y reconozcan el valor de cada persona;
– políticas que promuevan un equilibrio de género, edad y raza en los cargos y funciones de dirección, así como el respeto de las identidades culturales de las personas.

Reconocemos que hay diversos temas éticos y teológicos, como la ordenación de la mujer, el aborto, el divorcio y la sexualidad en toda su diversidad que repercuten en la participación de las mujeres en las iglesias y son difíciles de abordar en la comunidad. Durante el Decenio, la sexualidad humana en toda su diversidad se planteó como una cuestión particularmente importante. Condenamos la violencia causada por las diferencias de interpretación a ese respecto. Nos hemos debatido con ese problema, conscientes de la angustia que todas y todos sentimos por el potencial de división que entraña. Reconocemos que hay diferencias de opinión sobre este tema entre hombres y mujeres y somos conscientes de que para algunas mujeres y algunos hombres de nuestras comunidades, no se justifica plantear esa cuestión. Oramos para que la sabiduría y la guía del Espíritu Santo nos ayuden a proseguir el diálogo, a fin de *que prevalezca la justicia.*

Apoyamos firmemente la lucha por la eliminación de *todas las formas de violencia* (sexual, religiosa, psicológica, estructural, física, espiritual, militar) y de la *cultura de la violencia,* sobre todo la violencia que afecta a la vida y la dignidad de las mujeres. Declaramos nuestra decisión de oponernos a cualquier intento de disculpar, disimular o justificar la violencia. Nosotras y nosotros, mujeres y hombres participantes en el Festival, declaramos que la presencia de la violencia en la iglesia es *una ofensa contra Dios, contra la humanidad y contra la tierra.*

Con este propósito exhortamos a esta Octava Asamblea a que proclame al mundo que la *violencia contra las mujeres es un pecado.* Conscientes de nuestra responsabilidad ante Dios y ante la comunidad que formamos, recomendamos que el tema de la Asamblea, *Buscad a Dios con la alegría de la esperanza,* sea una oportunidad de arrepentimiento por la participación de la iglesia en esa violencia, y de renovación de nuestras teologías, tradiciones y prácticas en favor de la justicia y la paz entre mujeres, hombres y niños en nuestros hogares y comunidades. La Novena Asamblea debería ser una ocasión para que todos nosotros, nuestras iglesias y el CMI rindiéramos cuentas de lo que hemos hecho a este respecto.

Incluyamos en nuestras iniciativas:
– La creación de oportunidades y espacios para que las mujeres puedan hablar sin temor sobre la violencia y los abusos que padecen, rompiendo así la cultura del silencio.
– La denuncia de todo abuso sexual, especialmente los cometidos por quienes ocupan posiciones dirigentes en la iglesia.

– El establecimiento de procedimientos para restaurar la justicia, en los que tanto las *víctimas* de la violencia como sus *perpetradores*, tras reconocer la verdad, puedan experimentar el poder del perdón y de la reconciliación.
– La eliminación de toda justificación bíblica y teológica del uso de la violencia.
– La denuncia de todas las iniciativas de guerra, adoptando medidas para quitarles legitimidad y buscando otros medios no violentos para resolver los conflictos;
– La denuncia de la mutilación genital femenina, el turismo sexual y el tráfico de mujeres y niños.

Apoyamos firmemente la visión de un *mundo en el que reine la justicia económica*, donde la pobreza ya no sea tolerada ni justificada, donde los pueblos del Sur y el Este prosperen junto con los del Norte y del Oeste, donde se restablezca el equilibrio del poder y la riqueza, y donde las mujeres y los niños ya no sean sometidos a trabajos forzados y deshumanizantes.

Con este propósito, denunciamos las condiciones económicas y políticas que generan el desarraigo de los pueblos y el éxodo de los trabajadores migrantes y refugiados. Instamos a las iglesias participantes en esta Octava Asamblea del Jubileo a que declaren que la pobreza y todas sus consecuencias deshumanizantes constituyen un escándalo contra Dios. Imploramos a nuestras iglesias que hagan todo lo que esté a su alcance, con el poder y la responsabilidad que Dios les da, para desenmascarar las fuerzas económicas que conducen a la muerte y la destrucción; que denuncien que la opresiva economía mundial, la liberalización de los mercados y los consiguientes recortes de los servicios sociales son contrarios a Dios y a su creativo designio de que seamos administradores responsables de la creación. Exhortamos al CMI y sus iglesias miembros a que se adhieran a la *Plataforma de Acción de las Naciones Unidas*, aprobada en Beijing, y al *Decenio de las Naciones Unidas para la Erradicación de la Pobreza 1997-2007*, y a trabajar con otras organizaciones no gubernamentales en este programa común. Instamos a nuestras iglesias a elevar juntas sus voces contra todo vestigio del colonialismo y toda forma de neocolonialismo, así como contra la injusta y no deseada injerencia de Estados y otros poderes en los asuntos internos de otras naciones. Y las instamos a que pidan al Banco Mundial y el Fondo Monetario Internacional que suspendan inmediatamente todos los programas de ajuste estructural que afectan a los más vulnerables, especialmente a las mujeres y los niños. *Incluyamos en nuestras iniciativas:*
– una petición, con motivo de esta Asamblea del Jubileo, en favor de la condonación de las deudas internas y externas de las naciones más pobres del mundo, para que los recursos así economizados sean utilizados para mejorar la calidad de vida de los pobres, particularmente las mujeres, los jóvenes y los niños;
– el establecimiento en el contexto de las iglesias a nivel local, regional y nacional, de programas específicos sobre cuestiones económicas;
– a exigencia de que se adopten leyes para proteger los derechos de las mujeres a la propiedad y otros, como los derechos relativos a la procreación;
– la creación de sistemas económicos justos y estructuras equitativas en las iglesias y la sociedad a fin de que mujeres y hombres puedan conocer juntos las bendiciones de la justicia, la retribución igual por trabajo igual, salarios seguros y suficientes y formas de empleo dignas.

Declaración sobre la violencia y el racismo

Nosotras y nosotros, mujeres y hombres participantes en el Festival, declaramos que la plenitud de vida en Cristo y el cumplimiento de la oración de Cristo por la unidad sólo son posibles si las mujeres participan plenamente en la vida de la iglesia, si se elimina la violencia contra las mujeres y se reconoce y se honra la imagen de Dios presente en las mujeres.

Declaramos, además, que la plenitud de vida en Cristo y la oración de Cristo por la unidad sólo son posibles se ninguna raza se considera superior a otra, si las iglesias en nombre de Cristo impugnan todo acto de limpieza étnica, las atrocidades cometidas por diferencias de casta, la xenofobia y el genocidio. Declaramos que el racismo y el etnocentrismo son contrarios a la voluntad de Dios y no tienen lugar en la familia de Dios.

El CMI y sus iglesias miembros deben mantener firmemente el compromiso de erradicar el racismo en todos los contextos. Instamos al CMI y a sus iglesias miembros a que eleven con fuerza su voz de solidaridad con los pueblos indígenas y las comunidades negras, y apoyen programas y organizaciones como SISTERS (Hermandad de Mujeres en Lucha para Eliminar el Racismo y el Sexismo) y ENYA (Red Ecuménica de Acción de la Juventud) que tratan de cumplir la visión bíblica de un mundo en el que "ya no hay judío ni griego, no hay esclavo ni libre, no hay hombre ni mujer, porque todos vosotros sois uno en Cristo Jesús."

A los dirigentes de las iglesias

En el espíritu de las *Cartas Vivas*, nos dirigimos particularmente a ustedes, *dirigentes de iglesias* que asisten a esta Asamblea. Sabemos que Dios y la comunidad de la iglesia les han confiado poder y autoridad.

En un mundo donde el abuso de poder, el ejercicio arrogante de la autoridad y la prevaricación son cada vez mayores, recordamos las palabras de Jesús: "pero entre vosotros no será así". Sin embargo, las visitas efectuadas durante el Decenio han puesto de manifiesto que esos abusos existen en muchos círculos. Nosotras, las mujeres, hemos sido y seguimos siendo las víctimas de estos abusos. Afirmamos que no los toleraremos nunca más. Invitamos a todos los dirigentes de iglesia a ser ejemplo de la autoridad de Dios en Cristo, ejerciendo su poder no *sobre* el pueblo de Dios sino *con* él, para el enriquecimiento de todos.

Con este propósito, los invitamos a que emprendan acciones para acabar con los desequilibrios por razones de género que existen en sus instituciones, y para que las mujeres tengan acceso en pie de igualdad a todos los niveles de administración en las iglesias y las organizaciones ecuménicas. Los instamos a que alienten a las mujeres para que asuman funciones de liderazgo y las apoyen para que puedan ofrecer nuevas concepciones y modalidades de ejercicio del poder.

A todas las mujeres de la asamblea

Nosotras, las mujeres del Festival las invitamos a unirse a nosotras en la visión y asumir el compromiso de esta carta. En el Festival, mujeres de todas partes del mundo derramamos lágrimas por las ofensas y los sufrimientos que hemos vivido. En esas lágrimas, nos reconocimos mutuamente, de un continente a otro y de un país a otro. Nos miramos unas a otras, y prometimos permanecer juntas y seguir adelante. Las lágrimas y las vivencias de ustedes son nuestras lágrimas y nuestras vivencias. Las invitamos a trabajar, orar y soñar con nosotras para que se haga realidad el mundo de la promesa de Dios.

Las jóvenes presentes en el Festival nos recordaron que este nuevo mundo no será posible si las mujeres se contentan simplemente con intercambiar funciones con los hombres en los sistemas de dominación y opresión. Y lo dijeron con claridad. Conciben nuevos modelos de organización donde el poder sea compartido y se escuche a todos. Prevén nuevas formas de colaboración solidaria en las que el líder es quien ayuda a los demás a realizarse. Ven una iglesia donde las mujeres jóvenes y las mayores trabajan juntas, y donde cada una de ellas es reconocida por lo que es y por lo que puede ofrecer.

Éste es un nuevo día. Ésta es una iglesia renovada y una comunidad de fe transformada, y nos unimos a ustedes por el poder del Espíritu Santo presente en esta creación.

A los hombres de la Asamblea

Nosotros, los hombres participantes en el Festival, nos dirigimos a ustedes, los hombres participantes en esta Asamblea. Es imposible expresar con palabras la gozosa esperanza que reinó durante esos días del Festival, a pesar de la evocación de los sufrimientos padecidos por las mujeres. Los hombres tenemos que afrontar la realidad de nuestra complicidad en ese sufrimiento, en las culturas de violencia y dominación que lo han generado. Como individuos, no podemos desentendernos de ese mal, ni pretender estar libres de su poder e influencia.

Invitamos a los hombres participantes en la Asamblea a unirse a nosotros en un proceso de confesión y arrepentimiento, tratando de buscar a Dios para ser transformados. Nuestras hermanas en la fe han roto su silencio, exponiendo la verdad de nuestras acciones. Sin embargo, en medio de esa realidad, no sentimos ánimo alguno de recriminación y de reproche sino que escuchamos una generosa invitación a vivir la libertad, que es un don para todos nosotros, por Dios en Cristo.

A los jóvenes y los niños de las iglesias

Nosotras y nosotros, mujeres y hombres participantes en el Festival, hemos escuchado sus interpelaciones y nos hemos sentido estimulados e inspirados por sus visiones y compromisos. Nos comprometemos a mantener viva nuestra espiritualidad, la espiritualidad de "no resignarse", hasta que la iglesia sea realmente una iglesia donde se los considere no sólo los protagonistas del mañana, sino como personas que han recibido dones de Dios para hoy. También nos comprometemos a hacer todo lo que esté a nuestro alcance para liberarlos del abuso y de la violencia, de la injusticia económica y social. Buscamos su participación y orientación en el camino hacia una iglesia y una sociedad justas y sin exclusiones.

* * *

En conclusión, esperamos que pueda concertarse un plan claro para la prosecución de la labor del Decenio. Sugerimos que los próximos diez años sean un decenio de acción y reflexión teológica, y que se lleve a cabo un foro a mediados del decenio y una evaluación al final.

Les pedimos que reciban esta carta en el espíritu de las Cartas Vivas que la precedieron. Los invitamos a orar y a dirigirse con nosotros a la fuente de toda vida, donde fluye sin cesar agua vivificante y refrescante, "abriendo nuevos senderos, limpiando, sanando, conectando, alimentando las raíces de nuestros sueños... para que nunca se sequen".

4.5. HACIA UN ENTENDIMIENTO Y UNA VISIÓN COMUNES

Tras cincuenta años de vida en común, las iglesias del CMI decidieron reflexionar juntas acerca de la visión ecuménica, teniendo en cuenta la evolución en esos años a nivel de la iglesia y la sociedad. A ese respecto, el Comité Central del CMI aprobó una declaración normativa titulada "Hacia un Entendimiento y una Visión Comunes del Consejo Mundial de Iglesias" (EVC), que, a modo de "carta ecuménica" para el siglo XXI, fue encomendada a examen y decisión de las iglesias miembros y las organizaciones ecuménicas en septiembre de 1997, como "oportunidad para que las iglesias miembros reafirmen su vocación ecuménica y formulen de forma más clara su entendimiento común del CMI". El documento EVC fue debatido en la Asamblea en el marco de dos plenarias deliberativas; George Tsetsis y Marion Best hicieron dos presentaciones a ese respecto para inaugurar la segunda de esas sesiones, que se centró en las consecuencias constitucionales e institucionales de la Declaración. Seguidamente, el texto fue examinado por el Comité de Examen I, que recomendó que la Asamblea lo recibiera "con gratitud", recomendación que fue aprobada ulteriormente.

HACIA UN ENTENDIMIENTO Y UNA VISIÓN COMUNES DEL CMI: CONSECUENCIAS CONSTITUCIONALES

Georges Tsetsis

Tras las introducciones a la orientación general del documento "Hacia un Entendimiento y una Visión Comunes del Consejo Mundial de Iglesias" (EVC) y a "Nuestra visión ecuménica" presentadas en la última sesión, y tras haber participado en el ulterior debate, ha llegado el momento de reflexionar sobre las consecuencias, constitucionales y prácticas, de este documento para la vida cotidiana del Consejo Mundial de Iglesias.

Antes de entrar de lleno en el tema, conviene precisar que desde los comienzos, y en el centro mismo del proceso de reflexión común de las iglesias, estaba la cuestión siguiente: ¿A quién incumbe promover la unidad de los cristianos? ¿Incumbe al CMI en tanto que institución, como se estipula en el artículo III de su Constitución en vigor? ¿O es tarea de las propias iglesias miembros, esas iglesias que, al crear un espacio en el CMI, se exhortan mutuamente a alcanzar la unidad visible en una sola fe y una sola comunión eucarística... y a avanzar hacia la unidad para que el mundo crea?

La cuestión siguiente era saber cuáles serían los objetivos y funciones del CMI, incluso, qué papel desempeñarían sus iglesias miembros en el seno de esta "comunidad de iglesias" que constituye el CMI, colaborando al mismo tiempo con otros partícipes del único Movimiento Ecuménico.

Sobre la base de esas dos cuestiones, el Comité Central saliente emprendió la tarea de armonizar la Constitución del CMI en consonancia con el espíritu y las orientaciones del documento normativo; de ahí las propuestas que se presentan a continuación.

1. Propuesta de enmiendas constitucionales
Artículo III: Objetivos y funciones. La primera enmienda propuesta se refiere al artículo III de la Constitución, que aborda los objetivos y las funciones del CMI. De hecho, hace tres años, y tras la primera lectura del documento "Hacia un Entendimiento y una Visión comunes del CMI (EVC), ya se propusieron enmiendas constitucionales, concretadas posteriormente con ocasión de la 48a reunión del Comité Central del CMI en septiembre de 1997, a la luz de las observaciones formuladas por las iglesias miembros.

Las enmiendas propuestas por el Comité Central figuran en la página 135 de la *Guía de trabajo de la Asamblea*; los cambios figuran en negrilla paralelamente al texto actual de la Constitución. Como ustedes observarán, en el artículo propuesto cambian radicalmente los objetivos y las funciones asignadas al CMI. De ahora en adelante, ya no es el Consejo el que exhorta a las iglesias a alcanzar la unidad visible; por el contrario, son las propias iglesias las que utilizan la plataforma que ofrece el CMI a fin de promover la unidad y de trabajar juntas en aras de los objetivos para los que fundaron el Consejo. En el artículo enmendado se precisa, en particular, que el CMI es el heredero y el continuador de los movimientos mundiales que lo precedieron, a saber, Fe y Constitución, Vida y Acción, el Consejo Misionero Internacional y el Consejo Mundial de Educación Cristiana. También se destaca que "a fin de consolidar el único Movimiento Ecuménico", el CMI debe promover las relaciones con iglesias no miembros así como con las organizaciones ecuménicas a nivel local, regional e internacional.

Las otras enmiendas de la Constitución conciernen el *artículo V, Organización*, y se refieren específicamente a los puntos siguientes:
a) página 138: la función de la Asamblea por lo que respecta a la deter-

minación de la política general del CMI (enmienda que consiste en
añadir una sola palabra al apartado c) del párrafo 1 del artículo V) y
b) página 138: la función del Comité Central por lo que respecta a:
- la forma de elección de los presidentes del CMI (inciso 1 del apartado c) del párrafo 2 del artículo V) que, según la enmienda propuesta, ya no incumbirá a la Asamblea sino al Comité Central (conviene subrayar que esta enmienda implica modificaciones menores en los incisos 1 del apartado c) y 2 del apartado b) del artículo V
- la forma de elección de las comisiones del CMI (inciso 4 del apartado c) del párrafo 2 del artículo V), elección que pasa ahora a formar parte de las prerrogativas del Comité Central
- el desarrollo de los programas y las actividades del CMI (inciso 5 del apartado c) del párrafo 2 del artículo V) sobre la base de las prioridades establecidas por la Asamblea.

2. Enmiendas al Reglamento propuestas por el Comité Central

Paralelamente a las enmiendas a la Constitución, el Comité Central
somete a la atención de la Asamblea una serie de modificaciones del
Reglamento del CMI a fin de que sea compatible con las nuevas disposiciones de la Constitución (en caso de ser aprobadas). Conviene destacar que esas enmiendas reflejan también las disposiciones ya tomadas
por el Comité Central con objeto de poner de relieve las orientaciones
generales preconizadas en el documento "Hacia un Entendimiento y una
Visión Comunes del CMI" (EVC) en las estructuras de trabajo del CMI.

Esas enmiendas, que aparecen en bastardilla, figuran también en la
Guía de trabajo de la Asamblea, a saber:
- en las páginas 142-143 figuran los cambios por lo que respecta a los criterios para las candidaturas, los miembros asociados del CMI así como las obligaciones financieras de las iglesias miembros con el CMI;
- en la página 151, modificación relativa a la función del Comité de Candidaturas del Comité Central en la elección de los presidentes del CMI;
- en la página 152, modificación relativa a las funciones del Comité Central en la elección del Comité de Programa;
- también en la página 152, modificación relativa a la determinación de las prioridades y las orientaciones del CMI.

3. Procedimiento

Antes de concluir, quiero informarles que, de conformidad con el
Reglamento, esas enmiendas han sido debidamente notificadas a todas

las iglesias miembros, y que la Secretaría General no ha recibido observación alguna por lo que respecta al contenido y la naturaleza de las enmiendas en los plazos previstos por la Constitución del CMI, a saber, seis meses antes de la fecha de celebración de la Asamblea.

Se invita cordialmente a todos los participantes en la Asamblea a formular las observaciones que consideren apropiadas acerca de las enmiendas propuestas. Sus comentarios y sugerencias se presentarán a estudio del Comité de Examen I de la Asamblea, al que incumbe la tarea de elaborar el texto definitivo que les será presentado ulteriormente para aprobación.

CONSECUENCIAS DE LA DECLARACIÓN NORMATIVA: PROPUESTAS MÁS AMPLIAS RELATIVAS A LOS CAMBIOS INSTITUCIONALES

Marion Best

En su análisis de las respuestas recibidas en relación con el proceso EVC, publicado en el número de julio de *The Ecumenical Review*, Peter Lodberg concluye subrayando que "el Comité Central tuvo que aprobar un texto de tono conservador y mesurado que por sí mismo no dará lugar a cambios fundamentales en la vida y el futuro inmediato del CMI", añadiendo inmediatamente después, y con razón, que "el Comité Central hizo lo único que podía hacer para estar en consonancia con las iglesias".[1]

En el prefacio del documento EVC, el Comité Central explica que, al aprobar este texto, no se arroga la autoridad para tener la última palabra sobre el CMI y el Movimiento Ecuménico. Antes bien, el Comité Central reconoce que "parte de la esencia de la comunidad que las iglesias forman en el Movimiento Ecuménico es continuar debatiéndose con esas diferencias en un espíritu de comprensión mutua, de compromiso y de responsabilidad."[2]

Como consecuencia del proceso de reflexión, las iglesias y las organizaciones ecuménicas se debaten hoy con una serie de puntos específicos por lo que respecta al actual perfil institucional del CMI. Las discusiones en torno a cuestiones relativas a la declaración normativa EVC,

---

[1] Peter Lodberg, "Common Understanding and Vision: An Analysis of the Responses to the Process", en *The Ecumenical Review* 50 (1998), 3, págs 268-277.
[2] Prefacio al documento EVC, en *Guía de Trabajo de la Asamblea*, pág. 110.

de las que se da cuenta en los informes del Moderador y del Secretario General a esta Asamblea, ponen claramente en evidencia la necesidad de continuar ese debate. A ese respecto, muchos piensan inmediatamente en las iglesias ortodoxas (calcedonias) y en la reunión de Tesalónica del pasado mes de mayo. Ahora bien, tampoco deben olvidarse las propuestas y recomendaciones concretas como las recientemente formuladas por las iglesias nórdicas en la Conferencia de Lambeth o por comuniones cristianas mundiales; y cabe esperar otras tantas.

Así pues, estamos adentrándonos en la importante fase de las consecuencias institucionales de la declaración normativa. ¿Cuáles son los principales ámbitos que requieren atención? ¿Cuáles son las aspiraciones de las iglesias por lo que respecta al futuro perfil institucional del CMI?

Me gustaría referirme a una serie de esferas que requerirán mayor atención en el curso de los próximos años. Qué duda cabe que los resultados de este esfuerzo colectivo pueden influenciar decisivamente e incluso remodelar la actual estructura del CMI y es evidente que la Asamblea es el órgano más apropiado para dar las instrucciones y orientaciones necesarias en esa tarea.

a) Composición del CMI – Criterios para la condición de miembro. En el centro del proceso de reflexión estaba el entendimiento de lo que significa ser miembro del Consejo.[3] Las enmiendas propuestas al Reglamento son un resultado concreto de ese proceso y reflejan una nueva concepción de la condición de miembro del CMI. Sin embargo, parecería que el debate sigue abierto. La cuestión que se plantea con frecuencia es si existen formas alternativas de ser miembro o de participar en el CMI que permitan apoyar a las iglesias en sus esfuerzos para "ser iglesias", en lugar de centrar su atención en los vínculos orgánicos con una organización ecuménica. En los aportes de las iglesias al proceso de reflexión se han formulado propuestas respecto al actual entendimiento de la condición de miembro; algunos abogan firmemente en favor de la participación y no de la condición de miembro, otros apuntan a la necesidad de reexaminar la condición de miembro para incluir a la Iglesia Católica Romana; sin embargo, otros exhortan a una reflexión común que nos lleve a una solución "más allá de la condición de miembro". A su vez, algunas iglesias se preguntan si el carácter puramente formal de los criterios para la condición de miembro es apropiado para una "comunidad de iglesias".

---

[3] Documento EVC, punto 3.7, en *Guía de Trabajo de la Asamblea*; págs. 121 y 122.

b) Cuestiones que preocupan a los ortodoxos. Entre las iglesias que plantean cuestiones fundamentales en relación con la pertenencia al CMI están las iglesias ortodoxas. ¿Debe la condición de miembro entenderse únicamente como un acuerdo institucional con derechos y responsabilidades? ¿No deberían las iglesias miembros reexaminar las actuales formas de representación en el CMI, considerando la posibilidad de una participación que permita una contribución cualitativa a la comunidad y que tenga en cuenta criterios eclesiológicos antes que reglamentos y disposiciones estructurales? En relación con esas cuestiones, los ortodoxos han expresado su preocupación por los actuales modelos de toma de decisiones, preocupación a la que se han sumado otras muchas iglesias miembros, en particular las iglesias miembros del Sur. Lo que se propone es estudiar formas de adoptar un procedimiento de toma de decisiones por consenso, a saber, sin votación por mayoría, lo que plasmaría mejor el espíritu de comunidad y permitiría la elaboración de un programa aceptado por todos.

Habida cuenta de estos importantes puntos, las iglesias ortodoxas han pedido la formación de una comisión tras la Asamblea para examinar la "participación de los ortodoxos en el Movimiento Ecuménico y una reestructuración radical del CMI."[4] Esta recomendación fue ratificada por el Comité Ejecutivo en su reunión de Amersfoort (septiembre de 1998) y ahora se somete a examen y decisión de la Asamblea.

c) Modelos de consejo. Es evidente que toda propuesta de "reestructuración" del CMI apunta a la necesidad de examinar detenidamente la historia del Movimiento Ecuménico y la reciente evolución del ecumenismo institucional en los planos regional y nacional. Al repasar la historia del CMI se descubre que se había considerado seriamente la posibilidad de un modelo de organización basado en las "familias confesionales", modelo que se descartó en aras de la actual estructura del CMI basada en la representación por iglesias nacionales. Por consiguiente, convendría reflexionar sobre las razones que en esa fecha indujeron a la adopción de la actual estructura y sobre la pertinencia actual de la misma. En torno a esa misma cuestión también han tenido lugar debates en el marco del Grupo Mixto de Trabajo entre la ICR y el CMI así como en el marco de los debates sobre las iglesias y las relaciones ecuménicas. ¿No sería esencial estudiar de nuevo los resultados de esos debates? Mientras tanto, algunas organizaciones ecuménicas han sentido a su vez

---

[4] Evaluación de *New Facts in the Relations of Orthodoxy and the Ecumenical Movement*, Tesalónica, Grecia, 29 de abril-2 de mayo de 1998, en *Orthodox Reflections on the Way to Harare*, edición a cargo de Thomas Fitzgerald y Peter Bouteneff, CMI: Ginebra, 1998, págs 136-138.

la necesidad de reevaluarse y reestructurarse. Por citar sólo unos pocos ejemplos, el Consejo de Iglesias del Oriente Medio optó por un modelo basado en "familias de iglesias", incluyendo entre sus miembros a la Iglesia Católica Romana; las iglesias de Gran Bretaña e Irlanda se decidieron por el modelo "Asociación de Iglesias"; las iglesias canadienses han formado "coaliciones ecuménicas" y han optado por la constitución de un foro. Por otro lado, sería conveniente recordar los debates en curso y las experiencias de los "consejos de iglesias" o de "consejos de consejos".

El fomento de la participación y la representación de las iglesias en las organizaciones ecuménicas así como la promoción de las relaciones entre iglesias y organizaciones ecuménicas en el marco del "único Movimiento Ecuménico" parecen ser el principal hilo conductor de este debate en torno a distintos modelos de organizaciones ecuménicas. ¿Qué contribución específica podría aportar el CMI al debate? ¿Podría el CMI aprender de otras experiencias? ¿Qué pasos son necesarios para emprender seriamente la tarea de hacer que las estructuras institucionales del CMI sirvan y reflejen mejor la realidad de esa "comunidad de iglesias"?

d) Relaciones con las Organizaciones Ecuménicas Regionales (OER) y las Comuniones Cristianas Mundiales (CCM). La posibilidad de representación y participación en las estructuras del CMI y en sus procesos de planificación programática y de toma de decisiones también ha sido planteada por interlocutores ecuménicos como las OER y las CCM. ¿Cómo traducir el deseo de promover las relaciones con todos los partícipes del Movimiento Ecuménico en formas concretas de cooperación estructural?[5] ¿De qué forma podría implicarse más directamente a las OER y las CCM en las estructuras de los órganos decisorios del CMI? ¿Es momento de emprender un proceso de reflexión sobre la posibilidad de una nueva configuración en la que se vinculen más directamente las expresiones estructurales mundiales y regionales del Movimiento Ecuménico?

Esas preguntas apuntan al hecho de que parte del "programa inc 概concluso" del EVC es profundizar en toda la esfera de las relaciones con los copartícipes del único Movimiento Ecuménico.

e) Foro de iglesias cristianas y organizaciones ecuménicas. Hoy se invita a todas las iglesias y organizaciones ecuménicas a reflexionar sobre la reorientación de su labor y a evaluar juntas qué instrumentos serían necesarios en el futuro para estar al servicio del "único Movi-

---

[5] Documento EVC, capítulo 4, *Guía de Trabajo de la Asamblea*, págs 126-129.

miento Ecuménico". El concepto de foro de iglesias y organizaciones ecuménicas fue propuesto como una de las formas en que los partícipes del Movimiento Ecuménico, estructuralmente relacionados con el CMI o no, podrían reunirse a efectos de diálogo y cooperación. Esta propuesta surgió en el curso de una consulta que tuvo lugar en Bossey en agosto de 1998, tras un proceso de consultas con la participación de iglesias, organizaciones ecuménicas, familias confesionales y asociaciones ecuménicas.

El objetivo del Foro propuesto es contribuir a promover relaciones más estrechas, más inclusivas y conceder atención prioritaria a cuestiones relativas a la unidad de los cristianos y el testimonio común con objeto de intercambiar puntos de vista e información y de establecer una orientación común. Todos los que contribuyeron a la formulación de esta propuesta eran plenamente conscientes de que el Foro no podía ser una nueva organización con su propia administración ni aspirar a establecer sus propias directrices; antes bien, debía ser flexible y abierto y depender del menor número posible de reglamentos y estructuras. El Consejo Mundial de Iglesias sería uno de los copartícipes y no el organizador del Foro. El objetivo no es que el CMI pase a ser el Foro.

El Foro se concibe como una reunión ocasional en cuyo marco se celebraría el culto y se estudiarían cuestiones de interés para los cristianos con miras a llegar a un entendimiento mutuo antes que como una oportunidad para tomar decisiones e iniciativas programáticas o para elaborar documentos. Esta propuesta se presentará a las iglesias miembros y a las organizaciones ecuménicas para examen y observaciones. Estamos en una etapa muy temprana de la propuesta por lo que lo que podría hacer esta Asamblea es exhortar al CMI a continuar el proceso de consultas con todos los organismos ecuménicos concernidos.

Cedo, pues, la palabra a todos ustedes para que expongan sus puntos de vista. También los invito a presentar sus observaciones por escrito al Comité de Examen I cuya labor consiste en examinar detenidamente todas las contribuciones que se presenten en el curso de la Asamblea y dar orientación para que la Asamblea tome las decisiones apropiadas.

4.6. NUESTRA VISIÓN ECUMÉNICA

En el Culto de Renovación del Compromiso del 13 de diciembre, los delegados reafirmaron su visión ecuménica utilizando el siguiente texto:

¡Jesucristo, que nos ha llamado a ser uno, está en medio de nosotros!
Cristianos y cristianas de todas las partes del mundo,
  reconocemos con gratitud
  que el Dios Trino ha unido aún más a nuestras iglesias
  en la fe y la vida, el testimonio y el servicio.
Celebramos el 50 aniversario del Consejo Mundial de Iglesias,
  "una comunidad de iglesias que confiesan al Señor Jesucristo
    como Dios y Salvador
  según el testimonio de las Escrituras,
  y procuran responder juntas a su vocación común,
  para gloria del Dios único, Padre, Hijo y Espíritu Santo".

Al recibir el legado de los que nos han precedido:

    Estamos inspirados por la visión de una iglesia
      que reúne a todos los seres humanos en comunión con
        Dios y unos con otros,
      que comparte un solo bautismo,
      celebra una sola santa comunión,
      y reconoce un Ministerio común.

    Estamos inspirados por la visión de una iglesia
      que expresa su unidad confesando la fe apostólica,
        viviendo en una comunidad conciliar,
        actuando con un sentido de responsabilidad recíproca.

    Estamos estimulados por la visión de una iglesia
      que llega a todos y a cada uno,
        que comparte,
        está al servicio de todos,
        proclama la buena nueva de la redención de Dios,
      y es al mismo tiempo signo del reino y sierva del mundo.

    Estamos interpelados por la visión de una iglesia,
      pueblo de Dios que avanza por el camino,
        que enfrenta todas las divisiones de raza, género,
          edad y cultura,
        que lucha por la consecución de la justicia y la paz,
        y por la integridad de la creación.

*Reafirmando que nuestro cometido aquí y hoy es encarnar la visión de
lo que el pueblo de Dios está llamado a ser:*

Caminamos juntos como pueblo liberado por el perdón de Dios.
En medio del quebrantamiento del mundo,
proclamamos la buena nueva de la reconciliación,
la curación y la justicia en Cristo.

Caminamos juntos como pueblo que tiene fe en la resurrección.
En medio de la exclusión y la desesperanza,
creemos, con alegría y esperanza, en la promesa de la
plenitud de vida.

Caminamos juntos como pueblo en oración.
En medio de la desorientación y de la pérdida de identidad,
discernimos signos del cumplimiento del designio de Dios
y esperamos la venida de su Reino.

Por ello, hacemos nuestra esta visión del Movimiento Ecuménico:

Anhelamos la unidad visible del cuerpo de Cristo,
que afirma los dones de todos,
jóvenes y ancianos, mujeres y hombres, laicos y ordenados.

Tenemos esperanza en la curación de la comunidad humana,
la plenitud de toda la creación de Dios.

Creemos en el poder liberador del perdón,
que transforma la hostilidad en amistad
y rompe la espiral de la violencia.

Aspiramos a una cultura del diálogo y la solidaridad,
a compartir la vida con los extranjeros
y a buscar el encuentro con los creyentes de otras religiones.

Y asumimos este compromiso:

*Queremos permanecer juntos y estamos impacientes por avanzar juntos
hacia la unidad.*
Respondemos a la oración de Jesucristo
de que todos sean uno para que el mundo crea (Juan 17:21).
Nos apoyamos en la seguridad de que

en el designio de Dios todas las cosas estarán unidas en Cristo
lo que está en los cielos y lo que está en la tierra (Efesios 1:10).

Afirmamos que lo que nos une es más fuerte que lo que nos separa.
Ni los fracasos ni las incertidumbres
ni el miedo ni las amenazas
harán decaer nuestra voluntad de avanzar juntos hacia la unidad,
de acoger a todos los que deseen unirse a nosotros en
esa peregrinación,
de ampliar nuestra visión común,
y de descubrir nuevas formas de dar testimonio y de actuar
juntos en la fe.

En este cincuentenario, renovamos nuestro compromiso de fortalecer el Consejo Mundial de Iglesias,
Como una verdadera comunidad ecuménica,
a fin de que pueda cumplir los objetivos para los que fue fundado,
para gloria del Dios Trino.

Oración

Dios de unidad, Dios de amor,
que lo que decimos con nuestros labios se enraíce en nuestro corazón,
y que lo que afirmamos con nuestro pensamiento se encarne
en nuestra vida.
Envíanos tu Espíritu
para orar en nosotros lo que no nos atrevemos a orar,
para exigir de nosotros mucho más de lo que nos exigimos
a nosotros mismos,
para interpelarnos cuando nos sintamos tentados a seguir
nuestro propio camino.
Condúcenos hacia el mañana,
condúcenos juntos,
condúcenos hacia el cumplimiento de tu voluntad,
la voluntad de Jesucristo, nuestro Señor, Amén.

5. Declaraciones Públicas

5.1. INTRODUCCIÓN

Fueron cuatro las declaraciones públicas que aprobó la asamblea de Harare. Dos de ellas tuvieron que ver con el tema de los derechos humanos y las otras dos se refirieron a la situación de la ciudad de Jerusalén y a los niños soldados, respectivamente. Una de las declaraciones sobre derechos humanos estuvo específicamente dirigida a conmemorar el 50 aniversario de la Declaración Universal de los Derechos Humanos y la otra fijó la postura del CMI en relación a temas como la indivisibilidad de los derechos humanos, la impunidad ante las violaciones, la eliminación de la pena de muerte, la intolerancia religiosa, la libertad religiosa, los derechos de las mujeres y de los indígenas y el racismo, entre otros.

Al iniciarse la sesión en la que se discutieron estas declaraciones públicas, los asambleístas tuvieron la oportunidad de ver y escuchar el mensaje enviado al CMI por el Dr. Kofi Annan, secretario general de la Organización de las Naciones Unidas, que fue proyectado en video. En este mensaje, el Dr. Annan se refirió a la universalidad de los derechos humanos e hizo llegar al CMI, en nombre de la ONU, su sincera admiración y gratitud a las iglesias por su dedicación en la búsqueda del bien común de toda la humanidad y por su lucha contra la esclavitud, el colonialismo y el apartheid. Finalizó diciendo que esperaba que las iglesias continuaran utilizando y apoyando la Declaración Universal de los Derechos Humanos.

En respuesta a este mensaje, el moderador del CMI Aram I agradeció los conceptos vertidos por el Dr. Annan, urgió a la ONU a trabajar para prevenir las violaciones a los derechos humanos y establecer mecanismos que aseguren la vigencia de los derechos humanos para todos y todas, en todo el mundo.

En el debate sobre estas declaraciones públicas, los delegados expresaron la necesidad de que se exprese más claramente la preocupación del CMI por la libertad religiosa como derecho humano, pronunciándose con más fuerza en solidaridad con los cristianos y cristianas de distintas partes del mundo que sufren persecusión por su fe, como en India, Pakistán, Corea del Norte, Laos, Sudán. También se solicitó una mayor cooperación entre los programas de derechos humanos del CMI con los de la ONU. La cuestión de Jerusalén provocó varias intervenciones, algunos de ellos solicitando que el documento fuera más específico y que tuviera en cuenta la situación de los refugiados palestinos. En relación a los niños soldados, se pidió que el CMI estableciera con claridad a que edad comenzaba a considerar que una persona entraba en la adultez. Se solicitó que fueran considerados como niños todos los menores de 18 años.

5.2. DECLARACIÓN UNIVERSAL DE DERECHOS HUMANOS

Preámbulo de la Declaración Universal de Derechos Humanos adoptada por la Tercera Asamblea General de las Naciones Unidas, París 10 de diciembre de 1948

Considerando que la libertad, la justicia y la paz en el mundo tienen por base el reconocimiento de la dignidad intrínseca y de los derechos iguales e inalienables de todos los miembros de la familia humana,

Considerando que el desconocimiento y el menosprecio de los derechos humanos han originado actos de barbarie ultrajantes para la conciencia de la humanidad; y que se ha proclamado, como la aspiración más elevada del hombre, el advenimiento de un mundo en el que los seres humanos, liberados del temor y de la miseria, disfruten de la libertad de palabra y de la libertad de creencias,

Considerando esencial que los derechos humanos sean protegidos por un régimen de Derecho, a fin de que el hombre no se vea compelido al supremo recurso de la rebelión contra la tiranía y la opresión,

Considerando también esencial promover el desarrollo de relaciones amistosas entre las naciones,

Considerando que los pueblos de las Naciones Unidas han reafirmado en la Carta su fe en los derechos fundamentales del hombre, en la dignidad y el valor de la persona humana y en la igualdad de derechos de hombres y mujeres; y se han declarado resueltos a promover el progreso social y a elevar el nivel de vida dentro de un concepto más amplio de la libertad,

Considerando que los Estados Miembros se han comprometido a asegurar, en cooperación con la Organización de las Naciones Unidas, el respeto universal y efectivo a los derechos y libertades fundamentales del hombre, y

Considerando que una concepción común de estos derechos y libertades es de la mayor importancia para el pleno cumplimiento de dicho compromiso,

La Asamblea General

Proclama la presente Declaración Universal de Derechos Humanos como ideal común por el que todos los pueblos y naciones deben esforzarse, a fin de que tanto los individuos como las instituciones, inspirándose constantemente en ella, promuevan, mediante la enseñanza y la educación, el respeto a estos derechos y libertades, y aseguren, por medidas progresivas de carácter nacional e internacional, su reconocimiento y aplicación universales y efectivos, tanto entre los pueblos de los Estados Miembros como entre los de los territorios colocados bajo su jurisdicción.

DECLARACIÓN DE LA OCTAVA ASAMBLEA DEL CONSEJO MUNDIAL DE IGLESIAS EN EL CINCUENTENARIO DE LA ADOPCIÓN DE LA DECLARACIÓN UNIVERSAL DE DERECHOS HUMANOS

La Primera Asamblea del CMI, celebrada en Amsterdam hace 50 años, puso grandes esperanzas en la Declaración Universal de Derechos Humanos, que entonces examinaba la Organización de las Naciones Unidas. Nosotros, representantes de iglesias de unos 120 países, reunidos aquí en Harare el 10 de diciembre de 1998 en la Octava Asamblea del Consejo Mundial de Iglesias, al releer las palabras del Preámbulo consideramos que son tan pertinentes hoy como lo eran cuando fueron adoptadas y nos interpelan de la misma manera.

Recordamos con gratitud a aquellos que, en la Conferencia de San Francisco en 1945, abogaron, en nombre de la comunidad ecuménica, por la inclusión en la Carta de las Naciones Unidas de disposiciones relativas a los derechos humanos, incluida la creación de una comisión especial de derechos humanos y libertades fundamentales encargada de elaborar y aplicar garantías para el respeto de la libertad religiosa y otros derechos.

Manifestamos nuestra gratitud a aquellos cuya fe y visión contribuyeron a forjar y hacer adoptar este ideal común que todos los pueblos y todas las naciones deberían alcanzar. Recordamos a todos aquellos que a través del mundo han dedicado su vida a promover esos derechos, para que progresivamente se subordine la fuerza al imperio internacional de la ley.

Oímos el clamor de las víctimas de violaciones de los derechos humanos y sentimos su rabia, sus frustraciones, su angustia, su soledad, su desesperación y su dolor. Recordamos, en particular, a los cristianos y los creyentes de otras religiones y creencias de todo el mundo que han sufrido persecución y martirio en defensa de los derechos humanos.

Reconocemos que en algunos idiomas el uso de una terminología masculina en el texto original de la Declaración pueda parecer una exclusión de las mujeres. Sin embargo, las mujeres, igual que los hombres, encuentran hoy en la Declaración un fundamento para sus esperanzas y aspiraciones. La adopción de esta Declaración Universal es una de las realizaciones de la humanidad que marcan un hito en su historia.

La mayoría de los gobiernos ya se han comprometido a respetar sus disposiciones, pero reconocemos con dolor que estos principios no son todavía observados universalmente y que ningún país los respeta plenamente. A consecuencia de la pobreza, la ignorancia, la explotación y la represión, innumerables mujeres y hombres siguen desconociendo que poseen tales derechos inalienables. Aún más numerosos son quienes no pueden ejercerlos.

Como cristianos creemos que Dios creó a cada persona con un valor infinito y la dotó de dignidad y derechos iguales. Sin embargo, confesamos que a menudo no hemos respetado esa igualdad, incluso entre nosotros. No siempre nos hemos alzado valientemente en defensa de aquellos cuyos derechos y cuya dignidad humana son amenazados o conculcados por la discriminación, la intolerancia, los prejuicios y el odio. Es verdad que los cristianos hemos sido a veces agentes de esas injusticias.

El Consejo Mundial de Iglesias ha afirmado que los derechos humanos, incluido el derecho a la libertad religiosa, no han de ser reivindicados como privilegio exclusivo por ninguna religión, nación o grupo, sino que el disfrute de esos derechos es esencial para poder servir a toda la humanidad. Ahora bien, somos conscientes de que los derechos humanos universales han sido repetidamente violados u objeto de abusos en provecho de determinados intereses religiosos, ideológicos, nacionales, étnicos y raciales.

En esta Asamblea jubilar del Consejo Mundial de Iglesias, cuyo tema es "Buscad a Dios con la alegría de la esperanza", seguimos persiguiendo el objetivo de la unidad de la Iglesia y de toda la humanidad.

Miramos adelante con esperanza y reafirmamos nuestra fe en que Dios seguirá guiándonos y dándonos fuerza para afrontar las potentes fuerzas de división, deshumanización y exclusión social que hoy nos acosan.

Con este espíritu, reafirmamos nuestra adhesión a los principios de la Declaración Universal de Derechos Humanos y nuestra voluntad de promoverlos y defenderlos teniendo en cuenta:

– los valores y las percepciones en materia de derechos y dignidad humanos derivados del rico patrimonio de las religiones, las culturas y las tradiciones de los pueblos;

– los derechos de los pueblos, las naciones, las comunidades y sus culturas, así como los derechos de cada una de las personas que los integran;

– la indivisibilidad de los derechos humanos, incluidos los derechos sociales, económicos y culturales, los derechos civiles y políticos, y los derechos a la paz, al desarrollo y a la integridad de la Creación;

– el derecho de cada persona y cada comunidad, pertenezca a una mayoría o a una minoría, a participar plenamente en las decisiones sobre su futuro común;

– la igualdad de derechos de jóvenes y viejos, de niños y adultos, de mujeres y hombres y de todas las personas independientemente de su origen o condición.

Nos comprometemos a perseguir este objetivo de manera que no contribuya a la división sino a la unión de la comunidad humana, y para ello a:

– alentar y apoyar los esfuerzos de las Naciones Unidas;

– instar a nuestros gobiernos a que ratifiquen y respeten los instrumentos internacionales y regionales para la promoción y la protección de los derechos humanos, a que velen por su cumplimiento en sus propios países y en el mundo entero, y a que respalden ese compromiso con recursos humanos y financieros;

– procurar la cooperación con personas de otras religiones y creencias;

– asociarnos con otros grupos y organizaciones de la sociedad civil y con los gobiernos y las autoridades políticas que compartan estos objetivos.

Así lo hacemos en beneficio de la generación presente, que necesita desesperadamente que se respeten universalmente y se ejerzan sin restricciones todos los derechos humanos. Asumimos estos compromisos especialmente en favor de los niños y los jóvenes de hoy, para que puedan abrigar esperanzas y reivindicar la promesa del futuro. Lo hacemos así para que el mundo, donde somos, entre otros, los administradores de la creación de Dios, pase a manos de las generaciones futuras sustentado en los firmes cimientos de la libertad, la justicia y la paz.

5.3. DECLARACIÓN SOBRE LA SITUACIÓN DE JERUSALÉN

En un momento en el que Jerusalén atrae nuevamente la atención del mundo, recordamos que esta ciudad ocupa un lugar central en la fe de los cristianos. En ella fue crucificado, murió y resucitó Jesucristo nuestro Señor. Jerusalén es el lugar en el que se manifestó el don del Espíritu Santo y nació la Iglesia. Para los escritores del Nuevo Testamento, Jerusalén representa la nueva creación, la vida venidera y las aspiraciones de todo el pueblo, el lugar donde Dios enjugará toda lágrima cuando "ya no habrá más muerte, ni habrá más llanto ni clamor ni dolor, porque las primeras cosas ya pasaron." (Ap 21.4). En ella, durante dos mil años, cristianos fieles han dado un testimonio vivo de la verdad del Evangelio. Gracias a estas "piedras vivas", los lugares bíblicos cobran vida.

El CMI se ha ocupado reiteradamente, desde 1948, de la cuestión de Jerusalén. Jerusalén ha estado en el centro del conflicto entre Palestina e Israel, desde la época del mandato de la Sociedad de Naciones y de la partición. Sin embargo, la solución del problema de Jerusalén se ha aplazado constantemente, remitiéndose a "negociaciones futuras" debido a la complejidad de las cuestiones que entraña. La incapacidad de las partes y de la comunidad internacional para resolver esta cuestión ha dejado a Jerusalén expuesta a una serie de acciones unilaterales que han alterado radicalmente su geografía y su demografía, de manera que se violan en particular los derechos de los palestinos y se crea una amenaza constante para la paz y la seguridad de todos los habitantes de la ciudad y de la región.

Consciente de que la solución del problema de Jerusalén es esencial para la negociación de cualquier acuerdo definitivo en Oriente Medio, la Octava Asamblea del Consejo Mundial de Iglesias, reunida en Harare (Zimbabwe) del 3 al 14 de diciembre de 1998

1. *Reafirma* los anteriores pronunciamientos del Consejo Mundial de Iglesias, a saber:

1.1. que Jerusalén es una ciudad santa para tres religiones monoteístas – judaísmo, cristianismo e islam – que comparten la responsabilidad de cooperar para lograr que Jerusalén sea una ciudad abierta a los fieles de las tres religiones, un lugar en el que puedan reunirse y convivir;

1.2. que los santos lugares cristianos de Jerusalén y los alredededores pertenecen en su mayor parte a iglesias miembros del Consejo Mundial de Iglesias, en particular las iglesias ortodoxas y las iglesias ortodoxas orientales locales. En toda solución propuesta para el futuro de los santos lugares de Jerusalén se deberán tener en cuenta los derechos legítimos de las iglesias más directamente interesadas;

1.3. que debe salvaguardarse la legislación especial que regula la relación de las comunidades cristianas con las autoridades, garantizada por antiguos pactos y ordenanzas, y codificada en tratados internacionales (París 1856, y Berlín 1878) así como por la Sociedad de Naciones, y conocida como el Estatuto de los Santos Lugares;

1.4. que la solución de cualesquiera problemas relativos a los santos lugares debería alcanzarse a través del diálogo y bajo la égida y garantías de una instancia internacional que las partes interesadas y las autoridades políticas deberán respetar;

1.5. que el problema de Jerusalén no es sólo una cuestión de protección de los santos lugares, sino que está orgánicamente vinculado a las personas que viven allí, a su religión y a sus comunidades. Los santuarios no deben ser meros monumentos que se visitan, sino lugares vivos de culto integrado, al servicio de todas las comunidades que siguen viviendo y teniendo sus raíces en la ciudad, y de todos aquellos que, por sus convicciones religiosas, deseen visitarlos;

1.6. que el estatuto futuro de Jerusalén debe considerarse en el contexto general de la solución del conflicto de Oriente Medio, teniendo en cuenta la relación que guarda con el destino tanto del pueblo israelí como del pueblo palestino.

2. *Reitera* la significación y la importancia de la continuidad de la presencia de comunidades cristianas en Jerusalén, lugar de nacimiento de la Iglesia cristiana, y *condena una vez más* las violaciones de los derechos fundamentales de los palestinos en Jerusalén, que obliga a muchos a abandonar el país.

3. *Considera* que deben emprenderse sin más demora negociaciones respecto al estatuto futuro de Jerusalén, el cual deberá considerarse como parte y no como producto de una solución general para la región, y que tales negociaciones deberían tener en cuenta:

3.1. el contexto contemporáneo de Oriente Medio, especialmente la evolución de las negociaciones sobre el conflicto palestino-israelí desde 1991;

3.2. las consecuencias de la continuación del conflicto para la paz y la seguridad internacionales;

3.3. las inquietudes legítimas de todos los pueblos de la región, y, en particular, de los pueblos de Israel y Palestina, por la justicia, la paz, la seguridad, la igualdad de derechos y la plena participación en las decisiones que afectan a su futuro;

3.4. el compromiso histórico en favor del Estatuto de los Santos Lugares, y de los derechos y el bienestar de las iglesias, las comunidades actuales y las personas vinculadas con ellas

3.5. las declaraciones de reconocimiento mutuo intercambiadas entre la Organización para la Liberación de Palestina y el Estado de Israel, y los derechos del pueblo palestino a la libre determinación y a constituir un Estado.

4. *Recuerda* el marco jurídico establecido en el derecho internacional en relación con la situación de Jerusalén, en particular:

4.1. los términos del Mandato de Gran Bretaña sobre Palestina confirmado por el Consejo de la Sociedad de Naciones en 1922, en los que se establece un amplio marco en cuanto a los derechos relativos a los santos lugares y los de las comunidades religiosas;

4.2. el informe de 1947 a la Asamblea General de las Naciones Unidas de su Comité Especial sobre Palestina, y el "Plan de Partición" (resolución 181(II), 29 de noviembre de 1947) en el que la Asamblea General examina en detalle la cuestión de los santos lugares y de los derechos de las religiones y de las minorías, y establece la ciudad de Jerusalén como un *corpus separatum* con límites geográficos bien definidos y un *estatuto*;

4.3. la resolución 194 de la Asamblea General de las Naciones Unidas (diciembre de 1948) en la que se especifica la condición especial de Jerusalén y el derecho de retorno de los refugiados palestinos; y las ulteriores resoluciones en las que se ratifican las resoluciones 181 y 194;

4.4. el IV Convenio de Ginebra (1949) que era y sigue siendo aplicable a las partes de Palestina consideradas como "territorio ocupado";

4.5. la resolución 303 (IV) del 9 de diciembre de 1948, en la que la Asamblea General reafirma su intención de que la ciudad de Jerusalén sea colocada bajo un régimen internacional permanente y quede establecida como un *corpus separatum* bajo un régimen internacional especial, administrado por las Naciones Unidas; y

4.6. las resoluciones 242 (1967) y 338 (1973) del Consejo de Seguridad de las Naciones Unidas (1967) en las que se exige la retirada de Israel de todos los territorios ocupados, incluida Jerusalén, y las resoluciones ulteriores referidas específicamente a Jerusalén.

5. *Observa* que la comunidad internacional constituida por las Naciones Unidas sigue teniendo la autoridad y la responsabilidad por lo que

respecta a Jerusalén y el derecho de autorizar o consentir cualquier modificación del estatuto jurídico de Jerusalén, y que ninguna acción unilateral ni estatuto jurídico definitivo convenido por las partes puede tener fuerza de ley mientras no se haya dado ese consentimiento.

6. *Se congratula* en particular del Memorando conjunto de Sus Beatitudes y de los jefes de las comunidades cristianas de Jerusalén, del 14 de noviembre de 1994, sobre la importancia de Jerusalén para los cristianos, en el que se exhorta a todas las partes a "que vayan más allá de visiones o acciones que reflejan actitudes exclusivistas y que examinen, sin discriminación, las aspiraciones religiosas y nacionales de los otros, a fin de que Jerusalén recupere su auténtico carácter universal y que sea un lugar santo de reconciliación para la humanidad".

7. *Reconoce* que la solución de la cuestión de Jerusalén corresponde en primer lugar a las partes directamente interesadas, pero que las iglesias cristianas y las comunidades religiosas judías y musulmanas tienen un papel central que desempeñar en relación con esas negociaciones.

8. *Consciente de la responsabilidad de las iglesias con respecto a Jerusalén, la Octava Asamblea del Consejo Mundial de Iglesias adopta los siguientes principios*, que deben tenerse en cuenta en todo acuerdo definitivo sobre el estatuto de Jerusalén, y servir de base para un enfoque ecuménico común:

8.1. en la solución pacífica de las reivindicaciones territoriales de palestinos e israelíes, se deben respetar tanto el carácter sagrado como la integridad de la ciudad;

8.2. el acceso a los santos lugares, edificios y sitios religiosos debe ser libre, garantizándose la libertad de culto a los creyentes de todas las religiones;

8.3. deben garantizarse los derechos de todas las comunidades de Jerusalén de realizar sus propias actividades religiosas, educativas y sociales;

8.4. se debe asegurar y proteger el libre acceso del pueblo palestino a Jerusalén;

8.5. Jerusalén debe ser una ciudad abierta a todos y sin exclusiones;

8.6. Jerusalén debe ser una ciudad compartida en cuanto a la soberanía y a la ciudadanía;

8.7. deben respetarse las disposiciones del IV Convenio de Ginebra en relación con los derechos de los palestinos a la propiedad, la construcción y la residencia; la prohibición de efectuar cambios demográficos en los territorios ocupados; y la prohibición de modificar las fronteras geográficas, de anexar territorios o de efectuar asentamientos que cambien el carácter religioso, cultural o histórico de Jerusalén, sin el acuerdo de las partes interesadas y la aprobación de la comunidad internacional.

9. Junto con Sus Beatitudes y los jefes de las comunidades cristianas de Jerusalén, consideramos que Jerusalén es un símbolo y una promesa de la presencia de Dios, de vida compartida y de paz para la humanidad, especialmente entre los pueblos de las tres religiones monoteístas: judíos, cristianos y musulmanes.

10. Con el salmista, oramos:

Por la paz de Jerusalén;

¡sean prosperados los que te aman!

¡Sea la paz dentro de tus muros y el descanso dentro de tus palacios!

Por amor de mis hermanos y de mis compañeros diré yo: 'La paz sea contigo.'

Por amor a la casa del Señor, nuestro Dios, buscaré tu bien."

(Salmo 122)

5.4. DECLARACIÓN SOBRE LOS NIÑOS SOLDADOS

Cientos de miles de niños de ambos sexos menores de 18 años se encuentran enrolados hoy día en ejércitos nacionales o irregulares de todo el mundo. Actualmente participan en conflictos armados más de 300.000 niños. Muchos de ellos han sido reclutados legalmente, otros han sido secuestrados o reclutados por la fuerza, y la inmensa mayoría de los niños soldados proceden de sectores marginados y excluidos de la sociedad.

La participación de los niños en conflictos armados viola principios humanitarios fundamentales, expone a los niños al riesgo de morir o de ser heridos, amenaza su salud física, mental, emocional y espiritual y los empuja hacia una cultura de violencia.

La Octava Asamblea del Consejo Mundial de Iglesias, reunida en Harare, Zimbabwe, del 3 al 14 de diciembre de 1998:

1. *Recuerda* la afirmación de la Primera Asamblea según la cual la guerra es contraria a la voluntad de Dios;

2. *Reitera* su compromiso de lograr que se prive de toda legitimidad a la guerra y la violencia, y de procurar superar el espíritu, la lógica y la práctica de la guerra;

3. *Reafirma* su oposición a toda política o autoridad que viole los derechos de la generación de los más jóvenes, abuse de ellos o los explote;

4. *Condena* todo uso de los niños en la guerra;
5. *Invita* a sus iglesias miembros a:
- exigir una moratoria inmediata sobre el reclutamiento y la participación de los niños como soldados, así como la desmovilización de los niños que son actualmente soldados;
- asistir a quienes se ocupan de la rehabilitación, la reintegración social y la reconciliación de niños que han sido soldados, teniendo especialmente en cuenta las necesidades de las niñas;
- tomar medidas que permitan evitar el reclutamiento obligatorio o voluntario, o el reenganche de niños como soldados en ejércitos nacionales o en fuerzas o agrupaciones armadas irregulares;
- promover la elaboración de normas internacionales a este efecto, en particular la adopción de un protocolo facultativo adicional a la Convención sobre los Derechos del Niño que eleve la edad mínima de 15 años a 18 años para cualquier forma de reclutamiento y participación en hostilidades;
- exhortar a sus gobiernos nacionales a que adopten y apliquen dichas normas en sus legislaciones nacionales.
6. *Invita* especialmente a las iglesias miembros de África a que aboguen en favor de una pronta ratificación por parte de sus gobiernos de la Carta Africana de los Derechos y el Bienestar del Niño que prohíbe el reclutamiento militar y la participación en hostilidades de niños menores de 18 años.

5.5. DECLARACIÓN SOBRE LOS DERECHOS HUMANOS

1. Introducción

El Consejo Mundial de Iglesias posee una larga historia de participación en la elaboración de normas y criterios internacionales, así como en la lucha por la promoción de los derechos humanos. Por medio de su Comisión de las Iglesias para Asuntos Internacionales, el Consejo participó en la redacción de la Declaración de Derechos Humanos de las Naciones Unidas y aportó el texto del artículo 18 sobre la libertad de pensamiento, de conciencia y de religión. El CMI ha seguido promoviendo desde entonces la aplicación de la Declaración.

Con ocasión de la preparación de su Quinta Asamblea, el CMI emprendió un proceso mundial de consultas para reconsiderar sus orientaciones fundamentales sobre los derechos humanos. Este proceso condujo a una "Consulta sobre los Derechos Humanos y la Responsabilidad Cristiana" (St. Pölten, Austria, 1974), en la que se formularon las directrices de la declaración normativa adoptada en Nairobi, en 1975, se colocaron los derechos humanos en el centro de las luchas por la liberación de la pobreza, del dominio colonial, del racismo institucionalizado y de las dictaduras militares, y se formuló un nuevo programa ecuménico general de acción en materia de derechos humanos.

Las iglesias en muchas partes del mundo recogieron el desafío de la Asamblea de Nairobi, haciendo frente con mayor determinación a los problemas relacionados con los derechos humanos en sus respectivas sociedades, y participando, a menudo con gran riesgo, en luchas costosas en favor de los derechos humanos bajo dictaduras militares, creando una red ecuménica mundial de solidaridad en pro de los derechos humanos y nuevas formas de cooperación concreta con la Comisión de Derechos Humanos de las Naciones Unidas y otras organizaciones nacionales e internacionales de derechos humanos. Estas estrategias contribuyeron a aumentar sensiblemente la eficacia del testimonio ecuménico en el ámbito de los derechos humanos e influyeron decisivamente sobre el desarrollo de nuevas normas internacionales.

En 1993, en el marco de la preparación de la Octava Asamblea, el Comité Central del CMI encomendó un examen a nivel mundial de la política y la práctica ecuménicas por lo que respecta a los derechos humanos para extraer las enseñanzas de veinte años de intenso trabajo, hacer una evaluación de los problemas que se plantean como resultado de los cambios radicales ocurridos en el mundo desde la Asamblea de Nairobi, e instar a las iglesias a que emprendieran nuevas acciones allí donde se había prestado escasa atención a los derechos humanos. Se celebraron consultas y seminarios regionales, cuyos informes se presentaron en una consulta internacional sobre "Los Derechos Humanos y las iglesias: nuevos desafíos", que tuvo lugar en Morges, Suiza, en junio de 1998.

Las asambleas y consultas ecuménicas anteriores definieron una base teológica para la participación de las iglesias en el fomento y la defensa de los derechos humanos:

> Como cristianos, estamos llamados a participar en la misión divina de justicia, paz y respeto a toda la creación y a procurar vida en abundancia para toda la humanidad según el designio de Dios. En las Escrituras, por la tradición y gracias a las diversas maneras en que el Espíritu ilumina hoy nuestros corazones, discernimos el don de la dignidad que Dios concede a cada persona y su derecho inalienable de ser aceptada por la comunidad y de participar en ella. Por

ello, como Cuerpo de Cristo, la iglesia tiene la responsabilidad de obrar por el respeto y la aplicación universal de los derechos humanos" (Consulta "Los Derechos Humanos y las iglesias: nuevos desafíos", Morges, Suiza, junio de 1998);

Nuestro interés por los derechos humanos se basa en nuestra convicción de que Dios quiere una sociedad en la que todos puedan ejercer plenamente sus derechos fundamentales. Todos los seres humanos, creados a imagen de Dios, son iguales e infinitamente valiosos a sus ojos y a nuestros ojos. Jesucristo nos ha unido unos a otros por su vida, muerte y resurrección, de tal manera que lo que interesa a uno nos interesa a todos" (Quinta Asamblea, Nairobi, 1975);

Todos los seres humanos, independientemente de su raza, sexo o creencias, han sido creados por Dios como individuos y como miembros de la comunidad humana. Sin embargo, el pecado ocasionó la corrupción del mundo, que conlleva la degradación de las relaciones humanas. Al reconciliar a la humanidad y la creación con Dios, Jesucristo también reconcilió a los seres humanos entre sí. El amor a nuestro prójimo es la esencia de la obediencia a Dios" (Sexta Asamblea, Vancouver, 1983);

El espíritu de libertad y de verdad nos mueve a dar testimonio de la justicia del Reino de Dios y a resistir a la injusticia del mundo. Manifestamos la vida del Espíritu luchando por la liberación de los que se encuentran cautivos del pecado y poniéndonos al lado de los oprimidos en sus luchas por la liberación, la justicia y la paz. Liberados por el Espíritu, podemos entender el mundo desde la perspectiva de los pobres y de los vulnerables, y entregarnos a la misión, al servicio y al compartir de nuestros recursos (Séptima Asamblea, Canberra, 1991).

La Octava Asamblea del Consejo Mundial de Iglesias, reunida en Harare, Zimbabwe, del 3 al 14 de diciembre de 1998, aprueba la siguiente declaración sobre los derechos humanos:

1. Damos gracias a Dios por el don de la vida y por la dignidad que el Señor ha otorgado a toda la Creación.

2. Testimonio costoso

2.1. Recordamos los esfuerzos y los logros de las iglesias, de los organismos ecuménicos y de los grupos de defensa de los derechos humanos, y lo que han hecho para hacer respetar el carácter sagrado de la vida, especialmente el testimonio costoso de quienes han sufrido y perdido su vida en esa lucha.

2.2. El tema de esta Asamblea, "Buscad a Dios con la alegría de la esperanza", refuerza nuestra creencia en la triple estructura de la fe y la vida cristianas: Dios se vuelve a nosotros en la gracia; nosotros respondemos en la fe, actuando en el amor; y anticipamos la llegada de Dios, la plenitud final de su presencia en toda la creación. Hemos escuchado nuevamente el llamamiento de Dios a celebrar el Jubileo, y esto nos lleva a reafirmar nuestro compromiso con los derechos humanos, con la dignidad y el valor de la persona humana creada a imagen de Dios e infinitamente valiosa a sus ojos, así como con la igualdad de derechos entre hombres y mujeres, jóvenes y mayores, de todas las naciones y de todos los pueblos. La profunda experiencia teológica, litúrgica y mística de la gran familia de tradiciones cristianas nos enseña a concebir los derechos y la libertad humanos en el espíritu de fidelidad a Dios y de responsabilidad ante y por el pueblo de Dios.

2.3. Hacemos esto en un espíritu de arrepentimiento y humildad. Somos conscientes de las muchas flaquezas de las acciones de las iglesias en favor de los derechos humanos; de nuestra reticencia o incapacidad para actuar cuando hay personas que sufren o son amenazadas; de las ocasiones en que no hemos salido en defensa de quienes padecen violencia y discriminación; de nuestra complicidad con las autoridades, los poderes y las instituciones de nuestro tiempo que son responsables de violaciones en masa de los derechos humanos; y del hecho de que muchas iglesias ya no consideran los derechos humanos como una prioridad del testimonio cristiano. Por ello, pedimos a Dios que nos haga capaces de hacer frente a estos nuevos desafíos.

3. Hacer frente a los nuevos desafíos

3.1. Agradecemos a Dios las importantes mejoras logradas en las normas internacionales desde la Quinta Asamblea del CMI (1975) en esferas tales como los derechos del niño, de las mujeres, de los pueblos indígenas, de las minorías, de los desarraigados; la lucha contra la discriminación, la violencia racial, la persecución, la tortura, la violencia contra las mujeres, en particular la violación utilizada como arma de guerra, la desaparición forzosa, las ejecuciones extrajudiciales y la pena de muerte; la elaboración de nuevos "derechos de tercera generación" a la paz, al desarrollo y a comunidades viables; así como el nuevo reconocimiento de los derechos humanos como componente de la paz y de la solución de los conflictos. A pesar de todas esas disposiciones, continúan existiendo obstáculos importantes que entorpecen la aplicación de las normas relativas a los derechos humanos.

3.2. Reconocemos la importancia vital de las normas internacionales, pero reiteramos la convicción de la Sexta Asamblea del CMI (1983) de que lo más apremiante es la aplicación de tales normas. Por lo tanto, una vez más, instamos a los gobiernos a que ratifiquen los pactos y las convenciones internacionales sobre los derechos humanos, incluyan sus disposiciones en las normas jurídicas nacionales y regionales y creen mecanismos eficaces para aplicarlas en todas las esferas. Al mismo tiempo, pedimos a las iglesias que superen la exclusión y la marginación en su propio seno para que todos puedan participar plenamente en su vida y en su administración.

3.3. *Mundialización y derechos humanos.* En esta Asamblea se han abordado los problemas apremiantes que plantea la mundialización de la economía, la cultura y los medios de comunicación por lo que atañe a los derechos fundamentales de los pueblos, las comunidades y los individuos, en particular la erosión del poder del Estado para defender los derechos de las personas y los grupos bajo su jurisdicción, y el debilitamiento de la autoridad de las Naciones Unidas en cuanto garantes y promotoras de enfoques colectivos de los derechos humanos. La mundialización amenaza con destruir la comunidad humana mediante la explotación económica, racial y de otro tipo, y con debilitar la soberanía de los países y el derecho de libre determinación de los pueblos. Sus víctimas son sobre todo los miembros más vulnerables de la sociedad. A menudo son los derechos de los niños los primeros afectados, como se manifiesta en los ejemplos cada vez más numerosos de niños obligados a trabajar o víctimas de la explotación sexual.

3.4. La mundialización también lleva en sí elementos que, debidamente utilizados, pueden contrarrestar sus peores efectos y ofrecer nuevas oportunidades en muchas esferas de la experiencia humana. Exhortamos a las iglesias a que propicien el fortalecimiento de alianzas mundiales que reúnan a quienes luchan en favor de los derechos humanos y a que participen en ellas para combatir y contrarrestar las tendencias negativas de la mundialización. Debe garantizarse plenamente el derecho de los trabajadores a formar sindicatos, a la negociación colectiva y a la huelga en defensa de sus intereses. De esta manera se podrá forjar un futuro basado en el respeto de los derechos humanos, el derecho internacional y la participación democrática.

3.5. *La indivisibilidad de los derechos humanos.* El proceso de mundialización ha hecho hincapié una vez más en los derechos civiles y políticos, separándolos de los derechos económicos, sociales y culturales. Reafirmamos la posición adoptada por la Quinta Asamblea del CMI según la cual los derechos humanos son indivisibles. Si no hay garantías fundamentales para la vida no es posible derecho alguno, en particular, los derechos al trabajo, a la participación en la toma de decisiones, a una alimentación suficiente, a la atención de salud, a una vivienda decente, a una educación que permita el pleno desarrollo del potencial humano de cada uno, a un medio ambiente seguro y a la preservación de los recursos de la tierra. Al mismo tiempo, reiteramos nuestra convicción de que la eficacia de la labor en favor de los derechos humanos colectivos debe medirse por la ayuda que proporciona tanto a las comunidades como a los individuos víctimas de violaciones de derechos humanos, y por el grado de libertad y mejoramiento de la calidad de vida que ofrece a todos.

3.6. *La politización de los derechos humanos.* Lamentamos que el discurso internacional en materia de derechos humanos tienda a politizarse nuevamente, sobre todo por lo que atañe a las grandes potencias dominantes. Esta práctica, común en la confrontación Este-Oeste, durante la Guerra Fría, actualmente se ha extendido implicando a las naciones en un "choque de culturas" mundial entre el Norte y el Sur y entre el Este y el Oeste. Se caracteriza por la indignación selectiva y la aplicación de dobles raseros que desacreditan los principios fundamentales de los derechos humanos y ponen en peligro la competencia, la neutralidad y la credibilidad de los organismos internacionales creados de conformidad con la Carta de las Naciones Unidas para hacer respetar las normas establecidas de común acuerdo.

3.7. *La universalidad de los derechos humanos.* Reafirmamos la universalidad de los derechos humanos plasmados en la Carta Internacional de Derechos Humanos y el deber de todos los Estados de promoverlos y defenderlos, independientemente de la cultura nacional o el sistema económico y político. Estos derechos están arraigados no sólo en los países que tenían un papel dominante en las Naciones Unidas cuando se aprobó la Declaración Universal, sino en la historia de las culturas, las religiones y las tradiciones. Reconocemos que esta Declaración se aceptó como un "ideal a alcanzar", y es necesario que en la aplicación de sus principios se tengan en cuenta los diferentes contextos históricos, culturales y económicos. Al mismo tiempo, rechazamos cualquier intento por parte de Estados, grupos nacionales o étnicos, de justificar la abrogación o derogación del conjunto de los derechos humanos, invocando motivos culturales, religiosos, tradiciones o determinados intereses socioeconómicos y de seguridad.

3.8. *Ética mundial y valores relacionados con los derechos humanos.* Reafirmando nuestra postura de que la iglesia no puede supeditar los valores del Evangelio a las ambigüedades del progreso y la tecnología, acogemos con beneplácito los renovados llamamientos procedentes de círculos humanistas y religiosos en pro de la formulación de principios de ética social y valores comunes a todos en el mundo. Estos principios comunes deben basarse en una diversidad de experiencias y convicciones que trascienda de las creencias religiosas y contribuya a una mayor solidaridad en favor de la justicia y la paz.

3.9. *Derechos humanos y responsabilidad humana.* Reafirmamos el derecho y el deber de la comunidad internacional de exigir cuentas a todos los Estados y grupos no estatales por lo que respecta a violaciones de los derechos humanos perpetradas en territorios bajo su jurisdicción o control, así como a las violaciones de las que son directamente responsables. La corrupción es uno de los grandes males de nuestras sociedades. Sostenemos el derecho de cada persona a ser protegida por la ley contra esas prácticas. Reiteramos nuestro llamamiento a los gobiernos y a las organizaciones no gubernamentales para que aborden los problemas relativos a los derechos humanos con objetividad, fomenten la elaboración de procedimientos internacionales y mecanismos multilaterales más idóneos para promover y proteger los derechos humanos, y los utilicen, y, siempre que sea posible, que adopten métodos no contenciosos sino basados en el diálogo para la aplicación universal de los derechos humanos.

3.10. *Impunidad por violaciones de los derechos humanos.* Un elemento esencial de la curación después de un conflicto reside en la búsqueda de la verdad, la justicia para las víctimas, el perdón y la reconciliación en sociedades que han sufrido violaciones sistemáticas de los derechos humanos. Apoyamos los esfuerzos de iglesias y grupos de defensa de los derechos humanos que luchan en estas sociedades por poner fin a la impunidad por crímenes cometidos en el pasado cuyos autores gozan de protección oficial frente a la acción de la justicia. La impunidad perpetúa la injusticia, que a su vez genera actos de venganza y violencia sin fin, que pueden llegar hasta el genocidio, como ha ocurrido varias veces en este siglo.

3.11. Apoyamos y alentamos a las iglesias a proseguir la reflexión y la acción teológicas acerca de la relación entre verdad, justicia, reconciliación y perdón desde la perspectiva de las víctimas, y a esforzarse por sustituir la cultura de la impunidad por la exigencia de responsabilidad y de justicia. La justicia para las víctimas debe incluir disposiciones de reparación, restitución e indemnización por las pérdidas sufridas. A este respecto, nos congratulamos por el acuerdo relativo a la creación de la Corte Penal Internacional, que debería ayudar a la comunidad internacional a hacer respetar los derechos humanos. Exhortamos a las iglesias a que insten a los respectivos gobiernos a ratificar el Acuerdo de Roma y a incorporar en la legislación nacional la aceptación de la jurisdicción de la Corte Penal Internacional.

3.12. *Abolición de la pena capital.* Hace mucho que el CMI se opone a la aplicación de la pena capital, aunque el recurso a esta forma extrema de castigo es a menudo apoyado por las víctimas de la violencia en sociedades abrumadas por la delincuencia y la violencia. Las iglesias tienen la responsabilidad de informar a la sociedad en general sobre otras formas menos crueles e irreversibles de tratar a los culpables, como la rehabilitación de los delincuentes, y sobre la necesidad de observar estrictamente las normas del derecho internacional y las normas internacionales de derechos humanos referentes al trato debido a los delincuentes.

3.13. *Derechos humanos y consolidación de la paz.* Los derechos humanos constituyen el fundamento esencial de una paz justa y duradera. Su inobservancia conduce con frecuencia a conflictos y guerras, y varias veces durante este siglo ha conducido al genocidio como consecuencia del odio étnico, racial o religioso incontrolado. La comunidad internacional se ha mostrado una y otra vez incapaz de detener el genocidio cuando éste ha comenzado. Es urgente aprender las lecciones del pasado y establecer mecanismos de intervención rápida cuando aparecen las primeras señales de peligro. Las iglesias suelen estar en buena posición para ver el peligro inminente, pero sólo pueden actuar cuando son comunidades abiertas a todos y practican el imperativo evangélico de amar al prójimo, incluso cuando el prójimo es el enemigo.

3.14. Hay que felicitarse de la inclusión de los derechos humanos en los esfuerzos para prevenir o resolver conflictos mediante misiones de paz, bajo los auspicios de las Naciones Unidas o de otras instancias multilaterales. Una vez terminado el conflicto, se deberían reformar las estructuras sociales y jurídicas para promover el pluralismo y medidas de pacificación en la población. Los propios acuerdos de paz deberían contener normas de derechos humanos y del derecho internacional humanitario, y prever su aplicación a grupos especiales, como fuerzas armadas, funcionarios de policía y fuerzas de seguridad.

3.15. *Derechos humanos y responsabilidad humana.* Los derechos humanos y la responsabilidad humana son indisociables. La Segunda Asamblea del CMI, Evanston, 1954, afirmó que el amor de Dios por la humanidad "impone a la conciencia cristiana una singular responsabilidad por el cuidado de quienes son víctimas del desorden del mundo".

3.16. El primer deber de las iglesias y de los que se interesan por los derechos humanos, incluidos los Estados, es hacer frente a las violaciones de esos derechos y mejorar las medidas de protección en sus propias sociedades. Esta es la base principal de la solidaridad ecuménica, que va más allá de la situación de cada uno para ofrecer un apoyo activo a las iglesias y a cuantos luchan por los derechos humanos en sus propios países y regiones. Una de las principales formas que puede adoptar ese apoyo es combatir las causas profundas de las violaciones de los derechos humanos debidas a estructuras nacionales e internacionales injustas o al apoyo que se da del exterior a regímenes represivos.

3.17. *Intolerancia religiosa.* En nuestro mundo contemporáneo, la religión influye cada vez más sobre los procesos sociopolíticos. Muchas iglesias participan decididamente en los esfuerzos de instauración de la paz y se asocian a los llamamientos por la justicia, introduciendo una dimensión moral en la política. Pero la religión ha contribuido también en gran medida a la represión y a las violaciones de los derechos humanos, tanto dentro de las naciones como en los conflictos entre las mismas. Los símbolos y los lenguajes religiosos han sido objeto de manipulaciones para favorecer estrictos intereses y objetivos nacionalistas o sectarios, y crear divisiones y polarizaciones en las sociedades. Los poderes tienden cada vez más a solicitar a las iglesias y a otros grupos religiosos que apoyen esos estrechos objetivos nacionales, raciales o étnicos, y una legislación discriminatoria que institucionaliza la intolerancia religiosa. Instamos una vez más a las iglesias a dar testimonio de la universalidad del Evangelio, y a ofrecer un modelo de tolerancia a sus propias sociedades y al mundo. La religión puede y debe ser un factor positivo para la justicia, la armonía, la paz y la reconciliación en la sociedad humana.

3.18. *La libertad religiosa como derecho humano.* Reafirmamos el lugar central que ocupa la libertad religiosa entre los derechos humanos fundamentales. Por libertad religiosa entendemos la libertad de tener o adoptar la religión o creencia que uno escoja y la libertad, sea individual o en comunidad con otros, en público o en privado, de manifestar la propia religión o creencia en el culto, en la observancia de sus prescripciones, en la práctica y en la enseñanza.

3.19. Este derecho no debe ser considerado nunca como un patrimonio exclusivo de la iglesia. El derecho a la libertad religiosa es inseparable de los demás derechos humanos fundamentales. Ninguna comunidad religiosa debería reivindicar su propia libertad religiosa si no respeta ella misma las creencias y los derechos humanos fundamentales de otros. La libertad religiosa nunca debe ser usada para reivindicar privilegios. Por lo que respecta a la iglesia, este derecho es esencial para poder asumir la responsabilidad que le corresponde en virtud de la fe cristiana. El centro de esta responsabilidad es la obligación de servir a toda la comunidad. El derecho y el deber de los organismos religiosos de criticar e interpelar, si es necesario, a los poderes gobernantes, en nombre de sus convicciones religiosas, es también parte integrante de la libertad religiosa.

3.20. La intolerancia y la persecución religiosas son hoy corrientes y causa de graves violaciones de los derechos humanos, y conducen, a menudo, a conflictos y grandes sufrimientos humanos. Las iglesias deben ofrecer sus oraciones y toda forma práctica de solidaridad a los cristianos y a todas las demás víctimas de la persecución religiosa.

3.21. *Libertad religiosa y proselitismo.* No cabe excepción al derecho humano básico a la libertad religiosa. Sin embargo, la religión no es un "bien de consumo" que pueda ser regulado por las normas de un mercado libre sin restricciones. Afirmamos la necesidad de disciplina ecuménica, sobre todo en relación con países que se encuentran en una difícil situación de transición a la democracia, y se ven afectados por la invasión de movimientos religiosos del exterior así como por el proselitismo. Reiteramos que el CMI se opone a la práctica del proselitismo, e instamos a las iglesias miembros a respetar la fe y la integridad de las iglesias hermanas, y a fortalecerlas en el marco de la comunidad ecuménica.

3.22. *Los derechos de la mujer.* Pese al tenaz trabajo de los grupos nacionales, regionales e internacionales de mujeres, y de las iglesias, especialmente durante el Decenio Ecuménico de Solidaridad de las Iglesias con las Mujeres, el avance hacia la protección eficaz de los derechos humanos de las mujeres es lento, y a menudo insuficiente, tanto dentro como fuera de las iglesias. La defensa y la promoción de los derechos de la mujer no es algo que incumba sólo a las mujeres, sino que requiere la participación constante y activa de toda la iglesia.

3.23. Firmemente convencidos de que todos los seres humanos han sido creados a imagen de Dios, y merecen los mismos derechos, protección y cuidado, afirmamos que los derechos de las mujeres son derechos humanos. Conscientes de que la violencia contra las mujeres crece en todo el mundo y abarca desde la discriminación racial, económica, cultural, social y política, y el acoso sexual, a la mutilación genital, la violación, la trata de mujeres y otros tratos inhumanos, exhortamos a los gobiernos, instancias judiciales, instituciones religiosas y de otra índole, a responder con acciones concretas para garantizar los derechos fundamentales de las mujeres. El proyecto de Protocolo Facultativo de la Convención sobre la eliminación de todas las formas de discriminación contra la mujer podría ser un mecanismo internacional que permitiría recibir las denuncias individuales por violaciones de los derechos humanos de las mujeres. Exhortamos a las iglesias a que insten a sus gobiernos a ratificar el Protocolo.

3.24. *Los derechos de las personas desarraigadas.* Entre las principales víctimas de la mundialización económica y la proliferación de los conflictos en todo el mundo, se encuentran los desarraigados: los refugiados, los migrantes y las personas desplazadas dentro de sus propios países. El CMI y sus iglesias miembros han adoptado desde hace tiempo una posición de vanguardia en los esfuerzos para lograr que se adopten normas internacionales más idóneas a fin de proteger los derechos humanos de los refugiados, los que solicitan asilo y los migrantes, y deberían seguir compartiendo sus recursos para la formación de redes mundiales, regionales y locales, y manifestar, así, una solidaridad cuya necesidad es vital. Instamos a las iglesias a continuar cooperando con el Alto Comisionado de Naciones Unidas para los Refugiados, y a procurar la adopción y aplicación de normas internacionales más adecuadas, sobre todo con respecto a la protección de los derechos de las personas desplazadas en su propio país, ámbito en el que existen actualmente escasas normas aplicables.

3.25. Saludamos el lanzamiento de la Campaña Mundial en pro de la ratificación de la Convención Internacional sobre la Protección de los Derechos de todos los Trabajadores Migratorios y de sus Familiares, e instamos a las iglesias a abogar ante sus gobiernos por la ratificación de la Convención.

3.26. *Derechos de los pueblos indígenas.* Exhortamos a las iglesias a apoyar el derecho de libre determinación de los pueblos indígenas por lo que respecta a la política y la economía, la cultura, el derecho a la tierra, la espiritualidad, el idioma, la tradición y las formas de organización, así como la protección de los conocimientos de los pueblos indígenas, en especial los derechos de propiedad intelectual.

3.27. *El racismo como violación de los derechos humanos.* Reconocemos que el racismo es una violación de los derechos humanos, y renovamos nuestro compromiso de luchar contra el racismo tanto individual como institucional. Exhortamos a las iglesias miembros a intensificar sus esfuerzos para eliminar de la iglesia y de la sociedad el azote del racismo.

3.28. *Derechos de las personas discapacitadas.* Reafirmamos el derecho de las personas que tienen necesidades especiales a causa de sus discapacidades físicas o mentales a beneficiarse de igualdad de oportunidades en todos los aspectos de la vida y del servicio a la iglesia. La causa de estas personas es un problema de derechos humanos y no debe entenderse como caridad o como un problema social o de salud, como con frecuencia se hace. Todos los miembros y los dirigentes de las iglesias deberían respetar plenamente los derechos humanos de las personas que viven con discapacidades. Tales derechos incluyen la plena integración en actividades religiosas a todos los niveles y la eliminación de todos los obstáculos físicos y psicológicos que se oponen a una vida plena. Los gobiernos, a todos los niveles, deben eliminar también todos los obstáculos al libre acceso y la plena participación de las personas con discapacidades en los lugares públicos y en la vida social. Acogemos con satisfacción la creación de la nueva red de Defensa Ecuménica de los Discapacitados, y alentamos a las iglesias a apoyarla.

3.29. *Cooperación interreligiosa en el ámbito de los derechos humanos.* Los cristianos por sí solos no pueden resolver los problemas de violaciones de los derechos humanos y la injusticia. Se precisan esfuerzos colectivos entre las religiones para investigar sobre los valores y tradiciones comunes o complementarios que trascienden de los límites religiosos y culturales en interés de la justicia y la paz en la sociedad. Nos congratulamos por los progresos hechos por el CMI en este ámbito mediante el diálogo interreligioso, respetando la especificidad del testimonio cristiano en favor de los derechos humanos y exhortando a las iglesias a continuar y profundizar, cada una en su ámbito, el diálogo y la cooperación entre las religiones para promover y proteger los derechos humanos.

4. Salvaguardia de los derechos de las generaciones futuras.

Preocupados por el futuro de toda la creación, pedimos que se elaboren normas y disposiciones internacionales más idóneas por lo que respecta a los derechos de las generaciones futuras.

4.1. *Educación sobre los derechos humanos.* Las iglesias han reaccionado casi siempre a posteriori a las violaciones de derechos humanos en lugar de actuar de forma preventiva. Instamos a las iglesias a comprometerse más decididamente en la prevención, iniciando y aplicando programas sistemáticos de concientización y educación sobre derechos humanos.

4.2. *Construcción de la paz y derechos humanos.* Análogamente, instamos a las iglesias a participar en los procesos de construcción de la paz, siguiendo de cerca la situación pública, discerniendo los signos precoces de violación de los derechos humanos, y combatiendo sus causas profundas.

4.3. *El futuro.* En la reafirmación de la Declaración Universal de Derechos Humanos por parte del CMI ocupa un lugar central la visión de comunidades en las que sea posible una vida plena, gracias a una economía justa, moral y ecológicamente responsable. Mirando al futuro, reconocemos que el respeto de los derechos humanos sólo es posible si asumimos la responsabilidad que nos ha conferido Dios de cuidar unos de otros y cuidar de la totalidad de su creación. (Salmo 24).

4.4. Reafirmamos la insistencia del Evangelio en el valor de todos los seres humanos a ojos de Dios, en la obra de expiación y redención de Cristo que ha dado a cada persona su verdadera dignidad, en el amor como motivo para la acción, y en el amor al prójimo como expresión concreta de la fe en Cristo. Somos miembros unos de otros, y cuando uno sufre todos sienten dolor. Esta es la responsabilidad que nosotros, como cristianos, asumimos velando por que se respeten los derechos humanos de cada persona.

6. El Contexto Africano

6.1. INTRODUCCIÓN

El plenario dedicado a considerar la situación en el continente africano, tal como se señala en la introducción, fue sumamente significativo no sólo debido al carácter de los temas allí presentados, sino también por la necesidad de conocer y de dar a conocer el testimonio esperanzador de los cristianos y de las iglesias en situaciones de crisis, de guerra y de profundas necesidades económicas, sociales y espirituales.

La dramatización "Un viaje de esperanza", de Wahome Mutahi, supo sintetizar en tres personajes el pasaje de un pasado colonial a las luchas por la liberación y la búsqueda de esperanza en un futuro que se presenta incierto y complicado. La afirmación de los valores de la dignidad humana en África por sobre todo otro interés fue central en esta presentación que recogió el aplauso del plenario.

Barney Pityana, quien fue funcionario del CMI en la década del 80, se refirió a "África: la huella de Dios" señalando que prefería tomar un punto medio entre los que brindan una visión fatalista del continente y los que, por el contrario, glorifican su pasado. En este punto medio, Pityana señaló que utilizaba a la fe "como instrumento para interpretar el corazón y el alma de África". En su alocución se refirió a la pobreza, a la democracia, los derechos humanos y la buena gestión de los asuntos públicos, para finalizar con un llamado a la regeneración moral del continente y de sus pueblos.

Mercy Oduyoye presentó su ponencia a la manera de una carta a sus antepasados. En ella realiza un análisis de la situación por la que atraviesa el continente al tiempo que da respuestas esperanzadoras a numerosas dudas y críticas al testimonio cristiano en la región. Ante esto señala la necesidad de "forjar un cristianismo

que no anule nuestra africanidad, sino que contribuya a su enriquecimiento mundial". El desarrollo de esta idea es central en su
ponencia.

El plenario sobre África incluyó un momento emotivo con la lectura de un "Compromiso para avanzar juntos por el camino de la
esperanza", en la que participaron especialmente los delegados de las
iglesias africanas. Interrumpida cada tanto por el redoble de tambores, esta afirmación enfatizó el reclamo de los pueblos africanos por
su dignidad y su deseo de dejar definitivamente atrás los años de
opresión, esclavitud y temor.

La presencia del presidente sudafricano Nelson Mandela marcó
un momento muy especial en la Octava Asamblea del CMI. Mandela
reconoció la importancia de celebrar este 50 aniversario por los
logros obtenidos por el CMI "para activar la conciencia del mundo
hacia la paz y en nombre de los pobres, los excluidos y los desposeídos". En este reconocimiento se refirió claramente al Programa de
Lucha contra el Racismo, creado en 1968, al apoyo en la lucha por el
desarrollo y la consolidación de la democracia, y a los continuos
esfuerzos solidarios por la dignidad de los pueblos. Mandela también
manifestó que al acercarse al fin de su vida como político, consideraba que era un privilegio poder compartir sus sueños y su pensamiento con la asamblea. Una multitud de alrededor de 3500 personas
aclamó a este líder político, quien no dejó de mostrar su simpatía y
buen humor durante el acto.

6.2. ÁFRICA: LA HUELLA DE DIOS

Barney Pityana

Recientemente se descubrieron en Langebaan, en la costa occidental
de Sudáfrica, huellas de pisadas. Los paleontólogos estiman que esas huellas deben de tener aproximadamente 117.000 años y pertenecen a un antepasado de los seres humanos de nuestros tiempos. Figuran entre los ras-
tros más antiguos descubiertos hasta ahora del ser humano en su anatomía
actual, y confirman lo que están descubriendo arqueólogos e historiadores
de la prehistoria, a saber, que África es la cuna de la humanidad y el lugar
de nacimiento de los hombres y las mujeres de nuestros tiempos.

En conexión con este importante descubrimiento acerca de los tiempos antiguos o incluso prehistóricos realizado recientemente, está el

encuentro de los visitantes europeos de nuestros tiempos, más tarde colonizadores, con África. En el siglo XV, navegantes europeos echaron por primera vez el ancla en la costa africana y se encontraron con su población autóctona. Lo que más les sorprendió fue que esas personas no tenían religión. Lo dedujeron porque no había ningún signo de religiosidad: no había templos ni construcciones sagradas ni ningún lugar visible que se considerase santo, ni momentos dedicados a la oración, ni posturas ni gestos que mostraran el reconocimiento de lo divino. Las personas cantaban y bailaban y batían sus tambores con sensual exhibicionismo.

Por consiguiente, el reciente descubrimiento en África parece demostrar que los primitivos seres humanos no adoraban a divinidad alguna sino a la quintaesencia misma del propio ser humano, esto es: sus huellas. Esos hombres y mujeres dejaron su impronta sobre el medio ambiente. Anduvieron de un lado para otro en busca de alimentos, para imponerse al medio natural en que vivían y para establecer relaciones. La humanidad camina. La cultura y el modo de vida de los pueblos primitivos no se descubre a través de sus objetos o construcciones religiosas sino a través de la actividad del ser humano. Entre la gravilla del Cabo occidental se han encontrado fósiles de animales, plantas y vida marina, e instrumentos de piedra de hace por lo menos un millón de años, de los que los seres humanos se servían para vivir. La Cueva Peer, en Fish Hoek, prueba que la vida humana se remonta hasta aproximadamente 500.000 años. El Hombre de Fish Koek, descubierto en 1927, entre nueve esqueletos humanos, tenía unos 12.000 años. Todo esto me hace pensar que el pueblo de África caminaba con Dios y Dios con él. La forma de la huella del pie se parece al aspecto geográfico de África. No puede haber más huella y testimonio de Dios que su presencia en armonía con la actividad de los humanos. El Dios de África coexiste y camina con el pueblo de África. Dios sólo existe con la persona humana. Ese Dios es débil y vulnerable porque no hemos conocido otro Dios. Es el Dios que comparte nuestra condición humana, porque Dios no tiene más existencia que la nuestra. Sólo hemos conocido a Dios en las personas de nuestra experiencia diaria. No hay templos, no hay arquitectura de piedra, no hay lugares sagrados, no hay vestimentas sagradas ni momentos sagrados. Toda la actividad del ser humano, su propia esencia, no era otra cosa que la devoción a la deidad que es el creador. Por consiguiente, para comprender al pueblo de África es necesario cambiar de paradigma en cuanto a Dios y la vida religiosa. África es la huella de Dios.

Dos obras artísticas típicas de Zimbabwe contribuyeron a crear una atmósfera africana: la estatua shona del logotipo de la Asamblea, de Wilbert Samapundo, diseñada por Chaz Maviyane-Davies, y la cruz de teca de cuatro metros y medio, de David Mutasa, expuesta en el centro de la carpa de cultos.

Carpas y zanjas: **(arriba)** el circuito cerrado de televisión permitió seguir en directo las deliberaciones de la Asamblea a cerca de 1200 personas en la carpa de visitantes; verificando un cambio de horario en el tablón de mensajes; **(derecha)** la excavación de zanjas para instalar una nueva red informática en el campus de la Universidad, que se llevó a cabo coincidiendo con la celebración de la Asamblea, obligó a los participantes a caminar con precaución.

Fuera de la sala de plenarias:
*(**arriba**) llamativos árboles en*
flor cuya sombra escogieron
algunos participantes durante
*los intervalos de sol; (**centro**)*
un mercadillo al aire libre
adornó el campus durante la
Asamblea y atrajo a muchos
*clientes; (**abajo**) el diario de*
la Asamblea, Jubilee, *se*
distribuyó diariamente a los
participantes con el desayuno,
ayudándolos así a estar al
tanto de la multitud de eventos
previstos.

(**Arriba**) *plenaria de apertura; al fondo, uno de los muchos telones diseñados por Chaz Maviyane-Davies;* (**centro**) *algunos de los técnicos y del material que contribuyeron a transformar una carpa en un espacio para el culto;* (**abajo**) *votación para elegir un nuevo Comité Central.*

Al hablar de África hay que evitar la tentación de las posiciones extremas: el desaliento y la visión fatalista de un continente en continua crisis, un pueblo que ha sido objeto de explotación durante los tiempos modernos, en donde prevalecen la corrupción y las guerras, y en donde la población es víctima de todas las enfermedades imaginables. Un mundo en el que no existen ni la ciencia ni el saber. Zephania Kameeta nos brinda el ejemplo más dramático de esta visión de África en las palabras de Keith Richburg, un periodista afroamericano que ha trabajado en los lugares más conflictivos del continente africano:

> Háblenme ustedes de África y de mis raíces negras y de mi parentesco con mis hermanos africanos y se lo devolveré a ustedes a la cara y luego les refregaré por las narices las imágenes de la carne en descomposición... Pero sobre todo pensaré: gracias a Dios que mis antepasados se marcharon, porque ya no soy uno de ellos.

En el otro extremo está el famoso erudito afroamericano Manning Marable que, en sus estudios sobre la civilización antigua de África, se centra en lo que África ha aportado a la civilización moderna. África es la cuna de la humanidad, la fuente del saber, la ciencia y la cultura, de los grandes africanos que configuraron la historia del conocimiento y de la civilización. En una sorprendente exposición de la historia desde una perspectiva africana en la que África es el sujeto y no el objeto y en donde los instrumentos de interpretación están en manos del africano mismo como intérprete de su propia historia, el narrador de su propia vida.

El problema está en que no tiene en cuenta el hecho de que África ya no es visible, se ha ahogado en la miseria, el sufrimiento y la explotación de que es víctima actualmente gran parte de su población. La colonización le ha robado el alma a África. El otro problema está en que uno se siente inclinado a culpar de la suerte de África a todos los demás, excepto a los mismos africanos. África no tiene que asumir la responsabilidad de su situación, su política, su economía y su cultura. Hay fuerzas que intervienen, el *deus ex machina* que exhala los vapores de su poder demoníaco sobre la población de un continente desventurado. Esta es la teoría de la victimización, que debemos evitar.

Lo que yo propongo es un punto medio entre los dos extremos: no dejarse llevar por el desaliento y la actitud cínica de los detractores ni por la glorificación del pasado, tal como lo ven sus admiradores. Yo utilizo la fe como instrumento para interpretar el corazón y el alma de África. Por la forma de las huellas creo que el pueblo de África ha caminado y trabajado con Dios durante siglos. El pueblo de África es un pueblo de fe, y en la fe se ha sustentado, pues forma parte de su vida ordinaria, de su vivir cotidiano. Es su fe la que dice que Dios mora entre ellos. Dios camina con ellos y sufre con ellos. La explicación no está en Dios pues el pueblo es el resultado de su medio ambiente y su circunstancia. Es interesante observar que el pueblo africano no culpa nunca a Dios de su sufrimiento. La teodicea no es la filosofía de nuestra religión. Todo efecto tiene una causa, y la búsqueda de significación y de explicación hace que se recurra a los adivinos, porque ellos pueden ver más allá del mundo elemental. El mal no es fortuito: a menudo es causado por los seres humanos y, en última instancia, por las fuerzas del mal, que actúan más allá del entendimiento humano. Los seres humanos tienen el poder de hacer el bien y el mal.

Los africanos caminaron con Dios y Dios plantó su tabernáculo entre ellos. Dios se encarnó y ellos vivieron sustentados por la fe y en la fe. Su cosmología vinculaba el pasado, el presente y el futuro a través de los antepasados. El espíritu de los antepasados estaba siempre presente, mediando e interviniendo en la suerte de todos. Esta visión de la vida suponía que el pueblo africano era un pueblo tolerante. Es cierto que tuvieron guerras, y héroes y heroínas. Es cierto que los grupos dominantes oprimían a los menos poderosos. Esta era la ley de la naturaleza. Pero quienes vivían bajo su protección eran aceptados, y los extranjeros tenían siempre asegurada la hospitalidad. Esto explica por qué el pueblo de África fue colonizado. Aceptaba y acogía bien a los extranjeros y se dejaba dominar por las fuerzas que no comprendían su modo de vivir. Las religiones del mundo encontraron un hogar en África. Ninguna cultura era totalmente ajena. Llegaba a ser parte del conjunto y podía expresarse en la cultura del continente. Por eso tenemos hoy en África una mezcla de culturas y religiones. El pueblo africano caminó con Dios en la fe.

Pero esta fe está en crisis y puede incluso ser la causa de la crisis que vive el continente. El pueblo africano no es mejor ni peor que cualquier otro pueblo del mundo. Busca sistemas de vida mejores para ellos y para sus hijos. Sueña con la libertad, con mejores oportunidades de vida y con medios que le permitan ampliar sus posibilidades. Ha visto implantarse y desaparecer gobiernos y sistemas. Fue tratado despóticamente por hombres poderosos y, cuando a éstos les llegó la hora, los vio derrumbarse. Hay un ciclo de vida que es tan previsible como inevitable. Por ello la fe de África ha estado siempre vinculada a la humanidad. La gente siempre ha ejercido su influencia en los acontecimientos. La fe está en crisis porque se ha debilitado y traicionado la confianza en las personas. Dios parece haber abandonado al pueblo de África. El Dios que infundió esperanza en medio de la tragedia y que apoyó el futuro no está ya entre ellos. Se ha abandonado al pueblo a las despiadadas fuerzas devastadoras. Al igual que los israelitas, hemos tratado de ser como otras naciones, olvidando que Dios está en medio de nosotros y camina con nosotros. Hemos levantado muros de división y hostilidad entre nosotros; hemos constituido ejércitos y malgastado fondos en armas de destrucción. Hemos vuelto nuestras armas contra nuestro propio pueblo y nos hemos destruido unos a otros en guerras fratricidas. Las riquezas de nuestros países se han negociado en los mercados mundiales sin tener en cuenta las necesidades de nuestras gentes. Nuestros dirigentes nos han robado para depositar nuestro dinero en Europa e imponernos la carga de la deuda. En estas circunstancias, la fe de nuestros antepasados necesita una reencarnación. Pero nos hemos encontrado ya antes en la misma situación.

He dicho que estaba simplemente tratando de encontrar una explicación y no pidiendo disculpas. Me parece que esa explicación nos llevará de nuevo al pueblo de África y su fe en Dios. El desafío con que nos enfrentamos es triple: erradicar la pobreza, implantar la democracia, los derechos humanos y sistemas de gobierno eficaces y, por último, establecer normas para un mundo en el que se respeten los principios éticos.

Empiezo con la pobreza no porque quiera dejarme llevar por el abatimiento. Aunque estoy de acuerdo en que África debe asumir la responsabilidad de la gestión de sus asuntos, no se puede perder de vista el hecho de que la pobreza no es un estado natural del género humano. La pobreza es una situación creada por los seres humanos, porque es la consecuencia de la adopción de medidas políticas que empobrecen a unos y enriquecen a otros. En la medida en que la pobreza se debe a los propios seres humanos, creo que la pobreza puede erradicarse. En el *Informe sobre Desarrollo Humano 1997*, se dice lo siguiente:

> La erradicación de la pobreza en todas partes es no sólo un deber moral sino un compromiso con la solidaridad humana. Es una posibilidad práctica y, a largo plazo, un imperativo económico para la prosperidad mundial. Precisamente porque la pobreza no es ya inevitable, tampoco debería tolerarse. Ha llegado el momento de eliminar los peores aspectos de la pobreza humana en diez o veinte años para crear un mundo más humano, más estable y más justo.[1]

---

[1] *Informe sobre Desarrollo Humano 1997*, PNUD.

La confianza que encierra esta afirmación es un signo muy esperanzador. Con buena voluntad, también a nivel político, la pobreza puede erradicarse. En el África subsahariana, unos 220 millones de personas ganan menos de un dólar por día; 122 millones son prácticamente analfabetos, 205 millones no tienen acceso al agua potable, y 205 millones no tienen acceso a servicios de salud. Esta tendencia podría y puede cambiar en el curso de nuestra vida. Puede cambiar si se elimina la corrupción en la gestión de los recursos públicos. La corrupción es un robo a los pobres. Puede cambiar si se revalúan las prioridades nacionales para la distribución de los recursos disponibles de manera que se tenga principalmente en cuenta a los pobres en la política social. En otras palabras, puede cambiar si hay voluntad política. Puede cambiar si se controlan y se orientan la mundialización y los mercados de manera que beneficien a los más necesitados y si se adopta una interdependencia verdadera en las políticas comerciales y se comparte la carga. Puede cambiar en un mundo menos egoísta. Puede cambiar si los pobres no tienen que arrastrar la carga paralizante de la deuda. Sí, todo eso puede cambiar. La pobreza es una lacra para la humanidad. Según el *Informe sobre Desarrollo Humano 1998*, el consumo es una de las tendencias que caracterizan la vida moderna y que debe cambiar para que la humanidad pueda hacer frente a la erradicación de la pobreza.[2]

El segundo imperativo que he señalado es la democracia, el respeto de los derechos humanos y la buena gestión de los asuntos públicos. Por supuesto, no puede erradicarse la pobreza ni eliminarse la corrupción si no nos basamos en políticas realmente democráticas y asumimos nuestra responsabilidad frente a las necesidades humanas, es decir, si no se propicia una buena gestión de los asuntos públicos. Estas aspiraciones expresan la visión de los estados africanos que, en el preámbulo de la Carta de la OUA, fundada en 1963, establecieron que la libertad, la igualdad, la justicia y la dignidad son objetivos esenciales para el logro de las aspiraciones legítimas de los pueblos africanos. En la Carta Africana de Derechos Humanos, adoptada en 1981, se establece para los pueblos africanos un nivel mínimo y uniforme de progreso sobre la base de las virtudes de su tradición histórica y los valores de la civilización africana que deberían inspirar y caracterizar su reflexión sobre el concepto de los derechos humanos y de los derechos de los pueblos. En su informe a la Asamblea General, Kofi Annan se refiere al renacimiento del espíritu de África que trata de encarar con honestidad los modelos

---

[2] *Informe sobre Desarrollo Humano 1998*, PNUD.

del pasado. A ese respecto, afirma que los derechos humanos y el imperio de la ley son las piedras angulares de una buena gestión de los asuntos públicos. Si África se compromete a asegurar esa gestión y la libre participación de todos en el respectivo gobierno, a garantizar una interacción entre los gobernados y los que gobiernan por consentimiento mutuo, a erradicar la corrupción y a responsabilizar a cada persona por sus acciones garantizará la estabilidad a largo plazo, la prosperidad y la paz para todos sus pueblos. Kofi Annan lo formula en los siguientes términos:

> África debe manifestar la voluntad de tomar en serio la cuestión de la gestión de los asuntos públicos, velando por el respeto de los derechos humanos y el estado de derecho, fortaleciendo la democratización y promoviendo la transparencia y la competencia en la administración pública. Si África deja de lado la buena gestión de los asuntos públicos, no se librará del peligro tan real y tan patente, hoy en día, del desencadenamiento de conflictos.[3]

Quedan aún algunos interrogantes acerca de cuál sería la forma más apropiada de democracia para África. Desde el auge de las elecciones con múltiples partidos y el desmantelamiento de los Estados gobernados por un solo partido, así como el derrocamiento de presidentes vitalicios desde el final de la Guerra Fría, abundan las preguntas no sólo sobre "la vitalidad, la calidad y la pertinencia del tipo de transición democrática que está teniendo lugar sino también acerca de su viabilidad y las perspectivas de consolidación e institucionalización de las reformas operadas".[4] Son todas preguntas válidas cuyas respuestas podrían ayudar a garantizar el establecimiento de un régimen político y social más duradero, que los pueblos de África podrían hacer suyo y, por consiguiente, defender.

En tercer lugar, quiero hacer un llamamiento a la regeneración moral del continente africano y de sus pueblos. En cierto sentido se trata aquí de una preocupación particularmente importante, porque es fundamental para todos nuestros problemas. Dar una orientación ética a la vida es una condición indispensable para la construcción de una sociedad basada en una buena gestión de los asuntos públicos y en el respeto de los derechos humanos de sus ciudadanos. Ese tipo de sociedad respondería positivamente al imperativo moral de hacer frente a la pobreza y

---

[3] Kofi Annan: *Las causas de los conflictos y el fomento de la paz duradera y el desarrollo sostenible en África*; Asamblea General de las Naciones Unidas, Doc A/52/871-S/1998/318.

[4] Adebayn O. Olokushi (Ed.): *The Politics of Opposition*, Uppsala: Nordiska Afrikainstitutet, 1998, pág. 10.

la desigualdad. Una sociedad moral trata de conformarse lo más posible a la voluntad de Dios en las relaciones humanas y en la manera de organizarse. El relativismo moral y la selectividad tan difundidos actualmente no podrán servir nunca la causa de África. Tendrá que haber algunos valores comunes, compartidos y duraderos que nos unan para siempre. La marca que distingue a un gran pueblo es su capacidad de hacer frente a los problemas morales de su tiempo y sentar las bases de una sociedad justa para nuestra generación y las generaciones futuras. Cuando damos pruebas de sensibilidad moral evidenciamos el aspecto más fundamental de nuestra naturaleza humana. Es la marca de la *ubuntu*, el credo en el que muchos africanos han basado un ideal que afirma que la humanidad de cada uno está ligada a la humanidad de otros. Este es el mejor legado que podemos dejar a las futuras generaciones para que vivan en un mundo que sea más humano, un mundo más benévolo y solidario.

Esto es lo que me dice la parábola de las huellas fosilizadas. Me enseña que Dios es grande, no porque sea poderoso sino porque ha elegido morar entre nosotros, personas comunes y pecadoras. Esta es la esperanza que África está dispuesta a compartir con el mundo. Al reunirse nuevamente el Movimiento Ecuménico en el gran continente, por primera vez desde Nairobi, en 1975, encontrará un pueblo que tiene sed de paz y mira el futuro con confianza. Una África llena de fe y de esperanza.

6.3. UNA MIRADA INTROSPECTIVA: CARTA A MIS ANTEPASADOS

Mercy Amba Oduyoye

Queridos antepasados:

El Consejo Mundial de Iglesias está nuevamente en África, y nosotros, los hijos de este continente, queremos mostrar a todos nuestra tierra, la herencia de Dios que ustedes guardaron para nosotros. La última vez que el Consejo estuvo aquí, hicimos una adaptación teatral de nuestra historia y nuestra humanidad en la pieza "Muntu", en la que precisamente algunos de ustedes estaban presentes. Hoy, al brindarles estas palabras como una ofrenda, mi corazón y mi alma están llenos de aflicción y de esperanza, y, por más contradictorio que parezca,esa es la verdad. Acabo de escuchar el lamento de los hijos de esta tierra. Revivo en mi carne y oigo en mis oídos las voces de dolor de los "espíritus familiares de la travesía marítima de los esclavos".[1] No es extraño que Ali Mazrui diga que ustedes están enojados con nosotros.[2] Es verdad, a menudo nos enfadamos con nosotros mismos y seguimos clamando "Nunca más". Pero aun cuando digamos "nunca más" y hayamos derrotado el apartheid, cosechamos los torbellinos del racismo a cada momento. Anhelamos ser auténticos, anhelamos descubrir la fuerza con la que ustedes han resistido a la destrucción total de cuanto habían recibido de sus mayores y aun a la aniquilación de toda nuestra especie en este suelo. Ansiamos redescubrir la sabiduría que ustedes demostraron, porque ¿quién sabe? podríamos descubrir así ideas e inspiración para nuestras luchas y conflictos contemporáneos, pues también nosotros resistimos a la absorción total en una cultura mundial eurocéntrica que no hemos contribuido a forjar. Sabemos que ustedes tienen algo que decirnos.

Te recuerdo, Anowa, tú nos habías enseñado a vivir en armonía con nosotros mismos y con el resto de la creación.

Te recuerdo, Creador, que saliendo del humo y el fuego creados por el hombre, encomendaste a la mujer que enseñara a sus hijos a honrar a Dios y a pedir perdón cuando han hecho daño a otros.

Te recuerdo, Dios de Muchos Nombres, tú nos enseñaste a buscar la reconciliación cuando caemos en la disensión, tú nos diste el padare en el que podemos parlamentar.

Honorables antepasados, nuestra tierra conoce muchos conflictos, y acabo de ser testigo de otros más. Nos afligimos por ustedes y nos afligimos por nosotros mismos. Pero parece que en la misma confusión y ruina, que es África, se encuentra la semilla de la Nueva África dispuesta a germinar para que nuestro continente pueda aportar su contribución propia y peculiar a la comunidad mundial.

Queridos antepasados, ustedes tenían una religión, estaban orientados por el Creador. Algunos de ustedes como Nehanda, se aferraron a esa religión hasta el último aliento. Algunos de ustedes la realzaron con los preceptos del Islam, otros la enriquecieron con el cristianismo y muchos pusieron empeño en abandonarla totalmente y nos enseñaron que también nosotros debíamos abandonar sin más esa religión africana. Pero

---

[1] Pasaje de la autobiografía de Howardena Pindell, *Water/Ancestors/Middle Passage/Family Ghosts*, 1988; reproducción de una pintura titulada: *The Black Aesthetics*, mes de octubre del Calendario de 1998 de *African American Arts* (Wadsworths Atheneum).

[2] Tenía en mente las investigaciones de Ali A Mazrui sobre la cultura africana cuando hice este análisis de nuestras experiencias contemporáneas en África, creyendo, como él, que África está en una fase crítica en la que la cultura debe ocupar el lugar central. Véase su libro y vídeo *The Africans: a triple heritage*, Little, Brown and Company, Boston & Toronto, 1986.

ustedes conservaron lo esencial de la religión entretejida en la cultura que nos transmitieron. No me quejo. También nosotros somos seres creadores, y hemos aceptado el reto de forjar un cristianismo que no anule nuestra africanidad, sino que contribuya a su enriquecimiento. Osamos buscar lo nuevo, porque si nos asustamos de los cambios positivos nos derrumbaremos y sencillamente desapareceremos de la faz de la tierra como pueblo con personalidad propia.

¿No decían ustedes que el que abre un camino no sabe que la senda que deja atrás es sinuosa? También nosotros tenemos que asumir la responsabilidad de nuestras opciones. Pero siento la necesidad apremiante de decir a los que de ustedes optaron por Cristo que nosotros, los que hemos seguido los pasos que ustedes nos trazaron, seguimos entristeciendo al Espíritu Santo. Recuerdan ustedes cómo Jesús, nuestro antepasado espiritual, oró por que tengamos paz, y cómo nos deseó plenitud de vida. Esto fue hace casi 2000 años. El mundo ha conocido muy poca paz. Para nosotros en África, la única paz que hemos tenido en los últimos 500 años es la que viene de aceptar nuestra propia deshumanización. No ignoro que algunos de ustedes resistieron a la opresión y pagaron el precio de sus vidas terrenales.

Oigo a Anowa decir "basta ya". Veo el llanto de Jesús ante nuestra incapacidad para descubrir y adoptar lo que construye nuestra paz. Nuestra negativa a cobijarnos bajo su manto maternal lo aflige grandemente, ya que los buhoneros que nos rondan están dispuestos a vendernos cualesquiera ideologías y cosmovisiones que convengan a sus bolsillos y alimenten su racismo.

No hace demasiado tiempo que los medios informativos occidentales nos decían que África ha sido "abandonada". Nosotros hicimos nuestro propio análisis y nos armamos de valor, porque nos dimos cuenta de la realidad de cómo la empresas transnacionales se apropiaban de los recursos de África y de la nueva manía llamada "mundialización". Conocemos la explotación económica que produce la miseria de África, mientras los africanos enriquecen al Occidente y cada vez más también al Oriente. Tratamos de salir adelante y contamos con ustedes, nuestros antepasados, para acompañarnos en el camino. Hoy se nos recuerda que:

> No es la pobreza material lo que constituye el mayor problema de África en la apuesta por la transformación social. Es la falta de una fuerza vital interior, una voluntad moral y una capacidad para iniciativas perseverantes en la lucha por el cambio positivo.[3]

---

[3] Véase documento del CMI acerca del "Plenario sobre África" de la Octava Asamblea del CMI, Harare 1998.

Hemos atravesado luchas de liberación que ustedes conocen muy bien. Hoy seguimos donde ustedes terminaron... recuperando nuestra humanidad perdida. Hoy es nuestra humanidad misma la que es menospreciada y desdeñada por los poderosos, tanto internos como externos. Hoy aspiramos a una liberación cultural restaurando e incorporando las valiosas normas que ustedes trataron de conservar.

Por eso me atrevo a brindarles estas palabras, a ustedes mis antepasados. Estoy convencida de que nuestras herencias, tanto africana como cristiana, así como la islámica, tienen algo que decirnos. Incluso la herencia occidental puede aprovecharse como contribución positiva. ¿No dijeron ustedes: *"Tete wo bi ka, tete wo bi kyere"*? [el pasado tiene algo que decir, el pasado tiene algo que enseñar]. Pero el pasado no tiene nada que imponer.

Escúchenme un poco, mis antepasados en Jesús. ¿Qué tiene que enseñarnos el pasado cristiano cuando luchamos con nuestras realidades contemporáneas? ¿Podemos encontrar en África un cristianismo sano y salutífero? Bueno, digan algo. ¡De acuerdo! También ustedes tienen preguntas: ¿Qué hacemos en nuestras organizaciones comunales? ¿Analizamos con cuidado los conceptos de ajuste estructural, de liberalización, de privatización, o limitamos nuestros esfuerzos a "salvar a los que están en peligro y cuidar a los moribundos"? Los oigo instarnos a "Avanzar en el cambio, la transformación, la reconstrucción, para poder sustentar, promover, construir y mantener vidas hermosas en entornos hermosos. Esta es la manera de reivindicar nuestra ascendencia".

Ustedes nos instan a que enfrentemos la impunidad con que violamos la humanidad del prójimo. Tienen mucha razón. Nos prometemos iniciar un nuevo día. Hemos empezado con la sensibilización por lo que respecta a las cuestiones de género. Si las iglesias tuvieran conciencia de las perspectivas, las funciones y la contribución de las mujeres, no perderíamos todo ese potencial.

En cualquier contexto y programa, nos instáis a prestar particular atención a los que el mundo considera "marginales". Nuevas voces ayudarán a dar forma a una nueva África. Hemos prometido ayudar a poner término a las exclusiones sociales en nuestras comunidades; ¿por qué no empezar, entonces, por la Iglesia?

Jesús, tú oraste específicamente por que seamos uno; pero mira lo que hemos hecho de la unidad en este continente. Nos hemos prometido desarrollar un liderazgo con mentalidad ecuménica, sustituir nuestro fundamentalismo confesional por el afán del trabajo en común en la misión. No seremos únicamente colaboradores, sino compañeros, personas que marchan por el camino de Emaús contigo.

Mis estimados abuelos, en 1970, David Barrett hizo una declaración que todavía hoy me inspira temor y temblor. Escribió bajo el título "Año 2000, 350 millones de cristianos en África". Puedo ver tu sonrisa porque nos dijiste "Si la fuerza fuese el derecho, el elefante sería el rey de la selva".[4] ¿Qué representa esta fuerza numérica? ¿Qué clase de cristianismo? Pensé en la cebolla que una vez me defraudó en lo profundo de mi ser; llevaba un mensaje teológico. Aquel fruto de la tierra de forma perfecta y piel lustrosa tenía un núcleo hueco. El punto de crecimiento sustentador de vida se había secado. Pregunto, pues, ¿cómo están la teología y la espiritualidad en el corazón del cristianismo africano: secas, podridas o vivas? Nuestra pretensión de jugar un papel depende de la respuesta.

Lo que hoy me hace temer y temblar es que se ve y se trata a África como marginal en todas las esferas de los asuntos mundiales, excepto cuando es considerada fuente de riqueza para otros, y en cuestiones de fe. El islam y el cristianismo ocupan lugares muy visibles cuando la gente busca a tientas la paz. De ahí que el observador inquieto tenga que preguntarse: ¿Qué fe? ¿Qué práctica? ¿Qué teología? ¿Qué Iglesia? No sé si recuerdas, antepasado Blyden, que una vez profetizaste que África llegaría a ser fuente de espiritualidad para el mundo entero.[5] No sé si estamos entrando en el ámbito de esta profecía. Lo que sé es lo que yo misma me pregunto, y quizás tú puedas ayudarme a comprender: "¿Cómo puede el cristianismo, pese al legado decimonónico de su impronta occidental, llegar a ser un marco de referencia para la expresión de los ideales africanos de vida?"

Viviendo con nuestra historia, declaramos que el siglo XX es el siglo del cristianismo para África. Ustedes estarán de acuerdo en que, aun cuando las iglesias de los primeros siglos cristianos se concentrasen en las costas de este continente, este siglo que ahora se extingue ha sido testigo de una presencia cristiana aún más espectacular. La Iglesia ha crecido, ciertamente, pero parece que poco ha cambiado desde 1951 cuando se dijo que

> la Iglesia ha crecido evangélicamente sin la correspondiente madurez en los ámbitos teológico, litúrgico y económico. Es preciso enfrentarse deliberadamente con esta situación "lamentable". Es comprensible la preocupación de

---

[4] David Barrett, *IRM*, vol. 159, No 233, Londres, 1970, págs. 39-54.
[5] Blyden, Edward Wilmot, "Ethiopia Streching Out Her Hands to God or Africa's Service to the World" en *Christianity, Islam and the Negro Race*, Edimburgo, Edinburgh University Press, 1967, pág. 124; véase Kwame Bediako, *Christianity in Africa*, Edinburgh University Press, & Orbis Books, 1995, págs. 6-14.

que, bajo las presiones del cambio político y social, el cristianismo institucional pueda empezar a desintegrarse en su centro mientras continúa creciendo en la periferia.[6]

Bien, honorables antepasados, ustedes saben que estamos en expansión, hay muchas más iglesias, muchos más misioneros extranjeros, muchos más movimientos carismáticos y muchas más personas que confiesan a Cristo como su salvador personal. Hay muchos que dejan que Cristo se ocupe de su enemigo, el Diablo, o de disipar el temor que algunos de ustedes sienten. También nosotros queremos dejar detrás nuestro un camino de fe, y vamos a actuar en ese sentido.

No nos engañamos a nosotros mismos. Cuando protestamos contra la imagen sombría de África proyectada en los medios de comunicación occidentales, lo hacemos muy conscientes de nuestra propia complicidad y de la explotación interna. Bessie Head ha observado que "las raíces del engaño y el robo" están en el "desprecio a la gente". Quienes llevan el timón de los asuntos de África o se relacionan con África dicen que la gente "no sabe nada simplemente porque no leen ni escriben".[7] Nos despreciamos a nosotros mismos por cuanto otros nos desprecian, mientras que proclamamos que la sabiduría no viene de leer y escribir muchos libros. Somos conscientes de nuestros "defectos sociales". Experimentamos o infligimos

una forma de crueldad, propiamente despecho, que parece tener su origen en prácticas de brujería. Es una presión sostenida de tortura mental que reduce a sus víctimas a un estado de terror permanente. Y una vez que comienzan contigo no saben dónde detenerse hasta que te vuelves completamente loco. Entonces se ríen.[8]

En la segunda mitad de este siglo, como en la primera, hemos visto a políticos, colonos, civiles y militares hacer esto a quienes los desafiaban. En otro contexto, esto es una imagen del estrangulamiento económico de África por los poderes monetarios mundiales que hace que Mazrui se pregunte: "¿Hay vida después de la deuda?"[9]

Si no podemos salir victoriosos, entonces no somos hijos de ustedes. En medio de toda esta brujería monetaria, Mazrui nos asegura que África tiene un medio de presión, porque poseemos lo que él llama "contrapoder". El contrapoder se define como "poder ejercido por los que son más

[6] *The Missionary Factor in East Africa*, segunda edición. Longmans, 1951.
[7] Bessie Head, *A Question of Power*, Heinemann, Oxford, 1974, pág. 133.
[8] Bessie Head, *op. cit.*, pág. 137.
[9] Mazrui, pág. 314.

débiles en términos absolutos sobre los más fuertes en medidas absolutas". En efecto, dice, incluso, que ser deudor da poder, porque "la amenaza de no pagar hace vulnerable al acreedor".[10] Hay un endeudamiento mutuo que desde el punto de vista cristiano sólo puede resolverse por la condonación de las deudas. No otra cosa dice o hace la Iglesia de África con respecto a esta situación económica que parece estar en el meollo de la *denigración* de nuestra humanidad.[11] En 1995, la Conferencia de Iglesias de Toda el África convocó una consulta sobre "Democracia y Desarrollo en África: El Papel de las Iglesias". Las actas fueron después publicadas bajo la dirección de J.N.K. Mugabi. En este volumen encontramos algunas pistas para nuestra búsqueda.

Nananom, estás con nosotros y eres testigo de que la "sabiduría" política de los organismos religiosos ha llegado a un nivel muy bajo en África. El espectacular desmantelamiento de las estructuras que estaban a tu servicio no nos ha ayudado, y allí donde continúan están a menudo en conflicto con la occidentalización impuesta. Tenemos todavía iglesias y mezquitas, que tienen la oportunidad de llegar a las vidas de las personas por lo menos semanalmente, por no hablar de los encuentros cotidianos e individuales con esas raíces vivas de nuestras naciones. Pero uno se pregunta todavía: "¿Cómo se utiliza esta disponibilidad de la gente?"

Los partidos políticos utilizan las oportunidades que tienen para movilizar a la gente en favor de sus intereses, que se supone coinciden también con los mejores intereses de la nación. Pero los resultados son ambiguos, porque mientras invocan las necesidades del pueblo, nuestros dirigentes políticos se ven obligados a aplicar "proyectos de democratización y control de la población concebidos desde fuera". Las exigencias de la mundialización son ajustes económicos estructurales que hacen recaer sobre los pueblos mismos la responsabilidad de seguir con vida, y sobre la comunidad en su función de "sociedad civil". Antepasados míos, estoy confusa. "¿Para qué sirven nuestros impuestos aparte del mantenimiento de los ejércitos y de una fuerza de policía mal equipada?" Los complejos problemas políticos y económicos nos han desbordado y han conducido a un deterioro social que ha hecho que la gente se afane en busca de apoyo espiritual. "¿Cuál es la respuesta de las iglesias?"

La consulta antes mencionada advierte claramente que "Es engañoso y peligroso predicar un Evangelio de Prosperidad en medio de la pobreza

---

[10] Mazrui, págs. 314 y 315.
[11] Yo entiendo por denigración de-nigración, una tentativa de emblanquecer nuestra humanidad, destruir nuestra africanidad, transformarnos en sombras de otros.

masiva." Es engañoso porque no invitamos a la gente a un análisis de "las cortapisas socioestructurales que impiden a muchas comunidades africanas disfrutar de una vida digna".[12] Es peligroso porque pretendemos que la religión es "un agente de bienestar" pero no capacita a los pueblos para procurarse ese bienestar. Y, sobre todo, es engañoso seguir enseñando que la religión y la política no se mezclan, cuando ambas aspiran a conseguir el bienestar de los pueblos. Es engañoso porque, mientras no estamos en la tumba, no nos atrevemos a separar cuerpo y alma, y, por consiguiente, tenemos que cuidar de que la religión sirva a nuestra humanidad.

Queridos antepasados, ustedes entregaron al pueblo como mano de obra, y después entregaron la tierra para ser colonizada. Ustedes fueron los primeros afectados por la mundialización de nuestra economía. Ustedes pasaron del maíz al café para cumplir las condiciones del comercio. Ustedes se vieron obligados a abandonar la gestión tradicional del Estado para pasar a la categoría de Estados modernos y formar parte de la "ola negra" que entró en las Naciones Unidas en los años sesenta de este siglo.[13] En el proceso nosotros, los hijos de ustedes, hemos sido incorporados a una cultura mundial eurocéntrica. No digo que todo sea malo sin ambigüedad. Con los idiomas imperiales algunos de nosotros, sus hijos, podemos comunicarnos más allá de nuestra lengua materna. Pero, hablemos o no esas lenguas, estamos sujetos a leyes "internacionales" eurocéntricas que no hemos contribuido a forjar. Sé que dirán, ya lo sé: "Pero ustedes pueden cambiar algunas de ellas". Tenemos que desprendernos de este sentimiento de inferioridad cuidadosamente aderezado por algunos, que experimentamos frente a la ciencia y la tecnología occidentales. Sé que dirán que la tecnología no tiene raza y que en su ámbito han penetrado algunos que no eran de origen europeo y no han conocido la colonización. Estoy de acuerdo, y añadiré: "eso han hecho algunos pueblos antaño coloniales". Nada nos impide sumarnos a ellos.

Ustedes, nuestros antepasados, han afirmado que permanecerían presentes para alentarnos a trabajar, así es que también pueden sentirse a gusto en el cristianismo mundial. Nunca más nos uniremos a quienes los consideran a ustedes demonios en sus traducciones y en su teología. Hoy vemos que el pluralismo cultural y religioso es una realidad mundial. Afirmamos pues que para tomar este factor en serio es preciso que tome-

---

[12] Mugambi, pág. 33.
[13] Palabras de Ruth Engo en su exposición sobre "La Organización de las Naciones Unidas y África" presentada en una conferencia sobre África celebrada en Stony Point, Estados Unidos de América, en 1998.

mos la religión africana en serio. Aquellos de nosotros que somos cristianos deberemos aprender a ser al mismo tiempo auténticamente africanos y auténticamente cristianos. Tenemos que esforzarnos por contribuir al cristianismo mundial y a un ecumenismo cristiano.

Necesitamos disentir, y aunque tomamos una distancia crítica de las culturas locales, que vemos como deshumanizadoras, debemos permanecer fieles a nuestra herencia africana. Esto significa que todo cambio estimulado desde fuera ha de ser examinado con minuciosidad, porque también nosotros tenemos la responsabilidad de contribuir a cambiar y a forjar la historia y la cultura mundiales.

Ustedes han oído los testimonios que yo he oído hoy. Nuestro empeño es reducir el dominio opresor del Occidente sobre África. El acentuado eurocentrismo de los últimos quinientos años ha hecho que la cultura mundial lleve también su impronta. Tenemos que luchar más deliberadamente para construir, asentándonos sobre los valores que ustedes forjaron a partir de la experiencia que tenían. Necesitamos una visión totalmente nueva de nosotros mismos y una actitud positiva que suscite perspectivas innovadoras. Tanto Idowu como Mazrui describen a África como una mujer. Perdono su sexismo. Mazrui describe a África como una mujer con la expresión "el continente hembra": pasiva, paciente y penetrable".[14] En su obra *African Traditional Religion: a Definition*, Idowu compara lo que las naciones poderosas esperan de África con lo que la mayoría de las sociedades esperan de las mujeres:

> Cuando se comporta debidamente y acepta una posición inferior, obtiene la benevolencia que reclama su pobreza, y ella se muestra por eso profunda y humildemente agradecida. Si por alguna razón se propone ser enérgica y reclamar un trato de igualdad, suscita reprobación; es vituperada; es perseguida abiertamente o por medios indirectos; se la obliga a estar en conflicto consigo misma...[15]

Igual que las mujeres protestan contra esos estereotipos, así África debe rechazar esta tipología femenina. Hemos contribuido a cambiar el mundo. Hemos participado en la evangelización de África, desde los orígenes mismos del cristianismo tanto como durante los siglos posteriores. Nuestro deber es señalar nuestra contribución para ayudar a la posteridad a cultivar su autoestima.

Por el momento seguimos sujetos a la esfera de influencia occidental y parecemos incapaces de afirmar nuestra interdependencia para ali-

---

[14] Mazrui, pág. 303.
[15] E. B. Idowu, *African Traditional Religion: A Definition*, pág. 77.

mentar la autoestima de nuestros hijos. El Occidente sigue determinando la manera en que gobernamos nuestras economías y aplicamos nuestras políticas, porque ellos nos necesitan como mercado y como espacio de inversión. Nuestros recursos contribuyeron a desarrollar su mundo, y podemos hacer que refuercen nuestras estructuras regionales. Podemos y debemos pensar a nivel panafricano. Podemos y debemos pensar y trabajar en favor del cambio. Lo hemos hecho en Sudáfrica, donde rescatamos nuestra humanidad de las garras del racismo. ¿Cómo utilizará Sudáfrica, en África y en el mundo, esta dignidad recién nacida?

El mundo extrae minerales de África y en las Naciones Unidas tenemos un poder numérico. ¿No deberíamos utilizarlo para hacer que las empresas transnacionales sean más responsables? Por medio del Banco Mundial y del Fondo Monetario Internacional, a mi parecer, la comunidad mundial ha sacralizado el dinero y lo ha puesto incluso por encima de la política. ¿Podríamos dejar nuestros diamantes, oro y petróleo en las entrañas de la tierra africana, si no podemos hacer que aboguen por el bien de África?

Nos hemos cristianizado en gran medida; ¿podríamos comenzar a influir sobre la forma del cristianismo mundial, o por lo menos desarrollar nuestra propia práctica peculiar africana y nuestra expresión de la fe? Quién sabe lo que otros pueden encontrar en las palabras que les dirigimos; por lo menos cultivaremos y enriqueceremos la diversidad y la variedad de las maneras de vivir la fe. Contribuiríamos a hacer la historia del critianismo y demostraríamos el significado universal de la venida de Jesucristo. El cristianismo occidental ha sido sobre todo una fuerza "desafricanizadora", pero no necesita seguir siéndolo. Ustedes, antepasados, esperan de nosotros algo mejor. Así pues, con ustedes en la gran nube de testigos, invito a mis hermanas y hermanos de origen africano a la conversión y al compromiso. Es lo menos que podemos hacer.

Llamamiento a la conversión y al compromiso
Volvamos a nosotros mismos al volvernos a Dios, para poder avanzar
con integridad.
Nunca más caminaremos de puntillas.
Nunca más soportaremos la humillación.
Reafirmemos el valor de las maneras africanas que contienen semillas de
humanización para toda la humanidad.
Rechacemos las leyes que sirven a los intereses de los legisladores para
el infortunio del pueblo.
Nunca más nos atormentaremos con insurrecciones y luchas religiosas.

Nunca más toleraremos la desafricanización realizada desde fuera.

Rehusemos la occidentalización disfrazada de cristianización.

Nunca más callaremos frente a políticas extranjeras oportunistas, las de los mercados del liberalismo que venden nuestro patrimonio a todos los postores por un plato de lentejas.

Nunca más adoptaremos estilos de vida extranjeros sin tener la certeza de que puedan estar al servicio de nuestra prosperidad.

Desechemos la ineficacia, la mala gestión, la corrupción y nuestras estrechas definiciones de quienes pertenecen a nuestra comunidad y de cuáles son sus límites.

Nunca más nos contentaremos con vivir como cazadores y recolectores, sin una cultura de preservación creadora y mostrándonos resignados ante la muerte y el deterioro de las infraestructuras.

Lo prometemos a ustedes y a nosotros mismos ante esta gran nube de testigos mundiales, visibles e invisibles.

Nunca más caminaremos de puntillas por el mundo, que es la creación de Dios y nuestro patrimonio común.

6.4. DISCURSO DE NELSON MANDELA

Discurso pronunciado el 13 de diciembre de 1998 con ocasión de la celebración del cincuentenario del CMI.

Como africano es un gran honor para mí participar en esta importante asamblea reunida en suelo africano y quiero expresarles mi profundo agradecimiento por su invitación.

Me uno a ustedes para celebrar el cincuentenario del CMI: cincuenta años de esfuerzos en favor de la paz y en nombre de los pobres, los desfavorecidos, los desposeídos.

Cuando se fundó el Consejo Mundial de Iglesias todavía se sufrían las consecuencias de decenios de crisis económica y conflictos armados en el mundo, un mundo quebrantado por la doctrina del racismo y las violaciones de los derechos humanos.

Como parte de un esfuerzo concertado para velar por que el mundo no volviera a conocer sucesos semejantes, el CMI se hizo eco de la consternación de la comunidad internacional, proclamando que los derechos humanos son una prerrogativa de todos los seres humanos. Contribuyeron ustedes, así, a legitimar las luchas de liberación de los oprimidos.

En Sudáfrica y en África Meridional, y en realidad, en todo el continente, el CMI ha sido conocido desde siempre por ser un ardiente defensor de los oprimidos y los explotados.

Por otra parte, el nombre del CMI hacía temblar a los que gobernaban nuestro país y desestabilizaron nuestra región durante los inhumanos días del apartheid. La simple mención de su nombre despertaba la ira de las autoridades. Estar de acuerdo con las ideas del CMI era ser un enemigo del Estado.

Y era precisamente por eso por lo que para nosotros el nombre del CMI era sinónimo de alegría, una fuente de inspiración y aliento.

Cuando hace treinta años iniciaron ustedes el Programa de Lucha contra el Racismo y el Fondo Especial para apoyar los movimientos de liberación demostraron que lo que ustedes hacían era algo más que un apoyo caritativo a distancia, era participar en la lucha junto con esos movimientos por las mismas aspiraciones.

Pero, ante todo, ustedes supieron respetar la opinión de los oprimidos acerca de los medios más apropiados para conseguir la libertad. Por esa prueba de solidaridad, los pueblos de Sudáfrica y de África Meridional siempre recordarán al CMI con gratitud.

Antes de llegar aquí, hablé con el Presidente Mugabe y le dije que como él es más joven, probablemente no había vivido las mismas experiencias que viví yo en mis tiempos. También le dije que mi generación es fruto de la educación de las iglesias. Sin los misioneros y sin las organizaciones religiosas hoy no estaría yo aquí con ustedes. El gobierno de entonces no se interesó nunca por la educación de los africanos, los mestizos y los indios. Las iglesias compraron terrenos, construyeron escuelas, las equiparon y crearon empleos. Por eso, cuando digo que somos fruto de la educación misionera que recibimos, en realidad nunca tendré palabras suficientes para agradecer a esos misioneros lo que hicieron por nosotros. Pero habría que haber conocido las cárceles del apartheid de Sudáfrica para comprender hasta qué punto fue importante la iglesia en aquellos días. Trataron de aislarnos totalmente del exterior. Sólo podíamos ver a nuestros familiares dos veces por año. Nuestro vínculo con el exterior eran las organizaciones religiosas, de cristianos, musulmanes, hindúes y miembros de la religión judía. Ellos fueron los fieles que nos inspiraron. El apoyo del CMI fue el ejemplo más concreto de lo que la religión hizo por nuestra liberación, desde aquellos días en que las instituciones religiosas asumieron la responsabilidad de la educación de los oprimidos que nuestros gobernantes nos negaban, hasta el apoyo mismo de nuestra lucha por la liberación. Aunando sus nobles ideales y valores con la acción, la religión nos fortaleció, y sustentó esos mismos ideales dentro del movimiento de liberación.

Es, pues, motivo de orgullo para nosotros que la democracia de Sudáfrica tenga una Constitución que encarne esos valores e ideales, pilar del apoyo de la comunidad internacional a nuestros esfuerzos por la libertad y la justicia.

Esos ideales y valores deben seguir orientándonos en el camino que aún nos queda por recorrer juntos.

Los derechos que se han obtenido y que hoy se consideran universales, sólo serán palabra escrita y nuestra libertad será incompleta si no consigue poner fin al azote del hambre, la enfermedad, el analfabetismo y la falta de hogar que asola a millones de personas en nuestro país, en África y en todo el mundo.

Cincuenta años después del establecimiento de un orden internacional cuyo objetivo era evitar la repetición de una catástrofe humana, el espectro de un nuevo desastre de dimensiones sin precedentes exige la creación de un nuevo orden mundial. Con la evolución de la situación internacional, imprevisible a mediados de siglo, la brecha entre ricos y pobres no hace si no aumentar en vez de disminuir.

En el umbral del nuevo milenio, el mayor desafío es erradicar la pobreza y el subdesarrollo.

Los objetivos de paz y de dignidad para todos exigen una reforma urgente de las instituciones del orden vigente. Al evaluar en esta reunión la propia función del Consejo en el pasado y buscar orientaciones para el próximo siglo, el CMI no hace sino responder a las necesidades de nuestros tiempos.

Mi propio continente, África, sueña con un Renacimiento africano que, mediante la reconstrucción y el desarrollo, nos permita enterrar el devastador legado del pasado y velar por que la paz, los derechos humanos, la democracia, el crecimiento y el desarrollo sean una realidad para todos los africanos.

Con nuestros propios esfuerzos ya hemos dado importantes pasos en ese camino. Sin ir más lejos, desde 1990 se han celebrado más de 40 elecciones democráticas en nuestro continente. La mayoría de los países africanos viven hoy en paz dentro de sus fronteras y con los países vecinos. Antes de que se acusaran las primeras repercusiones de la actual convulsión económica, el África subsahariana registró durante casi diez años un modesto pero constante crecimiento económico con una media del 5 por ciento. Por otro lado, hoy podemos hablar de una verdadera cooperación regional que crece por momentos, ya sea en África Meridional o en otras partes del continente.

Con eso no quiero decir que África haya conseguido salir del atolladero de la pobreza, la enfermedad, los conflictos y el subdesarrollo. Los conflictos que viven hoy la República Democrática del Congo, Angola, el Sudán y otros países son causa de gran preocupación. En un mundo tan interdependiente como el nuestro, los conflictos no sólo afectan a las partes directamente implicadas sino que repercuten en los países vecinos y en toda una región, acarreando inestabilidad y desplazamientos forzados y mermando los recursos destinados a los servicios sociales.

Esos conflictos pueden echar por tierra todos nuestros esfuerzos para responder a las necesidades urgentes de nuestros pueblos, pero quiero dejar muy claro que África en general, y nuestra región en particular, tiene dirigentes muy competentes, comprometidos y experimentados y no me cabe ninguna duda de que un día podrán resolver esos conflictos y responder a las expectativas de todos. Todos ellos saben que, en aras del progreso en el mundo, la paz es el arma más potente de que dispone la humanidad. Saben también que todos los pueblos del mundo sin excepción aspiran a una vida estable. Y para lograr esa estabilidad no hay más opción que la paz. Todos los dirigentes de esta región son conscientes de ello y trabajan sin descanso para encontrar una solución.

Al llegar al final de un siglo que nos ha enseñado que la paz es la mejor baza del desarrollo no podemos escatimar esfuerzos para llegar a una solución pacífica de esos conflictos.

Tampoco podemos permitir que nada venga a truncar la urgente necesidad de cooperación a fin de velar por que nuestro continente deje atrás las consecuencias negativas de la mundialización y pueda beneficiarse de las oportunidades de este importante progreso mundial.

Debemos, pues, trabajar juntos para velar por que el legado del subdesarrollo no deje a África marginada de la economía mundial. Eso entraña encontrar maneras de luchar contra el SIDA cuya incidencia es aquí la más elevada del mundo, y por hacer progresar y consolidar la democracia, por erradicar la corrupción y la codicia y por garantizar el respeto de los derechos humanos.

También entraña trabajar juntos para encontrar formas de atraer más inversiones a nuestro continente, así como de ampliar nuestro acceso a los mercados y de aliviar la carga de la deuda externa, que afecta a África más que a ninguna otra región.

Debemos cooperar para reorientar las instituciones que rigen el comercio internacional y el sistema de inversiones a fin de que el crecimiento económico mundial se traduzca en un aumento del desarrollo.

Debemos además encontrar la forma de garantizar que los esfuerzos de los países por sanear sus economías para elevar el nivel de vida de sus poblaciones no retrocedan frente a los enormes flujos financieros que circulan por todo el mundo en busca de rápidos beneficios.

El desafío que hoy tienen ante sí las autoridades mundiales es encontrar la forma de utilizar la prodigiosa capacidad de la economía mundial contemporánea para erradicar la pobreza, que sigue siendo una plaga para gran parte de la humanidad.

El CMI forma parte de ese grupo de autoridades que pueden hacer realidad ese enorme pero alcanzable objetivo. El hecho de haber elegido África como lugar para conmemorar su cincuenta aniversario y reflexionar sobre los desafíos del próximo milenio es una prueba tangible de su solidaridad permanente con todos los que luchan por la paz y la dignidad.

Hace treinta años iniciaron ustedes un programa pionero que sentó nuevas orientaciones para el futuro. Y no se contentaron con afirmar el derecho de los oprimidos a rebelarse contra su situación sino que asumieron el riesgo de comprometerse activamente en la lucha contra esa opresión. Hoy el CMI está llamado a dejar constancia de ese mismo compromiso en la nueva y más difícil lucha en favor del desarrollo y de la consolidación de la democracia.

Al llegar al final de mi vida pública, tengo el gran privilegio de compartir con ustedes mis aspiraciones y sueños de un mundo mejor.

Y lo hago lleno de esperanza, pues sé que me encuentro en medio de hombres y mujeres determinados a salir al escenario mundial en busca de libertad y justicia.

Sólo el día en que la paz y la justicia se hagan realidad en este mundo, podremos todos nosotros, hombres y mujeres que hemos consagrado nuestra existencia a la lucha por un mundo mejor para todos, retirarnos con paz y serenidad.

Y me dirijo a los miembros de una organización que al final de su vida podrán decirse a sí mismos: "he cumplido con mi deber con mi país y mi pueblo", personas en cuyo rostro se lee la determinación, y cuyo recuerdo perdurará más allá de la muerte y del paso de los siglos. Por ustedes he querido hacer un alto en mi trabajo, para no perder la oportunidad de darles personalmente las gracias por todo lo que hicieron por todos y cada uno de nosotros. Gracias, gracias por siempre.

7. Mensajes de Dirigentes Eclesiales y Políticos a la Asamblea

7.1. EL PAPA JUAN PABLO II

Al Rev. Dr. Konrad Raiser, Secretario General del CMI

Con ocasión del 50 aniversario de la fundación del Consejo Mundial de Iglesias, me complace hacer llegar mis mejores deseos y felicitaciones a los delegados de las iglesias miembros reunidos en Harare para la Octava Asamblea del Consejo, que se ha de celebrar del 3 al 14 de diciembre de 1998, con el tema "Buscad a Dios con la alegría de la esperanza".

Deseo aprovechar esta oportunidad para manifestar mi profundo agradecimiento al Consejo Mundial de Iglesias por la labor que ha realizado estos años. El Consejo Mundial de Iglesias ha sido un valioso instrumento al servicio del Movimiento Ecuménico y ha contribuido en gran medida al fomento de la unidad de los cristianos, en respuesta a la oración del Señor "para que todos sean uno" (Jn 17:21).

La celebración del jubileo de oro del Consejo Mundial y el tema de la Asamblea ofrecen una ocasión inapreciable para dar gracias y alabar al Dios Trino por los progresos realizados hacia el gran año jubilar 2000, que puede proporcionar una oportunidad única para que todos los cristianos den un concreto testimonio común de su único Dios Jesucristo.

Por lo que respecta a la relación entre el Consejo Mundial de Iglesias y la Iglesia Católica, confiamos en que se hallarán fórmulas de colaboración futura en el marco del Grupo Mixto de Trabajo para intensificar la búsqueda de la unidad de los cristianos, incluso en su dimensión visible.

En esta feliz ocasión, es para mi motivo de satisfacción reiterar el compromiso irreversible de la Iglesia Católica de trabajar sin descanso por el logro de la plena unidad de todos los cristianos. "Esta unidad, que el Señor dio a su Iglesia y en la cual quiere abrazar a todos, no es accesoria, sino que está en el centro mismo de su obra [...] Pertenece [...]al ser mismo de la comunidad" (Carta Encíclica "Ut Unum Sint", párr. 9)

Ese compromiso forma parte de la vocación cristiana, puesto que todo cristiano está llamado, en virtud del bautismo, a buscar la unidad de todos los cristianos, tomando como modelo la vida de la Santa Trinidad. "Creer en Cristo significa querer la unidad; querer la unidad significa querer la Iglesia; querer la Iglesia significa querer la comunión de gracia que corresponde al designio del Padre desde toda la eternidad. Este es el significado de la oración de Cristo: 'Ut unum sint'."

Que los dones abundantes del Dios Trino lo acompañen así como a todos sus colaboradores, en esta importante labor.

Juan Pablo II
El Vaticano, 24 de noviembre de 1998

7.2. BARTOLOMEO, ARZOBISPO DE CONSTANTINOPLA Y PATRIARCA ECUMÉNICO

Bartolomeo, por la gracia de Dios Arzobispo de Constantinopla, Nueva Roma, y Patriarca Ecuménico.

A los queridos participantes en la Octava Asamblea del Consejo Mundial de Iglesias: que la gracia, la misericordia y la paz de nuestro Dios Trino, Padre, Hijo y Espíritu Santo estén con todos ustedes.

Desde este santo y apostólico Trono del apóstol Andrés, el primer discípulo, saludamos de corazón a los dirigentes y participantes de esta Asamblea del jubileo que marca el 50 aniversario del Consejo Mundial de Iglesias, con las palabras de San Pablo: "Regocijaos en el Señor siempre. Otra vez digo: ¡Regocijaos! Vuestra gentileza sea conocida de todos los hombres. El Señor está cerca. Por nada estéis angustiados, sino sean conocidas vuestras peticiones delante de Dios en toda oración y ruego, con acción de gracias. Y la paz de Dios, que sobrepasa todo entendimiento, guardará vuestros corazones y vuestros pensamientos en Cristo Jesús." (Flp 4:4-7).

En nombre de nuestra iglesia, que fue una de las artífices del Movimiento Ecuménico contemporáneo y participó activamente en la fundación del CMI, nos alegra constatar que lo que el Patriarcado Ecuménico preveía en 1920, a saber, una "koinonía de iglesias", ha llegado a ser una realidad y durante cincuenta años consecutivos ha estado al servicio de la santa causa de la unidad de los cristianos, intentando al mismo tiempo ser un agente de reconciliación y responder a las numerosas necesidades de la sociedad contemporánea.

El Trono ecuménico de Constantinopla, en su declaración con motivo del 25º aniversario del CMI (1973), se refirió extensamente a la constructiva contribución del CMI al ecumenismo, subrayando su papel en la promoción de la unidad de los cristianos y su participación en la tarea de paliar los sufrimientos actuales de la humanidad. Esas palabras fueron reiteradas más tarde en la Tercera Conferencia Panortodoxa Preconciliar (1986), donde se subrayó especialmente que los estudios teológicos llevados a cabo por el Consejo en el marco de su Comisión de Fe y Constitución, habían contribuido de forma decisiva al acercamiento entre las iglesias, y que las "numerosas actividades [del Consejo] en materia de evangelización, diaconía, salud, formación teológica, diálogo interreligioso, lucha contra el racismo, y promoción de la paz y la justicia, habían respondido a las necesidades particulares de las iglesias y del mundo, a la vez que habían sido una oportunidad para el testimonio y la acción comunes".

El jubileo es un momento de alegrías compartidas y de celebración en paz. Y hay muchas razones para celebrar los logros positivos del CMI y sus iglesias miembros. En efecto, a lo largo de sus cinco decenios de vida, el CMI ha sido una plataforma donde iglesias de distintas regiones y de una gran variedad de tradiciones y orígenes eclesiológicos han podido reunirse para hablar y promover la unidad de los cristianos, a pesar de las dificultades que cabía esperar de semejante empresa. Por su parte, y mediante su participación en el CMI, las iglesias ortodoxas aportaron al amplio debate ecuménico su tradición, teología, eclesiología, espiritualidad y vida litúrgica, para dar testimonio de su "fe apostólica en el contexto de situaciones históricas nuevas y responder a las nuevas necesidades existenciales" (Tercera Conferencia Panortodoxa Preconciliar). Precisamente a esta realidad se refirió la Conferencia Interortodoxa de Tesalónica en mayo de 1998, cuando afirmó que "el CMI ha sido un foro desde el cual se ha dado a conocer al mundo no ortodoxo la fe de la Iglesia Ortodoxa, su misión y sus enfoques respecto a una serie de cuestiones como la justicia, la paz y la ecología".

También es evidente que gracias a su presencia en el CMI, muchas iglesias ortodoxas de lo que fuera la Europa del Este lograron superar el aislamiento impuesto por la situación sociopolítica de sus países durante las últimas cinco o seis décadas. Por otro lado, el CMI, como institución al servicio de las iglesias, ayudó de muchas formas a sus iglesias miembros ortodoxas, tanto en el campo del trabajo pastoral como en la formación teológica o en el ámbito de la diaconía, expresando de forma concreta la solidaridad cristiana entre las iglesias miembros.

El jubileo es también un momento adecuado para la evaluación crítica de las deficiencias y dificultades. Hay que reconocer que durante sus cincuenta años de vida, el CMI ha pasado más de una vez por períodos turbulentos. Numerosas divergencias teológicas, eclesiológicas, sociopolíticas, culturales y éticas han estado en el centro mismo de las dificultades que las iglesias miembros han tenido que enfrentar en el seno del Consejo. Estas dificultades se hicieron aún más visibles durante la Séptima Asamblea, en Canberra, tras la cual se llegó a un punto crítico cuando varias iglesias miembros (principalmente del hemisferio norte) adoptaron e introdujeron en la vida del Consejo una serie de posiciones teológicas y morales de carácter liberal.

No hay duda que el Consejo es un organismo heterogéneo. El CMI está integrado por una multitud de iglesias de diferentes tradiciones teológicas, eclesiológicas y litúrgicas, a veces diametralmente opuestas. Esta diversidad refleja una doble realidad. Por un lado, resalta la gran riqueza de la fe cristiana, expresada a través de varias escuelas de pensamiento teológico, prácticas litúrgicas, expresiones de vida espiritual y elementos culturales específicos. Por otro lado, refleja la trágica realidad de la división cristiana como hecho histórico en la vida de las iglesias, y una herida en el cuerpo de Cristo – la Iglesia – que debería ser curada.

Una de las principales tareas de esta Asamblea es redefinir la naturaleza del CMI y reorientar su labor, continuando el debate acerca de la visión y el entendimiento comunes del CMI por parte de las iglesias. Sin embargo, creemos firmemente que antes de embarcarse en la definición de la naturaleza del CMI, habría que efectuar un análisis teológico y eclesiológico del término "koinonía" y ponerse de acuerdo de forma clara e inequívoca sobre el significado de la comunidad de iglesias que integran el CMI. Como señaló el Patriarcado Ecuménico, en su análisis del documento EVC, en noviembre de 1995: "Tras cincuenta años de fructífera colaboración dentro del CMI, hoy las iglesias miembros están llamadas a precisar el significado y el grado de comunidad fraterna que experimentan en el seno del Consejo, así como el significado teológico de koinonía, que es precisamente el objetivo del Consejo Mundial de Iglesias, y no una realidad dada." Ése es, de hecho, el principal reto eclesiológico al que debe responder el CMI en esta encrucijada de su vida.

El tan comentado (y a menudo mal interpretado) informe de la reunión interortodoxa de Tesalónica afirmaba que las iglesias ortodoxas entendían que era necesario continuar participando en distintas formas

de actividad intercristiana y al mismo tiempo pedía un cambio fundamental en la estructura del CMI, porque consideraba que las iglesias
miembros del Consejo no habían logrado hasta el momento experimentar esta koinonía por verse atrapadas en una lógica institucional que, por
diversas razones, ponía en peligro una participación ortodoxa real y significativa en el Consejo.

Cabe señalar que, por lo que respecta a la reestructuración del CMI,
las opciones que se ofrecen a las iglesias miembros son bastante limitadas. Una posibilidad es que consideren al CMI como una mera organización con un enfoque institucional de la condición de miembro y los
procesos de toma de decisiones (en realidad, un organizador de conferencias y simposios teológicos) en cuyo caso la unidad de la Iglesia sur-
giría a través de negociaciones, dependiendo, como hasta ahora, de las
relaciones mayoría/minoría entre las iglesias miembros. Otra posibilidad
es esforzarse por hacer del CMI una comunidad en la que, al estar juntas, trabajar, reflexionar sobre cuestiones teológicas y dar testimonio en
común y, sobre todo, al compartir una visión común de lo que *es la Iglesia*, las iglesias miembros podrán un día confesar no solo a un único
Señor sino también una sola Iglesia. Esa tarea parece irrealizable, habida
cuenta de las radicales diferencias en el entendimiento eclesiológico de
las iglesias miembros. Aquí radica el significado profundo de lo que este
Trono ecuménico describió como un "reto eclesiológico", y el imperativo de una participación ortodoxa en el CMI "en pie de igualdad", como
se sugirió en la Tercera Conferencia Panortodoxa Preconciliar.

No deberíamos sentirnos descorazonados por la magnitud de esta
tarea. En resumidas cuentas, nuestro compromiso con el Movimiento
Ecuménico es una respuesta al llamamiento del Señor a la unidad (Jn
17:21), y nuestro papel en el CMI es precisamente el de exhortarnos unas
a otras a "alcanzar la unidad visible en una sola fe y una sola comunión
eucarística, expresada en el culto y una vida común en Cristo mediante
el testimonio y el servicio al mundo, y a avanzar hacia la unidad para que
el mundo crea." (Constitución del CMI)

Al tiempo que las iglesias miembros celebran el jubileo del CMI en
vísperas del tercer milenio, aguardamos con particular atención y grandes expectativas los resultados de esta Asamblea, en lo que concierne a
la naturaleza y la misión futura del CMI. Confiamos en que la planeada
comisión mixta sobre la participación ortodoxa en el CMI podrá presentar propuestas que permitan a las iglesias miembros de este Consejo continuar juntas su peregrinación y cumplir sus tareas en un mundo sediento
de la buena nueva del Evangelio.

Hoy nuestra principal tarea debería ser reflexionar juntos cómo interpretar en estos tiempos, y en medio de los problemas que enfrenta la humanidad, la fe cristiana, transmitida por los apóstoles a la Santa, Católica Apostólica Iglesia indivisa, y expresada en el Credo Niceo-Constantinopolitano (325-81), credo ecuménico por excelencia.

Congratulamos al CMI por su jubileo y oramos a Dios todopoderoso para que bendiga abundantemente a los que participan en esta Asamblea, permitiéndoles cumplir la enorme tarea que les confiaron sus iglesias contribuyendo así a promover la santa causa de la unidad de los cristianos.

"Que la gracia del Señor Jesucristo, el amor de Dios, y la comunión del Espíritu Santo sean con todos vosotros. Amen." (2 Co 13:14).

30 de noviembre de 1998　　Bartolomeo, Arzobispo de Constantinopla
Fiesta de San Andrés Apóstol　　　　　　y Patriarca Ecuménico,
　　　　　　　　　　　　　　　ferviente intercesor ante Dios

7.3. KAREKIN I,
CATHOLICOS DE TODOS LOS ARMENIOS

Queridos hermanos y hermanas:

En el amor y la fraternidad cristianos saludo a todos ustedes reunidos en Harare (Zimbabwe) para participar en las deliberaciones de la Octava Asamblea del Consejo Mundial de Iglesias.

Lamento no poder estar personalmente con ustedes por motivos de salud pero la delegación de nuestra Iglesia Armenia participará activamente en todos los trabajos de la Asamblea.

Por haber asistido a cuatro asambleas – Nueva Delhi, Uppsala, Nairobi y Vancouver – sé lo importante que es la tarea de la Asamblea no sólo para el mandato y la labor del CMI sino también para la vida de las iglesias miembros. La Asamblea no es sólo un tiempo de examen de la labor realizada por el CMI desde Canberra; es ante todo una preciosa oportunidad para "interpretar las señales de estos tiempos", considerando nuestra situación actual desde una perspectiva pancristiana y con espíritu de comunidad y fraternidad.

Soy consciente de las complejas cuestiones que tienen ustedes ante sí en esta Asamblea. Todas las asambleas celebradas hasta la fecha han conocido momentos y problemas difíciles. La experiencia me ha mostrado que ese espíritu de comunidad, de "estar juntos", y el esfuerzo de resolver esos problemas juntos siempre ha prevalecido a pesar de las divergencias. No podría ser de otra manera porque la comunidad es un don recibido de Dios que tenemos que preservar, enriquecer y promover en su gracia en nuestra peregrinación hacia la unidad visible. Los problemas nunca han faltado y con frecuencia han perturbado la vida de la iglesia desde el comienzo mismo de los tiempos apostólicos. Y sin embargo, la iglesia siempre los ha superado cuando ha sabido abordarlos con esa poderosísima "arma" del Espíritu Santo, en otras palabras, la comunidad, el sentido de formar parte del mismo Señor, el mismo Evangelio y la misma misión.

Nuestro compromiso ecuménico común en el marco del Consejo Mundial de Iglesias ha llegado ya a su quincuagésimo aniversario: medio siglo de pujante testimonio, hasta tal punto que, a mi juicio, el siglo XX tomado en su conjunto y pese a la tendencia que se manifiesta actualmente a volver al confesionalismo, debería llamarse con justicia "el siglo ecuménico". En esta ocasión jubilar, hemos de reconocer con humildad que algunos acontecimientos significativos han enriquecido nuestra historia cristiana común. Por lo general, en los círculos del CMI siempre hemos sido autocríticos; a menudo hemos sido proclives a considerar el lado negativo. Pero ¿qué podemos decir de los aspectos positivos?

Al disponernos a clausurar este segundo milenio, inspirémonos durante esta Asamblea en el valor de Aquel a quien buscamos para alegrarnos en la paz. "Buscar a Dios" significa abrirnos a la comunidad y caminar juntos en nuestra peregrinación en la tierra, que nos llevará al tercer milenio y a los siglos de los siglos.

Con este ánimo y con estos sentimientos y en nombre de una iglesia miembro del CMI, les deseo todo lo mejor en su noble tarea en obediencia a Dios.

Con amor y en oración,

3 de diciembre de 1998

Karekin I
Catholicos de Todos los Armenios

7.4. COMUNIDAD MUNDIAL DE EVANGÉLICOS LIBRES

Me complace poder transmitirles los saludos de la Comunidad Mundial de Evangélicos Libres. Al hacerlo, sólo lamento que no sea una voz africana la que transmite este saludo. El Consejo tomó las disposiciones necesarias para que dos personas representaran a la CME en esta Asamblea y la CME decidió que una de esas personas fuera de África. Lamentablemente, debido a un problema de comunicación por parte nuestra, no ha sido posible.

La CME tiene sus raíces en una iniciativa ecuménica que nació cien años antes de que se creara el CMI. En 1846, se creó la Alianza Evangélica Libre. Casi tan pronto como surgió, sin embargo, se estancó, curiosamente, por una cuestión ético-social: el problema de la esclavitud. No obstante, su fracaso inicial como movimiento internacional fue ampliamente contrarrestado a otro nivel. En muchas regiones del mundo, 1846 fue un decisivo punto de partida para la formación de comunidades evangélicas libres nacionales y regionales. Cuando en 1951 se creó la Comunidad Mundial de Evangélicos Libres, se convirtió en heredera de esas comunidades nacionales florecientes. En la actualidad, la CME representa a una comunidad de ciento cincuenta millones de cristianos de todo el mundo, en particular, mediante 111 comunidades evangélicas libres nacionales y regionales.

Me gustaría llamar la atención sobre dos aspectos de las relaciones entre los evangélicos libres y el Movimiento Ecuménico. En primer lugar, la cuestión de la superposición y en segundo, las tensiones en las relaciones entre los evangélicos libres y el CMI.

En muchos contextos nacionales y regionales, los evangélicos libres participan activamente en consejos ecuménicos relacionados con el CMI. En algunos países, por ejemplo, Ghana, los evangélicos libres forman parte del personal de los consejos de iglesias relacionados con el CMI. La superposición entre evangélicos libres y ecuménicos está demostrada en esta Asamblea: más de una docena de delegados que representan a iglesias miembros del CMI se definen como evangélicos libres, en particular el destacado dirigente de la Iglesia Anglicana de Kenya, Arzobispo David Gitari.

En términos concretos, el compromiso de la CME con el ecumenismo más allá de sus propios miembros es patente en la existencia y la labor de su grupo de trabajo sobre cuestiones ecuménicas (del que soy coordinador). A través de este grupo de trabajo, la CME participa en una consulta en curso con la Iglesia Católica Romana. Por otro lado, en Canberra se inició un diálogo entre evangélicos libres y ortodoxos, diálogo que, como se ha dicho en esta Asamblea, sigue en pleno auge. Además, el grupo de trabajo ha formulado una respuesta al documento Bautismo, Eucaristía y Ministerio y al estudio sobre la fe apostólica.

Todas estas iniciativas muestran que "evangélicos libres" y "ecuménicos" no son en modo alguno categorías excluyentes entre sí.

Sin embargo, existen claras diferencias de perspectiva y de intereses que si no se superan, o al menos se comprenden y respetan, irán creando obstáculos. Hoy existen tensiones en torno a diversas cuestiones; por citar sólo un ejemplo, la cuestión de la comprensión de la misión. Los evangélicos libres creen en la necesidad de una misión holística, que ha de llevarse a cabo en parte en diálogo con los interlocutores ecuménicos y debe abordar los aspectos sociopolíticos de la existencia humana. Lo que caracteriza el enfoque de los evangélicos libres es un fuerte compromiso con lo que consideran el eje, la piedra angular de la misión: el llamamiento universal a la conversión – conversión al Señor crucificado y resucitado.

El enfoque de los evangélicos libres en relación con la misión quedó claro en la intervención del Obispo Lesslie Newbigin en el último encuentro ecuménico importante en el que participó antes de su muerte, la Conferencia Mundial sobre Misión y Evangelización, celebrada en Brasil, en 1996. Cuando la Conferencia propuso que nos comprometiéramos a dar un testimonio claro del Evangelio de la esperanza en Jesucristo, el Obispo Newbigin sugirió que se agregara esta frase: "para que todos puedan llegar a conocer y amar a Jesús". Estas palabras resumen la pasión evangélica por la misión, una misión holística en cuyo centro está ese llamamiento a la conversión.

La caridad y la convicción en relación con la cuestión de la misión holística es el fundamento de nuestra esperanza, de nuestra oración y de nuestro trabajo, también en esta Asamblea, dedicada al tema de " Buscar a Dios con la alegría de la esperanza".

George VanderVelde

7.5. KIM DAE-JUNG, PRESIDENTE DE LA REPÚBLICA DE COREA

Me complace mucho que el Consejo Mundial de Iglesias celebre este año su Octava Asamblea en Harare, Zimbabwe. Deseo hacer extensiva mi más cordial felicitación a todos los participantes.

Desde el final de la Segunda Guerra Mundial y durante la guerra fría, el CMI se ha esforzado siempre por lograr la unidad entre todas la iglesias y conseguir la justicia, la paz y la libertad de conciencia para todos. El profundo interés y la solidaridad que ha demostrado el Consejo con los perseguidos políticos y los ciudadanos del tercer mundo o de cualquier otro lugar, ha sido una baza en aras de un futuro mejor. La visita de Nelson Mandela, Presidente de Sudáfrica, a la Asamblea del CMI, es testimonio de todo lo que el Consejo ha hecho por los que han sufrido la adversidad, como yo mismo.

Con ocasión de esta Asamblea del CMI, quisiera mencionar en especial el hecho de que el Consejo ha estado de parte de las iglesias, los intelectuales, los estudiantes y el pueblo de Corea durante sus largos años de lucha por lograr la democracia y la reunificación. Estaré eternamente agradecido al CMI por la solidaridad y apoyo que me prestó durante los años que duró mi agonía. Hoy, con un sentimiento de suma felicidad, puedo informar de que Corea se está transformando en un país más justo y democrático.

Confío sinceramente en que esta Asamblea, que se celebra en el umbral de un nuevo siglo de la historia de la humanidad, será una fiesta de bendiciones sin fin, y que el CMI continuará siendo fuente de inspiración y aliento para todos los pueblos. Con todo respeto me despido de ustedes,

el 2 de diciembre de 1998   Kim Dae-jung

8. *Documentos Adicionales*

8.1. LA PARTICIPACIÓN DE LOS JÓVENES EN EL CMI

Este texto, basado en los debates que tuvieron lugar en el marco del grupo de trabajo del CMI con mandato especial para juventud durante una reunión en Ginebra, en noviembre de 1998, fue aprobado por los participantes en la Preasamblea de los Jóvenes.

1. El proceso de "Hacia un Entendimiento y una Visión Comunes" (EVC) del CMI ha desafiado al Consejo a rever sus estructuras programáticas y sus relaciones con las iglesias y otras entidades ecuménicas. La nueva estructura llama a una integración de todos los programas y a nuevos estilos de trabajo.

2. El desafío de representar el cuerpo de Cristo ha estado por largo tiempo en el corazón de la visión y el trabajo ecuménico del CMI. El Consejo ha buscado encarnar la diversidad que se encuentra dentro de las iglesias fijando cuotas para participar en todos los aspectos de su vida. Los órganos de gobierno del Consejo han realizado compromisos para alcanzar estas metas y obtener una mayor integración. También con este fin se han introducido los grupos de trabajo encargados por el Consejo.

3. A pesar de la buena fe sobre la que se han hecho estos compromisos los objetivos no han sido alcanzado. El nivel de participación juvenil en varios aspectos de la vida del Consejo se encuentra en manifiesto contraste con el firme compromiso hecho por el Comité Central del CMI en 1988 para involucrar un 20% de jóvenes. La Séptima Asamblea hizo suyo ese compromiso.

Confiamos en que se mantengan los niveles de participación de mujeres y jóvenes que han sido fijados para todos los eventos y comités. El Comité Central debe garantizar exclusivamente la financiación de actividades que respeten los objetivos de inclusividad fijados. (*Señales del Espíritu, Informe Oficial de la 7 Asamblea*, Comité sobre Política Programática, pág 189)

En la reestructuración del CMI después de Canberra, el intento por internalizar el compromiso de participación juvenil en el planeamiento de programas y en toda la vida del Consejo no fue completamente alcanzado. Por momentos el Consejo ha retornado a la noción equivocada de que el trabajo juvenil puede lograrse con una unidad programática o un equipo. En realidad, la Séptima Asamblea en Nairobi (1975) ya había pedido un estilo de trabajo diferente:

> El trabajo juvenil debe tener una suerte de carácter autónomo estructuradamente localizado en una particular unidad programática, pero relacionado a todas las unidades, para así traer la presencia de jóvenes a toda la vida del movimiento ecuménico. (*Rompiendo Barreras: Nairobi 1975*, SPCK, pág. 316)

4. En el corazón del proceso del EVC está la búsqueda de renovación. Esta búsqueda conlleva el desafío a la inclusión y fortalecimiento. El negarse a usar y desarrollar los dones ofrecidos por Dios a través de la gente joven, o cualquier grupo, va en desmedro del la renovación que buscamos. También debilita el testimonio de las iglesias. Los/las jóvenes que están comprometidos/as con el movimiento ecuménico son valiosos comunicadores/as para las iglesias y alimentan la fe dada a todo el pueblo de Dios. La Biblia está llena de ejemplos donde la gente joven fue llamada a testimoniar e incluso a liderar a edades sorprendentemente tempranas (1 Sam 3; 1 Sam 17; Jer 1; 1 Tim 4,11).

La Octava Asamblea se reune en un tiempo en que, en muchos países, la gente joven se está alejando de las iglesias históricas porque se siente excluída e ignorada; un número cada vez mayor de jóvenes sienten que la iglesia es irrelevante para sus vidas y su sociedad; muchas iglesias no tienen en cuenta al máximo los recursos que los/las jóvenes representan en su testimonio para el mundo.

5. En el trabajo de renovación, hay una nueva visón para nuestro trabajo con la gente joven. En ella se pide que los/las jóvenes estén integrados/as al movimiento ecuménico para el mutuo beneficio de todas las generaciones. Al pedir una mayor integración no buscamos que el trabajo con la juventud quede relegado. Buscamos dos cosas: continuar el desarrollo del liderazgo juvenil a través de programas específicos para juventud, y que todos los programas incluyan las experiencias específicas de gente joven. Ejemplos de integración de trabajo juvenil que han sido visible en los últimos siete años incluyendo el de los stewards y el

Programa de Internos, y la cooperación programática en temas como Cultura y Evangelio. El Programa de Internos ha ayudado al CMI a beneficiarse con los recursos que la gente joven aporta a su trabajo, pero también la ha entrenado para ser catalizadores ecuménicos a nivel local/nacional.

La integración de gente joven en el servicio ecuménico requiere de personal que facilite la participación equitativa de la juventud en el CMI mismo, en las iglesias miembros y en las organizaciones ecuménicas a nivel nacional o regional. Este compromiso también necesita hacerse visible en cada una de las iglesias y en sus consejos ecuménicos nacionales y regionales. Es alentador ver la participación activa de gente joven en la búsqueda de la unidad y en acciones sociales en ciertos países y regiones, así como el numero de iglesias que incluyen jóvenes, permitiéndoles brindar un testimonio más firme.

Para alcanzar los objetivos y los compromisos que el CMI se ha fijado para sí mismo en relación a la participación de la Juventud, se recomienda:

1) Que el CMI asegure la participación equitativa de gente joven en todos los aspectos de su vida: (a) manteniendo el requerimiento de un 20% de miembros jóvenes en asambleas, comités y reuniones; (b) mandando una participación equitativa de gente joven en sus programas a través de: la asignación de una persona en cada equipo de personal para coordinar la participación; juvenil dentro de los programas de ese equipo de personal. Este personal podría formar un nuevo Grupo de Personal Coordinador en Juventud; asegurar recursos solamente para aquellas actividades que reflejen los objetivos fijados para la inclusión; mantener una afirmativa política de acción en el contrato de gente joven en todas las áreas de trabajo; (c) manteniendo la posición de un presidente/de una presidente de juventud.

2) Que el CMI mantenga personal programático para el trabajo con juventud, el Grupo de Personal Coordinador en Juventud y en el Grupo de Trabajo Encargado de la Juventud, para facilitar el logro de los objetivos fijados para una participación equitativa de jóvenes en todo el Consejo.

3) Que el CMI provea oportunidades de formación ecuménica en todos los niveles. Los programas de Ujieres e Internos deberían desarrollarse más profundamente y servir como modelos para futuros trabajos en el CMI.

4) Que el CMI mantenga los programas que responden en particular a cuestiones relacionadas con la juventud así como también apoyar su

participación en el abordaje de asuntos más extensos. Esto se logra de mejor manera a través de pre-encuentros para los participantes jóvenes, previos a cualquier consulta o evento del CMI.

8.2. LOS PUEBLOS INDÍGENAS

Este texto fue aprobado en el marco de un encuentro de pueblos indígenas previo a la Asamblea, celebrado en Harare los días 1 y 2 de diciembre, al que asistieron 42 personas procedentes de 19 países, muchos de los cuales participaron luego en la Asamblea en tanto que delegados de sus iglesias.

"Aún seguimos esperando una verdadera confraternidad y el pleno reconocimiento de nuestros derechos."

Por gracia del Creador y guiados por nuestros antepasados, nosotros, los pueblos indígenas, hemos sobrevivido pese a los múltiples intentos de genocidio, colonización y asimilación. Somos muy consciente de nuestra relación con nuestra madre la Tierra y del carácter sagrado de nuestras tierras. Reafirmamos que la identidad, cultura, lengua, filosofía de vida y espiritualidad de nuestros pueblos están vinculadas a la relación equilibrada con toda la creación.

En el pasado, las iglesias nos obligaron a emprender un camino que no es el nuestro, en aras de la asimilación, la uniformidad y el asentimiento. A lo largo de la historia, las iglesias no han conocido ni comprendido a los pueblos indígenas y eso nos ha empobrecido a todos.

Sabemos que la vida y la espiritualidad propias de nuestros pueblos están constantemente en peligro. Nos amenazan los proyectos de explotación minera, conservación de la naturaleza, explotación forestal, represas hidroeléctricas, militarización, turismo ecológico y otros. La misma amenaza pesa sobre nuestros idiomas. Además, las fronteras trazadas por el colonizador en el proceso de creación de los Estados modernos han fragmentado a nuestros pueblos y alterado sus formas de vida. Ni siquiera nuestros lugares sagrados han escapado a la profanación. Estas amenazas surgen y se nutren de los modelos de desarrollo impuestos por los países industrializados ricos que se proponen explotar los recursos naturales sin miramientos por las generaciones futuras.

Reconocemos que el CMI y algunas de sus iglesias miembros se han esforzado por comprender y trabajar con los pueblos indígenas en nuestras luchas, pero aún queda mucho más por hacer. El enriquecimiento de las iglesias y la curación de las comunidades indígenas deben comenzar por un compromiso visible y permanente de colaboración y asociación solidaria, para lo cual es preciso que se acepten como un don nuestros legados espirituales y culturales. Este don se ofrece para posibilitar un cambio en el corazón de las iglesias, cambio que pasa por escuchar nuestros relatos y reexaminar el papel que han desempeñado las iglesias en la historia de la opresión.

Seguimos esperando que las iglesias vayan más allá de las palabras, tal como se declaró en Canberra, para:

– incluir el Programa de los Pueblos Indígenas en los programas permanentes del Consejo Mundial de Iglesias;
– promover la participación igualitaria de los pueblos indígenas en todos los niveles de decisión de las estructuras de las iglesias;
– seguir señalando a la atención del CMI y de sus iglesias miembros las preocupaciones y los problemas de los pueblos indígenas para que reflexionen al respecto y actúen en consecuencia;.
– seguir adelante con el proceso de diálogo entre Evangelio y cultura, a escala local y mundial;
– respetar y promover el derecho de los pueblos indígenas a la libre determinación, en particular, los derechos a la tierra, la espiritualidad, la cultura, el idioma y la propiedad intelectual;
– apoyar la adopción del Proyecto de declaración de las Naciones Unidas sobre los derechos de los pueblos indígenas y de otros instrumentos y normas internacionales relativos a la promoción de los derechos de los pueblos indígenas.

Recordamos a las iglesias el compromiso contraído en Canberra respecto al arrepentimiento y la reparación de los pecados del pasado, en especial, la restitución de las tierras arrebatadas injustamente a los pueblos indígenas y el respeto de su espiritualidad. Exhortamos a las iglesias a proseguir y profundizar el diálogo con los pueblos indígenas.

8.3. CARTAS DE LOS EVANGÉLICOS A LA ASAMBLEA

El grupo de evangélicos libres que se reunió regularmente durante la Asamblea representan una amplia gama de opiniones y enfoques teológicos en el propio marco del movimiento evangélico libre. Como fuera ya el caso en varias asambleas y conferencias anteriores del CMI, el grupo redactó un proyecto de carta que fue leído públicamente a los delegados de la Asamblea y que entendía ser una "respuesta de los evangélicos libres" respecto de todos los actos de la Asamblea. Finalmente se llegó a una versión definitiva del texto, que fue firmado por la mayor parte de los que habían participado de varias maneras en la labor y los debates del grupo. Sin embargo, varias personas que firmaron el texto consideraron que la carta no abordaba suficientemente desde el enfoque evangélico libre algunas cuestiones debatidas por la Asamblea, como la mundialización y la condonación de la deuda, por lo que decidieron escribir una carta adicional. Así pues, ambas cartas se publican aquí para dejar constancia de la diversidad y la complementariedad de esos enfoques.

LLAMAMIENTO AL JUBILEO: CARTA DIRIGIDA AL CMI POR LOS PARTICIPANTES EVANGÉLICOS LIBRES

Historia de los evangélicos libres y del Movimiento Ecuménico

El CMI debe en gran parte sus orígenes a las actividades misioneras y evangelizadoras de las iglesias miembros y sus organismos de cooperación, y se basa en el reconocimiento del "Señor Jesucristo como Dios y Salvador, según el testimonio de las Escrituras". En Nairobi, en 1975, los evangélicos libres iniciaron un debate dentro y fuera del CMI que sigue hoy vigente respecto a su visión y su labor. En Vancouver, en 1983, el CMI se comprometió por su parte a intensificar el diálogo con los evangélicos libres y a promover una mayor participación de éstos en el Consejo. En Canberra, en 1991, en las "Perspectivas Evangélicas desde Canberra", los evangélicos libres pidieron al CMI que verificara los progresos de su participación y su representación en el Consejo. En esta nueva carta se responde a la pregunta sobre los progresos realizados, según se reflejan en la Asamblea de Harare. Reconocemos que el CMI puede tener preguntas similares acerca de los objetivos de los evangélicos libres en su común recorrido con el Consejo.

Pese a reconocerse como un simple instrumento del ecumenismo, el CMI ha sido un elemento central del Movimiento Ecuménico. Los evangélicos libres también han desempeñado un papel activo en el ecumenismo local, tanto dentro como fuera de las iglesias miembros del CMI. En el último decenio su participación ha aumentado tanto en las organizaciones como en los programas ecuménicos nacionales. Por otro lado, un número cada vez mayor de evangélicos libres han adoptado una perspectiva ecuménica mundial. Agradecemos al CMI su empeño constante por "buscar nuevas formas de relación con los evangélicos libres", formulado por primera vez en Vancouver y confirmado aquí en Harare. Por otro lado, valoramos positivamente la formación de un grupo mixto de trabajo entre el CMI y los pentecostales. Sin embargo, según su propio contexto e historia, algunos evangélicos libres continúan experimentando un sentimiento de frustración e incluso un dilema acerca del futuro de su participación en el CMI, debido a la incertidumbre respecto a la naturaleza del compromiso del CMI con la misión y la evangelización y con la teología bíblica. Otros confían más en el estrechamiento de las relaciones. No está claro cómo la participación de los evangélicos libres en el ecumenismo mundial puede tener cabida en los programas y las estructuras del CMI. Ofrecemos nuestro apoyo para unirnos a ustedes y trabajar juntos en otros aspectos.

Evaluación de Harare

Afirmamos las siguientes contribuciones de esta Asamblea al Movimiento Ecuménico:

- La fe cristiana de todos los presentes, en particular la vibrante espiritualidad africana, que todos hemos experimentado.
- El culto, la vigilia y las oraciones vespertinas, como experiencias conmovedoras y estimulantes enraizadas en el Señorío de Cristo.
- La belleza de la visión bíblica ecuménica compartida en el compañerismo y la conversación personales.
- La celebración de la Asamblea en África. Con particular referencia a África y al resto de los dos tercios del mundo, la Asamblea abordó los temas de la condonación de la deuda, el SIDA, la paz, la justicia y la reconciliación y la gestión de los asuntos públicos mundiales, la mundialización, y la solidaridad con las mujeres, los jóvenes y los niños. En particular apoyamos:
  - *El alivio de la carga de la deuda* en los países pobres, a lo que viene a añadirse la necesidad de luchar contra la corrupción, de promover una eficaz gestión de los asuntos públicos mundiales y de fortalecer la sociedad civil y las instituciones democráticas.
  - La propuesta de que se celebre un *decenio contra todas las formas de violencia*, en particular la violencia contra las mujeres, los niños y las comunidades indígenas, incluida la visión de la iniciativa del Programa para Superar la Violencia, Campaña "Paz a la ciudad" en siete zonas urbanas violentas. Nos solidarizamos con todos los grupos que son víctimas de la injusticia y de la violencia institucional.
  - La *crítica de la mundialización* como proceso que excluye y mar-

gina aún más a los pobres, aun cuando reconocemos que tiende puentes entre culturas diferentes y que puede aumentar la riqueza y la variedad de la experiencia humana.

– La lucha permanente contra toda forma de *violación de los derechos humanos*, especialmente el caso de los cristianos que sufren *persecución a causa de su religión*, en particular en Sudán.

• Las iniciativas del grupo de trabajo establecido después de Canberra para incluir a los evangélicos libres, muchos de los cuales se hallan presentes aquí. Lamentamos que los evangélicos libres no hayan respondido tal vez adecuadamente a las iniciativas del grupo de trabajo y a las invitaciones para asistir a esta Asamblea.

• El dialogo entre evangélicos libres y ortodoxos. Apreciamos vivamente la iniciativa del CMI de auspiciar este diálogo y el incipiente diálogo entre pentecostales y ortodoxos. En el marco del diálogo con los evangélicos libres se abordarán cuestiones delicadas como el proselitismo, los derechos humanos y la misión y la ordenación de las mujeres, pero siempre en la perspectiva del compromiso con el Dios trino y una cristología bíblica que compartimos. Junto con nuestros interlocutores ortodoxos, alentamos a todos a que participen en este diálogo.

Nos preocupa que los siguientes aspectos de la Asamblea pongan en entredicho algunos de los logros anteriores del CMI e impidan la realización de la visión ecuménica mundial.

• Apreciamos el culto diario en presencia del símbolo de la cruz de Cristo cubriendo el continente africano. Sin embargo, la aportación teológica a la plenaria sobre África no representó la teología y la visión de muchas iglesias africanas que creen en la importancia central de las Escrituras y participan al mismo tiempo en la renovación cultural y social y el cambio político y económico. En el compromiso final de esta plenaria no se mencionó a Jesús ni una sola vez. No hubo suficientes presentaciones por parte de dirigentes africanos representativos de las iglesias miembros. Aunque estamos en África, no se han oído muchas de sus voces cristianas.

• Numerosas iglesias africanas, en medio de su fuerte pobreza, sufrimiento y persecuciones, llevan a cabo un importante ministerio para con los enfermos de SIDA, sobre la base del enfoque ético cristiano de la sexualidad y la familia. La participación de la familia y de la comunidad en todas las actividades con dimensiones éticas y espirituales ocupa un lugar destacado en la visión que tiene África del mundo. Lamentamos que en las plenarias, el Padare y las reuniones de información y debate no se hiciera más hincapié en la importancia de la familia y de la ética sexual bíblica.

• También faltó ostensiblemente una reflexión teológica seria, en contraposición al llamamiento de Canberra en favor de una "teología vital y coherente". Algunos oradores y disertaciones importantes quedaron fuera de los límites de las bases doctrinales de todas las iglesias miembros y del mismo Consejo.

• El tema "Buscad a Dios con la alegría de la esperanza", que debería haber llevado a destacar la importancia de la misión, la evangelización y la Iglesia, se abordó insuficientemente. No se insistió en el trabajo realizado en esas áreas por las iglesias miembros y el CMI (como la Conferencia Mundial sobre Misión y Evangelización, en Salvador de Bahía). Instamos a que se preste nueva atención a la misión y la evangelización, dando así medios a las iglesias para que comuniquen el Evangelio en todo el mundo. El Evangelio transformador de Cristo reafirma y critica las culturas y las sociedades, y exige humildad, sensibilidad y compromiso profético con la opresión.

Queremos expresar nuestros compromisos y formular las siguientes propuestas:

• El Evangelio de Jesucristo habla en nombre de quienes no tienen voz para hacer frente a la injusticia social y económica, que es una afrenta al amor y la justicia de Dios. Por consiguiente, respaldamos la importancia que concede el CMI a la solidaridad como expresión de la misión. El Evangelio, que se centra en el Señorío de Jesús, crucificado por injusticia y resucitado en triunfo sobre el mal y la muerte, es en el fondo un llamamiento para "buscar a Dios", un llamamiento a la obediencia al Dios resucitado y a la comunión en su cuerpo. La evangelización, como esa llamada a buscar a Dios, debe estar en el centro mismo de la misión de transformación social que incumbe a la Iglesia. Desearíamos llevar a cabo un estudio en colaboración con ustedes sobre la forma en que la transformación personal a través de Cristo se relaciona con programas como el estudio de Teología de la Vida.

• Puesto que la transformación personal está en el centro de la misión, las iniciativas para transformar los sistemas mundiales deben centrarse en esa transformación personal. Por ejemplo, al tratar de la deuda en los países pobres, debe abordarse la cuestión de la codicia y la corrupción que afecta a todos los pueblos y naciones. El Evangelio nos pide que, en respuesta al amor de Dios, asumamos la responsabilidad de la vida y los pecados de cada uno. Por consiguiente, la transformación personal hace de las personas sujetos que pueden abordar sus propios problemas y no objetos de los esfuerzos de otros. Los invitamos a que se unan a nosotros en un estudio sobre la relación entre la evangelización y la misión y la transformación estructural.

- Así pues, la misión tiene dimensiones personales y sociales. A nivel social, parecería que el CMI ha favorecido con frecuencia los cambios estructurales radicales que no toman debidamente en cuenta la responsabilidad personal. La perspectiva de las escrituras y de muchas culturas no occidentales contempla a la persona como inseparablemente ligada a las familias y las comunidades, responsable ante ellas de todas las opciones individuales y merecedora de respeto en todas las decisiones colectivas. Apreciamos el sentido de responsabilidad personal que aparece en las decisiones de la Asamblea respecto a la deuda y otras cuestiones.

- Un imperativo de la misión es el fortalecimiento de la familia, que se está desintegrando bajo las presiones del relativismo moral, del individualismo, del materialismo y de la dura necesidad económica. La reticencia a afirmar que las normas bíblicas, incluidas las normas sexuales, atañen a todas las personas o a insistir en el arrepentimiento personal se debe a la importancia exagerada que recibe la autonomía individual en la sociedad. Parece que en el fondo hay un enfoque occidental permisivo de la homosexualidad, que rechaza las normas bíblicas y acepta de lleno las preferencias individuales autónomas. Sobre esta cuestión recomendamos la sensibilidad cultural que respeta los enfoques pastorales que se aplican en los dos tercios del mundo. Los invitamos a unirse a nosotros en un estudio sobre el significado y la naturaleza de la persona, en el que esperamos que haya una importante participación ortodoxa.

- Los evangélicos libres seguiremos dedicando energía a las expresiones locales, regionales y nacionales de la visión ecuménica. Participaremos en el ecumenismo secular y ampliaremos nuestra *oikoumene*, fortaleciendo los consejos de iglesias locales y nacionales.

- Dado que el CMI se reconoce a sí mismo como un instrumento de ecumenismo mundial, algunos de nosotros nos preguntamos cuánta energía hay que invertir en ese camino que conducirá a la visión mundial. Otros tenemos más esperanza de ser oídos y de participar en diversas actividades del CMI. A algunos de nosotros nos gustaría iniciar un debate con los ortodoxos, los católicos romanos y los pentecostales sobre la unidad mundial, ya sea a través de nuevas estructuras o de una reforma del CMI. Para que los evangélicos libres participemos de manera cada vez más significativa en el CMI, creemos firmemente que éste debe actuar en mayor consonancia con el énfasis bíblico, cristocéntrico y misionero de su visión original. El jubileo es también un ocasión para volver a los comienzos, a fin de que todos podamos reafirmar el mensaje original de Amsterdam.

RESPUESTA DE LOS EVANGÉLICOS LIBRES A HARARE

Como evangélicos libres presentes en esta Asamblea, compartimos la preocupación por una unidad visible que dé testimonio del amor solidario de Dios con un mundo que sufre.

Afirmamos nuestra solidaridad con nuestras hermanas y hermanos del Movimiento Ecuménico en este tiempo de lucha para permanecer juntos y elaborar una visión común comprometida con un Evangelio holístico que abarca todos los aspectos de la vida y que tiene en su centro el llamamiento a buscar a Jesús y el poder transformador de su reino. Percibimos la acción del Espíritu para crear nuevos odres que reflejen mejor nuestro compromiso común con el Señor Jesucristo y su reino.

En particular, apoyamos:

1) el llamamiento para el alivio de la carga de la deuda de los países pobres, a lo cual añadimos la necesidad de luchar contra la corrupción, promover una eficaz gestión de los asuntos públicos mundiales y de fortalecer la sociedad civil y las instituciones democráticas;

2) la propuesta de que se celebre un decenio contra todas las formas de violencia, en particular, la violencia contra las mujeres, los niños y las comunidades indígenas; nos solidarizamos con todos los grupos que son víctimas de la injusticia y de la violencia institucional;

3) la crítica de la mundialización como proceso que excluye y margina aún más a los pobres, aun cuando reconocemos que tiende puentes entre culturas y pueblos diferentes y que enriquece la variedad de la experiencia humana;

4) la lucha permanente contra toda forma de violación de los derechos humanos, especialmente el caso de los cristianos víctimas de la persecución religiosa.

Al mismo tiempo, señalamos a la atención del CMI:

1) la necesidad de prestar nueva atención a la misión y la evangelización, dando así medios a las iglesias para que proclamen el Evangelio en todo el mundo; el poder transformador del Evangelio reafirma

a la vez que critica las culturas y las sociedades y exige humildad, sensibilidad y compromiso profético con la opresión;

2) el imperativo de fortalecer la familia, que se está desintegrando bajo las presiones del relativismo moral, el individualismo, el materialismo y la penuria económica;

3) la necesidad de ampliar y fortalecer la participación de los evangélicos libres y pentecostales/carismáticos en el CMI, reconociendo el potencial de enriquecimiento mutuo que esta relación puede aportar.

La cooperación ecuménica es cada vez mayor entre las iglesias de las dos terceras partes del mundo, donde el cristianismo está experimentando un auge particularmente importante. Oramos y confiamos en que la visión inclusiva del Evangelio conduzca a una sólida relación de confianza y cooperación efectiva entre los evangélicos libres y el Movimiento Ecuménico.

8.4. CARTA DE LOS NIÑOS A LA ASAMBLEA

Los niños y las organizaciones que participaron en dos consultas del CMI sobre los niños en 1996 y 1997 se reunieron con los niños de la calle de Harare y niños de escuelas de diferentes aldeas en Zimbabwe para participar en una presentación del Padare sobre "la dignidad de los niños". Procedentes de 13 países, los niños escribieron un mensaje solicitando apoyo y orientación de las iglesias miembros del CMI. A continuación figura el texto de ese mensaje (al que se refiere también el informe del Comité de Orientación Programática):

Nosotros, los niños del mundo, nos hemos reunido aquí en Harare, Zimbabwe, el 9 de diciembre de 1998, para crear la Red Ecuménica Mundial de los Niños. Estamos aquí para exhortar al Consejo Mundial de Iglesias y a sus iglesias miembros a que presten apoyo moral, económico y espiritual a nuestra red.

Una vez más insistimos en la urgencia de empezar cuanto antes a tomar medidas inmediatas y drásticas para aliviar el padecimiento de todos los niños del mundo.

Ya tuvimos ocasión de exponer nuestras inquietudes a la Unidad IV y a los comités centrales del CMI en 1997 y 1998. Como resultado de esas reuniones, han visto la luz numerosos planes de acción. Sin embargo, lo que nos faltan no son "planes", más bien tenemos una urgente necesidad de *acción*.

En consecuencia, exhortamos a la Asamblea del Consejo Mundial de Iglesias y a todas sus iglesias miembros, a que adopten las medidas siguientes:

- poner a disposición de los jóvenes todas las publicaciones relativas a los niños en las congregaciones locales;
- dar a conocer la Red Ecuménica Mundial de los Niños en las iglesias locales;
- promover la participación de los niños en las iglesias y de ese modo aumentar su protagonismo;
- reconocer el Convenio de las Naciones Unidas sobre los Derechos del Niño en todas las iglesias;
- adoptar una resolución que estipule que el CMI está de acuerdo con todos los puntos del Convenio de las Naciones Unidas sobre los Derechos del Niño, sobre todo con la cláusula sobre la participación de los jóvenes;
- contribuir a mejorar la imagen de los niños, sobre todo del niño delincuente, y a evitar su estigmatización;
- crear un sitio Internet dedicado a la Red Ecuménica Mundial de los Niños y al positivo papel que están desempeñando los jóvenes en la sociedad actual;
- asumir el compromiso de combatir la explotación de los niños, sobre todo de los niños víctimas del comercio sexual, así como la explotación de los que trabajan como sirvientes domésticos;
- organizar un evento o reunión anual en cuyo marco las iglesias locales hagan una colecta para el Día Internacional del Niño; el dinero recaudado sería distribuido por la Red Ecuménica Mundial de los Niños para ayudar a los niños explotados y víctimas de abusos en todo el mundo.

Nosotros los niños deseamos felicitar al Consejo Mundial de Iglesias por estar a la vanguardia en la esfera de la promoción del protagonismo de los jóvenes. Sin embargo, también quisiéramos recordar al CMI que no hemos hecho más que comenzar el largo camino hacia el nuevo milenio en el que buscamos a Dios con la alegría de la esperanza.

8.5. VISIONES DE FUTURO

Philip Potter

Discurso pronunciado el 13 de diciembre de 1998 con ocasión de la celebración del cincuentenario del CMI.

Se me ha pedido que mire retrospectivamente el camino recorrido por el Consejo Mundial de Iglesias durante estos cincuenta años para discernir visiones para el futuro. Ahora que estoy entrado en años sólo me queda soñar, aunque debo reconocer que nunca he tenido un sueño muy profundo.

En Amsterdam, los delegados tenían una edad promedio de 61 años, mientras que la edad promedio de los jóvenes era de 25. Sin embargo, muchas de esas personas de edad habían mantenido viva la visión que habían recibido del Movimiento Estudiantil Cristiano, de las Asociaciones Cristianas de Jóvenes y de las Asociaciones Cristianas Femeninas. En el discurso que pronuncié ante la Asamblea dije que jóvenes y mayores se necesitaban unos a otros, en la comunión del Espíritu, para poder cumplir las tareas que tenían por delante.

Lo que más nos asombró, a nosotros los jóvenes, en Amsterdam, fue la osadía y el carácter profético del mensaje de la Asamblea, y, más particularmente, el llamamiento a ser testigos y servidores de Cristo para nuestros prójimos. Ese mensaje decía, en particular:

> Será necesario que recordemos nosotros mismos y recordemos a todos los hombres que Dios ha derrocado de sus tronos a los poderosos y ensalzado a los humildes. Será necesario aprender nuevamente a hablar con osadía en nombre de Cristo tanto a quienes están en el poder como a toda persona, a oponernos al terror, a la crueldad y a toda discriminación racial, a permanecer al lado de los parias, de los presos y los refugiados. Será necesario que la iglesia, en todas partes, sea la voz de los que no tienen voz en el mundo, la casa en la que todos encuentren su lugar. Será necesario que juntos asumamos nuevamente la obligación que nos corresponde como cristianos, hombres y mujeres, en la industria, la agricultura, la política, las profesiones y el hogar. Será necesario pedir a Dios que nos enseñe a decir juntos Sí y No en verdad. No, a todo lo que niega el amor de Cristo, a todo sistema, programa, persona que trate a los seres humanos como cosas irresponsables o como medio de provecho, a los defensores de la injusticia en nombre del orden, a los que siembran las semillas de la guerra declarándola inevitable. Sí, a todo lo que es conforme al amor de Cristo, a los que buscan la justicia, a los pacificadores, a los que esperan, luchan y sufren por la causa de la humanidad, a todos los que – aún sin saberlo – aspiran a un nuevo cielo y una nueva tierra en la que more la justicia.

Estas palabras son hoy tan vigentes y pertinentes como lo fueron en 1948. Hemos comenzado nuestro trabajo esta tarde con la lectura del versículo 1 del capítulo 12 de la carta a los Hebreos, en el que se habla de la nube de testigos. No debemos olvidar que el autor dice en el versículo 5 del capítulo 2 que esta visión es la de la "oikoumene venidera", la oikoumene de Dios, en la que mora la justicia, la paz y la integridad de la creación.

Se ha dicho que nuestro siglo es "el siglo de los extremos" y probablemente el próximo siglo XXI continuará siendo así. Sin duda alguna, es durante este siglo que se han producido y empleado armas capaces de destruir definitivamente a la humanidad, y es en este siglo también que la contaminación de nuestro medio ambiente natural ha llegado a constituir una amenaza. Durante los últimos cincuenta años, gracias a las diversas tecnologías avanzadas en el ámbito de la comunicación, que, sólo una pequeña minoría de la población del mundo controla, la "oikoumene", toda la tierra habitada, se ha transformado en una aldea mundial. Al finalizar este siglo, el mundo está dividido entre el Norte y el Sur, en muchas facciones hostiles, tanto desde un punto de vista económico, como cultural y religioso.

Tras este medio siglo, ¿qué herencia ha de transmitir el Movimiento Ecuménico? y ¿cuáles son las experiencias adquiridas que deberemos proseguir para hacer avanzar la unidad y la comunidad del pueblo de Dios, que es signo del designio divino de Dios para todos los pueblos en una tierra habitable? Durante las dos primeras horas de esta tarde de celebración hemos pasado revista rápidamente a la labor del Consejo Mundial de Iglesias durante estos cincuenta años, y algunos elementos se destacan y apuntan al futuro.

En primer lugar, los cristianos están dispuestos hoy a reconocer abiertamente las divisiones que se han producido, sobre todo durante el último milenio. Todas las iglesias históricas se relacionan ahora unas con otras. Durante los últimos cuarenta años ha habido notables encuentros y conversaciones entre las principales familias de las iglesias ortodoxas y ortodoxas orientales, la Iglesia Católica Romana, y las iglesias de la Reforma con sus ramificaciones. Gracias a los esfuerzos perseverantes de la Comisión de Fe y Constitución, hemos podido trazar caminos hacia la unidad visible, y dar pequeños pasos hacia una comunión más profunda en la fe, el culto y la vida.

Y ya no se mira públicamente con recelo e intolerancia a las comunidades pentecostales e independientes que surgen en América del Norte y del Sur, así como en África y en otras partes del mundo. Es verdad, podemos decir que hay un mayor respeto por la libertad religiosa. Y esto se debe en gran medida a la contribución aportada por las iglesias reunidas en el Consejo Mundial de Iglesias, que elaboraron los artículos correspondientes de la Declaración Universal de Derechos Humanos, adoptada por las Naciones Unidas el 10 de diciembre de 1948, y a los esfuerzos incesantes del Consejo para defender esa libertad en todo lugar.

En segundo lugar, el CMI ha continuado e intensificado su empeño principal de hacer progresar la misión de la Iglesia en los seis continentes, proclamando el Evangelio en las diversas culturas, y ejerciendo el ministerio de curación. También hemos asistido a un avance constante del diálogo, en un espíritu de respeto mutuo y de apertura. En algunos casos, se entabló una cooperación fructífera con creyentes de las principales religiones no cristianas en las esferas de los derechos humanos, la ayuda mutua, y el desarme y la paz. Todo esto debe continuar.

Ahora bien, en los últimos veinte años, ha aumentado de forma lamentable la cantidad de conflictos étnicos y religiosos, lo que nos insta, a nivel ecuménico, a prestar de forma concertada mayor atención a este problema que en el pasado. Desafortunadamente, al acelerarse la presión que ejerce la mundialización de las finanzas, la economía y las comunicaciones, se exacerban las reacciones violentas de los grupos étnicos y religiosos en muchos países. En este caso también, el Consejo Mundial de Iglesias, así como otros grupos cristianos y religiosos, deben hacer frente a la urgente tarea de intensificar el diálogo y la acción común, y buscar la forma de superar la violencia y estimular la cooperación por el bienestar de la humanidad.

En tercer lugar, el Movimiento Ecuménico, en particular el Consejo Mundial de Iglesias, ha puesto en práctica muchos programas de estudio y actividades que han suscitado cambios en diversos ámbitos de la condición humana y continuarán haciéndolo por el bien común. Estas actividades se llevan a cabo para alcanzar uno de los objetivos del Consejo de ponerse "al servicio de las necesidades humanas, eliminando las barreras que separan a los seres humanos, promoviendo una sola familia humana en la justicia y la paz, y salvaguardando la integridad de la creación".

Deseo enumerar aquí algunas de las preocupaciones que figuran en nuestro orden del día ecuménico, y son importantes ahora y en el futuro, y que requieren nuestra reflexión y toda nuestra energía.

– El trabajo con los refugiados, las personas desplazadas y los migrantes ha sido y será uno de los grandes ámbitos de actividad en este mundo desgarrado por guerras y conflictos.

– El Programa de Lucha contra el Racismo ha puesto de relieve una de las plagas que afectan a la familia humana – la discriminación y la exclusión de personas por motivos de raza, la marginación de los pueblos indígenas, como es el caso en América y el Pacífico. Debemos defender y afirmar con determinación y con pasión el carácter sagrado y la plena humanidad de las personas de todas las razas.

- La discriminación secular de que son víctimas las mujeres en la iglesia y la sociedad ha sido impugnada con vigor desde la Asamblea de Amsterdam. Gracias al Decenio Ecuménico de Solidaridad de las Iglesias con las Mujeres, que concluye con esta Asamblea, hemos accedido a una nueva etapa, que esperamos sea más innovadora, mediante el reconocimiento y la promoción de la igualdad de hombres y mujeres, que es un don de Dios.

- La opción preferencial por los pobres y los desfavorecidos también se ha afirmado con particular energía durante los últimos treinta años. En un mundo en el que la pobreza y el desempleo están aumentando constantemente tanto en los países ricos como en los países pobres, tenemos la obligación, junto con toda persona de buena voluntad, de desenmascarar las causas de las desigualdades económicas y sociales y de obrar sin descanso por una comunidad mundial más justa.

Deseo contarles aquí una de las muchas experiencias que han puesto en evidencia el importante papel desempeñado por los jóvenes en los debates y la acción ecuménicos. Uppsala fue la más apasionante de las Asambleas del CMI, gracias, en particular, a los lugares de encuentro en los que se tomaba café y se discutía, y al diario que publicaban los estudiantes suecos. Los jóvenes que participaron se habían preparado muy bien para los trabajos de la Asamblea, y a lo largo del desarrollo de la misma, pasaron muchas noches en debates sobre la estrategia a seguir, debates en los que también participé. Los jóvenes influyeron en algunas de las resoluciones presentadas a la Asamblea para aprobación. Uno de ellos era un joven economista holandés, Jan Pronk. Seis años más tarde, como Ministro de Economía del Gobierno neerlandés, presidió una destacada Conferencia de las Naciones Unidas que elaboró una importante Carta sobre un nuevo orden económico mundial. En nuestra Asamblea de Nairobi, fui uno de los que citó pasajes de esta Carta al trazar nuestro programa "Hacia una sociedad justa y viable, basada en la participación". Jan Pronk también tomó la palabra ante nuestra Asamblea de Vancouver como director adjunto de la Conferencia de las Naciones Unidas sobre Comercio y Desarrollo (UNCTAD).

- Este siglo de extremos, que fue testigo de las guerras más devastadoras de la historia, transmitirá al siglo XXI su legado de proliferación de armas de destrucción masiva, de guerras civiles y de conflictos regionales e internacionales. Y es deber del CMI y de otros organismos cristianos, así como de los instrumentos internacionales como las Naciones Unidas, de actuar, manteniendo una vigilancia constante, a fin de crear y de preservar un clima de paz en la tierra y de buena voluntad entre los pueblos.

– Durante estos cincuenta últimos años, hemos presenciado una toma de conciencia cada vez más clara de los "límites del crecimiento" y de los límites que es necesario poner al despilfarro de los recursos de la tierra. Es cada vez más evidente que la tierra y la atmósfera deben ser protegidas y preservadas de la contaminación. Paradójicamente son los países más ricos y los más pobres los que, por razones totalmente opuestas, se muestran más reticentes y menos capaces de hacer frente a esa amenaza creciente que se cierne sobre la humanidad y sobre toda la creación. Hoy más que nunca, los cristianos están llamados a proclamar la bendición de Dios – "Y vio que era bueno" – sobre la creación, y a traducirla en actos.

No cabe duda de que el CMI, como comunidad de iglesias y como instrumento del Movimiento Ecuménico, tiene como razón de ser permanente la tarea de declarar, de palabra y obra, la unidad de todo el pueblo de Dios, de ser testigo de la gracia y el poder de salvación y renovación del Evangelio de Dios por medio de Cristo en la comunión del Espíritu Santo, y de servir y promover el bien de todos y todas. Espero fervientemente que los jóvenes participantes en esta Asamblea estén presentes en el próximo jubileo, el año 2048, para dar testimonio de lo que Dios ha cumplido en su generación a fin de llevar adelante el designio de Dios para todos.

Nos hemos reunido en esta Asamblea del Jubileo en un tiempo de enormes desafíos y también de grandes incertidumbre, tanto por lo que respecta a nuestra vida como a nuestra vocación común, como comunidad del pueblo de Dios en Cristo llamada a cumplir la obra divina en el mundo que es de Dios. Nos sentimos incapaces de cumplir con las tareas que tenemos por delante. Pero el apóstol Pablo nos recuerda que "nuestra capacidad proviene de Dios" (2 Co 3:5). Por ello nos hemos dicho a nosotros mismos y a los otros "Busquemos a Dios con la alegría de la esperanza". Ciertamente, esta esperanza es un amor en acción por la gracia de Cristo y el poder del Espíritu Santo. Y ¡a Dios toda la gloria!

9. *Appendices*

9.1. PROGRAMA Y ORDEN DEL DÍA DE LA ASAMBLEA

Jueves 3 de diciembre
 7:45 horas Inscripción
10:00 horas Orientación
14:00 horas Culto
16:00 horas Plenaria inaugural: bienvenida del Consejo de Iglesias de Zimbabwe; bienvenida de la ciudad de Harare; bienvenida a las nuevas iglesias miembros del CMI desde Canberra; elección de los comités
18:30 horas Reunión del Comité de Dirección
20:00 horas Reuniones regionales
21:45 horas Oración vespertina

Viernes 4 de diciembre
 8:00 horas Culto
 9:00 horas Plenaria deliberativa sobre el tema de la Asamblea
11:00 horas Grupos
12:30 horas Reunión de los Comités de la Asamblea
14:30 horas Plenaria deliberativa: saludos de la Universidad de Zimbabwe; presentación de propuestas de declaración sobre cuestiones de actualidad; informe del Moderador
16:30 horas Plenaria deliberativa: informe financiero preliminar; informe del Secretario General
18:30 horas Reunión del Comité de Dirección
20:00 horas Plenaria deliberativa: examen de los informes
21:45 horas Oración vespertina

Sábado 5 de diciembre

8:00	horas	Culto
8:45	horas	Grupos
10:45	horas	Plenaria administrativa: presentación de los stewards; examen de una declaración de la Asamblea sobre el 50 aniversario de la Declaración Universal de Derechos Humanos; examen del procedimiento de nombramientos; presentación escrita de la lista de candidatos para las elecciones del Comité Central; presentación del procedimiento de trabajo por parte del Comité de Orientación Programática
12:30	horas	Reunión de los Comités de la Asamblea
14:30	horas	Celebración con las iglesias de Zimbabwe en el Estadio Rufaro
18:30	horas	Reunión del Comité de Dirección
20:00	horas	Reuniones de las Comuniones Cristianas Mundiales y de las iglesias

Domingo 6 de diciembre

8:00	horas	Visitas a las iglesias
14:30	horas	Plenaria deliberativa sobre el Entendimiento y la Visión Comunes del CMI: "Nuestra visión ecuménica"
16:30	horas	Plenaria deliberativa sobre el EVC; presentación de las modificaciones propuestas a la Constitución
18:30	horas	Reunión del Comité de Dirección
20:00	horas	Vigilia

Lunes 7 de diciembre

8:00	horas	Culto
8:45	horas	Grupos
10:45	horas	Plenaria deliberativa sobre el Decenio Ecuménico de Solidaridad de las Iglesias con las Mujeres
12:15	horas	Inauguración del Padare
12:30	horas	Reunión de los Comités de la Asamblea
14:30	horas	Reuniones de información y debate, Fase I
16:00	horas	Reuniones de información y debate, Fase I
18:30	horas	Reunión del Comité de Dirección
20:00	horas	Reuniones de información y debate Fase I
21:45	horas	Oración vespertina

Martes 8 de diciembre

8:00	horas	Culto
8:45	horas	Grupos
10:45	horas	Plenaria administrativa: bienvenida del Presidente de Zimbabwe; bienvenida a los invitados de otras religiones y respuesta; elección del Comité Central
12:30	horas	Reunión de los Comités de la Asamblea
12:30	horas	Culto de predicación
14:30	horas	Padare
16:30	horas	Plenaria deliberativa sobre África
18:30	horas	Reunión del Comité de Dirección
20:00	horas	Velada cultural africana
21:45	horas	Oración vespertina

Miércoles 9 de diciembre

8:00	horas	Culto
8:45	horas	Grupos
10:45	horas	Padare
12:30	horas	Reunión de los Comités de la Asamblea
12:30	horas	Culto de predicación
14:30	horas	Padare
16:30	horas	Padare
18:30	horas	Reunión del Comité de Dirección
20:00	horas	Padare
21:45	horas	Oración vespertina

Jueves 10 de diciembre

8:00	horas	Culto
8:45	horas	Grupos
10:45	horas	Padare
12:30	horas	Reuniones de los Comités de la Asamblea
12:30	horas	Culto de predicación
14:30	horas	Reuniones de información y debate, Fase II
16:30	horas	Reuniones de información y debate, Fase II
18:30	horas	Reunión del Comité de Dirección
20:00	horas	Plenaria administrativa: elección del Comité Central
21:45	horas	Oración vespertina

Viernes 11 de diciembre

8:00	horas	Culto
8:45	horas	Grupos

10:45   horas   Reuniones de información y debate Fase II
12:30   horas   Reuniones de los comités de la Asamblea
12:30   horas   Culto de predicación
14:30   horas   Plenaria administrativa: informe de finanzas; primera
                lectura del mensaje
16:30   horas   Padare
18:30   horas   Reunión del Comité de Dirección
20:00   horas   (por decidir)
21:45   horas   Oración vespertina

Sábado 12 de diciembre
8:00   horas   Culto
9:00   horas   Plenaria administrativa: cuestiones de actualidad
11:00   horas   Plenaria administrativa: informe del Comité de Exa-
                men I
12:30   horas   Reuniones de los comités de la Asamblea
14:30   horas   Plenaria administrativa: Informe del Comité de Exa-
                men II
16:30   horas   Plenaria administrativa: informe del Comité del Men-
                saje
18:30   horas   Reunión del Comité de Dirección
Libre

Domingo 13 de diciembre
8:00   horas   Culto con eucaristía
14:30   horas   50° aniversario "Peregrinación hacia el Jubileo"
16:30   horas   Culto de renovación del compromiso
18:00   horas   Cena y celebración del 50° aniversario

Lunes 14 de diciembre
8:00   horas   Culto
9:00   horas   Plenaria administrativa: informe del Comité de
                Orientación Programática
11:00   horas   Plenaria administrativa: informe del Comité de Cues-
                tiones de Actualidad
14:30   horas   Acto de clausura
16:30   horas   Culto de clausura

9.2. PARTICIPANTES EN LA ASAMBLEA

DELEGADOS DE LAS IGLESIAS MIEMBROS

Aasa Marklund, Mrs Inger Linnéa, fl, Church of Sweden
Ababio, Ms Grace, yfl, Presbyterian Church of Ghana
Abast, Mr L.D., ml, Protestant Church in Western Indonesia
Abegaz, Mrs Zewdie, fl, Ethiopian Orthodox Tewahedo Church
Abotsi, Ms Essivi Mawulom, yfl, Evangelical Presbyterian Church of Togo
Abraham, Ms Ciji C., yfl (India), Syrian Orthodox Patriarchate of Antioch and
 All the East [Syrian Arab Republic]
Abraham, Mrs Nirmala, fl (USA), Mar Thoma Syrian Church of Malabar
 [India]
Abramides, Lic. Elias C., ml (Argentina), Ecumenical Patriarchate of Con-
 stantinople [Turkey]
Abu El-Assal, Rt Rev. Riah, mo, Episcopal Church in Jerusalem and the Mid-
 dle East [Israel]
Abuom, Dr Agnes, fl, Anglican Church of Kenya
Adam, Rev. William J., ymo, Church of England
Adams, Dr Charles G., mo, Progressive National Baptist Convention, Inc.
 [USA]
Adekunle, Chief Samuel O., ml, Church of the Province of Nigeria
Adetiloye, Most Rev. Joseph Abiodun, mo, Church of the Province of Nigeria
Adhikari, Mr Susauta, ml, Bangladesh Baptist Sangha
Adinyira, Justice Sophia O.A., fl, Church of the Province of West Africa
 [Ghana]
Admitew Amera, Mr Kassahun, ml, Ethiopian Orthodox Tewahedo Church
Admussen, Mrs Betty Jane, fl, United Methodist Church [USA]
Aesh, Mr Agustinus N., mo, Evangelical Christian Church in Halmahera
 [Indonesia]
Agrell, Ms Britt-Louise, fl, Church of Sweden
Ahinon Bossikponnon, Mme Baï Elisabeth, fl, Protestant Methodist Church of
 Benin
Ahn, Ms Sun-Joo, yfl, Presbyterian Church of Korea
Aiong, Mrs Ietonga, fl, Presbyterian Church of Vanuatu
Aisi, Ms Martha G., fl, Evangelical Lutheran Church of Papua New Guinea
Ajapahyan, Rev. Mikael Gevorg, mo, Armenian Apostolic Church (Etchmi-
 adzin)

---

* En la lista de delegados de la Asamblea: m = masculino, f = femenino, y = youth (joven); l =
 laico; en el paréntesis que figura tras el nombre del/de la delegado(a) figura el país de residencia (en caso de ser otro que el país donde se ubica la sede central de la iglesia de que se trate);
 en los corchetes que siguen al nombre de una iglesia se indica el país donde se ubica la oficina
 o sede central de la iglesia en cuestión (cuando no pueda deducirse leyendo el nombre de la iglesia).

Akakiwa Bayago, Mr Jean, ml (Congo), Church of Jesus Christ on Earth by His Messenger Simon Kimbangu [Democratic Republic of Congo]

Akianana, Ms Miala, yfl, Church of Christ in Congo – Baptist Community of Western Congo [Democratic Republic of Congo]

Akinola, Mrs Aduke, fl, Nigerian Baptist Convention

Akinola, Venerable Samuel B., mo, Church of the Province of Nigeria

Akurkwec, Rev. Peter Odok, mo, Presbyterian Church in the Sudan

Al Laham, Mr Samer, ml, Greek Orthodox Patriarchate of Antioch and All the East [Syrian Arab Republic]

Alemezian, Very Rev. Nareg Manoug, mo (USA), Armenian Apostolic Church (Cilicia) [Lebanon]

Alfeyev, Rev. Dr Hilarion, mo, Russian Orthodox Church

Alias, Prof. P.C., ml, Malankara Orthodox Syrian Church [India]

Allsop, Rev. Dr Ian E., mo, Churches of Christ in Australia

Almen, Rev. Lowell G., mo, Evangelical Lutheran Church in America [USA]

Amadi, Rev. Dr Clement Anarioh, mo, Nigerian Baptist Convention

Ambrosius of Oulu, Metropolitan, mo, Orthodox Church of Finland

Amiou, Pasteur Yawo Fatsème, mo, Evangelical Presbyterian Church of Togo

Amlak, Mr Wossen Seged G., ml, Ethiopian Orthodox Tewahedo Church

Anastasios of Tirana, Durres and All Albania, Archbishop, mo, Orthodox Autocephalous Church of Albania

Anderson, Rev. Arthur Merrill, mo, Anglican Church of Canada

Anderson, Rev. Dr H. George, mo, Evangelical Lutheran Church in America [USA]

Anderson, Rev. Dr Lesley George, mo (Belize), Methodist Church in the Caribbean and the Americas [Antigua and Barbuda]

Anderson, Ms Owanah, fl, Episcopal Church [USA]

Anderson, Bishop Vinton R., mo, African Methodist Episcopal Church [USA]

Anderson, Mrs Vivienne L., fl, African Methodist Episcopal Church [USA]

Andrade, Mr Edwin, yml, Presbyterian Church (USA)

Andriata, Rev. Hada, mo, Pasundan Christian Church [Indonesia]

Aneye, Mme Akissi J., fl, Protestant Methodist Church of the Ivory Coast

Antwi, Rt Rev. Dr Samuel Asante, mo, Methodist Church, Ghana

Apostola, V. Rev. Fr Nicholas K., mo (USA), Romanian Orthodox Church

Apostu, Mr Andrei Dan, yml, Orthodox Church in Czech Lands and Slovakia [Czech Republic]

Appelbee, Mrs Elaine, fl, Church of England

Appleby, Bishop Richard F., mo, Anglican Church of Australia

Arai, Rev. Dr Jin, mo, United Church of Christ in Japan

Aram I, Catholicos, mo, Armenian Apostolic Church (Cilicia) [Lebanon]

Arthur, Rev. John, mo, Scottish Congregational Church

Arulendran, Ms Keshini, yfl, Church of Ceylon [Sri Lanka]

Ashekian, Mrs Julie, fl (USA), Armenian Apostolic Church (Etchmiadzin)

Ashenden, Rev. Gavin Roy P., mo, Church of England

Assis da Silva, Rev. Francisco de, mo, Episcopal Anglican Church of Brazil
Asuoha, Chief Mrs Ezinne E.M., fl, Presbyterian Church of Nigeria
Athanasios of Heliopolis and Theira, Metropolitan, mo, Ecumenical Patriarchate of Constantinople [Turkey]
Athyal, Dr Leelamma, fl, Mar Thoma Syrian Church of Malabar [India]
Auvaa, Rev. Faatoese, mo, Methodist Church in Samoa [Western Samoa]
Avasi, Mr Victor, yml, Church of the Province of Uganda
Avis, Rev. Dr Paul, mo, Church of England
Awad, Rev. Adeeb, mo (Syrian Arab Republic), National Evangelical Synod of Syria and Lebanon
Awejok, Rev. Simon Ngor, ymo, Presbyterian Church in the Sudan
Aykazian, Bishop Viken, mo (Netherlands), Armenian Apostolic Church (Etchmiadzin)
Azariah, Rt Rev. Samuel Robert, mo, Church of Pakistan
Bakala Koumouno, Mlle Louise, fl, Evangelical Church of the Congo
Bakkevig, Rev. Canon Trond, mo, Church of Norway
Balian, Mr Serj, ml (France), Armenian Apostolic Church (Etchmiadzin)
Baliozian, Archbishop Aghan, mo (Australia), Armenian Apostolic Church (Etchmiadzin)
Bangun, Mr Salim Arifin, ml, Karo Batak Protestant Church [Indonesia]
Bannister, Rev. Kathryn K., yfo, United Methodist Church [USA]
Bao, Rev. Jia Yuan, mo, China Christian Council
Barbier, Pasteur Jean-Pierre, mo, Evangelical Lutheran Church of France
Barker, Mr Duane Richard, yml (Barbados), Moravian Church, Eastern West Indies Province [Antigua and Barbuda]
Basilios, Archbishop, mo, Ethiopian Orthodox Tewahedo Church
Baum, Frau Bärbel, fl, Evangelical Church in Germany
Baxter, Mr Norman Henry, ml, Uniting Church in Australia
Bayouniakrian, Rev. Avadis, mo (Syrian Arab Republic), Union of the Armenian Evangelical Churches in the Near East [Lebanon]
Bazzana, Ms Susan Janelle, fl, Anglican Church of Australia
Bdlia, Rev. Bitrus A., mo, Church of the Brethren in Nigeria
Bebawy, Bishoy Ishaia Mikhail, mo, Coptic Orthodox Church [Egypt]
Becker, Diakonin Valmi Ione, fo, Evangelical Church of the Lutheran Confession in Brazil
Beeko, Rt Rev. Anthony Antwi, mo, Presbyterian Church of Ghana
Bekdjian, Bishop Karekin, mo (Germany), Armenian Apostolic Church (Etchmiadzin)
Bekele, Abba Abera, mo, Ethiopian Orthodox Tewahedo Church
Bekele, Mr Mulugeta, ml, Ethiopian Orthodox Tewahedo Church
Below, Rev. Andrea Barbara, fo, Evangelical Church in Germany
Benes, Dr Ladislav, mo, Evangelical Church of Czech Brethren [Czech Republic]
Benn, Mr Hengky, ml, Protestant Evangelical Church in Timor [Indonesia]

Berhe, Dr Constantinos, ml, Ethiopian Orthodox Tewahedo Church
Berhe, Mr Tsegaye, mo, Ethiopian Orthodox Tewahedo Church
Best, Dr Marion S., fl, United Church of Canada
Betche, Mr Zachee, yml, Union of Baptist Churches of Cameroon
Bexell, Prof. Göran, mo, Church of Sweden
Bigari, Mme Josephine, fl, Church of the Province of Burundi
Bilenga, Madame Musuamba, fl, Church of Christ in Congo – Presbyterian
    Community [Democratic Republic of Congo]
Binti, Rev. Dr Manase Rugas, mo, Kalimantan Evangelical Church [Indone-
    sia]
Bishoy, Metropolitan Anba, mo, Coptic Orthodox Church [Egypt]
Blei, Rev. Dr Karel, mo, Netherlands Reformed Church
Bohanon, Ms Angie, yfl, Presbyterian Church (USA)
Bol, Rev. Paul, ymo, Presbyterian Church in the Sudan
Bölcskei, Bishop Dr Gusztáv, mo, Reformed Church in Hungary
Bolocon, Bishop Elmer M., mo, United Church of Christ in the Philippines
Bondevik, Bishop Odd, mo, Church of Norway
Boni, Rev. Benjamin, mo, Protestant Methodist Church of the Ivory Coast
Borski, Synodalrat Ryszard, mo, Evangelical Church of the Augsburg Con-
    fession in Poland
Bosien, Frau Heike, yfl, Evangelical Church in Germany
Bottoms, Rev. Ruth A., fo, Baptist Union of Great Britain
Boyajian, Ms Manouchak, fl, Armenian Apostolic Church (Cilicia) [Lebanon]
Bozabalyan, Archbishop Nerses Hakob, mo, Armenian Apostolic Church
    (Etchmiadzin)
Bozikis, Deacon Anastasios, mo (Australia), Ecumenical Patriarchate of Con-
    stantinople [Turkey]
Braaksma, Mrs Deborah, fl, Reformed Church in America [USA]
Bradshaw, Ms Hilary Janet, yfl, Baptist Union of Great Britain
Brandt, Dr Gail Cuthbert, fl, Anglican Church of Canada
Brandt, Prof. Dr Hermann, mo, Evangelical Church in Germany
Brevik, Ms Synnove, fl, Church of Norway
Brux, Frau Uta, yfl, Evangelical Church in Germany
Bryce, Rt Rev. Jabez Leslie, mo (Fiji), Anglican Church in Aotearoa, New
    Zealand and Polynesia
Bumanglag, Ms June, yfl, United Church of Christ [USA]
Buot, Dr Sheila Dalilah, fl, United Church of Christ in the Philippines
Bur, Ms Analía Silvana, yfl, Evangelical Methodist Church of Argentina
Burnham, Rev. Anthony, mo, United Reformed Church [United Kingdom]
Busulwa, Mr Samuel K., ml, Church of the Province of Uganda
Buszka, Rev. Henryk, mo, Polish Catholic Church
Butler, Rt Rev. Thomas Frederic, mo, Church of England
Buzková, Ing. Jana, fl, Evangelical Church of Czech Brethren [Czech Repub-
    lic]

Byrnes, Rev. Jennifer, fo, Uniting Church in Australia
Cable, Ms Alison Emma, fl, Methodist Church of New Zealand
Cadman, Rev. Scott, mo, Baptist Union of New Zealand
Caetano, Rev. Jose Domingo, mo, Evangelical Pentecostal Mission of Angola
Cameron, Rt Rev. Andrew Bruce, mo, Scottish Episcopal Church
Canino, Ms Liza Marie, yfl (Puerto Rico), Evangelical Lutheran Church in America [USA]
Cao, Rev. Shengjie, fo, China Christian Council
Carcaño, Rev. Minerva, fo, United Methodist Church [USA]
Carey, Most Rev. George Leonard, mo, Church of England
Castro, Bishop George, mo, Evangelical Methodist Church in the Philippines
Cati, Mrs Selai, fl, Kiribati Protestant Church
Chacko, Mr Joseph, ml, Mar Thoma Syrian Church of Malabar [India]
Chambers-Young, Dr Thelma, fl, Progressive National Baptist Convention, Inc. [USA]
Chaplin, Fr Vsevolod, ymo, Russian Orthodox Church
Chaputsira, Rev. C., mo, Reformed Church in Zimbabwe
Charkiewicz, Mr Jaroslaw, ml, Autocephalous Orthodox Church in Poland
Chatterley, Mrs Dorothy, fl, Church of England
Chilimbo, Sra Madalena, fl, Evangelical Pentecostal Mission of Angola
Chinnis, Dr Mary Pamela, fl, Episcopal Church [USA]
Chipenda, Rev. José Belo, mo, Evangelical Congregational Church in Angola
Chirisa, Bishop Farayi J., mo, Methodist Church in Zimbabwe
Choloyan, Bishop Oshagan, mo (Kuwait), Armenian Apostolic Church (Cilicia) [Lebanon]
Chowdhury, Dr Shaila Mong, ml, Bangladesh Baptist Sangha
Christensen, Ms Berit Schelde, yfl, Evangelical Lutheran Church in Denmark
Chua, Dr Menchu M., yfl, Philippine Independent Church
Chuang, Rev. Shu-Chen, fo, Presbyterian Church in Taiwan
Cies'lar, Pfr. Jan, mo, Silesian Evangelical Church of the Augsburg Confession [Czech Republic]
Cilerdzic, Rev. Andreas, mo, Serbian Orthodox Church [Yugoslavia]
Cilnis, Mrs Daira, fl (USA), Latvian Evangelical Lutheran Church Abroad [Germany]
Clapsis, Rev. Dr Emmanuel, mo (USA), Ecumenical Patriarchate of Constantinople [Turkey]
Clark, Mr John Mullin, ml, Church of England
Clements-Jewery, Mr Hugh, yml, Baptist Union of Great Britain
Cole-King, Canon Dr Susan Mary, fo, Church of England
Coleman, Ms Virginia, fl, United Church of Canada
Corduneanu, Ms Iulia, yfl, Romanian Orthodox Church
Cowdell, Rev. Dr Scott, mo, Anglican Church of Australia
Crow Jr, Rev. Dr Paul A., mo, Christian Church (Disciples of Christ) [USA]

Csete-Szemesi, Rev. Istvan, mo, Reformed Christian Church in Yugoslavia
Csiha, Bishop Dr Kàlmàn, mo, Reformed Church of Romania
Cubreacov, Mr Vlad, ml (Moldavia), Romanian Orthodox Church
Cummings, Rev. Dr George C.L., mo, American Baptist Churches in the USA
Cunning, Mr Stephen, yml, Church of Greece
Daba, Rev. Yadessa, mo, Ethiopian Evangelical Church Mekane Yesus
Dado, Ms Luz B., fl (Philippines), United Methodist Church [USA]
Damanik, Dr Flora Maya, fl, Protestant Christian Batak Church [Indonesia]
Damanik, Rev. Jasiman, mo, Simalungun Protestant Christian Church
    [Indonesia]
Damian, Anba, mo (Germany), Coptic Orthodox Church [Egypt]
Dandala, Bishop H. Mvume, mo, Methodist Church of Southern Africa
    [South Africa]
Dangki, Rev. Ogodong D.H.O.D, mo, Protestant Church in Sabah [Malaysia]
Daniels, Dr Mackey, mo, Progressive National Baptist Convention, Inc. [USA]
Dantine, Prof. Dr Johannes, mo, Evangelical Church of the Augsburg and
    Helvetic Confessions in Austria
Dass, Rt Rev. Smart Khub, mo, Church of Pakistan
Dauway, Ms Lois M., fl, United Methodist Church [USA]
Davidian, Dr Levon, ml (Iran), Armenian Apostolic Church (Cilicia)
    [Lebanon]
Davies, Rt Rev. Geoffrey F., mo, Church of the Province of Southern Africa
    [South Africa]
Davis, Mrs Cynthia M., fo (Liberia), Church of the Lord (Aladura) Worldwide
    [Nigeria]
De Jesus, Rev. Edgar Raymund, mo, United Methodist Church [USA]
De Oliveira, Profa Lucia L., fl, Methodist Church in Brazil
De Rham, Rev. Raymond, mo, Swiss Protestant Church Federation
De Salis, Rev. Isabelle, fo, Swiss Protestant Church Federation
De Silva, Ms Chintha, fl, Methodist Church Sri Lanka
De Souza, Ms Inamar Correa, fl, Episcopal Anglican Church of Brazil
De Vries, Dr Dawn, fl, Presbyterian Church (USA)
Dechow, Rev. Jens, mo, Evangelical Church in Germany
DeGroot-Nesdahl, Rev. Andrea, fo, Evangelical Lutheran Church in America
    [USA]
Deicha, Prof. Sophie, fl (France), Ecumenical Patriarchate of Constantinople
    [Turkey]
Dhlembeu, Mrs Nellie, fl, Evangelical Lutheran Church in Zimbabwe
Dimas, Rev. Fr George, mo (Lebanon), Greek Orthodox Patriarchate of Anti-
    och and All the East [Syrian Arab Republic]
Dinka, Mrs Bashatu, fl, Ethiopian Evangelical Church Mekane Yesus
Dlamini, Mrs Doreen T., fl, Evangelical Lutheran Church in Southern Africa
    [South Africa]

Doff, Rev. Jan Willem, mo, Reformed Churches in the Netherlands

Dogan, Sr Hatune, fl (Germany), Syrian Orthodox Patriarchate of Antioch and All the East [Syrian Arab Republic]

Donadelle, Mrs C. Denise, fl (Virgin Islands [US]), Moravian Church, Eastern West Indies Province [Antigua and Barbuda]

Dorn, Dr Jonathan A., ml, American Baptist Churches in the USA

Dovo, Mrs Selina Ruth, fl (Vanuatu), Church of the Province of Melanesia [Solomon Islands]

Doyle, Rev. Dr Robert Colin, mo, Anglican Church of Australia

Dragas, V. Rev. Dr George Dion, mo (USA), Ecumenical Patriarchate of Constantinople [Turkey]

Duhoux-Rueb, Rev. J. Christina, fo, Mennonite Church in the Netherlands

Duracin, Rt Rev. Jean Zaché, mo (Haiti), Episcopal Church [USA]

Dyvasirvadam, Rev. G., mo, Church of South India

Eaténé, Ms Hnaziné, fl, Evangelical Church in New Caledonia and the Loyalty Isles

Edu-Yao, Mrs Esther, fl, Evangelical Presbyterian Church, Ghana

Edwards, Ms Donnalie E.C., fl, Church in the Province of the West Indies [Antigua and Barbuda]

Eliezer, Mrs Angelina, fl, Church of North India

Elkrog, Mr Kaj Jorgen, ml, Evangelical Lutheran Church in Denmark

Elliott, Rev. Gavin John, mo, Church of Scotland

Eneme, Mrs Grace Mejang, fl, Presbyterian Church in Cameroon

Engel, Frau Edeltraud, fl, Evangelical Church in Germany

Engelhardt, Mrs Maria, yfl, Church of Sweden

Engonga Engonga Alima, Mme Anastasie, fl, Presbyterian Church of Cameroon

Enns, Rev. Fernando, mo, Mennonite Church [Germany]

Erari, Rev. Dr Karel Philemon, mo, Evangelical Christian Church in Irian Jaya [Indonesia]

Erdélyi, Dr Géza, mo, Reformed Christian Church in Slovakia [Slovak Republic]

Erdélyi, Ms Zsuzsanna, yfl, Reformed Christian Church in Slovakia [Slovak Republic]

Ericsson Loefgren, Mrs Birgitta, fl, Church of Sweden

Esajas, Dr Henk E., ml, European Continental Province of the Moravian Church [Netherlands]

Etchegoyen, Obispo Aldo Manuel, mo, Evangelical Methodist Church of Argentina

Etteh, Mrs Elizabeth I. E., fl, Presbyterian Church of Nigeria

Eusebius, Bishop Philipos Mar, mo, Malankara Orthodox Syrian Church [India]

Fadeji, Rev. Dr Samuel Olaniran, mo, Nigerian Baptist Convention

Fasiolo, Maître Elisabeth, fl, Evangelical Church of the Augsburg Confession of Alsace and Lorraine [France]

Fau'olo, Rev. Oka, mo, Congregational Christian Church in Samoa [Western Samoa]

Fau'olo, Mrs Sooletaua, fl, Congregational Christian Church in Samoa [Western Samoa]

Fernando, Ms Deveni V.V.S., fl, Church of Ceylon [Sri Lanka]

Fernando, Rev. Duleep R., mo, Methodist Church Sri Lanka

Fetahi, Rev. Wolde-Rufael, mo, Ethiopian Orthodox Tewahedo Church

Fikirte, Mother Sup Mariam Emahoy, fl, Ethiopian Orthodox Tewahedo Church

Fimbo, Pasteur Ganvunze D., mo, Church of Christ in Congo – Mennonite Community [Democratic Republic of Congo]

Finlay, Ms Alice-Jean, fl, Anglican Church of Canada

FitzGerald, Prof. Dr Kyriaki, fl (USA), Ecumenical Patriarchate of Constantinople [Turkey]

Flaaten, Rev. Jan Olav, mo, Evangelical Lutheran Church in America [USA]

Flack, Rt Rev. John Robert, mo, Church of England

Fledelius, Prof. Karsten, ml, Evangelical Lutheran Church in Denmark

Fletcher-Marsh, Rev. Dr Wendy Lynn, fo, Anglican Church of Canada

Fobia, Rev. Dr Benjamin, mo, Protestant Evangelical Church in Timor [Indonesia]

Fodor-Nagy, Rev. Ferencne, fo, Reformed Church in Hungary

Forbes, Ms Jean, fl, Scottish Episcopal Church

Forgacová, Rev. Magdaléna, yfo, Evangelical Church of the Augsburg Confession in the Slovak Republic

Foth, Rev. Birgit, fo, Mennonite Church [Germany]

Francis, Ms Sonia, fl, Episcopal Church [USA]

Francisco, Mr Nicolau, yml, Evangelical Pentecostal Mission of Angola

Freier, Rev. Philip L., mo, Anglican Church of Australia

Frew, Mrs Wilma Croll, fl, United Reformed Church [United Kingdom]

Fuentes, Sra Manuela, fl, Spanish Evangelical Church

Fuka, Ms Lynette Mo'unga, yfl, Methodist Church in Tonga (Free Wesleyan)

Fulton, Rev. John Oswald, mo, United Free Church of Scotland

Fumasoli, Ms Susanna, yfl, Swiss Protestant Church Federation [Switzerland]

Gadegaard, Rev. Anders, mo, Evangelical Lutheran Church in Denmark

Gadzama, Rev. Karagama Apagu, mo, Church of the Brethren in Nigeria

Gana, Mrs Elizabeth, fl, Presbyterian Church in Cameroon

Gandiya, Rev. Chad, mo (Zimbabwe), Church of the Province of Central Africa [Botswana]

Gao, Rev. Feng, mo, China Christian Council

Gao, Rev. Ying, fo, China Christian Council

Garcia, Rev. Wanani Nunes, mo (Angola), Church of Jesus Christ on Earth by His Messenger Simon Kimbangu [Democratic Republic of Congo]

Gebre Atebo, Rev. Awato, mo, Ethiopian Evangelical Church Mekane Yesus

George, Rev. Dr Kondothra M., mo, Malankara Orthodox Syrian Church [India]
Gerny, Bischof Hans, mo, Old Catholic Church in Switzerland
Ghazelzan, Ms Silva, fl, Armenian Apostolic Church (Etchmiadzin)
Gintings, Rev. Dr E.P, mo, Karo Batak Protestant Church [Indonesia]
Gitari, Most Rev. David Mukuba, mo, Anglican Church of Kenya
Gjerdrum, Mr Oystein, ml, Church of Norway
Glynn-Mackoul, Mrs Anne, fl (USA), Greek Orthodox Patriarchate of Antioch and All the East [Syrian Arab Republic]
Göbel, Pfarrerin Christa, fo, Evangelical Church in Germany
Gojer, Mrs Aruna, fl, Church of South India
Goliath, Rev. Frederica Maria, fo, Moravian Church in Southern Africa [South Africa]
Gomez, Most Rev. Drexel, mo (Bahamas), Church in the Province of the West Indies [Antigua and Barbuda]
Gonzalez Arguello, Rev. Elias Antonio, mo, Baptist Convention of Nicaragua
Goto, Ms Courtney, yfl, United Methodist Church [USA]
Grace, Eden, yfl, Friends United Meeting [USA]
Gradinaru, Ms Codruta Simona, fl, Romanian Orthodox Church
Granberg-Michaelson, Rev. Wesley, mo, Reformed Church in America [USA]
Gray, Ms Stefanie, yfl, United Methodist Church [USA]
Green, Mr Gerald, ml, Moravian Church in Nicaragua
Grounds, Dr Richard A., ml, United Methodist Church [USA]
Grove, Bishop William, mo, United Methodist Church [USA]
Guerrero, Rev. Carmen Bruri, fo, Episcopal Church [USA]
Gulo, Rev. L., mo, Nias Protestant Christian Church [Indonesia]
Gunawan, Mrs Ester J., fl, Indonesian Christian Church (GKI)
Gundyaev, Fr Mikhail, ymo (Switzerland), Russian Orthodox Church
Guta, Rev. Megersa, mo, Ethiopian Evangelical Church Mekane Yesus
Gutierrez, Obispo Sinforiano, mo, Free Pentecostal Mission Church of Chile
Gyi, Rev. Saw Mar Gay, mo, Myanmar Baptist Convention
Habib, Mr Gabriel, ml (USA), Greek Orthodox Patriarchate of Antioch and All the East [Syrian Arab Republic]
Hale, Ms Jenny Anne, yfl, United Reformed Church [United Kingdom]
Hall, Rev. Dr Prathia L., fo, Progressive National Baptist Convention, Inc. [USA]
Halliday, Ms Adele, yfl, Presbyterian Church in Canada
Hamm, Rev. Dr Richard, mo, Christian Church (Disciples of Christ) [USA]
Hammar, Most Rev. Karl Gustav, mo, Church of Sweden
Han, Dr Wen Zao, ml, China Christian Council
Handasyde, Ms Kerrie Jean, yfl, Churches of Christ in Australia
Handayani, Rev. Retno R.S., yfo, Javanese Christian Churches [Indonesia]
Hanna, Fr Augustinos, mo (USA), Coptic Orthodox Church [Egypt]

Hanna, Dr Marcelle Sobhi, fl (USA), Coptic Orthodox Church [Egypt]
Harms, Mrs Silke G.A., yfl, Evangelical Church in Germany
Harris, Rt Rev. Dr Sumoward, mo, Lutheran Church in Liberia
Harutyunyan, Deacon Harutyun, yml, Armenian Apostolic Church (Etchmi-
    adzin)
Harvey, Mrs Judy Alexa, fl, Baptist Union of New Zealand
Hatzopoulos, Very Rev. Athanasios, mo (Switzerland), Church of Greece
Hawea, Rev. Thomas, mo, Presbyterian Church of Aetearoa New Zealand
Hebenton, Ms Bonnie, fl, Anglican Church in Aotearoa, New Zealand and
    Polynesia
Heidel, Mr Klaus, ml, Evangelical Church in Germany
Heitz, Ms Monika J.M., fl, Old Catholic Church of Austria
Henderson, Rev. Gregor S., mo, Uniting Church in Australia
Hendriks, Rev. Margaretha, fo, Protestant Church in the Moluccas [Indonesia]
Henriksson, Mr Lennart G., ml, Mission Covenent Church of Sweden
Hernandez-Granzen, Rev. Karen, fo, Presbyterian Church (USA)
Herrera, Rev. Fr Larry Jiao, mo, Philippine Independent Church
Higgins, Rev. Ursula M., fo (South Africa), African Methodist Episcopal
    Church [USA]
Hinton, Mr Paul, yml, Anglican Church of Canada
Hirata, Mrs Makiko, fl, United Church of Christ in Japan
Hjerrild, Rev. Ane Kathrine, fo, Evangelical Lutheran Church in Denmark
Hoel, Ms Ragnhild E., yfl, Church of Norway
Houweling, Rev. Mrs Louise Yohanna, fo, Reformed Churches in the Nether-
    lands
Hovhannissian, Bishop Nathan, mo, Armenian Apostolic Church (Etchmi-
    adzin)
Hoyt, Bishop Thomas L., mo, Christian Methodist Episcopal Church [USA]
Huber, Bischof Dr Wolfgang, mo, Evangelical Church in Germany
Hudson-Wilkin, Rev. Rose Josephine, fo, Church of England
Huotari, Bishop Dr Voitto Sakari, mo, Evangelical Lutheran Church of Fin-
    land
Hutasoit, Rev. Miss Desy Ritha, yfo, Protestant Christian Batak Church
    [Indonesia]
Hutasoit, Rev. Nurdia, fo, Indonesian Christian Church (HKI)
Huttunen, Rev. Heikki, mo, Orthodox Church of Finland
Hylleberg, Rev. Bent, mo, Baptist Union of Denmark
Hylleberg, Mr Rasmus, yml, Baptist Union of Denmark
Ibrahim, Met. Mar Gregorios Y., mo, Syrian Orthodox Patriarchate of Antioch
    and All the East [Syrian Arab Republic]
Ihambo, Rev. Jefta, mo, Evangelical Lutheran Church in the Republic of
    Namibia
Ihorai, Pasteur Jacques, mo, Evangelical Church of French Polynesia
Ihorai, Mlle Mata Louise, yfl, Evangelical Church of French Polynesia

Illangasinghe, Rev. Kumara B.S., mo, Church of Ceylon [Sri Lanka]

Imbolo-Lokalamba, Pasteur Alain, yml, Church of Christ in Congo – Community of Disciples of Christ [Democratic Republic of Congo]

Isaak, Rev. Dr Paul J., mo, Evangelical Lutheran Church in the Republic of Namibia

Isaksen, Bishop Robert L., mo, Evangelical Lutheran Church in America [USA]

Israel, Ms Maria Chissenda, fl, Evangelical Congregational Church in Angola

Issa, Mr Theodore B.T., yml (Australia), Syrian Orthodox Patriarchate of Antioch and All the East [Syrian Arab Republic]

Istavridis, Prof. Vasil, ml, Ecumenical Patriarchate of Constantinople [Turkey]

Jackson, Dr Bernice Powell, fl, United Church of Christ [USA]

Jägers, Mrs Maryon P., fl (Netherlands), Church of England

James, Rev. Arthur, mo, Presbyterian Church of Pakistan

James, Ms Nicola, yfl (Jamaica), Church in the Province of the West Indies [Antigua and Barbuda]

Jap-a-Joe, Mr Wilhelm H. A.-K., ml, Moravian Church in Suriname

Jaramillo, Ms Linda, fl, United Church of Christ [USA]

Jaworski, Bishop Zdzislaw M.W., mo, Old Catholic Mariavite Church in Poland

Jayanth, Dr Mathew Thomas, yml, Mar Thoma Syrian Church of Malabar [India]

Jebelean, Rev. Livius Ioan, mo (Switzerland), Polish Catholic Church [Poland]

Jennings, Mrs Helen Marina, yfl, Church of England

Jivi, Rev. Prof. Aurel, mo, Romanian Orthodox Church

Joel, Rev. Easter Kamalam, fo, Methodist Church Sri Lanka

Johannesdotter, Rev. Jürgen, mo, Evangelical Church in Germany

John, Mr C. George, ml (Bahrain), Mar Thoma Syrian Church of Malabar [India]

Johnson, Ms Thelma Lois, fl, United Methodist Church [USA]

Jokomo, Mrs Edith, fl (Zimbabwe), United Methodist Church [USA]

Jones, Rev. Derwyn Morris, mo, Union of Welsh Independents

Jonson, Bishop Dr Jonas, mo, Church of Sweden

Jung, Elder Dong Ha, ml, Presbyterian Church of Korea

Jung, Ms Hae-Sun, fl, Korean Methodist Church

Jurás, Mr Jan, ml, Evangelical Church of the Augsburg Confession in the Slovak Republic

Kaa, Rev. Canon Hone, mo, Anglican Church in Aotearoa, New Zealand and Polynesia

Kabonde, Rev. Peggy Mulambya, fo, United Church of Zambia

Kabwe-Ka-Leza, Evèque K., mo (Zambia), Church of Christ in Congo – Episcopal Baptist Community [Democratic Republic of Congo]

Kadandara, Mrs Joyce, fl, Methodist Church in Zimbabwe

Kaessmann, Pfr. Dr Margot, fo, Evangelical Church in Germany

Kakkouras, Mr George, ml, Church of Cyprus

Kalinova, Ms Jana, yfl, Czechoslovak Hussite Church [Czech Republic]

Kallas, Mrs Muna, fl, Greek Orthodox Patriarchate of Antioch and All the East [Syrian Arab Republic]

Kamau, Rev. Dr Jesse M., mo, Presbyterian Church of East Africa [Kenya]

Kapahang-Kaunang, Rev. Karolina A., fo, Christian Evangelical Church in Minahasa [Indonesia]

Kapi, Mr Tangimetua, ml, Cook Islands Christian Church

Karagdag, Ms Carmencita, fl, Philippine Independent Church

Karamaga, Rev. Dr André, mo, Presbyterian Church of Rwanda

Karayannis, Bishop Vasilios of Trimithous, mo, Church of Cyprus

Karim, Mor Cyril A., mo (USA), Syrian Orthodox Patriarchate of Antioch and All the East [Syrian Arab Republic]

Kassahun, Deacon Admitew Amera, mo, Ethiopian Orthodox Tewahedo Church

Kasukuti, Bishop Ngoy, mo (Zambia), Evangelical Lutheran Church of Congo [Democratic Republic of Congo]

Kautil, Rev. Sen Kasek, mo, Evangelical Lutheran Church of Papua New Guinea

Kavaliku, Mrs Fuiva, fl, Methodist Church in Tonga (Free Wesleyan)

Kawageme, Rev. Peter K., mo, Moravian Church in Tanzania

Kazarian, Mrs Tsovinar, yfl, Armenian Apostolic Church (Etchmiadzin)

Keel, Ms Ülle, fl, Estonian Evangelical Lutheran Church

Kent, Rev. John, mo, Moravian Church in Suriname

Kerlos, Archbishop, mo, Ethiopian Orthodox Tewahedo Church

Kerth, Frau Ruth, fl, Evangelical Church in Germany

Khabela, Rev. Dr Gideon, mo, Reformed Presbyterian Church in Southern Africa [South Africa]

Kharises, Rev. Julieth, fo, Evangelical Lutheran Church in the Republic of Namibia

Khumalo, Rev. Dr Samson Albert, mo, Presbyterian Church of Africa [South Africa]

Kiambi, Mr Japhet, yml, Methodist Church in Kenya

Kibibi Mwaitube, Ms Bame, fl, Moravian Church in Tanzania

Kich, Ms Jeane, yfl, Evangelical Church of the Lutheran Confession in Brazil

Kidu, Rev. Edea T., mo, United Church in Papua New Guinea

Kidu, Mrs Taboro, fl, United Church in Papua New Guinea

Kilembe Mbaya Shista, Mr Ikuka Ibuke M., yml, Church of Christ in Congo – Mennonite Community [Democratic Republic of Congo]

Kim, Ms Hye-Ran, yfl (Canada), Presbyterian Church in the Republic of Korea

Kim, Rev. Dr So Young, mo, Presbyterian Church of Korea

Kimani, Rev. Julius Karanja, mo, African Christian Church and Schools [Kenya]

Kimhachandra, Rev. Dr Sint, mo, Church of Christ in Thailand

Kimyaci, Ms Joli, fl (Switzerland), Ecumenical Patriarchate of Constantinople [Turkey]

Kine, Rev. Eti, mo, Tuvalu Christian Church

Kinnunen, Rev. Mari, fo (Germany), Evangelical Lutheran Church of Finland

Kirkpatrick, Rev. Dr Clifton, mo, Presbyterian Church (USA)

Kishkovsky, Very Rev. Leonid, mo, Orthodox Church in America [USA]

Kisonga, Ms Susana Peter, fl, Church of the Province of Tanzania

Kitikila, Rev. Dr Dimonika, mo, Church of Christ in Congo – Baptist Community of Western Congo [Democratic Republic of Congo]

Klassohn, Herr Helge, mo, Evangelical Church in Germany

Klein, Dr Christoph D., mo, Evangelical Church of the Augsburg Confession in Romania

Knaggs, Mr Frank Aylesbury, ml, Church of England

Knotte, Rev. Elfriede, fo, Evangelical Church in Germany

Kolini, Archbishop Emmanuel M., mo, Church of the Province of Rwanda

Koppe, Bischof Rolf, mo, Evangelical Church in Germany

Koulouris, Mr Antonios-Renos, ml, Greek Evangelical Church

Kovács, Prof. László Attila, mo, Evangelical Synodal Presbyterial Church of the Augsburg Confession in Romania

Kraus, Ms Beate, yfl (Germany), United Methodist Church [USA]

Kronshage, Frau Christa, fl, Evangelical Church in Germany

Krüger, Oberkirchenrätin Marita Karin, fo, Evangelical Church in Germany

Krystof (Pulec), V. Rev. Dr, mo, Orthodox Church of the Czech Lands and Slovakia [Czech Republic]

Kuchera, Rev. Murombedzi C., mo, United Church of Christ in Zimbabwe

Kugba-Nyande, Rev. Dr Peter, mo, Methodist Church Sierra Leone

Kulah, Bishop Arthur F., mo (Liberia), United Methodist Church [USA]

Kumar, Mr A. Roop, ml, Methodist Church in India

Kumar, Rt Rev. S.V. Sampath, mo, Methodist Church in India

Kumari, Rev. Dr Prasanna, fo, United Evangelical Lutheran Church in India

Kunnumpurath, Mr George Joy, ml, Church of South India

Kurbuz, Mar Dionisius I, mo (Germany), Syrian Orthodox Patriarchate of Antioch and All the East [Syrian Arab Republic]

Kuruvilla, Rev. Dr Abraham, mo, Mar Thoma Syrian Church of Malabar [India]

Kwashi, Rt Rev. Argak Benjamin, mo, Church of the Province of Nigeria

Laakso, Ms Maria Hannele, yfl, Evangelical Lutheran Church of Finland

Laato, Rev. Dr Antti, mo, Evangelical Lutheran Church of Finland

Labi, Rev. Fr Kwame J.A., mo (Ghana), Greek Orthodox Patriarchate of Alexandria and All Africa [Egypt]

Ladu, Mr Manaseh C.L.K, yml, Episcopal Church of the Sudan

Lakawa, Rev. Septemmy E., yfo, Protestant Church in South-East Sulawesi [Indonesia]
Lakew, Mrs Zewditu, fl, Ethiopian Orthodox Tewahedo Church
Lambe', Rev. Dr Ishak P., mo, Toraja Church [Indonesia]
Lambriniadis, Very Rev. Elpidophoros, ymo, Ecumenical Patriarchate of Constantinople [Turkey]
Lamorahan, Rev. Max A., mo, Christian Evangelical Church in Sangihe Talaud [Indonesia]
Langkamuda, Rev. Hernika, mo, Christian Church of Central Sulawesi [Indonesia]
Larsen, Ms Kirsten Lund, fl, Evangelical Lutheran Church in Denmark
Lawson-Kpavuvu, Rev. Godson, mo, Methodist Church in Togo
Lazarus, Ms Lana Margaret, yfl, Methodist Church of New Zealand
Ledo, Rt Rev. Japhet Yawo, mo, Evangelical Presbyterian Church, Ghana
Lee, Prof. Samuel, ml, Presbyterian Church of Korea
Lee, Rev. Dr Unzu S., fo, Presbyterian Church (USA)
Lee, Rev. Dr Won-Jae, mo, Korean Methodist Church
Lee, Rev. Dr Yo-Han, mo, Korean Methodist Church
Lengelsen, Dr Monika, fl, Evangelical Church in Germany
Li, Ms Enlin, fl, China Christian Council
Liddell, Dr Shirley, fl, Christian Methodist Episcopal Church [USA]
Liebchen, Mr Christian, yml, Evangelical Church in Germany
Lienhard, Prof. Marc, mo, Evangelical Church of the Augsburg Confession of Alsace and Lorraine [France]
Liggett, Rev. Julie, fo, Church of the Brethren [USA]
Limouris, Metropolitan Gennadios of Sassima, mo, Ecumenical Patriarchate of Constantinople [Turkey]
Lindhardt, Bishop Jan, mo, Evangelical Lutheran Church in Denmark
Lindholmer, Ms Doris P., yfl, Evangelical Lutheran Church in Denmark
Lindsay, Most Rev. Orland Ugham, mo, Church in the Province of the West Indies [Antigua and Barbuda]
Litke, Mr Stan, ml, Christian Church (Disciples of Christ) in Canada
Ljung Hansson, Rev. Anna, fo, Mission Covenant Church of Sweden
Llukani, Mr Andrea, ml, Orthodox Autocephalous Church of Albania
Logie, Mrs Sylvia Joy, fl (Zimbabwe), Presbyterian Church of Southern Africa [South Africa]
Lokoloko, Bishop Hasu, mo, United Church in Papua New Guinea
Loni, Mrs Zolisa, fl, Reformed Presbyterian Church in Southern Africa [South Africa]
Loso Mukoko, Rev. Louis, mo (Congo), Church of Jesus Christ on Earth by His Messenger Simon Kimbangu [Democratic Republic of Congo]
Love, Dr Janice, fl, United Methodist Church [USA]
Lu, Ms Yueh-Wen, yfl, Presbyterian Church in Taiwan
Lugazia, Ms Faith Kokubelwa, fl, Evangelical Lutheran Church in Tanzania

Luk, Dr Rev. Fai, mo, Hong Kong Council of the Church of Christ in China

Lulias, Metropolitan Nikitas of Hong Kong and Southeast Asia, mo (China), Ecumenical Patriarchate of Constantinople [Turkey]

Lumenta, Rev. Dirk Johan, mo, Protestant Church in Indonesia

Lunge, Rev. Dr Djundu, mo (Democratic Republic of Congo), United Methodist Church [USA]

Lungu, Rev. Emmanuel Justin, mo (Zambia), Church of the Province of Central Africa [Botswana]

Lungu, Rev. Mihail-Daniel, mo, Romanian Orthodox Church

Lusilawo Bandoki, Ida, fo (Congo), Church of Jesus Christ on Earth by His Messenger Simon Kimbangu [Democratic Republic of Congo]

Macheriotis, Metropolitan Chrysostomos of Kition, mo, Church of Cyprus

Mackie, Mr David, yml (Sierra Leone), United Methodist Church [USA]

Mafatlane, Rev. Daniel Makalo, mo, Lesotho Evangelical Church

Magekon, Rev. Reuben, mo, Presbyterian Church of Vanuatu

Magnus, Ms Kathleen J., fl, Evangelical Lutheran Church in America [USA]

Mahlangu, Mrs Polyanna, fl (Zimbabwe), United Congregational Church of Southern Africa [South Africa]

Majikijela, Mr Mpati Wilfred, mo, Moravian Church in Southern Africa [South Africa]

Majoe, Rev. Liphoko Aaron, mo, Methodist Church of Southern Africa [South Africa]

Makarios Tillyrides, Metropolitan of Zimbabwe, mo, Greek Orthodox Patriarchate of Alexandria and All Africa [Egypt]

Makwenya, Mr Gladman Nyasha, yml, United Methodist Church [USA]

Malinga, Rev. Purity N., fo, Methodist Church of Southern Africa [South Africa]

Malungo, Rev. Antonio Pedro, mo, Evangelical Reformed Church of Angola

Mandowen, Mr Welly E., ml, Evangelical Christian Church in Irian Jaya [Indonesia]

Mangalaraj, Mrs Ann Margaret, yfl, Church of South India

Mangoyo, Rev. Joseph, mo (Congo), Church of Jesus Christ on Earth by His Messenger Simon Kimbangu [Democratic Republic of Congo]

Mangunsong, Dr Frieda Maryam, fl, Protestant Christian Batak Church [Indonesia]

Manoël, Pasteur Marcel, mo, Reformed Church of France

Manyombel, Rev. Oscar, mo, Native Baptist Church of Cameroon – NBC

Marc, Rev. Isabelle, fo, Reformed Church of France

Marcal, Rev. Arlindo Francis, mo, Christian Church in East Timor [Indonesia]

Marcos, Anba Antonios, mo (South Africa), Coptic Orthodox Church [Egypt]

Margarites, Metropolitan Timothy, mo, Greek Orthodox Patriarchate of Jerusalem [Israel]

Mariu, Mr Johnson, ml, Presbyterian Church of East Africa [Kenya]

Mark, Ms Delene, fl, Church of the Province of Southern Africa [South Africa]

Marshall, Ms Anne, fl, United Methodist Church [USA]

Martensen, Rev. Dr Daniel F., mo, Evangelical Lutheran Church in America [USA]

Martin, Ms Evelyne, fl, Evangelical Church of the Augsburg and Helvetic Confessions in Austria

Martinez, Ms Rosa M., fl, American Baptist Churches in the USA

Masango, Rt Rev. Dr Maake Jonathan, mo, Presbyterian Church of Southern Africa [South Africa]

Masangu, Rev. N.D., mo, Evangelical Presbyterian Church in South Africa

Masereka, Rt Rev. Zebedee, mo, Church of the Province of Uganda

Mason, Rt Rev. James Philip, mo, Church of the Province of Melanesia [Solomon Islands]

Masoud, Mr Ershadi, ml, Evangelical Church of Iran

Matabola, Rev. Daniel, mo, Uniting Reformed Church in Southern Africa [South Africa]

Matauto, Rev. Lawson, mo, United Church of Christ-Congregational in the Marshall Islands

Mathieson, Rev. Erica Ann, fo, Anglican Church of Australia

Matondang, Rev. Bonar, mo, Christian Protestant Angkola Church (GKPA) [Indonesia]

Matsinhe, Rev. Carlos, mo (Mozambique), Church of the Province of Southern Africa [South Africa]

Matthews, Mrs Daniel, fl, Episcopal Church [USA]

Matthias, Archbishop, mo (Canada), Ethiopian Orthodox Tewahedo Church

Mauch de Oliveira, Ms Vivian, yfl, Evangelical Church of the Lutheran Confession in Brazil

Mays, Ms Rebecca Kratz, fl, Religious Society of Friends – Friends General Conference [USA]

Mbama, Pasteur Alphonse, mo, Evangelical Church of the Congo

Mbangue Eboa, Rev. Emmanuel, mo, Union of Baptist Churches of Cameroon

Mbugua, Rev. Julius, mo, Presbyterian Church of East Africa [Kenya]

McClure, Rev. Dr Marian, fo, Presbyterian Church (USA)

McKay, Very Rev. Stanley J., mo, United Church of Canada

McKenzie, Mrs Esmilda Medora, fl, Jamaica Baptist Union

McKenzie, Rev. Jeffrey Abington, mo, Jamaica Baptist Union

McMaster, Rev. Dr Johnston, mo, Methodist Church in Ireland

Mdegella, Bishop O., mo, Evangelical Lutheran Church in Tanzania

Meeka, Ms Nelly, fl, Presbyterian Church of Africa [South Africa]

Mekarios, Archbishop, mo, Ethiopian Orthodox Tewahedo Church

Mereka, Mrs Loise, fl, Presbyterian Church of East Africa [Kenya]

Merentek-Abram, Rev. Dr Ervin Sintje, fo, Christian Evangelical Church in Sangihe Talaud [Indonesia]
Meyendorff, Dr Paul, ml, Orthodox Church in America [USA]
Mfochive Lah, Pasteur Joseph, mo, Evangelical Church of Cameroon
Mfula, Mr Timothy, ml (Zambia), Church of the Province of Central Africa [Botswana]
Mhogolo, Bishop Godfrey M., mo, Church of the Province of Tanzania
Michail, Rev. Soliman Sadek, mo, Synod of the Nile of the Evangelical Church [Egypt]
Miemban, Dr Arlenne, fl, Philippine Independent Church
Mikhail, Mr Bishoy Mikhail, yml (USA), Coptic Orthodox Church [Egypt]
Mikulecka, Mgr Eva, fo, Czechoslovak Hussite Church [Czech Republic]
Millamena, Rt Rev. Tomas A., mo, Philippine Independent Church
Miller, Rev. Dr Michael, mo, United Church in Jamaica and the Cayman Islands
Milosevic, Dr Nenad, ml, Serbian Orthodox Church [Yugoslavia]
Minassian, Mr Hayk, ml, Armenian Apostolic Church (Etchmiadzin)
Minjun, Ms Lina P., fl, Protestant Church in Sabah [Malaysia]
Minor, Bishop Ruediger R., mo (Russia), United Methodist Church [USA]
Misenga, Ms Ngoyi M.M., fl, Church of Christ in Congo – Presbyterian Community of Kinshasa [Democratic Republic of Congo]
Mitchell, Rev. Dr Timothy, mo, National Baptist Convention USA, Inc.
Mitsides, Dr Andreas N., ml, Church of Cyprus
Mkwenya, Mrs Aida Francis, fl, Evangelical Lutheran Church in Tanzania
Mnkande, Mrs Phoibe Janathan, fl, Evangelical Lutheran Church in Tanzania
Mogedal, Ms Sigrun, fl, Church of Norway
Mohanty, Ms Pragyan, yfl, Church of North India
Möhring, Herr Heiner, ml, Evangelical Church in Germany
Molo, Rev. Mzwandile W., yml, Methodist Church of Southern Africa [South Africa]
Monterroso, Rev. Hector Fidel, mo (Guatemala), Episcopal Church [USA]
Mopeli, Mr Alel, ml, Uniting Reformed Church in Southern Africa [South Africa]
Morel, Pasteur Jacques, mo, Reformed Church of Alsace and Lorraine [France]
Morgan, Rt Rev. Dr Barry, mo, Church in Wales
Morgan, Mr Richard H., ml, Union of Welsh Independents
Moses, Most Rev. William, mo, Church of South India
Moyo, Rt Rev. Ambrose, mo, Evangelical Lutheran Church in Zimbabwe
Mozés, Bishop Arpád, mo, Evangelical Synodal Presbyterial Church of the Augsburg Confession in Romania
Mpela, Mrs Sarah, fl, Lesotho Evangelical Church
Mphasi, Mrs Mary M., fl (Malawi), Church of the Province of Central Africa [Botswana]

Mshana, Dr Rogate R., ml, Evangelical Lutheran Church in Tanzania
Muchira, Mr Johnson G., ml, Anglican Church of Kenya
Muchopa, Mr Naboth M., ml, Methodist Church [United Kingdom]
Mukalay, Mr Muvumbu B.B.K, mo (Congo), Church of Jesus Christ on Earth by His Messenger Simon Kimbangu [Democratic Republic of Congo]
Mukangira, Mme Jacqueline, fl, Presbyterian Church of Rwanda
Mukonda, Mr Diyazololua G., ml (Congo), Church of Jesus Christ on Earth by His Messenger Simon Kimbangu [Democratic Republic of Congo]
Mukundi, Rev. Dr Mulumba M., mo, Church of Christ in Congo – Presbyterian Community [Democratic Republic of Congo]
Mulamba, Rev. Kambalal, mo, Church of Christ in Congo – Presbyterian Community [Democratic Republic of Congo]
Mungathia, Mrs Hellen, fl, Methodist Church in Kenya
Muniangu, Mme Kibenga C., fl, Church of Christ in Congo – Evangelical Community [Democratic Republic of Congo]
Munkenda, Mr David Tuzingila, ml (Congo), Church of Jesus Christ on Earth by His Messenger Simon Kimbangu [Democratic Republic of Congo]
Munoz Moraga, Pastor Luis Ulises, mo, Pentecostal Church of Chile
Munoz Velazques, Prof. Esaul, ml, Pentecostal Church of Chile
Munzombo, Mme Mujinga, fo, Church of Christ in Congo – Baptist Community of Western Congo [Democratic Republic of Congo]
Murdoch-Smith, Rev. Ian, mo, Baptist Union of Great Britain
Musa, Rev. Adamu Manasseh, mo, Reformed Church of Christ in Nigeria
Musa-Jambawai, Mr Samuel, ml, Methodist Church Sierra Leone
Mushemba, Rt Rev. Dr Samson B., mo, Evangelical Lutheran Church in Tanzania
Mustonen, Mr Juha, yml, Evangelical Lutheran Church of Finland
Mutangadura, Mr Herbert T., yml, Methodist Church in Zimbabwe
Mutumburanzou, Ms Patricia, fl, Reformed Church in Zimbabwe
Mutuvira, Mr J.D., ml, Reformed Church in Zimbabwe
Muzondo, Ms J., yfl, Reformed Church in Zimbabwe
Mwenegoha, Mr A., ml, Evangelical Lutheran Church in Tanzania
Mweresa, Rev. Gladys Kahayi, fo, African Israel Nineveh Church [Kenya]
Mweresa Kivuli II, Archbishop John Mweresa, mo, African Israel Nineveh Church [Kenya]
Mya Han, Most Rev. Andrew, mo, Church of the Province of Myanmar
Nababan, Ephorus Dr Soritua, mo, Batak Protestant Christian Church (HKBP) [Indonesia]
Nabetari, Rev. Baiteke, mo, Kiribati Protestant Church
Nathanael, Archbishop, mo, Ethiopian Orthodox Tewahedo Church
Nathaniel, Rev. T., mo, Samavesam of Telugu Baptist Churches [India]
Nazaryan, Mr Karen, ml, Armenian Apostolic Church (Etchmiadzin)
Nazir-Ali, Rt Rev. Michael, mo, Church of England
Ndensi, Mlle Séraphine, yfl, Evangelical Church of Cameroon

Ndhlovu, Rev. Japhet, mo, Reformed Church in Zambia
Ndidila Sinsa Matondo, Ms Jacqueline, fl, Church of Jesus Christ on Earth by
  His Messenger Simon Kimbangu [Democratic Republic of Congo]
Ndimbo, Rev. Dr Samwel R., mo, Church of the Province of Tanzania
Ndota, Mme Kelendende L., fl, Church of Christ in Congo – Mennonite Com-
  munity [Democratic Republic of Congo]
Neill, Bishop John R.W., mo, Church of Ireland
Nelavala, Ms Surekha, yfl, United Evangelical Lutheran Church in India
Nelck-Brinkmann, Ms Liesel, fl, Netherlands Reformed Church
Neliubova, Ms Margarita, fl, Russian Orthodox Church
Neusel, Pfarrer G. Wilfried, mo, Evangelical Church in Germany
Ngili-Bofeko Batsu, Prof. Dr Louis-Augustin, mo, Church of Christ in Congo
  – Community of Disciples of Christ [Democratic Republic of Congo]
Ngoy Kaumbo Nsenga, Mme Christine, fo, Church of Christ in Congo – Epis-
  copal Baptist Community [Democratic Republic of Congo]
Nicholas, Rev. Joseph E., mo, Moravian Church, Eastern West Indies
  Province [Antigua and Barbuda]
Nickel, Mrs Katharina, fl, Catholic Diocese of the Old Catholics in Germany
Nicolau, Rev. Marcelo Gabriel, ymo (Argentina), Waldensian Church [Italy]
Nifon of Slobozia and Calarasi, Bishop, mo, Romanian Orthodox Church
Nikodimos, Archbishop, mo, Ethiopian Orthodox Tewahedo Church
Nima, Mrs Joyce B.A.S., fl, Church of the Province of Uganda
Nishihara, Rev. Francis Renta, mo, Holy Catholic Church in Japan
Nixon, Mr William Samuel, yml (United Kingdom), Church of Ireland
Njike, Pasteur Charles-Emman., mo, Evangelical Church of Cameroon
Njobvu, Ms Idah, yfl, Reformed Church in Zambia
Nkulo-Mpetsi, Mme Marie-Louise, fl, Church of Christ in Congo – Commu-
  nity of Disciples of Christ [Democratic Republic of Congo]
Nkulu Kahole, Ms Carrolyn J., yfl (Zambia), United Methodist Church [USA]
Noltensmeier, Pfr. Gerrit, mo, Evangelical Church in Germany
Norman, Mr Arthur, yml, Evangelical Lutheran Church in America [USA]
Norval, Sra Maria Esther, fl, Evangelical Church of the River Plata
  [Argentina]
Ntahoturi, Rev. Bernard, mo, Church of the Province of Burundi
Nthamburi, Rev. Prof. Zablon John, mo, Methodist Church in Kenya
Ntongana, Archbishop T.W., mo, Council of African Instituted Churches
  [South Africa]
Nugent, Rev. Dr Randolph, mo, United Methodist Church [USA]
Nyamaropa, Rev. Noah, mo (Zimbabwe), African Methodist Episcopal
  Church [USA]
Nyambudi, Pasteur Mulunda Duma, mo, Church of Christ in Congo – Evan-
  gelical Community [Democratic Republic of Congo]
Nyansako-Ni-Nku, Rev. N., mo, Presbyterian Church in Cameroon

Nyiraneza, Mme Peace, fl, Church of the Province of Rwanda
O'Grady, Rev. Ron, mo, Associated Churches of Christ in New Zealand
Obal, Mrs Sarah Ajae O., fl, Presbyterian Church in the Sudan
Obeng, Ms Hienne, fl, Presbyterian Church of Ghana
Odonkor, Mrs Beatrice, fl, Presbyterian Church of Ghana
Odunlami, Ms Oludotun F., yfl, Methodist Church Nigeria
Odushola, Most Rev. Ebenezer T., mo (United Kingdom), Church of the Lord
   (Aladura) Worldwide [Nigeria]
Oestreicher, Rev. Canon Paul, mo, Church of England
Ogouliguende, Mr Jean-Noel, ml, Evangelical Church of Gabon
Ogunbanwo, Ms Patience O., fl, Methodist Church Nigeria
Ogunsanya, Ms Abigail O., yfl, Church of the Lord (Aladura) Worldwide
   [Nigeria]
Okine, Mrs Naomi Elizabeth, fl, Methodist Church, Ghana
Okine, Most Rev. Robert G.A., mo, Church of the Province of West Africa
   [Ghana]
Ole-Neselle, Dr Mosses B., yml, Evangelical Lutheran Church in Tanzania
Oliveira Filho, Obispo Joao Alves de, mo, Methodist Church in Brazil
Olodo, Rev. Mathieu, mo, Protestant Methodist Church of Benin
Omo, Honorable Uche, ml, Church of the Province of Nigeria
Oneka, Mr Joseph, ml, Church of the Province of Uganda
Onwunta, Rev. Uma Agwu, mo, Presbyterian Church of Nigeria
Ositelu, Dr Rufus O., mo (Germany), Church of the Lord (Aladura) World-
   wide [Nigeria]
Panjaitan, Rev. Lerritio P., fo, Protestant Christian Batak Church [Indonesia]
Panterodt, Ms Anke, yfl, Evangelical Church in Germany
Paratte, Mr Yoram, ml, Toraja Church [Indonesia]
Park, Rev. Dr Choon Hwa, mo, Korean Methodist Church
Park, Rev. Dr Jong-Wha, mo, Presbyterian Church in the Republic of Korea
Pattiasina, Rev. Joseph Marcus, mo, Protestant Church in the Moluccas
   [Indonesia]
Patty, Dr Noach M.A., fl, Protestant Evangelical Church in Timor [Indonesia]
Paul, Archbishop A., mo (Kenya), Coptic Orthodox Church [Egypt]
Paul Baba, Miss Jenny Siama, fl, Episcopal Church of the Sudan
Paulos, Patriarch Abune, mo, Ethiopian Orthodox Tewahedo Church
Paw, Ms Rosebelle T.L., fl, Myanmar Baptist Convention
Paxson, Mr Thomas, ml, Religious Society of Friends – Friends General Con-
   ference [USA]
Payne, Ms A. Candace, yfl (Barbados), Church in the Province of the West
   Indies [Antigua and Barbuda]
Peck, Dr Dorothy Adams, fl, African Methodist Episcopal Church [USA]
Peckstadt, Archimandrite Athenagoras, mo (Belgium), Ecumenical Patriar-
   chate of Constantinople [Turkey]

Peng, Ms Cui An, fl, China Christian Council
Perisic, Dr Vladan, ml, Serbian Orthodox Church [Yugoslavia]
Peroomian, Dr Rubina, fl (USA), Armenian Apostolic Church (Cilicia) [Lebanon]
Perry, Rev David W., mo, Episcopal Church [USA]
Perry, Rev. Leon, mo, International Council of Community Churches [USA]
Pestalozzi-Racine, Frau Jeanne, fl, Swiss Protestant Church Federation
Petros VII, Patriarch, mo, Greek Orthodox Patriarchate of Alexandria and All Africa [Egypt]
Phatudi, Mrs Makoma Anna, fl, Uniting Reformed Church in Southern Africa [South Africa]
Phelembe, Mrs Tsakani Sarah, fl, Evangelical Presbyterian Church in South Africa
Philip, Dr Elsie P., fl, Malankara Orthodox Syrian Church [India]
Phipps, Rt Rev. William F., mo, United Church of Canada
Pico, Mr Pepito M., ml, Philippine Independent Church
Pierce, Mr Garland, ymo, African Methodist Episcopal Church [USA]
Piske, Pastor Meinrad, mo, Evangelical Church of the Lutheran Confession in Brazil
Pittman, Mme Jeannie, fl, Evangelical Church of French Polynesia
Pitts, Dr Tyrone S., mo, Progressive National Baptist Convention, Inc. [USA]
Plaisier, Rev. Dr Bastiaan, mo, Netherlands Reformed Church
Poortman, Mrs Simone, fl, Reformed Churches in the Netherlands
Pop, Rev. Ilie Joseph, mo (France), Romanian Orthodox Church
Porcal Martinez, Rev Gilberto, mo (Uruguay), Anglican Church of the Southern Cone of America [Argentina]
Porter, Dr Adlise Ivey, fl, African Methodist Episcopal Zion Church [USA]
Pospischil, Herrn Steffen, yml, Evangelical Church in Germany
Powell, Rev. Dr Staccato, mo, African Methodist Episcopal Zion Church [USA]
Prassas, Ms Despina, fl (USA), Ecumenical Patriarchate of Constantinople [Turkey]
Preece, Ms Kirsten, yfl, Uniting Church in Australia
Pult, Frau Antje, fl, Evangelical Church in Germany
Pulukuri, Dr Abraham, ml, Samavesam of Telugu Baptist Churches [India]
Pye, Ellen, fl, Canadian Yearly Meeting of the Religious Society of Friends
Quarles, Dr Naima A., fl, African Methodist Episcopal Zion Church [USA]
Quawas, Dr Audeh, ml (Jordan), Greek Orthodox Patriarchate of Jerusalem [Israel]
Rabenirina, Most Rev. Rémi Joseph, mo, Church of the Province of the Indian Ocean [Madagascar]
Rader, Bishop Sharon Z., mo, United Methodist Church [USA]
Ragama, Mr Charles Ang'ava, yml, African Israel Nineveh Church [Kenya]
Ragnarsson, Ms Asa, yfl, Mission Covenant Church of Sweden
Raharison, Rev. Robert, mo, Church of Jesus Christ in Madagascar

Ramanarivo, Mr Zo Hasina F., ml, Church of Jesus Christ in Madagascar
Ramaniraka, Madame Colombe R., fo, Church of Jesus Christ in Madagascar
Ramento, Most Rev. Alberto B., mo, Philippine Independent Church
Rao, Ms Sushma, yfl, United Evangelical Lutheran Church in India
Ratuwalangon, Mr Leonardo D., ml, Kalimantan Evangelical Church
    [Indonesia]
Razafimahefa, Rev. Edmond, mo, Church of Jesus Christ in Madagascar
Reed, Rev. Keith A., mo, Methodist Church [United Kingdom]
Reimer, Rev. Judy Mills, fo, Church of the Brethren [USA]
Reinhardt, Ms Povi Rosalie, fl, Methodist Church in Togo
Renz, Bischof F. Eberhardt C., mo, Evangelical Church in Germany
Resceanu, Rev. Prof. Stefan, mo, Romanian Orthodox Church
Ricciardi, Rev. Dr Salvatore, mo, Waldensian Church [Italy]
Richardson, Rev. Baroness Kathleen M., fo, Methodist Church [United King-
    dom]
Richardson, Rev. Saundra Denise, fo, Episcopal Church [USA]
Rincon Carmona, Mr Aldo Giancarlos, yml (Dominican Republic), Episcopal
    Church [USA]
Ripa, Ms Karin Rensberg, fl, Church of Sweden
Ritchie, Pastora Nélida, fo, Evangelical Methodist Church of Argentina
Riti, Bishop Philemon, mo, United Church in the Solomon Islands
Robbins, Rev. Dr Bruce W., mo, United Methodist Church [USA]
Roberts, Rev. John Haig, mo, Methodist Church of Aotearoa New Zealand
Rochester, Bishop Enoch B., mo, African Methodist Episcopal Zion Church
    [USA]
Rochester, Dr Mattilyn, fl, African Methodist Episcopal Zion Church [USA]
Roda, Mr Jeffrey C., yml, United Church of Christ in the Philippines
Roeroe, Rev. Dr W.A., mo, Christian Evangelical Church in Minahasa
    [Indonesia]
Rogers-Witte, Rev. Cally, fo, United Church of Christ [USA]
Rogerson, Bishop Barry, mo, Church of England
Rogier, Mme Jeanine Colette, fl, United Protestant Church of Belgium
Rojas, Rev. Gloria, fo, Evangelical Lutheran Church in Chile
Rolle Noverland, Rev. Dr John T., mo (Bahamas), Progressive National Bap-
    tist Convention, Inc. [USA]
Romanides, Rev. Prof. John S., mo, Church of Greece
Roric, Rt Rev. Gabriel Jur Yur, mo, Episcopal Church of the Sudan
Roshchin, Mr Georgy, yml, Russian Orthodox Church
Roskam, Ms Nicoline, fl, Reformed Churches in the Netherlands
Row, Mr Anthony, ml, Methodist Church in Malaysia
Royle, Mr Timothy L.F., ml, Church of England
Rozitis, Rt Rev. Elmars Ernsts, mo, Latvian Evangelical Lutheran Church
    Abroad [Germany]

Rubenis, Mr Juris, ml, Evangelical Lutheran Church of Latvia

Rudolph, Mr Stefan, yml, Evangelical Church in Germany

Rüegger, Dr Heinz, ml, Swiss Protestant Church Federation

Rukenya, Rev. Patrick M., mo, Presbyterian Church of East Africa [Kenya]

Rumbrar, Mr Jan Bastian, ml, Evangelical Christian Church in Irian Jaya [Indonesia]

Rwaje, Rt Rev. Onesphore, mo, Church of the Province of Rwanda

Saba, Padre Alejandro G., mo (Argentina), Greek Orthodox Patriarchate of Antioch and All the East [Syrian Arab Republic]

Sahanna, Mrs Vivienne, fl, Anglican Church of Australia

Sahetapy Engel, Elder Dra. Ch.D., fl, Protestant Church in Indonesia

Saleh, Mr Guirgis Ibrahim, ml, Coptic Orthodox Church [Egypt]

Samakumbi, Mr Luis, yml, Evangelical Congregational Church in Angola

Sampa-Bredt, Rev. Violet, fo, United Church of Zambia

Samson, Rev. Jude, mo, United Church of Christ-Congregational in the Marshall Islands

Samson, Mr Saw, ml, Myanmar Baptist Convention

Samuel, Mr John, yml (USA), Syrian Orthodox Patriarchate of Antioch and All the East [Syrian Arab Republic]

Samuelu, Mrs Faataitaia, fl, Methodist Church in Samoa [Western Samoa]

Sang, Dr Khama, ml, Methodist Church, Upper Myanmar

Sano, Bishop Roy Isao, mo, United Methodist Church [USA]

Sanvee, Mme Kokoe D. Foliivi, fl, Evangelical Presbyterian Church of Togo

Saragih, Mrs Damertina, fl, Simalungun Protestant Christian Church [Indonesia]

Sarblah, Ms Mary, yfl, Methodist Church, Ghana

Sarkissian, Bishop Sebouh, mo, Armenian Apostolic Church (Cilicia) [Lebanon]

Sartison, Bishop Telmor Garth, mo, Evangelical Lutheran Church in Canada

Sathiamurthy, Dr Pauline, fl, Church of South India

Saw, Mr Kenneth, ml, Church of the Province of Myanmar

Sawyer, Rev. Dr Robert E., mo, Moravian Church in America (Southern Province) [USA]

Schaad, Rev. Juan Pedro, mo, Evangelical Church of the River Plate [Argentina]

Schmidt, Dr Jean Miller, fl, United Methodist Church [USA]

Scholz, Mrs Sandra, yfl, Evangelical Church in Germany

Scott, Mr Kenneth, yml, United Methodist Church [USA]

Scott, Very Rev. Olof H., mo (USA), Greek Orthodox Patriarchate of Antioch and All the East [Syrian Arab Republic]

Seaman, Ms Ashley E., yfl, Presbyterian Church (USA)

Seim, Dr Turid Karlsen, fl, Church of Norway

Sellassie, Ms Martha Haile, fl, Ethiopian Orthodox Tewahedo Church

Sepúlveda Barra, Pastor Narciso, mo, Pentecostal Mission Church [Chile]

Serapion, Bishop, mo (USA), Coptic Orthodox Church [Egypt]
Setiabudi, Rev. Natan, mo, Indonesian Christian Church (GKI)
Setyadi, Rev. Djimanto, mo, Javanese Christian Churches [Indonesia]
Shanks, Rev. Norman James, mo, Church of Scotland
Shastri, Rev. Dr Hermen P., mo, Methodist Church in Malaysia
Shemunkasho, Mr Aho, ml (United Kingdom), Syrian Orthodox Patriarchate
   of Antioch and All the East [Syrian Arab Republic]
Shenouda, Rev. Fr Antonious T., mo (United Kingdom), Coptic Orthodox
   Church [Egypt]
Sherry, Rev. Dr Paul H., mo, United Church of Christ [USA]
Shiferaw, Mr Tibebu, ml, Ethiopian Orthodox Tewahedo Church
Shin, Ms Sun, fl, Presbyterian Church of Korea
Shmaliy, Mr Vladimir, ml, Russian Orthodox Church
Shungu, Mrs Anekumba U., fl (Democratic Republic of Congo), United
   Methodist Church [USA]
Sias, Ms Jeri, yfl, Christian Church (Disciples of Christ) [USA]
Sieunarine, Rt Rev. Everson T., mo, Presbyterian Church in Trinidad and
   Tobago
Sigurbjörnsson, Bishop Karl, mo, Evangelical Lutheran Church of Iceland
Silishebo, Rev. Silishebo, mo, United Church of Zambia
Simangunsong, Ms Astri Imelda, yfl, Protestant Christian Batak Church
   [Indonesia]
Simangunsong, Rev. Harlem, mo, Indonesian Christian Church (HKI)
Simanjuntak, Mr Barita, yml, Protestant Christian Batak Church [Indonesia]
Simonian, Ms Anahit, fl, Armenian Apostolic Church (Etchmiadzin)
Sitompul, Rev. Dr Einar M., mo, Protestant Christian Batak Church [Indone-
   sia]
Siwu, Rev. Dr Richard A.D., mo, Christian Evangelical Church in Minahasa
   [Indonesia]
Skariah, Rev. Fr M.S., mo (United Kingdom), Malankara Orthodox Syrian
   Church [India]
Smith, Ms G. Elaine, fl, American Baptist Churches in the USA
Smith, Mr Ian Rodney, ml, Church of England
Smith, Rev. Dr Wallace Charles, mo, Progressive National Baptist Conven-
   tion, Inc. [USA]
Soedjatmoko, Mrs Sri Winarti, fl, East Java Christian Church [Indonesia]
Sohl, Ms Joyce D., fl, United Methodist Church [USA]
Soininvaara, Ms Anna-Maria, fl, Evangelical Lutheran Church of Finland
Somby, Mr Stig Arne, yml, Church of Norway
Sommers, Rev. Dr Gordon L., mo, Moravian Church in America (Northern
   Province) [USA]
Soone, Bishop Einar, mo, Estonian Evangelical Lutheran Church
Sopher, Ms Marquise, fl, Evangelical Lutheran Church in Canada
Sorvig, Ms Gunhild S., yfl, Church of Norway

Spak, Mgr Josef, mo, Czechoslovak Hussite Church [Czech Republic]
Spitzner, Rev. Elisabeth, fo, Evangelical Church in Germany
Spuhler, Ms Tara C., yfl, Presbyterian Church (USA)
Starcova, Ms Iveta, fl (Slovakia), Orthodox Church in Czech Lands and Slovakia [Czech Republic]
Stefanowski, Rev. Pawel, ymo, Autocephalous Orthodox Church in Poland
Stephen, Bishop Michael Kehinde, mo, Methodist Church Nigeria
Stiemunkasho, Mr Aho, ml (Syrian Arab Republic) Syrian Orthodox Patriarchate of Antioch and all the East [United Kingdom]
Storkey, Dr Elaine, fl, Church of England
Stright, Rev. H. Kenneth, mo, Presbyterian Church in Canada
Stumme, Ms Heike, yfl, Evangelical Church in Germany
Su, Rev. Deci, mo, China Christian Council
Sullivan Jr, Rev. Dr Jack, mo, Christian Church (Disciples of Christ) [USA]
Summers, Dr Claire Lucy, fl, Moravian Church in Great Britain and Ireland [United Kingdom]
Sundén, Mr David, yml, Church of Sweden
Sunia, Mrs Fagaoalii S., fl, Congregational Christian Church in American Samoa
Sunia, Honorable Tauese P., ml, Congregational Christian Church in American Samoa
Suriel, Bishop Anba, mo (USA), Coptic Orthodox Church [Egypt]
Szabó, Dr Lajos, mo, Lutheran Church in Hungary
Szabó-Mátrai, Rev. Marianna, fo, Lutheran Church in Hungary
Szarek, Bishop Jan, mo, Evangelical Church of the Augsburg Confession in Poland
Tabo-oy, Rev. David B., mo, Episcopal Church in the Philippines
Taege, Mrs Janet Marvarie, fl, Presbyterian Church of Aotearoa New Zealand
Tait, Mrs Christine, fl, Church of Scotland
Talbert, Bishop Melvin G., mo, United Methodist Church [USA]
Tamás, Rev. Bertalan, mo, Reformed Church in Hungary
Tarasar, Dr Constance J., fl, Orthodox Church in America [USA]
Tarr, Rev. Zoltán, ymo, Reformed Church in Hungary
Taufa, Rev. Lopeti, mo, Methodist Church in Tonga (Free Wesleyan)
Tawfik, Dr Wedad A., fl, Coptic Orthodox Church [Egypt]
Taylor, Mr Victor, ml, Christian Methodist Episcopal Church [USA]
Tchobanian, Rev. Mashdots, ymo (Norway), Armenian Apostolic Church (Cilicia) [Lebanon]
Tchotche, Rev. Mel Félix, mo, Harrist Church [Ivory Coast]
Teca, Rev. Deolinda D.Z.G., fo, Evangelical Reformed Church of Angola
Tengelin, Rev. Lena, fo, Church of Sweden
Terom, Rt Rev. James, mo, Church of North India
Tharawanich, Mrs Woraporn, fl, Church of Christ in Thailand

Thein, Mr U Nyunt, ml, Myanmar Baptist Convention

Themotheos, Metropolitan Thomas, mo (India), Syrian Orthodox Patriarchate of Antioch and All the East [Syrian Arab Republic]

Theophilus, Bishop Dr Zacharias Mar, mo, Mar Thoma Syrian Church of Malabar [India]

Thomas, Mr Amar Lenin, ml, United Evangelical Lutheran Church in India

Thomas, Rev. John H., mo, United Church of Christ [USA]

Thomas, Prophetess Omolara C.S., fo (Sierra Leone), Church of the Lord (Aladura) Worldwide [Nigeria]

Thompson, Ms Kristine K., fl, Presbyterian Church (USA)

Thompson, Rev. Livingstone A., mo, Moravian Church in Jamaica

Thordardóttir, Rev. Dalla, fo, Evangelical Lutheran Church of Iceland

Thorne, Mr Marcus, yml, United Methodist Church [USA]

Tibeesigwa, Rev. Dr Canon George, mo, Church of the Province of Uganda

Tiki-Koum (Soppo), Mrs Madeleine Sara, fl, Evangelical Church of Cameroon

Tiples Jr, Rt Rev. Roman B., mo, Philippine Independent Church

Titaley, Rev. S.P., mo, Protestant Church in the Moluccas [Indonesia]

Titus, Rev. Steve, mo (Namibia), United Congregational Church of Southern Africa [South Africa]

Tökés, Bishop Laszló, mo, Reformed Church of Romania

Toledo, Ms Ana Cristina, yfl, United Methodist Church [USA]

Tomalová, Ms Pavla, fl, Silesian Evangelical Church of the Augsburg Confession in the Czech Republic

Tonk, Mr István, ml, Reformed Church of Romania

Tonoro, Rev. Dr Ekson, mo, Evangelical Christian Church in Halmahera [Indonesia]

Topno, Most Rev. Christ Saban R., mo, United Evangelical Lutheran Church in India

Torofa, Mr Anos, yml, Evangelical Lutheran Church of Papua New Guinea

Trivizas, Metropolitan Timotheos of Corfou, mo, Church of Greece

Tsai, Ms Chia-Chun, yfl, Presbyterian Church in Taiwan

Tsetsis, V. Rev. Dr Georges, mo (Switzerland), Ecumenical Patriarchate of Constantinople [Turkey]

Tshiakani, Rev. Mbaya, mo, Church of Christ in Congo – Presbyterian Community [Democratic Republic of Congo]

Tshibumbu WaKapinga, Patriarche Kayuwa, mo, Church of Christ – Light of the Holy Spirit [Democratic Republic of Congo]

Tshimungu, Rev. Mayela Josue, mo, Church of Christ in Congo – Presbyterian Community of Kinshasa [Democratic Republic of Congo]

Tshituka, Ms Kabuika, yfl, Church of Christ – Light of the Holy Spirit [Democratic Republic of Congo]

Tukulu, Mrs Abigail N., fl, Church of the Province of Southern Africa [South Africa]

Tuomisto, Prof. Jouko Juhani, ml, Evangelical Lutheran Church of Finland

Turner, Rev. Dr Eugene G., mo, Presbyterian Church (USA)
Tuwere, Rev. Dr Ilaitia Sevati, mo, Methodist Church in Fiji
Tuwere, Mrs Nina, fl, Methodist Church in Fiji
Umandjela, Mrs Anekumba, fl (Democratic Republic of Congo), United Methodist Church [USA]
Unsworth, Mrs Janet, yfl, Methodist Church in Ireland
Unusu, Ms Barbara, fl, United Church in Solomon Islands
Usman, Elder Mrs Theodora, fo, Presbyterian Church of Nigeria
Vamvas, Rev. Pacia Ferrell, fo, Reformed Church in America [USA]
van Duin, Ms Marijke, fl, Mennonite Church in the Netherlands
van Kooten, Drs Teunis, yml, Netherlands Reformed Church
van Leeuwen, Prof. Dr Theodoor Marius, mo, Remonstrant Brotherhood [Netherlands]
Vanags, Rt Rev. Janis, mo, Evangelical Lutheran Church of Latvia
Vanescote, Rev. Daniel, mo, United Protestant Church of Belgium
van Hilten-Matthiesen, Rev. Liesbeth, fo, Netherlands Reformed Church
Varghese, Mr Reji Chandy, yml, Malankara Orthodox Syrian Church [India]
Vasconcelos, Rev. Maria Fancisco, mo, Christian Church in East Timor [Indonesia]
Veal, Rev. Canon David L., mo, Episcopal Church [USA]
Verryn, Bishop Paul, mo, Methodist Church of Southern Africa [South Africa]
Vetter, Ms Molly Elizabeth, yfl, United Methodist Church [USA]
Visagie, Mr Charles John, yml (Botswana), Evangelical Lutheran Church in Southern Africa [South Africa]
Vlaskamp, Joe, ml, Friends United Meeting [USA]
Von Sinner, Rev. Rudolf, mo, Swiss Protestant Church Federation
Wade, Rev. Cheryl H., fo, American Baptist Churches in the USA
Wagner, Ms Carol H., fl, Reformed Church in America [USA]
Wahono, Rev. Prof. S. Wismoady, mo, East Java Christian Church [Indonesia]
Waithaka, Rev. James Ngugi, mo, African Christian Church and Schools [Kenya]
Walker-Smith, Rev. Dr Angelique K., fo, National Baptist Convention USA, Inc.
Wang, Mr Jian Guo, ml, China Christian Council
Wanjemamwara, Rev. Johnson, mo, Presbyterian Church of East Africa [Kenya]
Wasonga, Bishop Joseph, mo, Anglican Church of Kenya
Watley, Rev. Dr William D., mo, African Methodist Episcopal Church [USA]
Webb, Rev. Dr Suzanne, fo (Switzerland), Christian Church (Disciples of Christ) [USA]
Webley, Rev. Stanford, mo, United Church in Jamaica and the Cayman Islands
Weiss, Rev. Dr Daniel E., mo, American Baptist Churches in the USA
Welsh, Rev. Dr Robert Keith, mo, Christian Church (Disciples of Christ) [USA]

West, Miss Wanda, yfl, United Church of Canada
Wété, Pasteur Hnoija Jean, mo, Evangelical Church in New Caledonia and the
  Loyalty Isles
Weyermann, Ms Maja, fl, Old Catholic Church in Switzerland
Wharton, Rev. Gillian Vera, fo, Church of Ireland
Whitehead, Ms Rhea Menzel, fl, United Church of Canada
Widowati, Ms W., yfl, East Java Christian Church [Indonesia]
Wigley, Rev. Jennifer, fo, Church in Wales
Wilde, Chief Mrs Olufunke A., fl, Church of the Province of Nigeria
Wilkins, Ms Alison Elizabeth, yfl, Methodist Church [United Kingdom]
Williams, Rev. Adrian Pugh, mo, Presbyterian Church of Wales
Williams, Mr James L., ml, African Methodist Episcopal Church [USA]
Williams, Rev. Monrelle, mo (Barbados), Church in the Province of the West
  Indies [Antigua and Barbuda]
Wilson, Ms Helen Rose, fl, Catholic Diocese of the Old Catholics in Germany
Wilson, Mr Peter H., yml, Lutheran Church in Liberia
Winanti, Ms Reny Dwi, yfl, East Java Christian Church [Indonesia]
Winckler, Dr Michael, ml, Evangelical Church in Germany
Wirix-Speetjens, Dr Jan-Lambert, mo, Old Catholic Church of the Nether-
  lands
Woelflin, Ms Alicia, fl, Evangelical Methodist Church of Argentina
Wu, Mr En-Yang, yml, China Christian Council
Wu, Ms Ming Feng, fl, China Christian Council
Wuwungan, Rev. Dr Olbers E.C., mo, Protestant Church in Western Indonesia
Wyatt, Rev. Dr Peter, mo, United Church of Canada
Yacoub, Rev. Kamal Youssef, mo, Synod of the Nile of the Evangelical
  Church [Egypt]
Yamamoto, Rev. Keith Akio, mo, Episcopal Church [USA]
Yamoyam, Rt Rev. Miguel P., mo, Episcopal Church in the Philippines
Yang, Rev. Chi-Shou, mo, Presbyterian Church in Taiwan
Yesurathnam, Rev. J., mo, Samavesam of Telugu Baptist Churches [India]
Yewangoe, Rev. Dr Andreas A., mo, Christian Church of Sumba [Indonesia]
Yimer, Dr Mekonen, ml, Ethiopian Orthodox Tewahedo Church
Yinda, Mme Mbenda Hélène, fl, Presbyterian Church of Cameroon
Yitna, Ms Selome, yfl, Ethiopian Evangelical Church Mekane Yesus
Yitshak, Bishop, mo, Ethiopian Orthodox Tewahedo Church
Yohannes, Rev. Seife Sellassie, mo, Ethiopian Orthodox Tewahedo Church
Yoshimura, Ms Mary Toshiko, fl, Holy Catholic Church in Japan
Youannes, His Grace Anba, mo, Coptic Orthodox Church [Egypt]
Young, Ms Dorothy Jackson, fl, African Methodist Episcopal Church [USA]
Young, Bishop McKinley, mo, African Methodist Episcopal Church [USA]
Young, Ms Valerie Jean, yfl, Church of Scotland
Yu, Rev. Eui Woong, mo, Presbyterian Church of Korea

Yuen, Mr Hoi Pak, ml, Hong Kong Council of the Church of Christ in China
Zabala, Rt Rev. Hector, mo (Chile), Anglican Church of the Southern Cone of
America [Argentina]
Zacharias, Rev. Prof. Liqa-Maemiran, mo (Barbados), Ethiopian Orthodox
Tewahedo Church
Zakhem, Bishop Georges, mo, Greek Orthodox Patriarchate of Antioch and
All the East [Syrian Arab Republic]
Zandroto, Rev. T.D., mo, Nias Protestant Christian Church [Indonesia]
Zaw, Rev. Win Aung, mo, Methodist Church, Upper Myanmar
Zerihun, Rev. Melake Tabor T., mo, Ethiopian Orthodox Tewahedo Church
Zoe-Obianga, Pasteur Jean-Samuel, mo, Presbyterian Church of Cameroon
Zola-Yindoula, Mr Emmanuel, ml, Evangelical Church of the Congo
Zulu, Bishop Simon Petros, mo, Evangelical Lutheran Church in Southern
Africa [South Africa]

REPRESENTANTES DE LAS IGLESIAS MIEMBROS ASOCIADAS

Akhura, Rev. Levi Okang'a, mo, African Church of the Holy Spirit [Kenya]
Avelino, Rev. Kiaku Eduardo, mo, United Evangelical Church "Anglican
Communion in Angola"
Ayub, Rev. K. Suyaga, mo, Protestant Christian Church in Bali [Indonesia]
Bidan, Rev. Aldo Raul, mo, United Evangelical Lutheran Church [Argentina]
Blake, Dr Jorge Luis, ml, Church of the Disciples of Christ [Argentina]
Chamango, Rev. Dr Simao, mo, Presbyterian Church of Mozambique
Condori, Rev. Ricardo Suxo, ml, Bolivian Evangelical Lutheran Church
Cotera, Rev. Jorge Figueroa, mo, Methodist Church of Peru
Gomez, Rev. Dr Medardo Ernesto, mo, Salvadorean Lutheran Synod
Green, Rev. Dr Elizabeth, fo, Evangelical Baptist Union of Italy
Kahuthu, Mrs Juliah Mezoya, fl, Kenya Evangelical Lutheran Church
Kang, Rev. Young Il, mo, Korean Christian Church in Japan
Leite, Rev. José Manuel, mo, Evangelical Presbyterian Church of Portugal
Lopes, Mr D'Arcy Julian, ml, United Protestant Church [Curaçao]
Lozano, Obispo Carlos Lopez, mo, Spanish Reformed Episcopal Church
Mendez, Rev. Hector, mo, Presbyterian Reformed Church in Cuba
Novoa, Rev. Samuel Josué, mo, Baptist Association of El Salvador
Olivera, Rev. Ademar, mo, Evangelical Methodist Church in Uruguay
Palomo, Dr Luis F., mo, Evangelical Methodist Church of Costa Rica
Petrecca, Rev. Héctor Osvaldo, mo, Christian Biblical Church [Argentina]
Pina Cabral, Rev. Jose Jorge, mo, Lusitanian Catholic Apostolic Evangelical
Church [Portugal]
Saavedra, Ms Laura, fl, Evangelical Methodist Church in Uruguay
Samadder, Mr Albert A.K., ml, Church of Bangladesh
Santos Torres, Rev. Sergio, mo, Methodist Church in Cuba
Sinaga, Rev. Yan Piederis, mo, Batak Christian Community Church [Indonesia]

Stevens N., Rev. Tomas, mo, Methodist Church of Chile
Tucker, Rev. Augustus T., mo, Presbytery of Liberia
Vaccaro, Rev. Daniel Osvaldo, mo, Church of God [Argentina]
Velilla de Medio, Ms Ana Maria, fl, Church of the Disciples of Christ
  [Argentina]
Woungly-Massaga, Rev. A., mo, African Protestant Church [Cameroon]
Yanapa, Rev. Efrain, mo, Evangelical Methodist Church in Bolivia

PRESIDENTES DEL CMI

Anderson, Bishop Vinton, mo, African Methodist Episcopal Church [USA]
Boseto, Bishop Leslie, mo, United Church in the Solomon Islands
Mendis, Ms Priyanka S., yfl, Church of Ceylon [Sri Lanka]
Santana, Rev. Eunice, fo (Puerto Rico), Christian Church (Disciples of Christ)
  [USA]
Tolen, Dr Aaron, ml, Presbyterian Church of Cameroon

MIEMBROS DE LA MESA DEL CMI

Aram I, Catholicos, mo, Armenian Apostolic Church (Cilicia) [Lebanon],
  Moderator
Nababan, Ephorus Dr Soritua, mo, Batak Protestant Christian Church
  (HKBP) [Indonesia], *Vice-moderator*
Ritchie, Pastora Nélida, fo, Evangelical Methodist Church of Argentina, *Vice-moderator*
Raiser, Rev. Dr Konrad, mo, Evangelical Church in Germany, *General secretary*

MIEMBROS DEL COMITÉ CENTRAL SALIENTE*

Engelhardt, Bishop Dr Klaus, mo, Evangelical Church in Germany
Gcabashe, Mrs Virginia, fl, Methodist Church of Southern Africa [South
  Africa]
Katonia, Rev. Tusange Moise, mo (Zambia), Church of Christ in Congo –
  Episcopal Baptist Community [Democratic Republic of Congo]
Kirov, Dr Dimitar Marinov, ml, Bulgarian Orthodox Church
Koshy, Prof. George, ml, Church of South India
Larsson, Dr Birgitta, fl, Church of Sweden
Mandeng ma Mbeleg, Rev. Dr David Jonathan, mo, Presbyterian Church of
  Cameroon
Mapanao-Camaddo, Ms Maryssa Janelle, fl, United Church of Christ in the
  Philippines

---

*Esta lista no incluye los nombres de las personas delegados por sus iglesias a la Octava Asamblea.

Müller-Stöver, Dr Irmela, fl, Evangelical Church in Germany
Page, Rev. Dr Ruth, fo, Church of Scotland
Peers, Archbishop Michael G., mo, Anglican Church of Canada
Rantakari, Ms Birgitta, fl, Evangelical Lutheran Church of Finland
Rusch, Rev. Dr William G., mo, Evangelical Lutheran Church in America [USA]
Welch, Rev. Elizabeth Anne, fo, United Reformed Church [United Kingdom]

REPRESENTANTES DELEGADOS Y DELEGADAS DE LOS CONSEJOS ASOCIADOS Y DE OTRAS ORGANIZACIONES

Adhikary, Mr Subodh, ml, National Council of Churches, Bangladesh
Altmann, Dr Walter, mo, Latin American Council of Churches [Ecuador]
Andriatsiratahina, Rev. Dr Roger, mo, Fédération des Eglises protestantes à Madagascar
Arichea, Jr, Rev. Dr Daniel C., mo, National Council of Churches in the Philippines
Bakker, Rev. Drs Ineke, fo, Council of Churches in the Netherlands
Balan-Sycip, Ms Clarissa, fl, World Student Christian Federation [Switzerland]
Barrow, Mr Simon Michael A., ml, Churches' Commission on Mission [United Kingdom]
Beach, Dr Bert B., mo, General Conference of Seventh-day Adventists [USA]
Borgegaard, Mrs Gunnel, fl, Nordic Ecumenical Council [Sweden]
Bos, Mr Hildo, yml, Syndesmos [Poland]
Butselaar, Dr G.J., mo, Netherlands Missionary Council
Campbell, Rev. Dr Joan Brown, fo, National Council of the Churches of Christ in the USA
Cariño, Dr Feliciano V., ml, Christian Conference of Asia [China]
Carrasco-Paredes, Mme Nancy, fl, Echange et mission [Switzerland]
Chifamba, Mr Edmund, mo, World Alliance of YMCAs [Switzerland]
Chipesse, Rev. Augusto, mo, Council of Christian Churches in Angola
Chol, Rev. John Gatluok, mo, Sudan Council of Churches
Clements, Rev. Dr Keith, mo, Conference of European Churches [Switzerland]
Cormack, Mrs Jan, fl, Conference of Churches in Aotearoa New Zealand
Deminger, Dr Sigfrid, mo, Swedish Mission Council
Denuncio, Mr Raúl E., mo, Federation of Evangelical Churches in Uruguay
Diafouka, Rev. Bernard, mo, Ecumenical Council of Christian Churches of Congo
Dickson, V. Rev. Kwesi Abotsi, mo, All Africa Conference of Churches [Kenya]
Framo, Ms Chita, fl, Diakonia, Philippines
Franz, V. Rev. Dr Kevin G., mo, Action of Churches Together in Scotland

Gill, Rev. David Muir, mo, National Council of Churches in Australia

Golda, Pfarrer Manfred, mo, Österreichischer Missionsrat [Austria]

Granado, Mr Gerard, ml, Caribbean Conference of Churches [Barbados]

Groth, Pastor Reiner, mo, United Evangelical Mission [Germany]

Hambira, Rev. Rupert, mo, Botswana Christian Council

Hamid, Rev. Canon David, mo, Anglican Consultative Council [United Kingdom]

Hammar, Rev. Anna Karin M., fo, International Fellowship of Reconciliation [Sweden]

Haynes, Ms Verona, fl, Latin American Council of Churches [Ecuador]

Jacob, Mrs Reny, fl, Association of Christian Colleges and Universities [India]

Jacobs, Mr Lyndsay Allan, ml, World Convention of Churches of Christ [USA]

Janda, Rev. Canon Clement, mo, All Africa Conference of Churches [Kenya]

Jenkins, Mr Keith, ml, European Ecumenical Commission for Church and Society [Belgium]

Jonsson, Mr Bernt, ml, Life and Peace Institute [Sweden]

Joseph, Rev. Dr Ipe, mo, National Council of Churches of India

Kaiso, Rev. Canon Grace, mo, Uganda Joint Christian Council

Kanyoro, Dr Musimbi R.A., fl, World YWCA [Switzerland]

Khan, Dr Ajmal, ml, National Council of Churches in Pakistan

Kim, Rev. Dong Wan, mo, National Council of Churches in Korea

King, Ms Eileen Mary, fl, World Day of Prayer [USA]

Krisetya, Rev. Dr Mesach, mo, Mennonite World Conference [France]

Lam, Rev. Holger, mo, Ecumenical Council of Denmark

Li, Rev. Dr Ping-Kwong, mo, Hong Kong Christian Council [China]

Lienemann, Prof. Dr Christine, fl, Conseil suisse des missions évangeliques [Switzerland]

Lotz, Rev. Dr Denton, mo, Baptist World Alliance [USA]

MacDonald, Rev. Fergus, mo, United Bible Societies [United Kingdom]

Mafinyani, Mr Densen, ml, Zimbabwe Council of Churches

Majiza, Rev. Charity N., fo, South African Council of Churches

Manga Ndong, Rev. Cirilo, mo, Consejo de Iglesias Evangélicas de Guinea Ecuatorial [Equatorial Guinea]

Mbelu, Mrs Maria B., fl, Council of Swaziland Churches

Meissner, Rev. Herbert, mo, Evangelisches Missionswerk in Deutschland e.V. [Germany]

Miller, Dr Larry, mo, Mennonite World Conference [France]

Mills, Rev. Norman B., mo, Jamaica Council of Churches

Mkolesia, Mr Peter, ml, United Bible Societies [United Kingdom]

Modiega, Mr David Joshua, ml, Botswana Christian Council

Montacute, Mr Paul, ml, Baptist World Alliance [USA]

Monti, Rev. Emilio N., mo, Argentine Federation of Evangelical Churches

Morales, Rev. Gamaliel Lugo, mo, Latin American Evangelical Pentecostal Commission [Venezuela]

Moyer, Rev. John Roaldseth, mo, Frontier Internship in Mission [Switzerland]

Mtebe, Dr Wilson, mo, Christian Council of Tanzania

Mtshazo, Mrs Duduzile, fl, Friends World Committee for Consultation [United Kingdom]

Murrieta, Rev. I. Ortiz, mo, Evangelical Federation of Mexico

Nakamhela, Rev. Dr Ngeno-Z., mo, Council of Churches in Namibia

Niles, Dr D. Preman, ml, Council for World Mission [United Kingdom]

Nygaard, Mr Birger, ml, Danish Missionary Council

Opocensky, Rev. Dr Milan, mo, World Alliance of Reformed Churches [Switzerland]

Oppegaard, Rev. Sven, mo, Lutheran World Federation [Switzerland]

Otsu, Rev. Kenichi, mo, National Christian Council in Japan

Park, Rev. D. Seong-Won, mo, World Alliance of Reformed Churches [Switzerland]

Paul, Bishop Julius Danaraj, mo, Council of Churches of Malaysia

Perera, Rev. Dr Rienzie E.C., mo, Life and Peace Institute [Sweden]

Peterson, Canon John Louis, mo, Anglican Consultative Council [United Kingdom]

Ram, Dr Eric, ml, World Vision International [Switzerland]

Ramos, Rev. Moisés Rosa, mo, Evangelical Council of Puerto Rico

Reardon, Rev. John, mo, Council of Churches for Britain and Ireland

Rey, Pasteur Alain-Charles, mo, Communauté évangélique d'action apostolique [France]

Robinson, Colonel Earl, mo, Salvation Army [United Kingdom]

Sevaaetasi, Rev. Dr Leanavaotaua S., mo, National Council of Churches in American Samoa

Si Htay, Rt Rev. San, mo, Myanmar Council of Churches

Somerville, Ms Janet, fl, Canadian Council of Churches

Stevens, M. Theo, ml, Commission missionnaire de l'Eglise unie, Belgique

Thompson, Dr David Michael, ml, Disciples Ecumenical Consultative Council [USA]

Thordson, Rev. Thord-Ove, mo, Christian Council of Sweden

Tokuzen, Prof. Dr Yoshikazu, mo, National Christian Council in Japan

Tso, Rev. Dr Man King, mo, Hong Kong Christian Council [China]

Valle, Rev. Carlos A., mo, World Association for Christian Communication [United Kingdom]

Van Drimmelen, Mr Robert W.F., ml, Association of WCC-related Development Organizations in Europe [Belgium]

Van Houten, Dr Richard L., ml, Reformed Ecumenical Council [USA]

Van Maanen, Mr Gert Hendrik O., mo, Ecumenical Development Cooperative Society [Netherlands]

Vandervelde, Dr George, ml, World Evangelical Fellowship [Philippines]

Wambugu, Most Rev. Njeru, mo, Organization of African Independent Churches [Kenya]
Wartenberg-Potter, Rev. Bärbel, fo, Council of Christian Churches in Germany
Whelan, Mrs Carys, fl, Churches Together in Wales
Whiteford, Dr Eilidh, fl, Ecumenical Youth Council in Europe [Finland]
Williams, Deaconess Emma Louise, fl, DIAKONIA World Federation of Diaconal Associations and Diaconical Communities [USA]
Williams, Mrs Gracie, fl, Council of Churches in Sierra Leone
Williamson, Rev. Dr Raymond Keith, mo, National Council of Churches in Australia: Commission on Mission

OBSERVADORES DELEGADOS Y DELEGADAS

Asberry, Rev. Dr Robert Lee, mo (USA), Church of God in Christ
Barsotti, Rev. Catherine, fo (USA), Evangelical Covenant Church
Chakaipa, Most Rev. Patrick Fani, mo (Zimbabwe), Roman Catholic Church
Colle, Dr Ralph G., ml (USA), Roman Catholic Church
Conti, Most Rev. Mario, mo (United Kingdom), Roman Catholic Church
Cooney, SMSM, Sister Monica Frances, fl (Italy), Roman Catholic Church
Gaybba, Prof. Brian, ml (South Africa), Roman Catholic Church
Geernaert S.C., Dr Sister Donna Joan, fl (Canada), Roman Catholic Church
Giordano, Rev. Father Aldo, mo (Switzerland), Roman Catholic Church
Hoeckman OP, Rev. Dr Remi, mo (Vatican), Roman Catholic Church
Lacunza Maestrojuan OAR, Most Rev. José Luis, mo (Panama), Roman Catholic Church
Lenssen, Rev. Fr Jan, mo (Rwanda), Roman Catholic Church
Lowe Ching, RSM, Sister Theresa, fl (United Kingdom), Roman Catholic Church
Mally IBVM, Sister Gertrude M., fl (Kenya), Roman Catholic Church
Munono, Rev. Bernard, mo (Vatican), Roman Catholic Church
Mutiso-Mbinda, Rev. Mgr John, mo (Vatican), Roman Catholic Church
Nyamusamba, LCBL, Rev. Sister Maria Teresita, fl (Zimbabwe), Roman Catholic Church
Otubu, Baba Dr Godfrey Itse M., mo (Nigeria), Eternal Sacred Order of Cherubim and Seraphim
Radano, Rev. Msgr John A., mo (Vatican), Roman Catholic Church
Rossi, Dr Teresa F., fl (Italy), Roman Catholic Church
Sayah, Most Rev. Paul Nabil, mo (Israel), Roman Catholic Church
Sowazi, Mrs Eunice, fl (Swaziland) Roman Catholic Church
Stransky CSP, Rev. Fr Thomas, mo (Israel), Roman Catholic Church
Tamanikaiyaroi, Ms Setaita, fl (Fiji), Roman Catholic Church
Tillard OP, Rev. Roger-Jean, mo (Canada), Roman Catholic Church
Trindade, Most Rev. Armando, mo (Pakistan), Roman Catholic Church

Walker, Ms Megan, fl (South Africa), Roman Catholic Church
Yamba SND, Sister Honorine, fl (Italy), Roman Catholic Church

OBSERVADORES

Aalbersberg, Mr Roel, ml, Interchurch Organization for Development Cooperation [Netherlands]
Abiola, Most Rev. O.A., mo, Council of African and Afro-Caribbean Churches UK [United Kingdom]
Aboagye-Mensah, Rev. Dr Kwasi, mo, International Fellowship of Evangelical Mission Theologians [United Kingdom]
Abraham-Williams, Rev. Gethin, mo, Commission of the Covenanted Churches in Wales
Adams, Rev. Frank, mo, All Africa Baptist Fellowship [Ghana]
Ajuoga, Archbishop Abednego M., mo, Church of Christ in Africa [Kenya]
Akesson, Mr Christer, ml, Church of Sweden
Amat, Mr. Gabriel, ml, Spanish Committee of Cooperation between the Churches
Arnold, Dr P.B., ml, Mennonite Brethren Church of India
Bada, Rev. Alexander A., mo, Celestial Church of Christ [Nigeria]
Bandel, Rabbi Ehud, mo, International Council of Christians and Jews [Germany]
Banivanua, Rev. Tevita Nawadra, mo, South Pacific Association of Theological Schools [Fiji]
Bauer, Dr Hartmut, ml, Evangelische Zentralstelle für Entwicklungshilfe [Germany]
Bedggood, Prof. Margaret Ann, fl, Amnesty International [United Kingdom]
Behrends, Rev. Kor, mo, Mission and World Service, Reformed Churches in the Netherlands
Beozzo, Padre Jose Oscar, mo, Ecumenical Centre for Evangelism and Popular Education [Brazil]
Berkhof, Rev. Drs Albert W., mo, Netherlands Reformed Church
Bodho, Pasteur Marini, mo, Church of Christ in Congo [Democratic Republic of Congo]
Boer, Rev. Dr Bert, mo, Netherlands Reformed Church
Braybrooke, Rev. Marcus, mo, World Congress of Faiths [United Kingdom]
Brown, Mr Michael, ml, Christian World Service, National Council of Churches in Australia
Bukowski, Rev. Dr Peter, mo, Reformierter Bund [Germany]
Callaway Jr, Rev. James Gaines, mo, Trinity Grants Program [USA]
Campbell, Rev. David John, mo, Association of Missionary Societies [Ireland]
Cantell, Rev. Dr Risto J.J., mo, Evangelical Lutheran Church of Finland

Carter SJ, Most Rev. Samuel E., mo, Antilles Episcopal Conference [Trinidad and Tobago]

Champion, Rev. Gerrye, fo, Church Women United [USA]

Chiphangwi, Rev. Dr Saindi David, mo, Southern Africa Alliance of Reformed Churches [Botswana]

Constantineanu, Mr Corneliu, ml, International Fellowship of Evangelical Mission Theologians [United Kingdom]

Dayton, Dr Donald Wilber, ml, Wesleyan Theological Society [USA]

Del Rosario, Rev. Dr Romy Laus, mo, Sabah Theological Seminary [Malaysia]

Demberger, Rev. Peter, mo, Eukumindo [Germany]

Engdahl, Rev. Hans, mo, Church of Sweden

Evans, Mr Derek, ml, Amnesty International [United Kingdom]

Fee, Rev. W. Richard, mo, Presbyterian World Service and Development Committee [Canada]

Filochowski, Mr Julian, ml, International Cooperation for Development and Solidarity [United Kingdom]

Finau, Rev. Dr Samiuela Toa, mo, Pacific Theological College [Fiji]

Funck-Späth, Mrs Lenemarie, fl, Mennonite Church [Germany]

Gatu, V. Rev. Dr John G., mo, Presbyterian Church of East Africa [Kenya]

Gbonda, Bishop Sam S., mo, Church of the Province of West Africa [Ghana]

Gebeda, Prof. Chamberlain Z., mo, Presbyterian Church of Southern Africa [South Africa]

Gennagy, Rev. Sergienko, mo, Union of Evangelical Christians-Baptists of Russia [Russia]

Gerber, Mr Hansulrich, ml, Mennonite Central Committee [USA]

Gnanadason, Mr Jonathan N., ml, International Christian Federation for the Prevention of Alcoholism and Drug Addiction [Switzerland]

Gobeo, Revdo. Ramón G., mo, Iglesia Cristiana Discípulos de Cristo [Puerto Rico]

Goldstein, Rabbi Dr Andrew, mo, International Council of Christians and Jews [Germany]

Guti, Archbishop Ezekiel, mo, Zimbabwe Assemblies of God

Habingabwa, Rév. Osias, mo, National Council of Churches of Burundi

Hanna, Rev. Dr Anwar Zaki, mo, Middle East Association of Training and Retreat Centres [Egypt]

Hansen, Rt Rev. Bruce Andrew, mo, Presbyterian Church of Aotearoa New Zealand

Hansson, Rev. Klas G., mo, Church of Sweden

Hartke, Ms Linda J., fl, Church World Service and Witness, NCCCUSA

Hawkey, Ms Jill, fl, Christian World Service [New Zealand]

Herr, Mr J. Robert, ml, Mennonite Central Committee [USA]

Hildebrand, Mr Dale, ml, Inter-Church Action [Canada]

Hirano, Rev. Dr David Y., mo, United Church Board for World Ministries [USA]

Holland, Mr Lee, ml, Division of World Outreach, United Church of Canada

Houtepen, Prof. Dr Anton, ml, Societas Oecumenica [Netherlands]

Huber, Frau Monika, fl, Evangelische Zentralstelle für Entwicklungshilfe [Germany]

Hunter, Dr Harold D., ml, International Pentecostal Holiness Church [USA]

Hurty, Dr Kathleen S., fl, Church Women United [USA]

Huysmans, Rev. Dr Rudolf G.W., mo, Roman Catholic Bishops Conference [Netherlands]

Hwa, Dr Yung, mo, International Fellowship of Evangelical Mission Theologians [United Kingdom]

Jacoby, Mr Douglas A., mo, International Churches of Christ [USA]

Jensen, Rev. Bonnie, fo, Division for Global Mission, Evangelical Lutheran Church of America

Jung, Rev. Dr. Woo Hyun, mo, Korean Methodist Church

Kaldur, Rev. Peeter, mo, Estonian Council of Churches

Karambanuchero, Mr Moffat, ml, Penal Reform International [France]

Kategile, Rev. Eliah Isaiah, mo, Moravian Church in Tanzania

Kereda, Bishop Harun Jumba, mo, African Church of the Holy Spirit [Kenya]

Khanu, Rev. Moses Benson, mo, Fellowship of Councils and Churches in West Africa [Sierra Leone]

Kheekhe, Rev. Lebohang, mo, Christian Council of Lesotho

Kim, Rev. Dr Sang Hak, mo, Presbyterian Church of Korea

Kithinji, Mrs Mary, fl, National Council of Churches of Kenya

Koffeman, Rev. Prof. Leo J., mo, Reformed Churches in the Netherlands

Kostake, Mr Milkov, mo, International Fellowship of Evangelical Mission Theologians [United Kingdom]

Kovoor, Rev. George Iype, mo, Church of England

Kuschnerus, Okr Tim, mo, Evangelical Church in Germany

Léhel, Rev. Laszlo, mo, Hungarian Interchurch Aid

Lancaster, Rev. Dr Lew, mo, Presbyterian Church (USA)

Lawson, Rev. Godson, ymo, Conseil chrétien du Togo

Lee, Rev. Dr Hong Jung, mo, Presbyterian Church of Korea

Lenz, Mr Wolfgang, ml, Ecumenical Association of Academies and Laity Centres [Germany]

Lindau, Dr Joachim, ml, Brot für die Welt [Germany]

Lorentzen, Mrs Kari, fl, Norwegian Church Aid

Main, Rt Rev. Alan, mo, Church of Scotland

Makamba, Bishop Peter Munyeri, mo, Fambidzano Zamakereke Avatem [Zimbabwe]

Mano, Mr John, ml, Evangelical Christian Church in Irian Jaya [Indonesia]

Marvel, Ms Nancy L., fl, Presiding Bishop's Fund for World Relief [USA]

Masemola, Rev. Sipho, mo, Church of the Province of Southern Africa [South Africa]

Matawalu, Ms Deac. Unaisi, fl, Pacific Conference of Churches [Fiji]

Mathew, Dr Jacob Olasael, ml, Malabar Independent Syrian Church [India]

Metelko, Mr Anton, ml, Council of Christian Churches in Slovenia

Michael, Mr Jaswant Kumar, ml, Church's Auxiliary for Social Action [India]

Mukarji, Dr Daleep, ml, Christian Aid [United Kingdom]

Munyika, Dr Veikko, mo, Evangelical Lutheran Church in the Republic of Namibia

Musa, Ms Elsa Tesfay, fl, Primate's World Relief and Development Fund [Canada]

Mutendi, Bishop Nehemiah, mo, Zion Christian Church [Zimbabwe]

Nafzger, Dr Samuel H., mo, Lutheran Church – Missouri Synod [USA]

Nathaniel, Mr Leslie S., ml, Church of South India

Ndjojo Byankya, Archbishop Patrice, mo, Eglise du Christ – Communauté Anglicane du Congo [Democratic Republic of Congo]

Ngada, Archbishop Ndumiso Harry, mo, Federal Council of African Indigenous Churches [South Africa]

Nilsen, Rev. Ingrid Vad, fo, Christian Council of Norway

Nilsson, Rev. Dr Kjell O., mo, Christian Council of Sweden

Norvila, Rev. Julius, mo, National Council of Churches in Lithuania

Nsabimana, Mr Emmanuel, ml, Protestant Council of Rwanda

Nurminen, Ms Sari Marketta, fo, Finnish Ecumenical Learning Association

Nygard, Mr Dag, ml, Norwegian Council of Free Churches

Olaitan, Venerable Sam Ade, mo, Chapel of the Healing Cross [Nigeria]

Ozigi, Sr Apostle James Abiodun, mo, Council of African and Afro-Caribbean Churches UK [United Kingdom]

Padilha, Rev. Anivaldo, mo, Methodist Church in Brazil

Pagán, Dr Samuel, ml, Seminario Evangélico de Puerto Rico

Pantupong, Mrs Woranut, fl, Church of Christ in Thailand

Paredes, Dr Tito, ml, Fraternidad Teológica Latinoamericana [Peru]

Peters, Ms E.A., fl, Dutch Interchurch Aid

Pieper, Rev. Friedhelm, mo, International Council of Christians and Jews [Germany]

Polhuis, Dr At, mo, OIKOS [Netherlands]

Porcal Martinez, Rev. Gilberto, mo, Anglican Church of the Southern Cone of America [Argentina]

Ramalho, Mr Jether Pereira, ml, Ecumenical Centre for Evangelism and Popular Education [Brazil]

Reardon, Mrs Ruth, fl, Association of Interchurch Families [United Kingdom]

Renfer, Rev. Rudolf, mo, Entraide protestante suisse [Switzerland]

Samuel, Canon Dr Vinay, mo, International Fellowship of Evangelical Mission Theologians [United Kingdom]

Scorer, Mr Timothy Norman, ml, Ecumenical Christian Association of Retreat Centres NARDA [USA]

Showlter, Rev. Dr William P., mo, Community of Jesus [USA]

Smith, Rev. Dr Graeme Richard, mo, Christian Socialist Movement [United Kingdom]

Smyth, Dr Sr Geraldine, fl, Irish School of Ecumenics

Solano, Mrs Lilia C., fl, International Fellowship of Evangelical Mission Theologians [United Kingdom]

Sommerfeldt, Rev. Atle, mo, Norwegian Church Aid

Songsaré, Rev. Pierre Amtsé, mo, Federation of Churches and Protestant Missions in Cameroon

Songulashvili, Bishop Malkhaz, mo, Georgian Baptist Church

Steen, Mr Wilfred, ml, Kirchenamt der EKD [Germany]

Stevens, Dr David R., ml, Irish Council of Churches

Stückelberger, Rev. Dr Christoph, mo, Brot für Alle [Switzerland]

Ström, Rev. Tord, mo, Council of Free Churches [Sweden]

Sugden, Rev. Dr Christopher, mo, International Fellowship of Evangelical Mission Theologians [United Kingdom]

Taylor, Rev. Dr Michael Hugh, mo, Baptist Union of Great Britain

Tengatenga, Rt Rev. James, mo, Christian Council of Malawi

Teodorescu, Mr Christian Peter, ml, Ecumenical Association of Churches in Romania

Tevi, Ms Lorine Chan, fl, Veigaravi Ecumenical Institute [Fiji]

Thorisson, Mr Jonas Thorir, ml, Icelandic Church Aid

Tivane, Rev. Lucas Amosse, mo, Christian Council of Mozambique

Traer, Rev. Dr Robert, mo, International Association for Religious Freedom [United Kingdom]

Utnem, Mr Stig, mo, Church of Norway

Van Beek, Mme Maria, fl, Schweizerischer Evangelischer Frauenbund [Switzerland]

Van der Meer, Mr Adrianus Willem, ml, Interchurch Organization for Development Cooperation [Netherlands]

Vea, Rev. Simote M., mo, Tonga National Council of Churches

Vonholdt, Dr Christl Ruth, fl, International Fellowship of Evangelical Mission Theologians [United Kingdom]

Vorster, Rev. J.M., mo, School of Ecclesiastical Sciences [South Africa]

Waspada, Rev. Dr Ketut Siaga, mo, Association of Christian Institutes for Social Concern in Asia [Indonesia]

Watson, Mr Richard, ml, Vesper Society [USA]

Westmorland, Rev. Colin A., mo, Malta Ecumenical Council

Wickeri, Rev. Dr Philip Lamri, mo, Amity Foundation [China]

Williams, Mr Charles Obasola, ml, Christian Council of Nigeria

Wilson, Rev. Nancy L., fo, Universal Fellowship Metropolitan Community Church [USA]

Wingate, Rev. Canon Andrew, mo, United Society for the Propagation of the Gospel [United Kingdom]

Wipf, Rev. Thomas, mo, Swiss Protestant Church Federation

Woods, Rev. Philip James, mo, United Reformed Church [United Kingdom]

Zijlstra, Rev. Prof. Germán, mo, CEPACASA [Trinidad and Tobago]

INVITADOS E INVITADAS

Ajitsingh, Mrs Charanjit, fl (United Kingdom), Sikh

Assaji Thero, Pandit Madampagama T., mo (Sri Lanka), Buddhist

Bemporad, Rabbi Jack, mo (Israel), Jewish

Biasima, Mme Lala Kibobe, fo, Church of Christ in Congo – Baptist Community of Western Congo [Democratic Republic of Congo]

Boer, Rev. Hans A., mo, Evangelical Church in Germany

Bridston, Dr Elizabeth, fl, Evangelical Lutheran Church in America [USA]

Bridston, Rev. Dr Keith, mo, Evangelical Lutheran Church in America [USA]

Castro, Rev. Emilio Pombo, mo (Switzerland), Evangelical Methodist Church in Uruguay

Chavunduka, Prof. Gordon Lloyd, ml (Zimbabwe), Church of England

Cho, Dr Kiyoko Takeda, fl, United Church of Christ in Japan

Chomutiri, Rev. Enos, mo, Reformed Church in Zimbabwe

Deenabandhu, Rev. M., fo, Andhra Evangelical Lutheran Church [India]

Deifelt, Rev. Dr Wanda, fo, Evangelical Church of the Lutheran Confession in Brazil

Fischer, Mr Jean, ml, Swiss Protestant Church Federation

Garrett, Rev. Dr John Allen, mo, Uniting Church in Australia

Held, Bischof Dr Heinz Joachim, mo, Evangelical Church in Germany

Hempel, Dr Johannes, mo, Evangelical Church in Germany

Hoshina, Mr Waichi, ml (Japan), Buddhist

Kang, Rev. Yong-Sop, mo, Korean Christian Federation [Democratic People's Republic of Korea]

Kelman, Rabbi Naamah, fo (Israel), Jewish

Kim, Mr Hyon-Chol, ml, Korean Christian Federation [Democratic People's Republic of Korea]

Koyama, Rev. Dr Kosuke, mo (USA), United Church of Christ in Japan

Makhulu, Mrs Rosemary, fl, Church of the Province of Central Africa [Botswana]

Makhulu, Archbishop Walter Khotso P., mo, Church of the Province of Central Africa [Botswana]

McCrum, Ms Mukami Irene, fl, Church of Scotland

Noko, Rev. Dr Ishmael, mo, Lutheran World Federation [Switzerland]

Oduyoye, Prof. Dr Mercy Amba, fl (Ghana), Methodist Church Nigeria

Pagura, Bishop Federico José, mo, Evangelical Methodist Church of Argentina

Pityana, Dr Nyameko Barney, mo, South African Human Rights Commission
Potter, Rev. Dr Philip, mo (Germany), Methodist Church in the Caribbean
and the Americas [Antigua and Barbuda]
Rambachan, Prof. Anantanand, ml (USA), Hindu [India]
Ri, Rev. Jong-Ro, mo, Korean Christian Federation [Democratic People's
Republic of Korea]
Sabev, Prof. Dr Todor Todorov, ml (Switzerland), Bulgarian Orthodox Church
Sadha Shivananda, Rev. Swamy, mo (India), Hindu
Sawahata, Mr Yasutomo, ml (Japan), Buddhist
Skuse, Ms Jean, fl, Uniting Church in Australia
Talbot, Dr Sylvia Ross, fl, African Methodist Episcopal Church [USA]
Van den Heuvel, Dr Albert Hendrik, mo, Netherlands Reformed Church
Webb, Dr Pauline Mary, fl, Methodist Church [United Kingdom]
Wilson, V. Rev. Dr Lois M., fo, United Church of Canada
Wimalagnana Thero, Rev. Walpola, mo (Sri Lanka), Buddhist
Wood, Rev. Bertrice Yvonne, fo, United Church of Christ [USA]
Yu, Rev. Yong Son, mo, Korean Christian Federation [Democratic People's
Republic of Korea]

ASESORES Y ASESORAS

Ahme, Prophetess J.E., fo, Eternal Sacred Order of Cherubim and Seraphim
[Nigeria]
Ahn, Dr Jae-Woong, ml, Presbyterian Church of Korea
Alves, Darli, yml, Iglesia Presbiteriana Independiente del Brasil [Brazil]
Amoa, Mr Baffour Dokyi, ml, Presbyterian Church of Ghana
Andronescu, Mrs Elena Liliana, fl, Romanian Orthodox Church
Arola, Ms H.-M. Pauliina, yfl, Evangelical Lutheran Church of Finland
Askola, Rev. Irja, fo (Switzerland), Evangelical Lutheran Church of Finland
Assefa, Prof. Hizkias, ml (Kenya), Ethiopian Orthodox Tewahedo Church
Babirye, Ms Sarah, fl, Church of the Province of Uganda
Bahi, Fr Shafir Elia, mo, Syrian Orthodox Patriarchate of Antioch and All the
East [Syrian Arab Republic]
Bakradonian, Mr Agop Ohannes, ml, Armenian Apostolic Church (Cilicia)
[Lebanon]
Benn, Dr Christoph, ml, Evangelical Church in Germany
Boulos, Ms Farida, fl, Syrian Orthodox Patriarchate of Antioch and All the
East [Syrian Arab Republic]
Bria, Prof. Ion, mo (Switzerland), Romanian Orthodox Church
Camba, Bishop Erme R., mo, United Church of Christ in the Philippines
Campos, Rev. Dr Bernardo, mo, Agencia Latinoamericana y Caribeña de
Comunicación [Peru]
Castillo Pena, Sr Patricio A., ml, Methodist Church of Chile
Catheniu, Mr Muke, ml, Presbyterian Church of Cameroon

Cowans, Rev. Dr Gordon Earl, mo, United Church in Jamaica and the Cayman Islands

Crawley, Ms Gwen, fl, Presbyterian Church (USA)

De Gruchy, Prof. Dr John W., mo, United Congregational Church of Southern Africa [South Africa]

Dewolf, Rev. Shirley, fo (Zimbabwe), United Methodist Church [USA]

Dimitrov, Prof. Ivan, ml, Bulgarian Orthodox Church

Domingues, Rev. Jorge Luiz F., mo (USA), Methodist Church in Brazil

Duraisingh, Rev. Prof. Christopher, mo (USA), Church of South India

Etemesi, Rt Rev. Horace, mo, Anglican Church of Kenya

Faltas, Dr Joseph M., ml, Coptic Orthodox Church [Egypt]

Fernandez, Rev. Noel Osvaldo, mo, Fraternidad de Iglesias Bautistas de Cuba

Ferris, Dr Elizabeth, fl, Religious Society of Friends – Friends General Conference [USA]

Fitzpatrick, Ms Brenda M., fl, Uniting Church in Australia

Fjärstedt, Rt Rev. Dr Björn Gunnar, mo, Church of Sweden

Fortman, Prof. Dr Bas de Gaay, ml, Reformed Churches in the Netherlands

Frieling, Prof. Dr Reinhard, mo, Evangelical Church in Germany

Fritzson, Rev. Arne Elis L., mo, Mission Covenant Church of Sweden

Gadó, Dr Pál, ml, Lutheran Church in Hungary

Gardiner, Ms Denise C., fl, Church in the Province of the West Indies [Antigua and Barbuda]

Gavrilovici, Dr Valeriu, yml, Romanian Orthodox Church

Gulere-Wambi, Mr Cornelius, ml (Uganda), Greek Orthodox Patriarchate of Alexandria and All Africa [Egypt]

Kabue, Mr Samuel Njuguna, ml, Presbyterian Church of East Africa [Kenya]

Katoneene, Rev. Jonah Mwesigwa, mo (Zimbabwe), Association of Christian Lay Centres in Africa [Kenya]

Kihali, Mr Elekiah Andago, ml (Albania), Greek Orthodox Patriarchate of Alexandria and All Africa [Egypt]

Kinsler, Rev. Francis Ross, mo (Costa Rica), Presbyterian Church (USA)

Klagba-Kuadjovi, Rev. Charles C., mo, Communauté évangélique d'action apostolique [France]

Klein-Goldewijk, Prof. Berma, fl, Reformed Churches in the Netherlands

Kobahidze, Rev. Fr Vasil, mo (France), Georgian Orthodox Church

Koumbarelis, Dr Emmanuel, ml, Church of Greece

Lee, Ms Ye Ja, fl, Presbyterian Church of Korea

Leslie, Ms Emma, fl (Cambodia), Anglican Church of Australia

Lodberg, Rev. Dr Peter, mo, Evangelical Lutheran Church in Denmark

Lung, Ms Ngan-Ling, fl (China), Salvation Army [United Kingdom]

Maggay, Dr Melba Padilla, fl, Institute for Studies in Asian Church and Culture [Philippines]

Manchala, Rev. Deenabandhu, mo, United Evangelical Lutheran Church in India

Mathews, Fr Dr John, mo, Malankara Orthodox Syrian Church [India]
Matthey, Rev. Jacques, mo, Swiss Protestant Church Federation [Switzerland]
Meskhi, Dr Tamara, fl, Institute of Oriental Studies [Georgia]
Mikhail, Rev. Dr Antoun Yacoub, mo, Ethiopian Orthodox Tewahedo Church
Misijuk, Mr Vladimir, ml, Autocephalous Orthodox Church in Poland
Moglia, Mr Simon, ml, Uniting Church in Australia
Moisa, Miss Nonhlanhla N., fl, Church of the Province of Southern Africa [South Africa]
Mosoiu, Rev. Dr Nicolae Viorel, mo, Romanian Orthodox Church
Motsa, Miss Nonhlanhla N., fl (Swaziland), Church of the Province of Southern Africa [South Africa]
Nassif, Dr Bradley, ml (USA), Greek Orthodox Patriarchate of Antioch and All the East [Syrian Arab Republic]
Nathan, Rev. Ronald Ancile, mo, New Creation International Christian Centre [United Kingdom]
Naudé, Rev. John, mo, Church of England [United Kingdom]
Okpema, Evangelist Barnabas N., mo, Christ Holy Church of Nigeria
Oommen, Rev. Dr Abraham, mo (Kuwait), Malankara Orthodox Syrian Church [India]
Ortega Suarez, Rev. Ofelia, fo, Presbyterian Reformed Church in Cuba
Otzoy Sotz, Rev. José Antonio, mo, Iglesia Nacional. Presbiteriana de Guatemala
Pamboukian, Mrs Setta, fl, Armenian Apostolic Church (Cilicia) [Lebanon]
Paradisi, Sister Nektaria, fl, Church of Greece
Patelos, Dr Prof. Constantin, ml (Greece), Greek Orthodox Patriarchate of Alexandria and All Africa [Egypt]
Pattel-Gray, Dr Anne, fl, Uniting Church in Australia
Rasmussen, Dr Larry L., ml, Evangelical Lutheran Church in America [USA]
Reeves, Rev. Kathy Nadine, fo, United Methodist Church [USA]
Robeck, Jr, Rev. Dr Cecil M., mo, Assemblies of God [USA]
Robins, Ms Wendy Sheridan, fo, Church of England
Rock, Dr Jay T., mo, Presbyterian Church (USA)
Rolemberg, Ms Eliana, fl, Evangelical Church of the Lutheran Confession in Brazil
Ruiz Perez, Lic. Brenda Consuelo, fl, Baptist Convention of Nicaragua
Sabatino, Mr Peter C., ml (Australia), Roman Catholic Church
Seddoh, Dr Nenevi A., fl (France), Evangelical Presbyterian Church of Togo
Senituli, Mr Lopeti, ml (Fiji), Methodist Church in Tonga (Free Wesleyan)
Sivov, Mr Plamen Evgeniev, ml, Bulgarian Orthodox Church
Sutcliffe, Rev. Dr John Michael, mo, United Reformed Church [United Kingdom]
Syriani, Mr Razek Aboud, ml, Syrian Orthodox Patriarchate of Antioch and All the East [Syrian Arab Republic]
Tanner, Dr Mary, fl, Church of England

Tautari, Ms Tara, yfl, Methodist Church of New Zealand
Thesenvitz, Mr Dirk, yml (Germany), Methodist Church in the Caribbean and the Americas [Antigua and Barbuda]
Tinker, Rev. Dr George E., mo, Evangelical Lutheran Church in America [USA]
Tsai, Mr Ying-Bo (Joseph), ml, Presbyterian Church in Taiwan
Tukula, Mr Pakilau, yml, Methodist Church in Tonga (Free Wesleyan)
Urban, Ms Ursula, fl, Evangelical Church in Germany
Venema, Drs. Charlotte, fl, Netherlands Reformed Church
Wehbe, Mrs Maha Milki, fl (Lebanon), Greek Orthodox Patriarchate of Antioch and All the East [Syrian Arab Republic]
Wilson, Rev. Nathan, mo, Christian Church (Disciples of Christ) [USA]
Wooldridge, Mr Michael James, ml (India), British Broadcasting Corporation

COORDINACIÓN PARA EL DECENIO

Aakerlund, Ms Anna Upendo, yfl, Sweden
Bula, Ms Omega, fl, Canada
Dilschneider, Mrs Dorothea, fl, Germany
Fischer-Duchable, Mrs Nicole, fl, Switzerland
Katsuno-Ishii, Ms Lynda, fl, Canada
Granberg-Michaelson, Mrs Karin, fl, USA
McKay, Ms Pauline F., fl, New Zealand
Mabusela, Mrs Constance, fl, Zimbabwe
Mwesigye, Ms Doreen, fl, Kenya
Raiser, Dr Elisabeth, fl, Germany
Robra, Mrs Barbara, fl, Germany
Pozzi-Johnson, Mrs Janis, fl, USA

STEWARDS

Adieteu Klufio, Mr Samuel Anthony, yml, Presbyterian Church of Ghana
Adu-Tetteh, Mrs Faustina Adobea, yfl, Presbyterian Church of Ghana
Aebi, Ms Bettina, yfl, Swiss Protestant Church Federation
Allen Waugh, Ms Tzeitel S., yfl, Iglesia Episcopal de Panamá
Alves-Santos, Ms Giselle L.A., yfl (Brazil), Methodist Church [United Kingdom]
Amuulo, Ms Justina, yfl, Evangelical Lutheran Church in the Republic of Namibia
Ananyadis, Mr Konstantine, yml, Ecumenical Patriarchate of Constantinople [Turkey]
Arendse, Mr Brian, yml, Uniting Reformed Church in Southern Africa [South Africa]
Bacher, Ms Alya, yfl, Syrian Orthodox Patriarchate of Antioch and All the East [Syrian Arab Republic]

Bahru, Ms Gemeda Helen, yfl, Ethiopian Evangelical Church Mekane Yesus
Bakare, Ms Tinao Rebekka, yfl (United Kingdom), Church of the Province of
    Central Africa [Botswana]
Bakhtiarian, Ms Hasmig, yfl, Armenian Apostolic Church (Cilicia) [Lebanon]
Banko, Mrs Erika, yfl, United Evangelical Lutheran Church [Argentina]
Beard, Ms Sally, yfl, Presbyterian Church (USA)
Bent McDonald, Ms Jenny Berly, yfl, Moravian Church in Nicaragua
Berganza Nieto, Ms Tamara, yfl (Spain), Roman Catholic Church
Bodnarchuk, Ms Amy Elizabeth, yfl, United Church of Canada
Boxma, Ms Susan Elizabeth, yfl, United Church of Canada
Bule, Mr Darren Glen, yml, Conference of Churches of Christ in Vanuatu
Caines, Mr Cuthbert Lionel, yml (Saint Kitts and Nevis), Church in the
    Province of the West Indies [Antigua and Barbuda]
Cepeda-Villar, Ms Aymara, yfl, Presbyterian Reformed Church in Cuba
Chavindra, Mr Nishan Perera, yml, Church of Ceylon [Sri Lanka]
Chawabvunza, Ms Sithembiso, yfl (Zimbabwe), Salvation Army [United
    Kingdom]
Chigwedere, Mr Tafadzwa W., yml, Assemblies of God (Pentecostal) in Zim-
    babwe
Chikowore, Ms Isabella, yfl, Methodist Church in Zimbabwe
Chimhina, Ms Sylvia R., yfl, Student Christian Movement of Zimbabwe
Chimururi, Mr Shepherd, yml (Zimbabwe), Apostolic Faith Mission
Connan, Mr Nicholas John F., yml, Uniting Church in Australia
Corbelius, Mr Klas Roland, yml, Church of Sweden
Cox, Mr Edward Rawson, yml, United Reformed Church [United Kingdom]
David, Mr Johnsan, yml, Anglican Diocese of West Malaysia
De Luca Uría, Ms María José, yfl (Ecuador), Roman Catholic Church
Dhlamini, Ms Molly, fl, SUCA Church [South Africa]
Dost, Mr Anshuman P., yml, Methodist Church in India
Dzumbunu, Mr Tafadzwa, yml, Zimbabwe
Ebong Okon, Ms Idongesit, yfl, Presbyterian Church of Nigeria
Elizee, Ms Theona Rufin, yfl (Dominica), Roman Catholic Church
Fimonda-Toro, Ms Fahima, yfl, Syrian Orthodox Patriarchate of Antioch and
    All the East [Syrian Arab Republic]
Francis, Ms Amerelle, yfl (Trinidad and Tobago), Moravian Church, Eastern
    West Indies Province [Antigua and Barbuda]
Francis, Mr Azeem, yml (Pakistan), Roman Catholic Church
Gaomab, Mr Jafet Benjamin, yml, Evangelical Lutheran Church in the
    Republic of Namibia
Garçia, Mr Mputuilu, yml, Igreja Presbiteriana Independente em Angola
Garcia Langerak, Ms Olga, yfl, Iglesia Luterana Costarricense [Costa Rica]
Glikou, Miss Amoko Agnes, yfl, Eglise protestante du Sénégal
Gourdet, Mr Nico, yml, Christian Church (Disciples of Christ) [USA]
Guttorm, Ms Milja Helena, yfl, Evangelical Lutheran Church of Finland

Guzman, Ms Rosanna Yarine, yfl, Iglesia Evangélica Dominicana [Dominican Republic]

Hall, Miss Gwendolyn Denise, yfl, African Methodist Episcopal Zion Church [USA]

Hariniaina, Mr Fanomezantsoa, yml, Malagasy Lutheran Church [Madagascar]

Haulangi, Ms Makareta, yfl, Tuvalu Christian Church

Hellberg, Ms Elke, yfl, Evangelical Lutheran Church in Southern Africa [South Africa]

Hingi, Mr Kudakwashe, yml, Christian Marching Church [Zimbabwe]

Hoffmann, Mr Matthias, yml, Lutheran Church in Germany

Hotere, Ms Keita, yfl, Taha Maori Methodist Church of Aotearoa New Zealand

Hove, Mr Rabson, yml, Evangelical Lutheran Church in Zimbabwe

Htwe Than, Ms Nant Htwe, yfl, Myanmar Baptist Convention

Inaury, Mr Yusuf, yml, Evangelical Christian Church in Irian Jaya [Indonesia]

Ipe Mangattu, Mrs Susan Liju, yfl, Malankara Orthodox Syrian Church [India]

John, Mr Anoh, yml (Cameroon), Presbyterian Church of Southern Africa [South Africa]

Kamble, Ms Kiran, yfl, Church of North India

Kamya, Mr Eriya, yml (Uganda), Greek Orthodox Patriarchate of Alexandria and All Africa [Egypt]

Kantharatnam, Ms Noeline Christelle, yfl (Sri Lanka), Church of South India

Kanwal, Ms Shamaila, yfl, Church of Pakistan

Kapalu, Mr Sam Harrison, yml, Presbyterian Church of Vanuatu

Kasambay, Mr Ruben Banza, yml, Church of Christ in Congo – Episcopal Baptist Community [Democratic Republic of Congo]

Kazilas, Ms Patra, yfl, Ecumenical Patriarchate of Constantinople [Turkey]

Keitel, Ms Elisabeth, yfl, Evangelical Church of the Augsburg Confession of Alsace and Lorraine [France]

Kern, Alexander L., yml, Religious Society of Friends – Friends General Conference [USA]

Kim, Ms Eun Jung, yfl, Presbyterian Church of Korea

Kolundzic, Mr Radomir, yml (Germany), Serbian Orthodox Church [Yugoslavia]

Koskela, Ms Tarja Tuulikki, yfl, Evangelical Lutheran Church of Finland

Kubícková, Ms Barbora, yfl, Evangelical Church of Czech Brethren [Czech Republic]

Kuchera, Mr Wafawanaka, yml, United Church of Christ in Zimbabwe

Kvammen, Ms Ingeborg A.K., yfl, Church of Norway

Larsen, Mr Simon Kangas, yml, Evangelical Lutheran Church in Denmark

Lee, Ms Sara, yfl, Korean Christian Church in Japan

Levin, Mr Roman, yml, Estonian Evangelical Lutheran Church

Lizarazo Perez, Ms Aura Stella, yfl (USA), Iglesia Evangélica Luterana de Colombia

Ljungberg, Mr David, yml, Mission Covenant Church of Sweden

Lobengula, Ms Dadirayi, yfl, Young Women Christian Association [Zimbabwe]

Loubassou Nganga, Mr Maixent, yml, Evangelical Church of the Congo

Lungu, Pastor Leonard, yml, Pentecostal Assemblies of God – Zambia

Machado, Ms Renata, yfl, Episcopal Anglican Church of Brazil

Madanha, Ms Faina, yfl (Zimbabwe), Salvation Army [United Kingdom]

Madoda, Ms Julia, yfl, Zimbabwe Council of Churches

Madut Wol, Mr Erneo Martin T., yml (Sudan), Roman Catholic Church

Maikolo, Mr Emmanuel, yml (Zimbabwe), Church of Central Africa Presbyterian [Malawi]

Makani, Mr Colin Albert, yml, Ekalesia [Niue]

Makgatho, Mr Silibaziso, yml, African Methodist Episcopal Church, Zimbabwe

Mange-Ndebele, Mr Nyalalani, yml, Methodist Church in Zimbabwe

Manomano, Mr Thandiwe, yml, Methodist Church in Zimbabwe

Mapanda, Miss Itai, yfl (Zimbabwe), United Methodist Church [USA]

Martínez-Hardigree, Ms Molly A., yfl (Puerto Rico), Presbyterian Church (USA)

Marui, Mr Kenji, yml, United Church of Canada

Master, Mr Maxwell, yml (Zimbabwe), Presbyterian Church of Southern Africa [South Africa]

Masvotore, Mr Peter, yml, Methodist Church in Zimbabwe

Mattaka, Ms Cleopatra S.R., yfl (Zimbabwe), African Methodist Episcopal Church [USA]

Matusiak, Mr Joseph, yml (Poland) Orthodox Church in America [USA]

Maxie, Ms Chingmecha Abisui, fl, Zimbabwe Council of Churches

Meijer, Ms Janine, yfl, United Protestant Church of Belgium

Misiuk, Mr Jaroslaw, yml, Autocephalous Orthodox Church in Poland

Mittleholtz, Mr Bradley Jason, yml, Evangelical Lutheran Church in Canada

Mkonto, Ms Millicent, yfl, Methodist Church in Zimbabwe

Moce, Ms Neomai S.T., yfl (Fiji), Roman Catholic Church

Mooney, Ms Julie, yfl, United Church of Canada

Mtshali, Mr Mbongeni Bafana, yml (Swaziland), African Methodist Episcopal Church

Muganga, Ms Margaret, yfl, Zimbabwe Council of Churches

Muhwati, Ms Florence, yfl, Methodist Church in Zimbabwe

Murase, Mr Yoshifumi, yml, United Church of Christ in Japan

Muriungi, Miss Judith Kendi, yfl, Methodist Church in Kenya

Musaazi, Mr Walusimbi Allan, yml, Church of the Province of Uganda

Musodza, Mr Archford, yml (Zimbabwe), Church of the Province of Central Africa [Botswana]

Muwanga, Ms Lydia, yfl, Church of the Province of Uganda

Mwaura, Miss Zipporah W., yfl (Kenya), Greek Orthodox Patriarchate of Alexandria and All Africa [Egypt]

Mwenegoha, Miss Theodora, yfl, Evangelical Lutheran Church in Tanzania

Nagel, Ms Jennifer, yfl, Evangelical Lutheran Church in America [USA]

Nallo, Ms Mamie Sata Kai, yfl, Methodist Church Sierra Leone

Narcius, Mr Astrod L., yml, Première Eglise baptiste du Cap-Haïtien [Haiti]

Neal, Mr Jason Alexander, yml, Presbyterian Church (USA)

Neergaard, Mr Ole Harald, yml, Church of Norway

Nenola, Ms Aino Elina, fl, Orthodox Church of Finland

Ngwenya, Mr Decent, yml, Zimbabwe

Nicolle, Ms Natasha, yfl, Anglican Church of Canada

Normand, Mr Mlandeli, yml, Zimbabwe

Nyapimbi, Mr Joshua, yml, Ecumenical Arts Association [Zimbabwe]

Nyirenda, Ms Mwawi, yfl, Church of Central Africa Presbyterian [Malawi]

Occessite, Ms Margareth, yfl, Première Eglise baptiste du Cap-Haïtien [Haiti]

Padre, Mr Stephen Hovick, yml, Evangelical Lutheran Church in America [USA]

Parris, Ms Cheryl A.E., yfl, Episcopal Church [USA]

Patta, Mr Raj Bharath, yml, United Evangelical Lutheran Church in India

Paul, Mr Kenrick Nicholas, yml (Dominica), Roman Catholic Church

Petelo, Ms Fatafehi, yfl (Australia), Roman Catholic Church

Petrova-Kantcheva, Ms Stefka, yfl, Bulgarian Orthodox Church

Piqué, Ms Consuela M., yfl, Bethlehem Kerk [Suriname]

Poma Callisaya, Mr Marco Antonio, yml, Evangelical Methodist Church in Bolivia

Quesnelle, Mrs Anne, yfl (Canada), Roman Catholic Church

Raiser, Mr Christoph, yml (Italy), Evangelical Church of Germany

Ramil, Ms Maybelle A., yfl, United Church of Christ in the Philippines

Rasari, Ms Ema Lewenigatu, yfl (Fiji), Anglican Church in Aotearoa, New Zealand and Polynesia

Reed, Dr Refaat, yml, Coptic Orthodox Church [Egypt]

Reiss, Ms Marielle, yfl, Evangelical Church of the Augsburg Confession of Alsace and Lorraine [France]

Ribet, Ms Elisabetta, yfl, Waldensian Church [Italy]

Ricca Rivoir, Mr Leonardo Pablo, yml, Waldensian Evangelical Church of the River Plate [Uruguay]

Robbins, Mr Vance, yml, Evangelical Lutheran Church in America [USA]

Roberts, Ms Susanah Esther, yfl, Church in the Province of the West Indies [Antigua and Barbuda]

Rutherford, Ms Erin Carol, yfl, Anglican Church of Canada

Sakwa, Mr Franklin, yml, Anglican Church of Kenya

Sapawu, Mr Edmore, ml, Zimbabwe

Schimanowski, Ms Christine, yfl, Evangelical Church in Germany
Shnole, Mr Itai, yml, Zimbabwe
Schwarze, Mr Andreas, yml, Evangelical Church in Germany
Serrano-Benitez, Mrs Rochelle B, yfl (Philippines), Roman Catholic Church
Setu, Ms Fetu, yfl, Methodist Church in Samoa [Western Samoa]
Sharma, Ms Anugraha, yfl, Bethel Church [Nepal]
Shenjere, Ms Plan, yfl, United Church of Christ in Zimbabwe
Sibanda, Miss Priscilla T., fl, Zimbabwe
Silva Berrios, Ms Gloria Elisa, yfl, Pentecostal Church of Chile
Simion, Mr Marian, yml (USA), Romanian Orthodox Church
Sinaga, Ms Maria Rosalina, yfl, Indonesia
Snow, Ms Beth A., yfl, Presbyterian Church (USA)
Sunder, Mrs Imke, yfl, Evangelical Church in Germany
Tadros, Miss Evelyne, yfl (Australia), Coptic Orthodox Church [Egypt]
Tinambunan, Ms Tiurmina Augustina, yfo, Protestant Christian Batak Church
   [Indonesia]
Tongtuswuttana, Mr Prasit, yml, Church of Christ in Thailand
Touma, Mr Samer, yml, Episcopal Church in Jerusalem and the Middle East
   [Israel]
Tseng, Ms Lin-Yi, yfl, Presbyterian Church in Taiwan
Tsironis, Mr Christos, yml, Church of Greece
Titus, Mr Tulea Laurentiu, yml, Romanian Orthodox Church
Tukua, Mr Pakilau, yml, Tonga
Valiquette, Rev. Susan Marie, yfo, United Church of Christ [USA]
van der Sar, Ms Marieke, yfl, Reformed Churches in the Netherlands
Videla, Mr Martín Hugo, yml, Anglican Church of the Southern Cone of
   America [Argentina]
Vincent, Ms Sheara Elsi Monica, yfl, United Evangelical Lutheran Church in
   India
Viswanathan, Ms Shehara, yfl, Uniting Church in Australia
Warren, Miss Stephanie, yfl, Majority Baptist Church [USA]
Weynberg, Miss Penelope Jane, yfl, Church of England
Whitlatch, Ms Margaret Jo, yfl, Evangelical Methodist Church of Argentina
Wilkins, Ms Jasmine, yfl, United Church of Canada
Willering, Ms Hella H.M., yfl, Reformed Churches in the Netherlands
Williams, Ms Natalie Sharone, yfl, Jamaica Baptist Union
Wingate, Mr Matthew David, yml, Church of England [United Kingdom]
Zinyoni, Mr Lionel, yml, Zimbabwe

PERSONAL DEL CMI

Abel, Ms Carol Gwynydd, fl, United Kingdom
Alt, Mrs Catherine, fl, France
Appel, Ms Doris Brunhilde, fl, Germany

Appiah, Ms Evelyn Victoria, fl, Ghana
Asante, Dr Rexford Kofi O., ml, Ghana
Banda, Ms Margarita P., fl, Argentina
Batista Guerra, Rev. Israel, mo, Cuba
Becher, Ms Jeanne, fl, USA
Becker, Ms Claudia, fl, Germany
Beffa, Mr Pierre, ml, Switzerland
Belopopsky, Mr Alexander, ml, United Kingdom
Berthoud, Ms Aimée, fl, Switzerland
Best, Rev. Dr Thomas F., mo, USA
Bhattacharji, Dr Sara, fl, India
Blyth, Rev. Myra, fo, United Kingdom
Bouteneff, Dr Peter, ml, USA
Bruschweiler, Ms Patricia, fl, Switzerland
Cambitsis, Ms Joan, fl, United Kingdom
Carstensen, Mr Nils, ml, Denmark
Cavagna, Ms Susan Patricia, fl, United Kingdom
Chial, Mr Douglas L., ml, USA
Christ-Taha, Ms Catherine, fl, Switzerland
Christeler, Mr Robert, ml, Switzerland
Constant, Ms Brigitte, fl, France
Corelli, Ms Evelyne Lydia M., fl, France
Courvoisier, Ms Maryse, fl, France
Csupor, Ms Isabel, fl, Germany
Daniels, Dr Ms Priscilla Nirma, fl, India
Davoudi, Ms Ursula, fl, Switzerland
De Santa Ana-Dovat, Ms Violaine, fl, Switzerland
Demesy, Ms Monique, fl, Switzerland
Dhanjal, Ms Sophie, fl, Switzerland
Doench, Mrs Rosemarie, fl, Germany
Eisenhoffer, Ms Anna (Elisabet), fl, Switzerland
Epps, Rev. Dwain C., mo, USA
Ergas, Ms Simone, fl, Switzerland
Eskidjian, Ms Salpy, fl, Cyprus
Falconer, Rev. Dr Alan, mo, United Kingdom
Faure, Ms Françoise, fl, Switzerland
FitzGerald, Rev. Dr Thomas, mo, USA
Ford, Ms Linda, fl, United Kingdom
Geuss, Ms Joan, fl, USA
Giovannini, Mrs Maria Rosa, fl, Switzerland
Gnanadason, Dr Aruna, fl, India
Gouël, Ms Elisabeth, fl, France
Grange, Ms Mariette, fl, France
Grob, Ms Monika, fl, Switzerland

Gue, Ms Liisa Vivian, yfl, Canada
Guillelmon, Mrs Renate, fl, France
Hadsell Do Nascimento, Dr Heidi, fl, USA
Heller, Rev. Dr Dagmar, fo, Germany
Hyatt, Ms Lore, fl, Germany
Inoubli, Ms Catherine, fl, France
Jacques, Ms Geneviève, fl, France
Jenks, Mr Philip E., ml, USA
John, Mr Clement, ml, Pakistan
Kifle, Mr Melaku, ml, Ethiopia
Knutsen, Rev. Freddy, ymo, Norway
Kobia, Rev. Dr Samuel, mo, Kenya
Kok, Mr Jan, ml, Netherlands
Kolb, Ms Ingeborg, fl, Germany
Koutatzi, Ms Maria, yfl, Greece
Langerak, Rev. Ms Ana, fo, USA
Lebouachera, Ms Yasmina, fl, Switzerland
Lemopoulos, Mr Georges, ml, Switzerland
Lerner, Ms Gail, fl, USA
Lohr, Ms Christy, yfl, USA
Lopez-Ouraïed, Ms Samia, fl, Switzerland
Lundy, Ms Mary Ann W., fl, USA
MacArthur, Rev. Terry, mo, USA
Mantovani, Mr Ulisses Louzada, yml, Brazil
Margot, Mr Joël, ml, Switzerland
Marquot, Ms Lise, fl, Switzerland
Matthey, Mrs Uta, fl, Switzerland
Maubach, Ms Barbara, fl, Germany
McComish, Ms Carolyn Anne, fl, United Kingdom
McNulty, Ms Joyce Dawn, fl, United Kingdom
Medri, Ms Valérie P., fl, Switzerland
Meric, Ms Jacqueline M., fl, France
Mesa, Ms Sheila Margaret, fl, United Kingdom
Milosevic, Ms Yvette, fl, United Kingdom
Mitri, Dr Tarek, ml, Lebanon
Moran, Sr Elizabeth, fl, United Kingdom
Morcos, Dr Salwa, fl, Egypt
Moussa, Dr Helene, fl, Canada
Murigande, Rev. Richard, mo, Burundi
Newbury, Rev. John, mo, United Kingdom
Omulepu, Ms Sonia, fl, USA
Orteza, Ms Edna J., fl, Philippines
Oxley, Rev. Simon, mo, United Kingdom
Palma, Ms Marta, fl, Chile

Park, Dr Kyung Seo, ml, Korea
Petty, Mr George, ml, USA
Pirri-Simonian, Ms Teny, fl, United Kingdom
Pobee, Dr John S., mo, Ghana
Poerwowidagdo, Rev. Dr Judo, mo, Indonesia
Poma Añaguaya, Rev. Eugenio, mo, Bolivia
Pomezny, Ms Alexandra, fl, Switzerland
Pozzi-Johnson, Mr David, ml, USA
Rüeger Surur, Ms Regina, fl, Switzerland
Rüppell, Dr Gert, ml, Finland
Raiser, Rev. Dr Konrad, mo, Germany
Rath, Mr Günter, ml, Germany
Reichmuth, Ms Emilia, fl, Bolivia
Reidy Prost, Ms Miriam, fl, Australia
Reilly, Ms Joan, fl, United Kingdom
Restrepo, Ms Mercedes, fl, Switzerland
Robra, Rev. Dr Martin W.H., mo, Germany
Ross, Ms Dawn, fl, Canada
Sauca, Rev. Dr Ioan, mo, Romania
Sbeghen, Mrs Renate E., fl, Switzerland
Scarff, Mr Gerard, ml, United Kingdom
Schüller, Ms Marilia, fl, Brazil
Scott, Rev. Bob, mo, New Zealand
Sintado, Rev. Carlos Alberto, mo, Argentina
Skum, Ms Line, yfl, Norway
Smith, Rev. Douglas C., ymo, USA
Smith, Mrs Gudrun, fl, Germany
Speicher, Ms Sara, fl, USA
Stalschus, Ms Christa, fl, Germany
Stromberg, Ms Jean, fl, USA
Stunt, Ms Heather, fl, United Kingdom
Szorc, Ms Anna Danuta, fl, USA
Talvivaara, Ms Anu, fl, Finland
Taran, Mr Patrick A., ml, USA
Taroanui, Mr John Doom, ml, French Polynesia
Temu, Dr William Raphael, ml, Tanzania
Thomas, Ms Janet, fl, Liberia
Tiercelin, Mr Didier, ml, France
Tierney, Ms Claire, fl, Ireland
Ucko, Rev. Hans, mo, Sweden
Van Beek, Mr Huibert, ml, Netherlands
Van Elderen, Mr Marlin J., ml, USA
Visinand, Ms Elizabeth, fl, United Kingdom
Von Arx, Ms Denise, fl, Ireland

Wahl, Ms Margot C., fl, Germany
Wehrle, Ms Luzia, fl, Switzerland
Williams, Mr Peter, ml, Denmark
Woodside, Ms Sarah, yfl, Canada
Zarraga, Ms Tatjana, fl, Austria
Zierl, Ms Ursula, fl, Germany

PERSONAL COOPTADO

Addy, Rev. Mr Anthony John, mo, United Kingdom
Adzor, Mr Koku, Tex-Paul, yml, Togo
Alonso Vazquez, Ms Leonor, fl, Uruguay
Ariarajah, Dr S. Wesley, mo, Sri Lanka
Arias, Mr Gonzalo, ml, Spain
Bakare, Rev. Dr Sebastian, mo, Zimbabwe
Battle, Rev. Dr Michael, mo, USA
Beaume, Rev. Gilbert, mo, France
Becker, Rev. Dr Ulrich, mo, Germany
Behs, Mr Edelberto, ml, Brazil
Benz-Werner, Ms Hilde, fl, Germany
Berger Griot, Ms Giselle, yfl, Uruguay
Best, Mr Bruce, ml, Australia
Bigagaza, Mr Jean, ml, Burundi
Bingle, Dr Richard John, ml, United Kingdom
Birchmeier, Pasteur Heinz, mo, Switzerland
Bitemo, Mr Raymond, ml, Congo
Black, Mr Christopher Wm, yml, Canada
Bookholane, Rev. Lehlohonolo, mo, South Africa
Booth, Rev. Dr Rod, mo, Canada
Boweh, Mr Jerry Topo, ml, Liberia
Braun, Mrs Renate, fl, Switzerland
Briggs Nkpaji, Mr Sylvester, ml, Nigeria
Brown, Ms Manuela, fl, United Kingdom
Bruinings, Mrs Ulrike, fl, Germany
Bruyns, Mr Noel, ml, South Africa
Buss, Rev. Théo, mo, Switzerland
Campbell, Ms Jacqueline, fl, United Kingdom
Cameron, Ms Elaine, fl, United Kingdom
Campos, Ms Sieni Maria, fl, Brazil
Campos Garcia, Rev. Lusmarina, fo, Brazil
Cervantes-Ramírez, Mrs Rosa-Elena, fl, Mexico
Chaita, Mrs Gladys, fl, Zimbabwe
Chapnin, Mr Sergei, ml, Russia
Chen, Ms Elise L.H., fl, Norway

Chidowore, Mr Richard, ml, Zimbabwe
Chihota, Mr Silfond T., ml, Zimbabwe
Chikuku, Ms Tendai, fl, Zimbabwe
Chimelli, Rev. Claire, fo, Switzerland
Chiromba, Mr F.C., mo, Zimbabwe
Chitima, Ms Rachael, fl, Zimbabwe
Chiwashira, Ms Nordica, yfl, Zimbabwe
Chunakara, Dr Mathew S. George, ml, India
Coleman, Ms Elisabeth D., fl, United Kingdom
Conway, Dr Martin, ml, United Kingdom
Cook, Rev. Merrill, mo, USA
Coppola, Ms Florence, fl, USA
Corsten, Ms Katherina, fl, Switzerland
Damatar, Ms Petronela, yfl, Romania
Dartey, Rev. David Asante, mo, Ghana
Davey, Rev. Dr Colin Hugh L., mo, United Kingdom
Davies, Rev. Michael John, mo, United Kingdom
Davies, Ms Rosemary Ann, fl, United Kingdom
Delmonte, Ms M.C. Elisabeth, fl, Germany
Dembe, Mr Killron, ml, Zimbabwe
Dickinson, Rev. Dr Richard, mo, USA
Dimitrov, Mr Georgi, ml, Russia
Dowe, Mr Alex, ml, Zimbabwe
Dube, Ms Fikele Rosemary, yfl, Zimbabwe
Dube, Mr Mandla-Akhe, yml, Zimbabwe
Dufour, Mr Daniel, ml, Italy
Dupe, Mr Gustaf, ml, Indonesia
Eeckhout, Mr Christian, yml, Belgium
Euving, Ms Erica, fl, Netherlands
Faerber, Mr Robert, ml, France
Faerber, Ms Tomoko, fl, France
Faris, Rev. Robert, mo, Canada
Ferguson, Rev. Christopher M., mo, Canada
Feta, Mr Michael, ml, Switzerland
Fiaferana, Mr Alfer, ml, Madagascar
Frey, Mr Albert, mo, Switzerland
Galloway, Ms Kathryn Johnson, fl, United Kingdom
Garbutt, Mr John David, ml, Australia
Garcia, Ms Liza Lei, yfl, Philippines
Gavi, Ms Chiramwewa, fl, Zimbabwe
Geuss, Mr William G., ml, USA
Ghansah, Ms Esther, yfl, Ghana
Ginglas-Poulet, Ms Roswitha, fl, Germany
Goertz, Rev. Marc, mo, France

Gorden, Mr Simango, ml, Zimbabwe
Gould, Dr R. Morgan, ml, USA
Green, Ms Rosemary, fl, United Kingdom
Greenaway, Ms Kristine, fl, Canada
Greenwood, Mr Ralegh, ml, Switzerland
Griffiths, Ms Elaine Phyllis, fl, Australia
Gudmundsson, Rev. Bernhardur, mo, Iceland
Gunn, Mr Hilary Lander, ml, United Kingdom
Hallman, Dr David G., ml, Canada
Harvey, Ms Pamela Ruth, fl, United Kingdom
Harvey, Ms Ruth, fl, United Kingdom
Havinga, Mr Frerk Andreas, ml, Germany
Hawxhurst, Rev. Jean, fo, USA
Heese, Mrs Marguerite, fl, Switzerland
Heider, Rev. Martin, mo, Germany
Hernandez Alvarez, Ms Engracia, fl, Cuba
Heuer, Mr Matthias, ml, Germany
Hocking, Ms Tam, fl, Zimbabwe
Hsu, Mr Victor Wan Chi, ml, USA
Illas Jeichande, Ms Ivette, fl, France
Ingraham, Mr Shaun Donavon, yml, Bahamas
Jambawai, Ms Battu Beatrice, fl, Sierra Leone
Juele Pons, Ms María Blanca, fl, Uruguay
Kabanda, Mr Norman, ml, Zimbabwe
Kaiser, Ms Helga, fl, Germany
Kanyoro, Mr Muhungi F., ml, Kenya
Kapembeza, Ms Virginia, fl, Zimbabwe
Kawadza, Rev. K., mo, Zimbabwe
Keene, Ms Barbie, fl, Zimbabwe
Kerkhoff, Ms Cornelia, fl, Germany
Kerr, Mr Nicholas, ml, Australia
Kessler, Rev. Diane C., fo, USA
Kingham, Mr Henry Charles, ml, United Kingdom
Kinnamon, Rev. Dr Michael, mo, USA
Kiplagat, Mr Bethuel A., ml, Kenya
Kreuter, Dr Jens, ml, Germany
Kuchera, Mr Happy, ml, Zimbabwe
Kuchera, Ms Sharon, yfl, Zimbabwe
Kuvheya, Mr Langton, ml, Zimbabwe
Kwarimpa-Atim, Ms Doreen, yfl, Uganda
Lamola, Dr Malesela J., ml, South Africa
Langhorst, Mr Lars Christoph, ml, Germany
Lasserre, Mme Nelly, fl, Switzerland

Lautenbach, Rev. Dr Hugo A., mo, Switzerland
Lee Rieben, Ms Silvia, fl, Switzerland
Lenz, Mr Gerhard R., ml, Germany
Lindner, Rev. John B., mo, USA
Linn, Okr Gerhard, mo, Germany
Lodwick, Ms Hedwig, fl, USA
Lodwick, Dr Robert C., mo, USA
Lopez Cid, Mr Julio, ml, Spain
Lossky, Prof. Nicholas, ml, France
Lubbe, Prof. Gerrie, mo, South Africa
Lucke, Rev. Hartmut, mo, Germany
Luttmann, Ms Michèle, fl, France
Müller-Fahrenholz, Rev. Dr Geiko F., mo, Germany
Madakufamba, Mr Munetsi, ml, Zimbabwe
Mahachi, Ms Belinda, yfl, Zimbabwe
Maina, Ms Catherine N., fl, Kenya
Mangodza, Mr Farai Barnabas, yml, Zimbabwe
Mapasure, Ms Sithembili, fl, Zimbabwe
Maramba, Mr Fortune, yml, Zimbabwe
Martin, Mr Chandran Paul, ml, India
Maruza-Siyachitema, Ms Florence, fl, Zimbabwe
Massicame, Mr Elias Zacarias, ml, Mozambique
Mazenda, Mr Sebastiane, ml, Zimbabwe
McCartney, Mr Murray, ml, United Kingdom
McCullum, Mr Hugh, ml, Canada
Mendez, Ms Suecia, yfl, Cuba
Mero, Ms Sharon, fl, Zimbabwe
Mhomwa, Mr Hitler, ml, Zimbabwe
Miller, Mr Benny, ml, USA
Mkwindidza, Mrs Irene, fl, Zimbabwe
Moritz, Mr Torsten, yml, Germany
Mortimer, Mr Stafford, ml, United Kingdom
Motte, Rev. Dr Jochen, mo, Germany
Mpunga, Ms Shupayi, fl, Zimbabwe
Msekiwa, Mr Elimos, ml, Zimbabwe
Mtandwa, Mr Munyaradzi, ml, Zimbabwe
Muchena, Mr Deprose, ml, Zimbabwe
Mudge, Dr Lewis S., mo, USA
Mukaronda, Mr M, ml, Zimbabwe
Mukonyora, Dr Isabel, fl, Zimbabwe
Mukuna, Ms Margaret W., fl, Kenya
Munamba, Ms Junior, yfl, Zimbabwe
Munyaneza, Ms Nyirankusi J., fl, Rwanda

Mushopi, Ms Belinda, fl, Switzerland
Muskwe, Mr Ignatius Muzumba, ml, USA
Musuka, Dr P.G., ml, Zimbabwe
Mutasah, Mr Tawanda, ml, South Africa
Mutepaire, Mr Tobias, yml, Zimbabwe
Muwanigwa, Ms Virginia Kapem, fl, Zimbabwe
Muzondo, Ms Irene, yfl, Zimbabwe
Mwale, Mr Anderson S.D., ml, Malawi
Mwedzi, Mr James, ml, Zimbabwe
Nagy, Ms Françoise, fl, Switzerland
Nakabachi, Ms Fumiko, fl, Japan
Neblett, Ms Kathyanne D., fl, Barbados
Newbury, Ms Bridget Susan, fl, United Kingdom
Nhliziyo, Rev. M., mo, Zimbabwe
Nhliziyo, Ms Sibusiso, fl, Zimbabwe
Njoroge, Mr Ephraim Njuguna, ml, Kenya
Njoroge, Rev. Dr Nyambura J., fo, Kenya
Nottingham, Rev. Dr William J., mo, USA
Npunga, Ms Shupayi, yfl, Zimbabwe
Nyomi, Rev. Dr Setri, mo, Ghana
Odero, Mr Joab Mitch, ml, Kenya
Omar, Imam Abdul Rashied, mo, South Africa
Orr Macdonald, Dr Lesley, fl, United Kingdom
Owegi, Ms Caroline Irene, fl, Kenya
Owen, Ms Margaret J., fl, United Kingdom
Pache, Ms Thérèse, fl, Switzerland
Pater, Ms Margaret Ann, fl, United Kingdom
Pattiasina, Rev. Caroline, fo, Indonesia
Perkins, Rev. William, mo, USA
Peterson, Mr John Lynner, ml, USA
Philibert, Ms Janine, fl, France
Pihen, Ms Patricia, fl, Argentina
Plou, Lic. Dafne C.S., fl, Argentina
Poser, Dr Klaus, ml, Germany
Pradhan, Mr Neville, ml, Switzerland
Priso, Ms Thérèse, fl, Cameroon
Reamonn, Rev. Paraic, mo, Ireland
Redondo, Ms Sally Jane, fl, United Kingdom
Renöfält, Mr Lennart, mo, Sweden
Reuschle Schaepers, Ms Regina, fl, Germany
Revet, Mr Roland, ml, France
Richter, Ms Madeleine, fl, Germany
Rizk, Ms Marina, fl, Syria Arab Republic

Sachikonye, Ms Memory Tinoenda, fl, Zimbabwe
Sainz-Trapaga, Ms N. Sanchez, fl, Spain
Scheidecker, Ms Chantal, fl, France
Schulze, Mr Hans Joachim, ml, Germany
Senga, Ms Sithembile, yfl, Zimbabwe
Senturias, Dr Erlinda, fl, Philippines
Shole, Mr Khefi Samuel, ml, South Africa
Sikhangezre, Ms Phili, fl, Zimbabwe
Singh, Mr Sudipta, ml, India
Siyachitema, Ms Rosemary, fl, Zimbabwe
Smith, Ms Cynthia, fl, USA
Smith, Mr Dennis Alan, ml, USA
Smith, Ms Jacqueline, fl, Switzerland
Smith, Ms Marina Silvia, yfl, Argentina
Sommer, Ms Monica, fl, South Africa
Sovik, Dr Liv, fl, USA
Spencer, Mr David, ml, Antigua
Stöppelmann, Mr Christian, ml, Germany
Staudenmann, Ms Aurita, fl, Switzerland
Stewart, Mr John Adrian, ml, United Kingdom
Strake-Behrendt, Dr Gabriele, fl, Germany
Strecker, Ms Renate, fl, Germany
Tapia, Rev. Dr Elizabeth S., fo, Philippines
Tatu, Ms Evelyne, fl, France
Tauya, Mr Abisha, ml, Zimbabwe
Thomas, Dr Mrs Linda E., fo, USA
Torppa, Ms Mirkka Matleena, yfl, Finland
Tosat Delaraye, Ms Pilar, fl, Switzerland
Trabichet, Mr Xavier, ml, Switzerland
Traitler, Dr Reinhild, fl, Austria
Turckheim, Rév. Geoffroy, mo, France
Van Elderen, Ms Abigail L., yfl, USA
Van Marter, Ms Eva Stimson, fl, USA
Vassiliadis, Dr Petros, ml, Greece
Veller, Ms Ingeborg, yfl, Germany
Vurpillod, Mr Roland, ml, Switzerland
Wieser, Dr Marguerite, fl, USA
Wilkens, Rev. Klaus, mo, Germany
Wilson, Dr Donald J., mo, USA
Zimmermann, Mr Benoît, ml, Switzerland
Zvinavashes, Mr Phillimon, ml, Zimbabwe

9.3. COMITÉS DE LA ASAMBLEA

Comité de Dirección

Aram I, Catholicos, mo, Orthodox, Lebanon, *Moderator*

Abuom, Dr Agnes, fl, Anglican, Kenya
Anderson, Bishop Vinton R., mo, Methodist, USA
Athyal, Dr Leelamma, fl, Mar Thoma, India
Bakkevig, Rev. Dr Trond, mo, Lutheran, Norway
Bannister, Rev. Kathryn K., yfo, Methodist, USA
Berhe, Dr Constantinos, ml, Orthodox, Ethiopia
Best, Dr Marion S., fl, United and Uniting, Canada
Boseto, Bishop Leslie, mo, United and Uniting, Solomon Islands
Chinnis, Dr Mary Pamela, fl, Anglican, USA
Frew, Mrs Wilma Croll, fl, Reformed, United Kingdom
Fuka, Ms Lynette Mo'unga, yfl, Methodist, Tonga
Habib, Mr Gabriel, ml, Orthodox, USA
Higgins, Rev. Ursula M., fo, Methodist, South Africa
Hoyt, Bishop Thomas L., mo, Methodist, USA
Huber, Bischof Dr Wolfgang, mo, Lutheran, Germany
Jebelean, Rev. Livius Ioan, mo, Polish Catholic, Poland
Jonson, Bishop Dr Jonas, mo, Lutheran, Sweden
Kirkpatrick, Rev. Dr Clifton, mo, Reformed, USA
Lulias, Metropolitan Nikitas of Hong Kong and Southeast Asia, mo, Orthodox, China
McRae-McMahon, Rev. Dorothy M., fo, United and Uniting, Australia
Mendis, Mrs Priyanka S., yfl, Anglican, Sri Lanka
Mustonen, Mr Juha, yml, Lutheran, Finland
Nababan, Ephorus Dr Soritua, mo, Lutheran, Indonesia
Njobvu, Ms Idah, yfl, Reformed, Zambia
Raiser, Rev. Dr Konrad, mo, Lutheran, Switzerland
Ritchie, Pastora Nélida, fo, Methodist, Argentina
Santana, Rev. Eunice, fo, Disciples, Puerto Rico
Shmaliy, Mr Vladimir, ml, Orthodox, Russian Federation
Talbert, Bishop Melvin G., mo, Methodist, USA
Tchobanian, Rev. Mashdots, ymo, Orthodox, Norway
Tolen, Dr Aaron, ml, Reformed, Cameroon
Tsai, Ms Chia-chun, yfl, Reformed, Taiwan
Wilde, Chief Mrs Olufunke A., fl, Anglican, Nigeria

Comité de Finanzas

Huber, Bischof Dr Wolfgang, mo, Lutheran, Germany, *Moderator*
Fernando, Ms Deveni V.V.S., fl, Anglican, Sri Lanka, *Rapporteur*

Abraham, Mrs Nirmala, fl, Mar Thoma, USA
Abramides, Lic. Elias C., ml, Orthodox, Argentina

Adekunle, Chief Samuel O., ml, Anglican, Nigeria
Allsop, Rev. Dr Ian E., mo, Reformed, Australia
Ashekian, Mrs Julie, fl, Orthodox, USA
Brandt, Dr Gail Cuthbert, fl, Anglican, Canada
Burnham, Rev. Anthony, mo, Reformed, United Kingdom
Elkrog, Mr Kaj Jorgen, ml, Lutheran, Denmark
Grove, Bishop William, mo, Methodist, USA
Kalinova, Ms Jana, yfl, Hussite, Czech Republic
John, Mr C. George, mo, Mar Thoma, USA
Kavaliku, Mrs Fuiva, fl, Methodist, Tonga
Kiambi, Mr Japhet, yml, Methodist, Kenya
Kim, Rev. Dr So Young, mo, Reformed, Korea
Mkwenya, Mrs Aida Francis, fl, Lutheran, Tanzania
Mutuvira, Mr J.D., ml, Reformed, Zimbabwe
Odonkor, Mrs Beatrice, fl, Reformed, Ghana
Rochester, Dr Mattilyn, fl, Methodist, USA
Thompson, Rev. Livingstone A., mo, Moravian, Jamaica
Yang, Rev. Chi-Shou, mo, Reformed, Taiwan
Young, Ms Barbara Elaine, yfl, Methodist, Belize

Comité del Mensaje

Hoyt, Bishop Thomas L., mo, Methodist, USA, *Moderator*
Kumari, Rev. Dr Prasanna, fo, Lutheran, India, *Rapporteur*

Benes, Dr Ladislav, mo, Reformed, Czech Republic
Bosien, Frau Heike, yfl, Lutheran, Germany
Bozabalyan, Archbishop Nerses Hakob, mo, Orthodox, Armenia
Chipenda, Rev. José Belo, mo, Reformed, Angola
Chryssavgis, Dean John, mo, Orthodox, USA
Crow Jr, Rev. Dr Paul A., mo, Disciples, USA
Damian, Anba, mo, Orthodox, Germany
De Vries, Dr Dawn, fl, Reformed, USA
Gomez, Most Rev. Drexel, mo, Anglican, Bahamas
Handasyde, Ms Kerrie Jean, yfl, Reformed, Australia
Kallas, Mrs Muna, fl, Orthodox, Syrian Arab Republic
Lindholmer, Ms Doris P., yfl, Lutheran, Denmark
Makarios Tillyrides of Zimbabwe, Metropolitan, mo, Orthodox, Egypt
Masango, Rt Rev. Dr Maake Jonathan, mo, Reformed, South Africa
Neill, Bishop John R.W., mo, Anglican, Ireland
Ogunsanya, Ms Abigail O., yfl, African Instituted, Nigeria
Pattiasina, Rev. Joseph Marcus, mo, Reformed, Indonesia
Piske, Rev. Dr Meinrad, mo, Lutheran, Brazil
Ratuwalangon, Mr Leonardo D., ml, Reformed, Indonesia
Samuelu, Mrs Faataitaia, fl, Methodist, Western Samoa
Seim, Dr Turid Karlsen, fl, Lutheran, Norway

West, Ms Wanda, yfl, United and Uniting, Canada
Yoshimura, Ms Mary Toshiko, fl, Anglican, Japan

Comité de Candidaturas

Talbert, Bishop Melvin G., mo, Methodist, USA, *Moderator*
McKenzie, Mrs Esmilda Medora, fl, Baptist, Jamaica, *Rapporteur*

Abotsi, Ms Rebecca, yfl, Reformed, Togo
Abraham, Ms Ciji C., yfl, Orthodox, India
Berhe, Mr Tsegaye, mo, Orthodox, Ethiopia
Bohanon, Ms Angie, yfl, Reformed, USA
Bur, Ms Analía Silvana, yfl, Methodist, Argentina
Dimas, Rev. Fr George, mo, Orthodox, Lebanon
Hendriks, Rev. Margaretha, fo, Reformed, Indonesia
Hudson-Wilkin, Rev. Rose Josephine, fo, Anglican, United Kingdom
Istavridis, Prof. Vasil, mo, Orthodox, Turkey
Jivi, Rev. Prof. Aurel, mo, Orthodox, Romania
Kuruvilla, Rev. Dr Abraham, mo, Mar Thoma, India
Larsen, Ms Kirsten Lund, fl, Lutheran, Denmark
Lindsay, Archbishop Orland, mo, Anglican, Antigua
Lungo, Fr Mihail, mo, Orthodox, Romania
Marc, Rev. Isabelle, fo, Reformed, France
Nthamburi, Rev. Prof. Zablon John, mo, Methodist, Kenya
Ogunbanwo, Ms Patience O., fl, Methodist, Nigeria
Roskam, Ms Nicoline, fl, Reformed, Netherlands
Samakumbi, Mr Luis, yml, Reformed, Angola
Sampa-Bredt, Rev. Violet, fo, United and Uniting, Zambia
Sarkissian, Bishop Sebouh, mo, Orthodox, Lebanon
Sepúlveda Barra, Pastor Narciso, mo, Pentecostal, Chile
Sherry, Rev. Dr Paul H., mo, United and Uniting, USA
Shmaliy, Mr Vladimir, ml, Orthodox, Russia
Sopher, Ms Marquise, fl, Lutheran, Canada
Taege, Mrs Janet Marvarie, fl, Reformed, Aotearoa New Zealand
Tarasar, Dr Constance J., fl, Orthodox, USA
Taufa, Rev. Lopeti, mo, Methodist, Tonga
Winckler, Dr Michael, ml, Lutheran, Germany

Comité de Examen I

Habib, Mr Gabriel, ml, Orthodox, USA, *Moderator*
Adinyira, Justice Sophia O.A., fl, Anglican, Ghana, *Rapporteur*
Martensen, Rev. Dr Daniel F., mo, Lutheran, USA, *Recording secretary*
Thomas, Rev. John, mo, United and Uniting, USA, *Recording secretary*

Adams, Dr Charles G., mo, Baptist, USA
Alemezian, Very Rev. Nareg Manoug, mo, Orthodox, USA
Alfeyev, Rev. Dr Hilarion, mo, Orthodox, Russia
Eusebius, Bishop Philipos Mar, mo, Orthodox, India
Fumasoli, Ms Susanna, yfl, Reformed, Switzerland
Göbel, Pfarrerin Christa, fo, Lutheran, Germany
Gray, Ms Stefanie, yfl, Methodist, USA
Kishkovsky, Very Rev. Leonid, mo, Orthodox, USA
Lambriniadis, Very Rev. Elpidophoros, ymo, Orthodox, Turkey
Lee, Prof. Samuel, ml, Reformed, Korea
Ljung Hansson, Rev. Anna, fo, Reformed, Sweden
Lu, Ms Yueh-Wen, yfl, Reformed, Taiwan
Martin, Ms Evelyne, fl, United and Uniting, Austria
Matsinhe, Rev. Carlos, mo, Anglican, Mozambique
Moses, Most Rev. William, mo, United and Uniting, India
Mutumburanzou, Ms Patricia, fl, Reformed, Zimbabwe
Olodo, Rev. Mathieu, mo, Methodist, Benin
Preece, Ms Kirsten, yfl, United and Uniting, Australia
Pye, Ellen, fl, Free, Canada
Sieunarine, Rt Rev. Everson T., mo, Reformed, Trinidad and Tobago
Tshimungu, Rev. Mayela Josue, mo, Reformed, Democratic Republic of Congo
Veal, Rev. Canon David L., mo, Anglican, USA
Zakhem, Bishop George, mo, Orthodox, Syrian Arab Republic

Comité de Examen II

Best, Dr Marion S., fl, United and Uniting, Canada, *Moderator*
Moyo, Rt Rev. Ambrose, mo, Lutheran, Zimbabwe, *Rapporteur*

Abegaz, Mrs Zewdie, fl, Orthodox, Ethiopia
Al Laham, Mr Samer, ml, Orthodox, Syrian Arab Republic
Awad, Rev. Adeeb, mo, Reformed, Syrian Arab Republic
Brevik, Ms Synnove, fl, Lutheran, Norway
Canino, Ms Liza Marie, yfl, Lutheran, Puerto Rico
Cao, Rev. Shengjie, fo, post-denominational, China
Chua, Dr Menchu, fl, Independent, Philippines
Dandala, Bishop H. Mvume, mo, Methodist, South Africa
Goto, Ms Courtney, yfl, Methodist, USA
Hovhannissian, Bishop Nathan, mo, Orthodox, Armenia
Hylleberg, Rev. Bent, mo, Baptist, Denmark
Kaa, Rev. Canon Hone, mo, Anglican, Aotearoa New Zealand
Limouris, Metropolitan Gennadios of Sassima, mo, Orthodox, Turkey
Monterroso, Rev. Hector Fidel, mo, Anglican, Guatemala
Ndensi, Mlle Séraphine, yfl, Reformed, Cameroon
Ntahoturi, Rev. Bernard, mo, Anglican, Burundi

Pittman, Mme Jeannie, fl, Reformed, French Polynesia
Powell, Rev. Dr Staccato, mo, Methodist, USA
Sawyer, Rev. Dr Robert E., mo, Moravian, USA
Shanks, Rev. Norman James, mo, Reformed, United Kingdom
Storkey, Dr Elaine, fl, Anglican, United Kingdom
Stright, Rev. H. Kenneth, mo, Reformed, Canada
Stumme, Ms Heike, yfl, Lutheran, Germany
Wilkins, Ms Alison Elizabeth, yfl, Methodist, United Kingdom

Comité de Orientación Programática

Abuom, Dr Agnes, fl, Anglican, Kenya, *Moderator*
Rogerson, Bishop Barry, mo, Anglican, United Kingdom, *Rapporteur*

Apostola, V. Rev. Fr Nicholas K., mo, Orthodox, USA
Avasi, Mr Victor, yml, Anglican, Uganda
Bannister, Rev. Kathryn, fo, Methodist, USA
Boyajian, Ms Manouchak, fl, Orthodox, Lebanon
Charkiewicz, Mr Jaroslaw, ml, Orthodox, Poland
De Oliveira, Profa Lucia L., fl, Methodist, Brazil
Edwards, Ms Donnalie E.C., fl, Anglican, Antigua and Barbuda
Etchegoyen, Obispo Aldo Manuel, mo, Methodist, Argentina
Fritzson, Rev. Arne, mo, Lutheran, Sweden
Fuka, Ms Lynette Mo'unga, fl, Methodist, Tonga
Gao, Rev. Ying, fo, post-denominational, China
George, Rev. Dr Kondothra M., mo, Orthodox, India
Grace, Eden, yfl, Free, USA
Granberg-Michaelson, Rev. Wesley, mo, Reformed, USA
Hammar, Most Rev. Karl Gustav, mo, Lutheran, Sweden
Kaessmann, Pfr. Dr Margot, fo, Lutheran, Germany
Kazarian, Mrs Tsovinar, yfl, Orthodox, Armenia
Labi, Rev. Fr Kwame J.A., mo, Orthodox, Ghana
Love, Dr Janice, fl, Methodist, USA
Magnus, Ms Kathleen J., fl, Lutheran, USA
Mark, Ms Delene, fl, Anglican, South Africa
McKay, Very Rev. Stanley J., mo, United and Uniting, Canada
Mogedal, Ms Sigrun, fl, Lutheran, Norway
Mukangira, Mme Jacqueline, fl, Reformed, Rwanda
Mustonen, Mr Juha, ml, Lutheran, Finland
Neliubova, Ms Margarita, fl, Orthodox, Russia
Njobvu, Ms Idah, fl, Reformed, Zambia
Park, Rev. Dr Jong-Wha, mo, Reformed, Republic of Korea
Pierce, Mr Garland, ymo, Methodist, USA
Reeves, Rev. Kathy, fo, Methodist, USA
Roda, Mr Jeffrey C., yml, United and Uniting, Philippines

Sahanna, Mrs Vivienne, fl, Anglican, Australia
Serapion, Bishop, mo, Orthodox, USA
Tchobanian, Rev. Mashdots, mo, Orthodox, Norway
Thompson, Ms Kristine K., fl, Reformed, USA
Tsai, Ms Chia-Chun, fl, Reformed, Taiwan
Tsetsis, V. Rev. Dr Georges, mo, Orthodox, Switzerland
Tuwere, Rev. Dr Ilaitia Sevati, mo, Methodist, Fiji
Unsworth, Mrs Janet, yfl, Methodist, Ireland

Comité de Cuestiones de Actualidad

Bakkevig, Rev. Dr Trond, mo, Lutheran, Norway, *Moderator*
Seaman, Ms Ashley E., yfl, Reformed, USA, *Rapporteur*

Abu El-Assal, Rt Rev. Riah, mo, Anglican, Israel
Anderson, Rev. Dr H. George, mo, Lutheran, USA
Bölcskei, Bishop Dr Gusztáv, mo, Reformed, Hungary
Byrnes, Rev. Jennifer, fo, United and Uniting, Australia
Clapsis, Rev. Dr Emmanuel, mo, Orthodox, USA
Erari, Rev. Dr Karel Philemon, mo, Reformed, Indonesia
Fasiolo, Maître Elisabeth, fl, Lutheran, France
Fau'olo, Rev. Oka, mo, Reformed, Western Samoa
Fletcher-Marsh, Rev. Dr Wendy Lynn, fo, Anglican, Canada
Foth, Rev. Birgit, fo, Free, Germany
Guta, Rev. Megersa, mo, Lutheran, Ethiopia
Hirata, Mrs Makiko, fl, United and Uniting, Japan
Ibrahim, Met. Mar Gregorios Y., mo, Orthodox, Syrian Arab Republic
Jackson, Dr Bernice Powell, fl, United and Uniting, USA
Karamaga, Rev. Dr André, mo, Reformed, Rwanda
Kim, Ms Hye-Ran, yfl, Reformed, Canada
Kinnunen, Rev. Mari, fo, Lutheran, Germany
Koppe, Bischof Rolf, mo, Lutheran, Germany
Mauch de Oliveira, Ms Vivian, yfl, Lutheran, Brazil
Nifon of Slobozia and Calarasi, Bishop, mo, Orthodox, Romania
Peroomian, Dr Rubina, fl, Orthodox, USA
Pitts, Rev. Dr Tyrone S., mo, Baptist, USA
Sanvee, Mme Kokoe D. Foliivi, fl, Reformed, Togo
Schaad, Rev. Juan Pedro, mo, Lutheran, Argentina
Tshituka, Ms Kabuika, yfl, African Instituted, Democratic Republic of Congo
Williams, Rev. Monrelle, mo, Anglican, Barbados
Young, Ms Valerie Jean, yfl, Reformed, United Kingdom

Comité de Cultos

McRae-McMahon, Rev. Dorothy M., fo, United and Uniting, Australia, *Moderator*

Cashmore, Ms Gwen, fl, Anglican, United Kingdom
Dimtsu, Rev. Georgis Geble, mo, Orthodox, United Kingdom
Jordan, Brother Paschal Edward, ml, Roman Catholic, Guyana
Kajese, Rev. Kingston T., mo, Methodist, Zimbabwe
Karayannis, Bishop Vasilios, mo, Orthodox, Cyprus
Kathindi, Rev. Nangula Eva-L., fl, Anglican, Namibia
Kowo, Mrs Naomi, fl, Methodist, Zimbabwe
Loh, Dr I-To, mo, Reformed, Taiwan
Matsikenyiri, Mr Patrick, ml, Methodist, Zimbabwe
Meyendorff, Dr Paul, ml, Orthodox, USA
Monteiro, Mrs Simei, fl, Methodist, Brazil
Pearson, Rev. Helen Bruch, fo, United and Uniting, USA
Sepúlveda, Rev. Dr Juan Esteban, mo, Pentecostal, Chile
Suri, Rev. Ellison, mo, Anglican, Solomon Islands
Thangaraj, Dr M. Thomas, ml, Anglican, India
Tveter, Dr Anne L., fl, Lutheran, Norway
Wäfler, Sister Heidi, fl, Reformed, Switzerland

9.4. PRESIDENTES Y MIEMBROS DEL COMITÉ CENTRAL ELEGIDOS EN HARARE

PRESIDENTES

Abuom, Dr Agnes, Anglican Church of Kenya, fl
Bannister, Rev. Kathryn, United Methodist Church [USA],** yfo
Bryce, Bishop Jabez, Anglican Church in Aotearoa, New Zealand and Polynesia [Fiji], mo
Chrysostomos of Ephesus, Metropolitan, Ecumenical Patriarchate of Constantinople [Greece], mo
Kang, Dr Moon Kyu, Presbyterian Church in the Republic of Korea, ml
Pagura, Bishop Federico J., Evangelical Methodist Church of Argentina, mo
Renz, Bishop Eberhardt, Evangelical Church in Germany, mo
Zakka I Iwas Mar Ignatius, Patriarch, Syrian Orthodox Patriarch of Antioch and all the East, mo

MESA

Aram I, Catholicos, Armenian Apostolic Church (Cilicia) [Lebanon], mo, *Moderator*
Adinyira, Ms Justice Sophia O.A., Church of the Province of West Africa [Ghana], fl, *Vice-moderator*
Best, Dr Marion S., United Church of Canada, fl, *Vice-moderator*
Raiser, Rev. Dr Konrad, Evangelical Church in Germany, mo, *General secretary*

MIEMBROS

Aasa Marklund, Mrs Inger, Church of Sweden, fl
Aisi, Ms Marta, Evangelical Lutheran Church of Papua New Guinea, fl
Akhura, Rev. Levi Okanga, Church of the Holy Spirit, Kenya, mo
*Alfeyev, Rev. Dr Hilarion, Russian Orthodox Church, mo
Ambrosius, Metropolitan of Oulu, Orthodox Church of Finland, mo
Anastasios of Tirana, Durres and All Albania, Archbishop, Autocephalous Orthodox Church in Albania, mo
Aneye, Mrs Akissi, Protestant Methodist Church, Ivory Coast, fl
Arulendran, Ms Keshini, Church of Ceylon [Sri Lanka], yfl

---

m = masculino; f = femenino; y = youth (joven); l = laico
** Cuando el nombre del país de la iglesia figura entre corchetes se entiende que como tal no forma parte del nombre oficial de la iglesia; también puede tratarse del país sede si no es el mismo que se indica en el nombre de la iglesia.
* Miembro del Comité Ejecutivo

Athanasios of Heliopolis and Theira, Metropolitan, Ecumenical Patriarchate of Constantinople [Turkey], mo

Avasi, Mr Victor, Church of the Province of Uganda, yml

Azariah, Rt Rev. Samuel R., Church of Pakistan, mo

Bakala Koumouno, Ms Louise, Evangelical Church of the Congo, fl

Bakkevig, Rev. Dr Trond, Church of Norway, mo

Baliozian, Archbishop Aghan, Armenian Apostolic Church (Etchmiadzin) [Australia], mo

Bayouniakrian, Rev. Avadis, Union of the Armenian Churches in the Middle East [Syria], mo

Becker, Diakonin Valmi Ione, Evangelical Church of the Lutheran Confession in Brazil, fo

Bosien, Mrs Heike, Evangelical Church in Germany, yfl

Bottoms, Rev. Ruth A., Baptist Union of Great Britain, fo

Caetano, Rev. Jose Domingo, Evangelical Pentecostal Mission of Angola, mo

Cati, Mrs Selai, Kiribati Protestant Church, fl

Chamango, Rev. Dr Simao, Presbyterian Church of Mozambique, ml

Chaplin, Rev.Vsevolod, Russian Orthodox Church, ymo

Chinnis, Dr Mary Pamela, Episcopal Church, USA, fl

Chirisa, Bishop Farayi, Methodist Church in Zimbabwe, mo

Corduneanu, Ms Iulia, Romanian Orthodox Church, yfl

*Daba, Rev. Yadessa, Ethiopian Evangelical Church Mekane Yesus, mo

Dauway, Ms Lois M., United Methodist Church [USA], fl

*De Souza, Ms Inamar Correa, Episcopal Anglican Church of Brazil, yfl

Dyvasirvadam, Rev. G., Church of South India, mo

Edu-Yao, Mrs Esther, Evangelical Presbyterian Church, Ghana, fl

*Edwards, Ms Donnalie, Church in the Province of the West Indies, Antigua, fl

Enns, Rev. Fernando, Mennonite Church, Germany, mo

Etchegoyen, Bishop Aldo Manuel, Evangelical Methodist Church of Argentina, mo

Finlay, Ms Alice-Jean, Anglican Church of Canada, fl

Fuentes de Capo, Mrs Manuela, Spanish Evangelical Church, fl

*Gadegaard, Rev. Anders, Evangelical Lutheran Church in Denmark, mo

Gao, Rev. Ying, China Christian Council, fo

George, Rev. Dr Kondothra, Malankara Orthodox Syrian Church [India], mo

Gerny, Bishop Hans, Old Catholic Church in Switzerland, mo

Ghazelian, Ms Silva, Armenian Apostolic Church (Etchmiadzin), fl

Glynn-Mackoul, Mrs Anne, Greek Patriarchate of Antioch and All the East [USA], fl

Grace, Eden, Friends United Meeting [USA], yfl

Granberg-Michaelson, Rev. Wesley, Reformed Church in America [USA], mo

Green, Mr Gerald, Moravian Church in Nicaragua, ml

Grounds, Dr Richard A., United Methodist Church [USA], ml

Gundyaev, Fr Mikhail, Russian Orthodox Church, [Switzerland], ymo

Hale, Ms Jenny Anne, United Reformed Church [UK], yfl

Hamm, Rev. Dr Richard, Christian Church (Disciples of Christ) [USA], mo

Henderson, Rev. Gregor S., Uniting Church in Australia, mo

Hirata, Mrs Makiko, United Church of Christ in Japan, fl

Houweling, Rev. Louise Yohanna, Reformed Churches in the Netherlands, fo

*Huber, Bishop Dr Wolfgang, Evangelical Church in Germany, mo

Hylleberg, Mr Rasmus, Baptist Union of Denmark, yml

Jackson, Dr Bernice Powell, United Church of Christ [USA], fl

Jap-A-Joe, Mr Wilhelm H.A-K., Moravian Church in Suriname, ml

Jivi, Prof. Aurel, Romanian Orthodox Church, mo

Kaessmann, Rev. Dr Margot, Evangelical Church in Germany, fo

*Kalinova, Ms Jana, Czechoslovak Hussite Church [Czech Republic], yfl

Kallas, Mrs Muna, Greek Orthodox Patriarchate of Antioch and All the East [Syria], fl

Kamau, Rev. Dr Jesse M., Presbyterian Church of East Africa [Kenya], mo

*Karagdag, Ms Carmencita, Philippine Independent Church, fl

Karamaga, Rev. Dr André, Presbyterian Church of Rwanda, mo

Karayannis, Bishop Vassilios of Trimithous, Church of Cyprus, mo

*Karim, Mor Cyril Aphrem, Syrian Orthodox Patriarchate of Antioch [USA], mo

Kerlos, Archbishop Abuna, Ethiopian Orthodox Tewahedo Church, mo

Kinnunen, Rev. Mari, Evangelical Lutheran Church of Finland, fo

*Kirkpatrick, Rev. Dr Clifton, Presbyterian Church (USA), mo

*Kishkovsky, Very Rev. Leonid, Orthodox Church in America, mo

Klein, Bishop Dr Christoph D., Evangelical Church of the Augsburg Confession in Romania, mo

Kraus, Ms Beate, United Methodist Church, Germany, yfl

Kronshage, Mrs Christa, Evangelical Church in Germany, fl

Krüger, Oberkirchenrätin Marita Karin, Evangelical Church in Germany, fo

Krystof, Bishop, Orthodox Church of the Czech Lands and Slovakia [Czech Republic], mo

*Lakawa, Rev. Septemmy E., Protestant Church in South-East Sulawesi [Indonesia], yfo

*Lee, Prof. Samuel, Presbyterian Church of Korea, ml

Magekon, Rev. Reuben, Presbyterian Church of Vanuatu, mo

Magnus, Ms Kathleen J., Evangelical Lutheran Church in America [USA], fl

Makarios Tillyrides of Zimbabwe, Metropolitan, Greek Orthodox Patriarchate of Alexandria and All Africa [Zimbabwe], mo

Mandowen, Mr Welly E., Evangelical Christian Church of Irian Jaya [Indonesia], ml

Mangunsong, Dr Frieda, Batak Protestant Christian Church [Indonesia], fl

Manoël, Rev. Marcel, Reformed Church of France, mo

*Masango, Rt Rev. Dr Maake Jonathan, Presbyterian Church of Southern Africa [South Africa], mo

McKenzie, Rev. Jeffrey A., Jamaica Baptist Union, mo

Mendez, Rev. Hector, Presbyterian Reformed Church in Cuba, mo

Mhogolo, Bishop Godfrey M., Anglican Church of Tanzania, mo

Milosevic, Dr Nenad, Serbian Orthodox Church, ml
Misenga, Ms Ngoyi M.M., Church of Christ in Congo - Presbyterian Community [Democratic Republic of Congo], fl
Mohanty, Ms Pragyan, Church of North India, yfl
Morgan, Rt Rev. Dr Barry, Church in Wales, mo
Muchopa, Mr Naboth M., Methodist Church [UK], ml
Muñoz Moraga, Rev. Luis Ulises, Pentecostal Church of Chile, mo
Mutumburanzou, Ms Patricia, Reformed Church in Zimbabwe, fl
Neill, Bishop John R.W., Church of Ireland, mo
Neliubova, Ms Margarita, Russian Orthodox Church, fl
*Nifon of Slobozia and Calarasi, Bishop, Romanian Orthodox Church, mo
Njobvu, Ms Idah, Reformed Church in Zambia, yfl
Norman, Mr Arthur, Evangelical Lutheran Church in America [USA], yml
Ntahoturi, Rt Rev. Bernard, Church of the Province of Burundi, mo
*Ogunsanya, Ms Abigail O., Church of the Lord (Aladura) Worldwide, Nigeria, yfl
Park, Rev. Dr Jong-Wha, Presbyterian Church in the Republic of Korea, mo
Paul, Ms Jenny Siama, Episcopal Church of the Sudan, fl
Paw, Ms Rosebelle T.L., Myanmar Baptist Convention, fl
Perisic, Dr Vladan, Serbian Orthodox Church, mo
Peroomian, Dr Rubina, Armenian Apostolic Church (Cilicia) [USA], fl
Pittman, Mme Jeannie, Evangelical Church of French Polynesia, fl
Pitts, Rev. Dr Tyrone S., Progressive National Baptist Convention, Inc. [USA], mo
Powell, Rev. Dr Staccato, African Methodist Episcopal Zion Church [USA], mo
Prassas, Mrs Despina, Ecumenical Patriarchate of Constantinople [USA], fl
Quawas, Dr Audeh, Greek Orthodox Patriarchate of Jerusalem [Jordan], ml
Rabenirinia, Most Rev. Rémi J., Church of the Province of the Indian Ocean [Madagascar], mo
Ratuwalangon, Mr Leonardo D., Kalimantan Evangelical Church [Indonesia], ml
Robbins, Rev. Dr Bruce W., United Methodist Church [USA], mo
Roberts, Rev. John Haig, Methodist Church of Aotearoa New Zealand, mo
Rogerson, Bishop Barry, Church of England, mo
Rogier, Mrs Jeanine C., United Protestant Church of Belgium, fl
Romanides, Rev. Prof. John, Church of Greece, mo
Roschin, Mr Georgy, Russian Orthodox Church, yml
Rüegger, Dr Heinz, Swiss Protestant Church Federation, ml
Saavedra, Ms Laura, Evangelical Methodist Church in Uruguay, fl
Samadder, Mr Albert A.K., Church of Bangladesh, ml
Sartison, Bishop Telmor Garth, Evangelical Lutheran Church in Canada, mo
Sawyer, Rev. Dr Robert E., Moravian Church in America (Southern Province) [USA], mo
Seaman, Ms Ashley E., Presbyterian Church (USA), yfl
Serapion, Bishop, Coptic Orthodox Church [Egypt/USA], mo
Setiabudi, Rev. Nathan, Indonesian Christian Church (GKI), mo

Shanks, Rev. Norman, Church of Scotland, mo
Shastri, Rev. Dr Hermen P., Methodist Church in Malaysia, mo
Starcova, Ms Iveta, Orthodox Church of the Czech Lands and Slovakia [Czech Republic], yfl
Stefanowski, Rev. Pawel, Autocephalous Orthodox Church in Poland, ymo
Stephen, Bishop Michael Kehinde, Methodist Church Nigeria, mo
Tarr, Rev. Zoltan, Reformed Church in Hungary, ymo
Tharawanich, Mrs Woraporn, Church of Christ in Thailand, fl
*Theophilus, Bishop Dr Zacharias Mar, Mar Thoma Syrian Church of Malabar [India], mo
Tiki-Koum (Soppo), Mrs Madeleine, Evangelical Church of Cameroon, fl
Timotheos, Metropolitan, Church of Greece, mo
Titus, Rev. Steve, United Congregational Church of Southern Africa, Namibia, mo
Topno, Most Rev. Christ Saban R., United Evangelical Lutheran Church in India, mo
Tsai, Ms Chia-Chun, Presbyterian Church in Taiwan, yfl
*Tsetsis, Very Rev. Dr Georges, Ecumenical Patriarchate of Constantinople [Switzerland], mo
*Tuwere, Rev. Dr Ilaitia Sevati, Methodist Church in Fiji, mo
Wade, Rev. Cheryl H., American Baptist Churches in the USA, fo
Walker-Smith, Rev. Dr Angelique K., National Baptist Convention, USA, Inc., fo
Youannes, Bishop Anba, Coptic Orthodox Church [Egypt], mo
*Young, Bishop McKinley, African Methodist Episcopal Church [USA], mo
Zakhm, Bishop George, Greek Patriarchate of Antioch and All the East [Syria], mo
Zerihun, Melake Tabor, Ethiopian Orthodox Tewahedo Church, mo

9.5. LISTA DE LAS IGLESIAS MIEMBROS DEL CMI

Los nombres y el origen de las iglesias corresponden a la información de que disponía el CMI en el momento de la publicación. Cuando el nombre del país no forma parte del nombre oficial de la iglesia figura entre corchetes. Sólo se incluyen las referencias geográficas cuando son necesarias para identificar una iglesia, o cuando indican el lugar de la sede de las iglesias que tienen miembros a nivel regional o mundial. La mención de un país en esta lista no entraña juicio político alguno por parte del CMI.

ÁFRICA

Consejo Cristiano de Botswana**
Consejo Cristiano de Gambia**
Consejo Cristiano de Ghana**
Consejo Cristiano de Tanzanía**
Consejo Cristiano de Zambia**
Consejo Cristiano Unido de Uganda**
Consejo de Iglesias Cristianas de Angola**
Consejo de Iglesias Cristianas de Madagascar**
Consejo de Iglesias de Liberia**
Consejo de Iglesias de Namibia**
Consejo de Iglesias del Sudán**
Consejo de Iglesias de Sierra Leona**
Consejo de Iglesias de Swazilandia**
Consejo de Iglesias de Zimbabwe**
Consejo de Iglesias Evangélicas de Guinea Ecuatorial**
Consejo de Iglesias Instituidas en África [Sudáfrica]
Consejo Ecuménico de Iglesias Cristianas del Congo [República del Congo]**
Consejo Sudafricano de Iglesias**
Convención Bautista de Nigeria
Iglesia Africana de Israel, Nínive [Kenya]
Iglesia Africana del Espíritu Santo* [Kenya]
Iglesia Anglicana de Kenya
Iglesia Anglicana de Tanzanía
Iglesia Bautista Camerunesa
Iglesia Congregacionalista Unida de África Meridional [Sudáfrica]
Iglesia de Cristo en el Congo – Comunidad Anglicana del Congo
Iglesia de Cristo en el Congo – Comunidad Bautista del Congo
    Occidental [República Democrática del Congo]
Iglesia de Cristo en el Congo – Comunidad de los Discípulos de Cristo
Iglesia de Cristo en el Congo – Comunidad Episcopal Bautista
Iglesia de Cristo en el Congo – Comunidad Evangélica

---

*Iglesias asociadas   **Consejos asociados

Iglesia de Cristo en el Congo – Comunidad Menonita en el Congo
Iglesia de Cristo en el Congo – Comunidad Presbiteriana
Iglesia de Cristo en el Congo – Comunidad Presbiteriana de Kinshasa
Iglesia de Cristo – Luz del Espíritu Santo [República Democrática del Congo]
Iglesia de Cristo Reformada de Nigeria
Iglesia de la Provincia de África Central [Botswana]
Iglesia de la Provincia de África Meridional [Sudáfrica]
Iglesia de la Provincia de África Occidental [Ghana]
Iglesia de la Provincia de Nigeria
Iglesia de la Provincia de Uganda
Iglesia de la Provincia del Océano Índico [Seychelles]
Iglesia de los Hermanos de Nigeria
Iglesia del Señor Aladura [Nigeria]
Iglesia Episcopal de Burundi
Iglesia Episcopal de Rwanda
Iglesia Episcopal del Sudán
Iglesia Evangélica Congregacionalista de Angola
Iglesia Evangélica de Lesotho
Iglesia Evangélica del Camerún
Iglesia Evangélica del Congo [República del Congo]
Iglesia Evangélica del Gabón
Iglesia Evangélica Etíope Mekane Yesus [Etiopía]
Iglesia Evangélica Luterana de África Meridional [Sudáfrica]
Iglesia Evangélica Luterana de Kenya*
Iglesia Evangélica Luterana de la República de Namibia
Iglesia Evangélica Luterana de Tanzanía
Iglesia Evangélica Luterana de Zimbabwe
Iglesia Evangélica Luterana en el Congo [República Democrática del Congo]
Iglesia Evangélica Presbiteriana, Ghana
Iglesia Evangélica Presbiteriana de Sudáfrica
Iglesia Evangélica Presbiteriana del Togo
Iglesia Evangélica Reformada de Angola
Iglesia Evangélica Unida "Comunión Anglicana de Angola"*
Iglesia de Jesucristo de Madagascar
Iglesia de Jesucristo sobre la Tierra por su Enviado Especial Simón
      Kimbangu [República Democrática del Congo]
Iglesia Harrista [Côte d'Ivoire]
Iglesia Luterana de Liberia
Iglesia Luterana Malgache [Madagascar]
Iglesia Metodista de África Meridional [Sudáfrica]
Iglesia Metodista de Kenya
Iglesia Metodista de Sierra Leona
Iglesia Metodista de Zimbabwe
Iglesia Metodista del Togo

Iglesia Metodista, Ghana
Iglesia Metodista, Nigeria
Iglesia Morava de África Meridional [Sudáfrica]
Iglesia Morava de Tanzanía
Iglesia Ortodoxa Tewahedo de Etiopía
Iglesia Presbiteriana de África [Sudáfrica]
Iglesia Presbiteriana de África Meridional [Sudáfrica]
Iglesia Presbiteriana Camerunesa
Iglesia Presbiteriana de Ghana
Iglesia Presbiteriana de Mozambique*
Iglesia Presbiteriana de Nigeria
Iglesia Presbiteriana de Rwanda
Iglesia Presbiteriana de África Oriental [Kenya]
Iglesia Presbiteriana del Camerún
Iglesia Presbiteriana del Sudán*
Iglesia Protestante Africana* [Camerún]
Iglesia Protestante de Argelia*
Iglesia Protestante Metodista de Benin
Iglesia Protestante Metodista de Côte d'Ivoire
Iglesia Reformada de África Meridional en Vías de Unión
Iglesia Reformada de Zambia
Iglesia Reformada de Zimbabwe
Iglesia Reformada Presbiteriana de África Meridional [Sudáfrica]
Iglesia Reformada Presbiteriana de Guinea Ecuatorial*
Iglesia de Cristo Unida de Zimbabwe
Iglesia Unida de Zambia
Iglesia y Escuelas Cristianas Africanas [Kenya]
Misión Evangélica Pentecostal de Angola
Sínodo Presbiteriano de Liberia*
Unión de Iglesias Bautistas del Camerún

América del Norte
Consejo Canadiense de Iglesias**
Consejo Internacional de Iglesias Comunidades [Estados Unidos de América]
Consejo Nacional de Iglesias de Cristo de los Estados Unidos**
Convención Anual Canadiense de la Sociedad Religiosa de los Amigos
Convención Nacional Bautista de América
Convención Nacional Bautista de los Estados Unidos de América, S.A.
Convención Nacional Bautista Progresista S. A. [Estados Unidos de América]
Iglesia Anglicana del Canadá
Iglesias Bautistas Estadounidenses [Estados Unidos de América]
Iglesia Católica Nacional Polaca [Estados Unidos de América]
Iglesia Cristiana de los Estados Unidos (Discípulos de Cristo)
Iglesia Cristiana del Canadá (Discípulos de Cristo)

Iglesia Cristiana Metodista Episcopal [Estados Unidos de América]
Iglesia de los Hermanos [Estados Unidos de América]
Iglesia Episcopal [Estados Unidos de América]
Iglesia Evangélica Internacional [Estados Unidos de América]
Iglesia Evangélica Luterana de los Estados Unidos de América
Iglesia Evangélica Luterana del Canadá
Iglesia Evangélica Luterana Estoniana en el Extranjero [Canadá]
Iglesia Metodista Episcopal Africana [Estados Unidos de América]
Iglesia Metodista Episcopal Africana de Sión [Estados Unidos de América]
Iglesia Metodista Unida [Estados Unidos de América]
Iglesia Morava de los Estados Unidos de América (Provincia del Norte)
Iglesia Morava de los Estados Unidos de América (Provincia del Sur)
Iglesia Ortodoxa de los Estados Unidos de América
Iglesia Presbiteriana, Estados Unidos de América
Iglesia Presbiteriana del Canadá
Iglesia Reformada de los Estados Unidos de América
Iglesia Reformada Húngara de los Estados Unidos de América
Iglesia Unida de Cristo [Estados Unidos de América]
Iglesia Unida del Canadá
Sociedad Religiosa de los Amigos:
    Conferencia General de la Sociedad de los Amigos
    Convención Unida de los Amigos [Estados Unidos de América]

AMÉRICA LATINA
Asociación Bautista de El Salvador*
Consejo Nacional de Iglesias Cristianas del Brasil (CONIC)**
Convención Bautista de Nicaragua
Iglesia Anglicana del Cono Sur de América [Argentina]
Iglesia Cristiana Bíblica [Argentina]*
Iglesia Cristiana Reformada del Brasil
Iglesia de Misiones Pentecostales Libres de Chile
Iglesia Episcopal Anglicana del Brasil
Iglesia Evangélica de Confesión Luterana en el Brasil
Iglesia Evangélica de los Discípulos de Cristo* [Argentina]
Iglesia Evangélica del Río de la Plata [Argentina]
Iglesia Evangélica Luterana Boliviana*
Iglesia Evangélica Luterana en Chile
Iglesia Evangélica Luterana Unida* [Argentina]
Iglesia Evangélica Metodista Argentina
Iglesia Evangélica Metodista de Costa Rica*
Iglesia Evangélica Metodista en Bolivia*
Iglesia Evangélica Metodista en el Uruguay
Iglesia Metodista de Chile*
Iglesia Metodista del Brasil
Iglesia Metodista del Perú*

Iglesia Metodista de México
Iglesia Morava en Nicaragua
Iglesia Pentecostal de Chile
Iglesia Presbiteriana Unida del Brasil*
La Iglesia de Dios [Argentina]
Misión Iglesia Pentecostal [Chile]
Sínodo Luterano Salvadoreño*

ASIA
Comunión de Iglesias de Indonesia
Conferencia de Iglesias de Aotearoa/Nueva Zelandia
Consejo Cristiano de China
Consejo Cristiano de Hong Kong**
Consejo Cristiano Nacional de Sri Lanka**
Consejo Cristiano Nacional del Japón**
Consejo de Hong Kong de la Iglesia de Cristo de China
Consejo de Iglesias de Malasia**
Consejo de Iglesias de Myanmar**
Consejo Nacional de Iglesias de Australia**
Consejo Nacional de Iglesias de Corea**
Consejo Nacional de Iglesias de Filipinas**
Consejo Nacional de Iglesias de la India**
Consejo Nacional de Iglesias de Singapur**
Convención Bautista de Bengala-Orissa-Bihar* [India]
Convención Bautista de Myanmar
Convención de Iglesias Bautistas de Telugu [India]
Iglesia Anglicana de Aotearoa/Nueva Zelandia y de Polinesia
Iglesia Anglicana de Australia
Iglesia Bautista de Bangladesh
Iglesia Cristiana Coreana del Japón*
Iglesia Cristiana de Java Oriental [Indonesia]
Iglesia Cristiana de Pasundán [Indonesia]
Iglesia Cristiana de Sumba [Indonesia]
Iglesia Cristiana de Sulawesi Central [Indonesia]
Iglesia Cristiana de Timor Oriental [Indonesia]
Iglesia Cristiana Evangélica de Halmahera [Indonesia]
Iglesia Cristiana Evangélica de Irian Jaya [Indonesia]
Iglesia Cristiana Evangélica de las Islas Sangi y Talaud [Indonesia]
Iglesia Cristiana Evangélica de Minahasa [Indonesia]
Iglesia Cristiana Indonesia (GKI) [Indonesia]
Iglesia Cristiana Indonesia (HKI) [Indonesia]
Iglesia Cristiana Protestante Angkola [Indonesia]
Iglesia Cristiana Protestante Batak [Indonesia]
Iglesia Cristiana Protestante de Bali* [Indonesia]
Iglesia Cristiana Protestante de Nias [Indonesia]

Iglesia Cristiana Protestante de Indonesia
Iglesia Cristiana Protestante Simalungún [Indonesia]
Iglesia de Bangladesh*
Iglesia de Ceilán [Sri Lanka]
Iglesias de Cristo de Australia
Iglesia de Cristo de Tailandia
Iglesia de Cristo Unida de Filipinas
Iglesia de Cristo Unida del Japón
Iglesia de la Comunidad Cristiana Batak [Indonesia]
Iglesia de la India Meridional
Iglesia de la India Septentrional
Iglesia de la Provincia de Myanmar
Iglesia del Pakistán
Iglesia Episcopal de Filipinas
Iglesia Evangélica de Kalimantan [Indonesia]
Iglesia Evangélica Metodista de Filipinas
Iglesia Evangélica Luterana Unida de la India
Iglesia Filipina Independiente [Filipinas]
Iglesia Metodista, Alto Myanmar
Iglesia Metodista, Sri Lanka
Iglesia Metodista Coreana [Corea]
Iglesia Metodista de Aotearoa/Nueva Zelandia
Iglesia Metodista de la India
Iglesia Metodista de Malasia
Iglesia Metodista de Singapur*
Iglesia Ortodoxa del Japón
Iglesia Ortodoxa Siria de Malankara [India]
Iglesia Presbiteriana de Aotearoa/Nueva Zelandia
Iglesia Presbiteriana de Corea
Iglesia Presbiteriana de la República de Corea
Iglesia Presbiteriana de Taiwán
Iglesia Presbiteriana del Pakistán
Iglesia Protestante de Indonesia
Iglesia Protestante de Indonesia Occidental
Iglesia Protestante de las Molucas [Indonesia]
Iglesia Protestante de Sabah [Malasia]
Iglesia Protestante de Sulawesi Sudoriental [Indonesia]
Iglesia Protestante Evangélica de Timor [Indonesia]
Iglesia Protestante Karo Batak [Indonesia]
Iglesia Siria Mar Thoma de Malabar [India]
Iglesia Toraja [Indonesia]
Iglesia Unida de Australia
Iglesias Cristianas de Java [Indonesia]
Iglesias de Cristo Asociadas de Nueva Zelandia

Organización Ecuménica Maorí de Aotearoa/Nueva Zelandia
Santa Iglesia Católica del Japón
Unión Bautista de Nueva Zelandia

EL CARIBE
Consejo Cristiano de San Vicente y las Granadinas
Consejo de Iglesias de Jamaica**
Consejo Ecuménico de Cuba**
Iglesia de la Provincia de las Indias Occidentales [Antigua]
Iglesia Metodista en Cuba*
Iglesia Metodista en el Caribe y las Américas
Iglesia Morava de Jamaica
Iglesia Morava de Surinam
Iglesia Morava de la Provincia Oriental de las Indias Occidentales [Antigua]
Iglesia Presbiteriana de Trinidad y Tabago
Iglesia Presbiteriana Reformada en Cuba*
Iglesia Protestante Unida [Curaçao]
Iglesia Unida de Jamaica y las Islas Caimán
Unión Bautista de Jamaica

EL PACÍFICO
Consejo de Iglesias de Papua Nueva Guinea**
Consejo de las Iglesias de Samoa**
Consejo Nacional de Iglesias de Samoa Americana**
Consejo Nacional de Iglesias de Tonga**
Iglesia Cristiana Congregacionalista de Samoa
Iglesia Cristiana Congregacionalista de Samoa Americana
Iglesia Cristiana de las Islas Cook
Iglesia Cristiana de Tuvalú
Iglesia de Cristo Congregacionalista Unida de las Islas Marshall
Iglesia de la Provincia de Melanesia [Islas Salomón]
Iglesia Evangélica de la Polinesia Francesa
Iglesia Evangélica de Nueva Caledonia y las Islas de la Lealtad [Nueva Caledonia]
Iglesia Evangélica Luterana de Papua Nueva Guinea
Iglesia Metodista de Fiji
Iglesia Metodista de Samoa
Iglesia Presbiteriana de Vanuatu
Iglesia Protestante de Kiribati
Iglesia Unida de las Islas Salomón
Iglesia Unida de Papua Nueva Guinea
Iglesia Wesleyana Libre de Tonga (Iglesia Metodista de Tonga)

EUROPA
Acción Conjunta de las Iglesias de Escocia** (Action of Churches Together in Scotland)

Asociación de Iglesias de Inglaterra** (Churches Together in England)
Asociación de Iglesias del País de Gales** (Churches Together in Wales – Cytun)
Consejo Cristiano de Suecia**
Consejo de Iglesias de Gran Bretaña e Irlanda**
Consejo de Iglesias Cristianas de Alemania**
Consejo de Iglesias de los Países Bajos**
Consejo Ecuménico de Dinamarca**
Consejo Ecuménico de Finlandia**
Consejo Ecuménico de Iglesias de Austria**
Consejo Ecuménico de Iglesias de Hungría**
Consejo Ecuménico de Iglesias de la República Eslovaca**
Consejo Ecuménico de Iglesias de la República Checa**
Consejo Ecuménico de Iglesias de Yugoslavia**
Consejo Ecuménico de Polonia**
Diócesis Católica de los Viejos Católicos de Alemania
Federación de Iglesias Protestantes de Suiza
Hermanos Remonstratenses
Iglesia Apostólica Armenia [Armenia]
Iglesia Bautista de Hungría
Iglesia Católica Polaca [Polonia]
Iglesia Católica Cristiana de Suiza
Iglesia Congregacionalista Escocesa
Iglesia Cristiana Reformada de Yugoslavia
Iglesia Cristiana Reformada de Eslovaquia [República Eslovaca]
Iglesia de Escocia
Iglesia de Grecia
Iglesia de Inglaterra [Reino Unido]
Iglesia de Irlanda
Iglesia de la Confesión de Augsburgo de Alsacia y Lorena [Francia]
Iglesia de la Convención Misionera de Suecia
Iglesia de Noruega
Iglesia de Suecia
Iglesia del País de Gales [Reino Unido]
Iglesia Episcopal de Escocia [Reino Unido]
Iglesia Española Reformada Episcopal* [España]
Iglesia Evangélica de Alemania
– Iglesia de Lippe
– Iglesia Evangélica de Anhalt
– Iglesia Evangélica de Berlín-Brandeburgo
– Iglesia Evangélica de Baden
– Iglesia Evangélica de Bremen
– Iglesia Evangélica de Hesse y Nassau
– Iglesia Evangélica de la Alta Lusacia Silesiana
– Iglesia Evangélica de la Provincia Eclesiástica de Sajonia

- Iglesia Evangélica de Renania
- Iglesia Evangélica de Pomerania
- Iglesia Evangélica de Westfalia
- Iglesia Evangélica de Wurtemberg
- Iglesia Evangélica del Electorado de Hesse-Waldeck
- Iglesia Evangélica del Palatinado
- Iglesia Evangélica Luterana de Baviera
- Iglesia Evangélica Luterana de Brunswick
- Iglesia Evangélica Luterana de Hanover
- Iglesia Evangélica Luterana del Norte del Elba
- Iglesia Evangélica Luterana de Mecklenburgo
- Iglesia Evangélica Luterana de Oldenburgo
- Iglesia Evangélica Luterana de Sajonia
- Iglesia Evangélica Luterana de Schaumburg-Lippe
- Iglesia Evangélica Luterana de Turingia
- Iglesia Evangélica Reformada de Baviera y Alemania Noroccidental

Iglesia Evangélica de la Confesión de Augsburgo de Polonia
Iglesia Evangélica de la Confesión de Augsburgo de Rumania
Iglesia Evangélica de la Confesión de Augsburgo y de la Confesión Helvética de Austria
Iglesia Evangélica de la Confesión de Augsburgo de Silesia [República Checa]
Iglesia Evangélica de los Hermanos Checos [República Checa]
Iglesia Evangélica de la Confesión de Augsburgo de Eslovaquia
Iglesia Evangélica Eslovaca de la Confesión de Augsburgo de Yugoslavia
Iglesia Evangélica Española
Iglesia Evangélica Griega
Iglesia Evangélica Luterana de Dinamarca
Iglesia Evangélica Luterana de Estonia
Iglesia Evangélica Luterana de Finlandia
Iglesia Evangélica Luterana de Francia
Iglesia Evangélica Luterana de Islandia
Iglesia Evangélica Luterana de Letonia
Iglesia Evangélica Luterana de Letonia en el Extranjero [Alemania]
Iglesia Evangélica Luterana del Reino de los Países Bajos
Iglesia Evangélica Metodista de Italia
Iglesia Evangélica Presbiteriana de Portugal*
Iglesia Evangélica Presbiteriana Sinodal de la Confesión de Augsburgo de Rumania
Iglesia Evangélica Valdense [Italia]
Iglesia Husita Checoslovaca
Iglesia Libre Unida de Escocia [Reino Unido]
Iglesia Lusitana Católica Apostólica Evangélica* [Portugal]
Iglesia Luterana de Hungría
Iglesia Menonita de los Países Bajos

Iglesia Metodista [Reino Unido]
Iglesia Metodista de Irlanda
Iglesia Morava de Gran Bretaña e Irlanda
Iglesia Morava del Continente Europeo [Países Bajos]
Iglesia Ortodoxa Autocéfala de Albania
Iglesia Ortodoxa Autocéfala de Polonia
Iglesia Ortodoxa de Finlandia
Iglesia Ortodoxa de los Países Checos y de Eslovaquia [República Checa]
Iglesia Ortodoxa Rumana [Rumania]
Iglesia Ortodoxa Rusa [Federación de Rusia]
Iglesia Ortodoxa Serbia [República Federal de Yugoslavia]
Iglesia Presbiteriana del País de Gales
Iglesia Protestante Unida de Bélgica
Iglesia Reformada de Alsacia y Lorena [Francia]
Iglesia Reformada de Francia
Iglesia Reformada de Hungría
Iglesia Reformada de Rumania
Iglesia Reformada Neerlandesa
Iglesia Reformada Unida [Reino Unido]
Iglesia Vieja Católica de Austria
Iglesia Vieja Católica de los Países Bajos
Iglesia Vieja Católica Mariavita de Polonia
Iglesias Reformadas de los Países Bajos
Patriarcado Ecuménico de Constantinopla [Turquía]
Unión Bautista de Dinamarca
Unión Bautista de Gran Bretaña
Unión de las Comunidades Menonitas Alemanas [Alemania]
Unión de los Independientes Galeses [Reino Unido]
Unión Evangélica Bautista de Italia*

ORIENTE MEDIO
Iglesia Apostólica Armenia [Líbano]
Iglesia de Chipre
Iglesia Episcopal de Jerusalén y del Oriente Medio [Egipto]
Iglesia Ortodoxa Copta [Egipto]
Patriarcado Ortodoxo Griego de Alejandría y toda el África [Egipto]
Patriarcado Ortodoxo Griego de Antioquía y todo el Oriente [Siria]
Patriarcado Ortodoxo Griego de Jerusalén [Israel]
Patriarcado Ortodoxo Sirio de Antioquía y todo el Oriente [Siria]
Santa Iglesia Católica Apostólica Asiria de Oriente [Iraq]
Sínodo de la Iglesia Evangélica del Irán
Sínodo del Nilo de la Iglesia Evangélica [Egipto]
Sínodo Evangélico Nacional de Siria y el Líbano [Líbano]
Unión de las Iglesias Evangélicas Armenias del Oriente Medio [Líbano]

9.6. CONSTITUCIÓN Y REGLAMENTO DEL CMI
ENMENDADOS EN HARARE

CONSTITUCIÓN

I. Base

El Consejo Mundial de Iglesias es una comunidad de iglesias que confiesan al Señor Jesucristo como Dios y Salvador, según el testimonio de las Escrituras, y procuran responder juntas a su vocación común, para gloria del Dios único, Padre, Hijo y Espíritu Santo.

II. Miembros

Pueden ser miembros del Consejo Mundial de Iglesias las iglesias que acepten la Base fundamento del Consejo y respondan a los criterios que establezcan la Asamblea o el Comité Central. La admisión requiere una mayoría de dos tercios de las iglesias miembros representadas en la Asamblea; cada iglesia miembro tiene un voto. Las solicitudes de admisión presentadas en el período comprendido entre las reuniones de la Asamblea serán examinadas por el Comité Central. En caso de aceptación de la candidatura por mayoría de dos tercios de los miembros del Comité presentes y votantes, se comunicará la decisión a las iglesias miembros del Consejo Mundial de Iglesias y, a no ser que más de un tercio de esas iglesias se oponga a esa candidatura en los seis meses siguientes, se declarará aceptada la solicitud.

III. Objetivos y funciones

Constituido por las iglesias para servir al único Movimiento Ecuménico, el Consejo Mundial de Iglesias reúne la labor que realizaban los movimientos mundiales de Fe y Constitución, Vida y Acción, el Consejo Misionero Internacional y el Consejo Mundial de Educación Cristiana.

El objetivo principal de la comunidad de iglesias que forma el Consejo Mundial de Iglesias es ofrecer un espacio donde las iglesias puedan exhortarse unas a otras a alcanzar la unidad visible en una sola fe y una sola comunión eucarística, expresada en el culto y la vida común en Cristo, mediante el testimonio y el servicio al mundo, y a avanzar hacia la unidad para que el mundo crea.

Al buscar la koinonía en la fe y la vida, el testimonio y el servicio, las iglesias, por medio del Consejo:

- favorecerán la búsqueda en la oración del perdón y la reconciliación en un espíritu de responsabilidad mutua, promoverán relaciones más profundas mediante el diálogo teológico, compartirán los recursos humanos, espirituales y materiales unas con otras;
- facilitarán su testimonio común en cada lugar y en todos los lugares, y se apoyarán mutuamente en su labor de misión y evangelización;
- expresarán su compromiso con la diaconía, poniéndose al servicio de las necesidades humanas, eliminando las barreras que separan a los seres humanos, promoviendo una sola familia humana en la justicia y la paz, y salvaguardando la integridad de la creación, a fin de que todos puedan alcanzar la plenitud de la vida;
- favorecerán el desarrollo de una conciencia ecuménica mediante proyectos de formación y una visión de la vida en comunidad arraigada en el contexto cultural particular;
- se ayudarán mutuamente en sus relaciones con los creyentes de otras comunidades religiosas;
- promoverán la renovación y el crecimiento en la unidad, el culto, la misión y el servicio.

A fin de consolidar el único Movimiento Ecuménico, el Consejo:
- promoverá las relaciones con y entre las iglesias, especialmente sus iglesias miembros;
- entablará y mantendrá relaciones con los consejos nacionales y las conferencias regionales de iglesias, las Comuniones Cristianas Mundiales y otras organizaciones ecuménicas;
- apoyará las iniciativas ecuménicas tomadas a nivel regional, nacional y local;
- favorecerá la creación de redes entre las organizaciones ecuménicas;
- se esforzará por mantener la coherencia del único Movimiento Ecuménico en sus diversas manifestaciones.

IV. Atribuciones

El Consejo Mundial de Iglesias presta asesoramiento y ofrece posibilidades de acción concertada en cuestiones de interés común.

Sólo puede actuar en nombre de las iglesias miembros en las cuestiones que una o más de ellas le encomienden y sólo puede hacerlo en nombre de las mismas.

El Consejo Mundial de Iglesias no puede legislar para las iglesias ni actuar de manera alguna en su nombre, salvo en el caso antes indicado, o en circunstancias ulteriormente especificadas por las iglesias miembros.

V. Organización

El Consejo Mundial de Iglesias ejerce sus funciones por medio de una Asamblea, un Comité Central, un Comité Ejecutivo y otros órganos subordinados que puedan crearse.

1. La Asamblea

a) La Asamblea es el órgano legislativo supremo del Consejo Mundial de Iglesias y se reúne ordinariamente cada siete años.

b) La Asamblea está compuesta de representantes oficiales[1] de las iglesias miembros, denominados delegados, que son elegidos por las propias iglesias.

c) La Asamblea ejerce las siguientes funciones:
   1) elegir el Presidente o los Presidentes del Consejo Mundial de Iglesias
   2) elegir 145 miembros del Comité Central, como máximo, entre los delegados oficiales de las iglesias miembros en la Asamblea;
   3) elegir cinco miembros, como máximo, entre los representantes en la Asamblea elegidos por las iglesias miembros asociadas;
   4) determinar la política general del Consejo Mundial de Iglesias y examinar los programas emprendidos para aplicar las directrices previamente adoptadas;
   5) delegar al Comité Central funciones específicas, salvo la facultad de enmendar esta Constitución y de asignar los puestos del Comité Central que la Constitución reserva exclusivamente a la Asamblea.

2. El Comité Central

a) El Comité Central tiene la responsabilidad de la aplicación de la política general adoptada por la Asamblea; ejerce las funciones de la Asamblea que le delega la propia Asamblea para el período comprendido entre las reuniones de la misma, salvo la facultad de enmendar la Constitución y de asignar los puestos

b) El Comité Central se compone del presidente/de la presidenta o de los presidentes y las presidentas del Consejo Mundial de Iglesias y de no más de 150 miembros.
   1) La Asamblea elige 145 miembros, como máximo, entre los delegados oficiales de las iglesias miembros en la Asamblea; los

---

*Nota del traductor: todas las funciones que se mencionan en la Constitución y en el Reglamento del CMI pueden ejercerlas igualmente hombres y mujeres.

miembros están repartidos entre las iglesias miembros teniendo debidamente en cuenta la importancia numérica de las iglesias y confesiones representadas en el Consejo, la cantidad de iglesias de cada confesión que son miembros del Consejo, un equilibrio geográfico y cultural racional y una representación equitativa de los principales intereses del Consejo.

2) La Asamblea elige 5 miembros, como máximo, entre los representantes en la Asamblea elegidos por las iglesias miembros asociadas.

3) Cuando se produce una vacante entre los miembros del Comité Central durante el período comprendido entre las reuniones de la Asamblea, es cubierta por el propio Comité Central, previa consulta con la iglesia a la cual pertenece el titular del puesto.

c) Además de las atribuciones generales estipuladas en el párrafo a) antes mencionado, el Comité Central tiene las siguientes facultades:

1) elegir a su moderador y uno o varios vicemoderadores de entre sus miembros;

2) elegir el Comité Ejecutivo también de entre sus miembros;

3) elegir comités, comisiones y juntas directivas;

4) en el marco de la política general aprobada por la Asamblea, y por recomendación del Comité de Programa, dar comienzo y poner fin a los programas y las actividades, y establecer prioridades para el trabajo del Consejo;

5) aprobar el presupuesto del Consejo Mundial de Iglesias y asegurar su apoyo financiero;

6) elegir al Secretario General; elegir o nombrar a todos los miembros del personal ejecutivo del Consejo Mundial de Iglesias;

7) preparar las reuniones de la Asamblea, tomando las disposiciones necesarias para la buena marcha de sus trabajos, los servicios de culto y los estudios que se lleven a cabo, así como su compromiso cristiano común. El Comité Central determinará el número de delegados en la Asamblea y decidirá su repartición entre las iglesias miembros teniendo debidamente en cuenta la importancia numérica de las iglesias y las confesiones representadas en el Consejo; la cantidad de iglesias de cada confesión que son miembros del Consejo; un equilibrio geográfico y cultural racional; una repartición conveniente de los puestos entre representantes de las iglesias, pastores, sacerdotes y laicos, así como entre hombres, mujeres y jóvenes; y la participación de personas cuyos conocimientos y experiencia específicos sean necesarios;

8) delegar funciones específicas al Comité Ejecutivo o a otros órganos o personas.

3. Reglamento

La Asamblea o el Comité Central pueden aprobar y enmendar artículos del Reglamento relativos a la marcha de los trabajos del Consejo Mundial de Iglesias, siempre que los artículos o las enmiendas propuestos no sean incompatibles con la presente Constitución.

4. Estatutos

La Asamblea o el Comité Central pueden adoptar y enmendar estatutos para facilitar el buen funcionamiento de los comités, las juntas directivas, los grupos de trabajo y las comisiones, siempre que los estatutos o las enmiendas no sean incompatibles con la presente Constitución.

5. Quórum

El quórum necesario para que la Asamblea o el Comité Central lleven a cabo cualquier actividad es de la mitad de los respectivos miembros.

VI. Otras organizaciones cristianas ecuménicas

1. Se puede invitar a las organizaciones confesionales mundiales y a las organizaciones ecuménicas internacionales designadas por el Comité Central a que envíen representantes sin derecho a voto a la Asamblea y al Comité Central, según una proporción que determinará este último.

2. Se puede invitar a los consejos nacionales y a las conferencias regionales de iglesias, así como a otros consejos cristianos y consejos misioneros designados por el Comité Central a que envíen representantes sin derecho a voto a la Asamblea y al Comité Central, según una proporción que determinará este último.

VII. Enmiendas

La Constitución puede ser enmendada por mayoría de dos tercios de los delegados ante la Asamblea presentes y votantes, siempre y cuando la enmienda propuesta haya sido examinada por el Comité Central y se haya informado al respecto a las iglesias miembros, como mínimo, seis meses antes de la reunión de la Asamblea. El propio Comité Central, así como las iglesias miembros, tienen derecho a proponer esas enmiendas.

REGLAMENTO

I. Miembros del Consejo Mundial de Iglesias

Son miembros del Consejo Mundial de Iglesias las iglesias que lo han constituido, o que han sido admitidas en calidad de miembros y siguen formando parte del mismo. El término "iglesia", tal como se usa en este artículo, comprende las asociaciones, las convenciones y las federaciones de iglesias independientes. Un grupo de iglesias de un país o una región puede decidir formar parte del Consejo Mundial de Iglesias como una única iglesia. El Secretario/la Secretaria General mantiene al día la lista oficial de las iglesias miembros en la que constan todas las disposiciones especiales aceptadas por la Asamblea o el Comité Central.

Se aplicarán a este respecto los siguientes artículos:

1. Solicitudes de admisión

Las iglesias que deseen ser miembros del Consejo Mundial de Iglesias dirigirán su solicitud por escrito al Secretario/a la Secretaria General.

2. Estudio de las candidaturas

El Secretario/la Secretaria General presentará todas las candidaturas al Comité Central (véase el artículo II de la Constitución) junto con la información que considere necesaria para que la Asamblea o el Comité Central puedan tomar una decisión en relación con esas candidaturas.

3. Criterios

Para que se acepte su solicitud, la iglesia que presenta su candidatura debe expresar su acuerdo con la Base, que constituye el fundamento del Consejo (artículo I de la Constitución), y satisfacer, además, los siguientes criterios:

a) La iglesia debe poder tomar la decisión de presentar su candidatura sin necesidad de obtener la autorización de otro organismo o de una persona.

b) La iglesia debe poder demostrar la autonomía permanente de su vida y de su organización.

c) La iglesia debe reconocer la interdependencia esencial de las iglesias, especialmente las de la misma confesión, y mantener relaciones ecuménicas constructivas con otras iglesias en su país o su región; esto entraña normalmente que la iglesia sea miembro del consejo nacional de iglesias o de un órgano similar y de la organización ecuménica regional.

4. *Número de miembros*

a) Además de reunir los criterios descritos en el artículo I.3, la iglesia solicitante debe tener por lo general 25.000 miembros como mínimo. Excepcionalmente, el Comité Central podrá admitir como miembro a una iglesia que no cumpla el criterio del número mínimo de miembros.

b) Las iglesias de un mismo país o región que no cumplan el criterio del número mínimo de miembros, podrán solicitar conjuntamente la calidad de miembro, y el Consejo Mundial de Iglesias las exhorta a hacerlo.

5. *Miembros Asociados*

a) Una iglesia que reúna las condiciones para presentar su candidatura puede ser elegida como miembro asociado según un procedimiento análogo al de la elección de las iglesias miembros en los casos siguientes:

   1) si la candidatura como miembro de pleno derecho le fuera denegada únicamente en virtud del artículo I.4 (a). Una iglesia que solicite ser miembro asociado por esta razón deberá tener, por lo general, 10.000 miembros como mínimo;

   2) si la iglesia solicitante, por razones que requieren la aprobación del Comité Central, expresara su deseo de ser elegida como miembro asociado.

b) Las iglesias miembros asociadas pueden participar en todas las actividades del Consejo; sus representantes en la Asamblea tienen derecho a voz pero no a voto. Las iglesias miembros asociadas serán inscritas separadamente en la lista oficial que mantiene al día el Secretario/la Secretaria General.

c) Las iglesias miembros asociadas harán una contribución anual al presupuesto general del Consejo. La cuantía de la contribución se determinará en consulta entre cada iglesia y el Consejo, y se revisará periódicamente

d) Las iglesias miembros asociadas deberán participar, en proporción con sus recursos y en consulta con el Consejo, en los costos de los programas del Consejo y en los gastos de viaje y alojamiento de sus delegados con ocasión de las reuniones del Consejo.

e) El Comité Central determinará las consecuencias del incumplimiento de esas obligaciones.

6. *Participación financiera*

a) Todas las iglesias miembros deberán hacer una contribución anual al presupuesto general del Consejo. La cuantía de la contribución se determinará en consulta entre cada iglesia y el Consejo, y se revisará regularmente.

b) Todas las iglesias miembros deberán participar, en proporción con sus recursos y en consulta con el Consejo, en los costos de los programas del Consejo y en los gastos de viaje y alojamiento de sus representantes con ocasión de las reuniones del Consejo.

c) El Comité Central determinará las consecuencias del incumplimiento de estas obligaciones.

7. *Consulta*

Antes de conceder a una iglesia la calidad de miembro o de miembro asociado, se consultará a la organización o las organizaciones confesionales mundiales competentes, así como al consejo nacional de iglesias o a la organización ecuménica regional correspondiente.

8. *Dimisión*

Una iglesia que desee dejar de formar parte del Consejo puede hacerlo en cualquier momento. Una iglesia que haya presentado su dimisión y que desee volver a formar parte del Consejo deberá volver a presentar su candidatura.

II. Responsabilidades de los miembros

Ser miembro del Consejo Mundial de Iglesias entraña ser fiel a la Base que es el fundamento del Consejo y formar parte de la comunidad que constituye; también significa participar en su vida y en sus actividades, y comprometerse con el Movimiento Ecuménico como parte integrante de la misión de la Iglesia. Las iglesias que son miembros del Consejo Mundial de Iglesias deberán:

1. designar a delegados y delegadas para la Asamblea del Consejo Mundial de Iglesias, órgano rector supremo del Consejo, y participar en el Consejo en colaboración con las otras iglesias miembros para elaborar la visión y el programa ecuménicos;

2. informar al Consejo Mundial de Iglesias sobre sus preocupaciones fundamentales y sus principales prioridades y actividades, y formu-

lar sobre el Consejo críticas constructivas que tengan relación con sus programas, e informar además sobre otros asuntos que, según esas iglesias, requieran una expresión de solidaridad ecuménica o la atención del Consejo y/o de las iglesias en todo el mundo;

3. comunicar a otros lo que significa el compromiso ecuménico; fomentar y alentar las relaciones y las actividades ecuménicas a todos los niveles de su vida de iglesias, y afianzar los lazos de la comunidad ecuménica en los planos local, nacional, regional e internacional;

4. dar a conocer el movimiento ecuménico más amplio y el Consejo Mundial de Iglesias, su naturaleza, sus objetivos y sus programas a todos sus miembros como parte de su tarea de información;

5. estimular la participación en los programas, las actividades y las reuniones del Consejo Mundial de Iglesias entre otras cosas:

    a) proponiendo a personas capaces de aportar una contribución específica y de participar en los trabajos de los distintos comités del Consejo, en sus reuniones y sus consultas, sus programas y sus publicaciones o de ser miembros de su personal;

    b) estableciendo vínculos entre sus oficinas de programas y las pertinentes oficinas de programas del Consejo Mundial de Iglesias; y

    c) enviando material para las publicaciones del Consejo Mundial de Iglesias: libros, revistas, etc., y encargándose de su promoción.

6. responder a las decisiones del Comité Central que requieran reflexión, acciones concretas u otro tipo de medidas por parte de las iglesias miembros, y responder asimismo a las comunicaciones del Comité Central, del Comité Ejecutivo o del Secretario/de la Secretaria General sobre cuestiones precisas para las que se requiere el apoyo de sus oraciones, asesoramiento, información o una opinión;

III. La Asamblea

1. Composición de la Asamblea

a) *Personas con derecho a voz y a voto*
   La Asamblea se compone de los representantes oficiales de las iglesias miembros, denominados delegados y delegadas, que son elegidos por las iglesias miembros y tienen derecho a voz y, con carácter exclusivo, derecho a voto así como a proponer y apoyar mociones y enmiendas.

   1. El Comité Central determina el número de delegados y delegadas de la Asamblea con suficiente antelación a su reunión.

2. El Comité Central determina el porcentaje de los delegados y delegadas, no inferior al 85%, que serán designados y elegidos por las iglesias miembros. Cada iglesia miembro tiene derecho, como mínimo, a un delegado/una delegada. El Comité Central distribuirá los demás puestos entre las iglesias miembros teniendo debidamente en cuenta la importancia numérica de las iglesias y las confesiones representadas en el Consejo Mundial de Iglesias, la cantidad de iglesias de cada confesión que son miembros del mismo, y un equilibrio geográfico y cultural racional. El Comité Central recomendará que en las delegaciones haya una distribución justa entre representantes de iglesias, pastores o sacerdotes de parroquia y laicos, así como entre hombres, mujeres y jóvenes. El Comité Central podrá tomar disposiciones para la elección, por parte de las iglesias miembros, de delegados y delegadas suplentes que sólo asumirán esas funciones para reemplazar a los delegados y delegadas que no puedan asistir a las reuniones de la Asamblea.

3. Los restantes delegados y delegadas, 15% como máximo, serán elegidos por algunas iglesias miembros, tras propuesta del Comité Central, según las modalidades siguientes:

1) Si el/la moderador/a o un/una vicemoderador/a del Comité Central no ha sido elegido/elegida delegado/delegada de conformidad con las disposiciones del párrafo 2 antes mencionado, el Comité Central propondrá el nombre de esa persona a la iglesia miembro a la cual pertenece. Los párrafos 5 y 6 a continuación son aplicables a esos candidatos/esas candidatas propuestos/propuestas.

2) El Comité Central determinará las categorías de los delegados y delegadas adicionales necesarios para conseguir un equilibrio satisfactorio en la Asamblea teniendo en cuenta los siguientes factores:

a) la importancia numérica de las diferentes iglesias y confesiones;

b) la importancia histórica, las perspectivas de futuro, la situación geográfica y el medio cultural de ciertas iglesias, así como la especial importancia de las iglesias unidas;

c) la presencia de personas cuyos conocimientos y experiencia particulares sean necesarios para la Asamblea;

d) la representación de mujeres, jóvenes, laicos, pastores y sacerdotes de comunidades locales.

3) El Comité Central invitará a las iglesias miembros a que propongan, en las categorías así determinadas, los nombres de las personas que desearían elegir si fueran designadas por el Comité Central.

4) El Comité Central seleccionará a determinadas personas de las listas recibidas y propondrá sus nombres a las iglesias miembros a que pertenezcan.

5) Si las iglesias miembros interesadas eligen a las personas propuestas, éstas se añadirán a las delegaciones de esas iglesias.

6) Las iglesias miembros no deberán elegir suplentes para los delegados y delegadas de esta categoría.

Se exhorta a las iglesias miembros a que se consulten a nivel regional sobre la designación de los delegados y delegadas descrita en los párrafos 2 y 3 antes mencionados, teniendo en cuenta que cada delegado/delegada deberá ser elegido/elegida por la iglesia a la que pertenece de conformidad con el reglamento interno de esa iglesia.

b) *Personas con derecho a voz pero no a voto*
Además de los delegados y delegadas, que son los únicos con voz y voto, pueden asistir a las reuniones de la Asamblea con voz pero sin voto las siguientes categorías de personas:

1) *Presidentes/presidentas y miembros de la Mesa:* El presidente/la presidenta o los presidentes y presidentas del Consejo y el/la moderador/a o el vicemoderador/a (o los vicemoderadores y vicemoderadoras) del Comité Central que no hayan sido elegidos delegados/delegadas por sus iglesias.

2) *Miembros del Comité Central saliente:* los miembros del Comité Central saliente que no hayan sido elegidos delegados y delegadas por sus iglesias.

3) *Representantes de las iglesias miembros asociadas:* Las iglesias miembros asociadas pueden elegir cada una un/una representante.

4) *Asesores/asesoras:* El Comité Central puede invitar a un pequeño número de personas que puedan aportar una contribución especial a las deliberaciones de la Asamblea o que hayan participado en las actividades del Consejo Mundial de Iglesias. Antes de invitar a un/una asesor/a que pertenezca a una iglesia miembro, se consultará a esa iglesia.

5) *Representantes delegados y delegadas:* El Comité Central puede invitar a ciertas personas oficialmente designadas como representantes delegados y delegadas por organizaciones con las cuales el Consejo Mundial de Iglesias mantiene relaciones.

6) *Observadores delegados y delegadas:* El Comité Central puede invitar a ciertas personas oficialmente designadas como observadores delegados y delegadas por las iglesias no miembros.

c) *Personas sin derecho a voz ni a voto*
El Comité Central puede invitar a asistir a las reuniones de la Asamblea a personas que no tienen derecho a voz ni a voto:
1. *Observadores/observadoras:* personas relacionadas con organizaciones con las cuales el Consejo Mundial de Iglesias mantiene relaciones y que no están representadas por los representantes delegados y delegadas, o personas que pertenecen a iglesias no miembros que no están representadas por observadores delegados y delegadas.
2. *Invitados:* Personas designadas individualmente.

2. Miembros de la Mesa y de los comités

a) En la primera sesión administrativa de la Asamblea, el Comité Central presenta los nombres de las personas que propone para presidir la Asamblea y para formar parte del Comité de Dirección de la Asamblea; también formula otras propuestas, en particular la designación de otros comités, su composición y sus funciones, que a su juicio son necesarios para llevar a cabo los trabajos de la Asamblea.
b) En la primera o en la segunda sesión administrativa, todo grupo de seis delegados y delegadas puede formular por escrito otras propuestas respecto a la composición de cualquier comité.
c) La elección se efectuará mediante escrutinio secreto a menos que la Asamblea lo determine de otro modo.

3. Orden del Día

El Comité Central propondrá el orden del día de la Asamblea en la primera sesión administrativa de la misma. Los delegados y delegadas pueden proponer enmiendas al orden del día inscribiendo en él uno o varios puntos nuevos o introduciendo cualquier otra modificación que hayan propuesto previamente al Comité Central o al Comité de Dirección después de su elección. El Comité de Dirección, en virtud del artículo III.5(b), y los delegados y delegadas, en virtud del artículo XVI.7, pueden proponer que se incluyan otros puntos en el orden del día o que se introduzcan modificaciones.

4. Comité de Candidaturas de la Asamblea

a) En una de sus primeras sesiones, la Asamblea elegirá un Comité de Candidaturas cuya composición reflejará de forma equitativa la representación confesional, cultural y geográfica de los miembros de la Asamblea y garantizará la representación de los principales intereses del Consejo Mundial de Iglesias.

b) El Comité de Candidaturas en consulta con la Mesa del Consejo Mundial de Iglesias y con el Comité Ejecutivo propondrá nombres para la elección:

　1) del presidente/la presidenta o los presidentes y presidentas del Consejo;

　2) de 145 miembros, como máximo, del Comité Central, seleccionados entre los delegados y delegadas que las iglesias miembros hayan elegido para la Asamblea;

　3) de 5 miembros, como máximo, del Comité Central, seleccionados entre los representantes que las iglesias miembros asociadas hayan elegido para la Asamblea.

c) En la selección de sus candidatos y candidatas, el Comité de Candidaturas deberá tener en cuenta los siguientes principios:

　1) las aptitudes personales de los candidatos y candidatas para la labor que habrán de desempeñar;

　2) la necesidad de una representación confesional equitativa y adecuada;

　3) la necesidad de una representación geográfica y cultural equitativa y adecuada;

　4) la necesidad de una representación equitativa y adecuada de los principales intereses del Consejo Mundial de Iglesias.

　El Comité de Candidaturas se cerciorará de que las candidaturas presentadas sean, en general, aceptables por parte de las iglesias a las que pertenecen los candidatos.

　No propondrá a más de siete personas de la misma iglesia miembro como candidatos y candidatas para el Comité Central.

　El Comité de Candidaturas procurará garantizar una representación adecuada de laicos (hombres, mujeres y jóvenes) en la medida en que la composición de la Asamblea lo permita.

d) El Comité de Candidaturas presentará sus propuestas a la Asamblea. Todo grupo de seis delegados y delegadas podrá formular por escrito otras propuestas siempre que cada nombre sea propuesto para reemplazar a un candidato/una candidata presentado/presentada por el Comité de Candidaturas.

e) La elección se efectuará por escrutinio secreto a menos que la Asamblea lo determine de otro modo.

5. Comité de Dirección de la Asamblea

a) El Comité de Dirección de la Asamblea se compone del/de la moderador/a y el/la vicemoderador/a o los vicemoderadores y vicemoderadoras del Comité Central; del Secretario/de la Secretaria General, los presidentes y presidentas del Consejo, del/de la moderador/a o un miembro del Comité de Planificación de la Asamblea que participe como delegado/delegada, de los moderadores y moderadoras de sesiones de información y debate y comités, que pueden nombrar suplentes, y de diez delegados y delegadas que no sean miembros del Comité Central saliente, los cuales se elegirán conforme al artículo III.2. de este Reglamento. Si el/la moderador/a del Comité de Planificación de la Asamblea no es un delegado/una delegada, será invitado/invitada como asesor/a de la Asamblea y de su Comité de Dirección con voz pero sin voto.

b) El Comité de Dirección se encargará de:

1) coordinar las actividades corrientes de la Asamblea y formular propuestas para la disposición, la modificación, la adición, la supresión o la sustitución de puntos inscritos en el orden del día. Los miembros del Comité de Dirección deberán presentar lo antes posible a la Asamblea toda propuesta de esta índole acompañada de una explicación de las razones que motivan el cambio propuesto. Después de someter la propuesta a debate, el/la moderador/a hará la siguiente pregunta a la Asamblea: ¿Aprueba la Asamblea la propuesta del Comité de Dirección? La cuestión se zanjará por una mayoría de los delegados y delegadas presentes y votantes;

2) examinar toda inclusión de un nuevo punto o toda modificación del orden del día propuestas por un delegado/una delegada en virtud del artículo XVI 7;

3) determinar si la Asamblea se reúne en sesión general, administrativa o deliberativa, conforme al artículo XVI;

4) recibir información de los otros comités y examinar sus informes a fin de determinar en qué forma la Asamblea puede tomar medidas al respecto.

6. Otros Comités de la Asamblea

a) La composición, las atribuciones y las tareas de los demás comités de la Asamblea serán propuestos por el Comité Central en la primera sesión administrativa o por el Comité de Dirección después de su elección, y aceptados por la Asamblea.

b) Salvo otra decisión de la Asamblea, todo comité así constituido deberá informar al Comité de Dirección sobre su trabajo y dirigirá su informe o sus recomendaciones a la Asamblea.

IV. Presidentes y presidentas

1. La Asamblea elegirá el presidente/la presidenta o los presidentes y presidentas del Consejo Mundial de Iglesias; el número de presidentes y presidentas no deberá ser superior a ocho; el cometido de los presidentes es promover el ecumenismo y dar a conocer la labor del Consejo Mundial de Iglesias, sobre todo en las respectivas regiones.

2. El mandato de un presidente/una presidenta concluirá al final de la reunión de la Asamblea siguiente a su elección.

3. Un presidente/una presidenta elegido/elegida por la Asamblea no podrá ser reelegible para un segundo mandato consecutivo.

4. Los presidentes y presidentas deberán ser personas con una experiencia ecuménica y reputación reconocidas por las entidades ecuménicas de la respectiva región que colaboran con el Consejo Mundial de Iglesias.

5. Los presidentes y presidentas son miembros de oficio del Comité Central.

6. Si se produce una vacante en el Presidium durante el período entre las Asambleas, el Comité Central puede encargarse de cubrir esa vacante para el resto de la duración del mandato.

V. Comité Central

1. Composición

a) El Comité Central está integrado por el presidente/la presidenta o los presidentes y presidentas del Consejo Mundial de Iglesias y por 150 miembros, como máximo, elegidos por la Asamblea. (véase el artículo V.2(b) de la Constitución).

b) Toda iglesia miembro que no esté ya representada puede enviar un/una representante a las reuniones del Comité Central. Ese/esa representante tiene derecho a voz pero no a voto.

c) Si un miembro del Comité Central regularmente elegido no puede asistir a una reunión, su iglesia puede enviar un/una suplente siempre que éste/ésta resida habitualmente en el mismo país que el miembro ausente. Ese/esa suplente tiene derecho a voz y a voto. Si un miembro (o su suplente) está ausente sin presentar una excusa durante dos reuniones consecutivas se declarará vacante su puesto y el Comité Central cubrirá la vacante conforme a las disposiciones del artículo V.2(b)(3) de la Constitución.

d) Los moderadores y las moderadoras y los vicemoderadores y las vicemoderadoras de los comités, las comisiones y las juntas directivas que no sean miembros del Comité Central pueden asistir a las reuniones del mismo con voz pero sin voto.

e) El Comité Ejecutivo puede nombrar asesores y asesoras para el Comité Central previa consulta con las iglesias a que pertenezcan. Los asesores y las asesoras tienen derecho a voz pero no a voto.

f) Los miembros del personal del Consejo Mundial de Iglesias designados por el Comité Central en virtud del artículo IX.3 del Reglamento tendrán derecho a asistir a las sesiones del Comité Central salvo en caso de que ese Comité lo determine de otro modo. Cuando estén presentes, tendrán derecho a voz pero no a voto.

g) Durante la reunión de la Asamblea, o inmediatamente después de la misma, el Secretario/la Secretaria General convocará al Comité Central que acaba de ser elegido.

2. Miembros de la Mesa

a) El Comité Central elegirá de entre sus miembros a un/una moderador/a y a uno/una o varios vicemoderadores y vicemoderadoras por un período que ese Comité determinará.

b) El Secretario/la Secretaria General del Consejo Mundial de Iglesias es secretario/secretaria *ex oficio* del Comité Central.

3. Comité de Candidaturas del Comité Central

a) El Comité Central elegirá un Comité de Candidaturas cuyas funciones serán las siguientes:

1) proponer, de entre los miembros del Comité Central, candidatos para ocupar los puestos de moderador/a y vicemoderador/a o vicemoderadores y vicemoderadoras del Comité Central;

2) proponer un candidato para el Presidium en caso de que haya que cubrir la vacante de un presidente/presidenta durante el período comprendido entre las asambleas;

3) proponer las candidaturas de los miembros del Comité Ejecutivo del Comité Central;

4) proponer las candidaturas de los miembros de los comites, las comisiones y las juntas directivas, y, cuando proceda, las de sus moderadores y moderadoras;

5) hacer recomendaciones relativas a la elección de personas propuestas para ocupar puestos de miembros del personal, en virtud del artículo IX.3 del Reglamento.

Al formular propuestas según las disposiciones estipuladas en los apartados 1) a 4) antes mencionados, el Comité de Candidaturas del Comité Central deberá tener en cuenta los principios definidos en el artículo III.4.c. del Reglamento; y al aplicar los principios 2), 3) y 4) deberá tener en cuenta la representatividad de la composición de esos comités en su conjunto para la designación de los miembros de los comités, las comisiones y las juntas directivas. Los miembros del Comité Central pueden presentar otras candidaturas, siempre que cada una de esas candidaturas sea propuesta en lugar de un candidato o candidata del Comité de Candidaturas.

b) La elección se efectuará por escrutinio secreto a no ser que el Comité lo decida de otro modo.

4. Reuniones

a) El Comité Central se reunirá normalmente una vez al año. El Comité Ejecutivo puede convocar una reunión extraordinaria del Comité Central cuando lo estime conveniente o cuando un tercio, como mínimo, de los miembros del Comité Central haga una petición por escrito.

b) El Secretario/la Secretaria General tomará todas las medidas necesarias para garantizar que haya una representación adecuada de cada una de las principales confesiones y regiones geográficas de los miembros del Consejo Mundial de Iglesias así como de los principales intereses del mismo.

c) El Comité Central determinará la fecha y el lugar de sus reuniones y de las reuniones de la Asamblea.

5. Funciones

En el ejercicio de las atribuciones que le confiere la Constitución, el Comité Central desempeñará las siguientes funciones:

a) Para la buena marcha de sus trabajos, el Comité Central elegirá los siguientes comités:

1) un Comité de Programa (permanente)
2) un Comité de Finanzas (permanente);
3) un Comité de Candidaturas (nombrado en cada reunión);

4) uno o varios Comités de Examen (designados según las necesidades en cada reunión para asesorar al Comité Central sobre toda
cuestión que pueda necesitar reflexión o una acción especiales de
su parte);

b) Adoptará el presupuesto del Consejo.

c) Examinará las cuestiones que le sometan las iglesias miembros.

d) Determinará la política general a la que habrá de ceñirse la labor del
Consejo Mundial de Iglesias, en particular la tarea de dar comienzo
y poner fin a los programas y actividades. Preverá la estructura orgánica necesaria para llevar a cabo la labor antes mencionada y, para
ello, entre otras cosas, elegirá las comisiones y las juntas directivas.

e) Informará a la Asamblea sobre las medidas que haya tomado durante
su mandato del cual no se le eximirá hasta la recepción de su informe.

VI. Comité Ejecutivo

1. Composición

a) El Comité Ejecutivo está formado por el/la moderador/a y los vicemoderadores y vicemoderadoras del Comité Central, los moderadores y moderadoras del Comité de Programa y del Comité de Finanzas del Comité Central y otros 20 miembros del Comité Central.

b) Si un miembro del Comité Ejecutivo no puede asistir a una reunión,
tiene derecho a enviar un miembro del Comité Central como suplente,
previa aprobación del/la moderador/a. En la medida de lo posible
ese/esa suplente deberá proceder de la misma región geográfica y
familia confesional que el/la titular y tendrá derecho a voz y a voto.

c) El/la moderador/a del Comité Central es también moderador/a del
Comité Ejecutivo.

d) El Secretario/la Secretaria General del Consejo Mundial de Iglesias
es, *ex oficio*, el secretario/la secretaria del Comité Ejecutivo.

e) Los miembros de la Mesa pueden invitar a otras personas a asistir a
una reunión del Comité Ejecutivo a título consultivo, teniendo siempre en cuenta la necesidad de preservar una representación equilibrada de las confesiones, las regiones geográficas, los orígenes culturales, y de los principales intereses del Consejo Mundial de Iglesias.

2. Funciones

a) El Comité Ejecutivo es responsable ante el Comité Central y deberá
someter a su aprobación, en la reunión subsiguiente de este órgano,

un informe de sus trabajos. El Comité Central estudiará ese informe y tomará las medidas que considere oportunas al respecto.

b) El Comité Ejecutivo es responsable de la supervisión y el seguimiento de los programas y las actividades en curso del Consejo Mundial de Iglesias, incluida la tarea de determinar las prioridades en lo tocante a la asignación de recursos. La facultad del Comité Ejecutivo de hacer declaraciones públicas se define en el artículo X.5 del Reglamento y se limita a los términos de esa disposición.

c) El Comité Central podrá, por una decisión especial, pedir al Comité Ejecutivo que designe miembros del personal para los puestos indicados en el artículo IX.3.A; el Comité Ejecutivo debe informar sobre sus decisiones en la siguiente reunión del Comité Central.

d) El Comité Ejecutivo supervisará las operaciones presupuestarias y puede, si fuere necesario, imponer límites a los gastos.

3. Elecciones

a) El Comité Central designará a los miembros del Comité Ejecutivo en su primera reunión, durante o inmediatamente después de la Asamblea.

b) Si se producen vacantes en el Comité Ejecutivo, serán cubiertas en la reunión subsiguiente del Comité Central.

VII. Comité de Programa

1. El Comité de Programa está integrado por 40 miembros como máximo, a saber:

a) un moderador o una moderadora que será uno de los miembros del Comité Ejecutivo;

b) 30 miembros, como máximo, del Comité Central, dos de los cuales serán también miembros del Comité Ejecutivo;

c) 10 miembros, como máximo, designados de entre los moderadores de las comisiones, las juntas directivas y los grupos consultivos.

2. El Comité de Programa celebrará sus reuniones habitualmente al mismo tiempo que las reuniones del Comité Central y rendirá cuentas con regularidad al Comité Central.

3. En el marco de las orientaciones formuladas por la Asamblea, el Comité de Programa se encargará de hacer recomendaciones al Comité Central en todos los asuntos relativos a los programas y las actividades del Consejo Mundial de Iglesias. En particular, desempeñará las siguientes funciones:

a) velar por que los programas tengan en cuenta las principales orientaciones y políticas aprobadas por el comité Central, así como los recursos financieros disponibles;

b) examinar, en particular, la interrelación teológica de las diferentes actividades del Consejo Mundial de Iglesias;

c) presentar recomendaciones al Comité Central respecto de la iniciación y la terminación de los programas y las actividades así como de otras decisiones normativas fundamentales;

d) prever y recomendar un proceso de evaluación sistemática de los programas y las actividades;

e) recomendar al Comité Central el mandato y la composición de las comisiones que hayan de asesorar al Comité Central por mediación del Comité de Programa en las esferas de competencia constitucional del Consejo;

f) recomendar al Comité Central el mandato y la composición de las juntas directivas, en particular, la Junta Directiva del Instituto Ecuménico;

g) nombrar, cuando proceda, otros grupos consultivos para esferas o instancias específicas. Su composición y la periodicidad de sus reuniones se examinarán teniendo en cuenta las tareas que se les asignen así como los recursos disponibles.

VIII. Comité de Finanzas del Comité Central

1. El Comité de Finanzas del Comité Central se compone de nueve miembros como mínimo, a saber:

a) un/una moderador/a, que sea miembro del Comité Ejecutivo;

b) cinco miembros, que formen parte del Comité Central, dos de los cuales deben ser también miembros del Comité Ejecutivo;

c) tres miembros, designados por el Comité de Programa de entre sus miembros. El Comité de Programa puede designar a un/una suplente que podrá asistir a las reuniones cuando el/la titular no pueda estar presente.

2. El Comité tiene las siguientes funciones y obligaciones:

a) Presentar al Comité Central:

1) respecto al año civil finalizado, un estado de los ingresos y gastos de todas las operaciones financieras del Consejo Mundial de Iglesias, el balance del Consejo al término de ese año, y recomendaciones, basadas en el estudio del informe de los verificadores de cuentas, sobre la aprobación, la liquidación y el cierre de

las cuentas del Consejo Mundial de Iglesias durante el período finalizado.

2) respecto al año en curso, un examen de todas las operaciones financieras;

3) respecto al año civil siguiente, un presupuesto que abarque todas las actividades del Consejo Mundial de Iglesias así como recomendaciones sobre la aprobación de ese presupuesto, si el Comité estima que son adecuadas las disposiciones tomadas en relación con los gastos previstos para el programa de actividades propuesto y si considera suficiente la suma de los ingresos que pueden preverse razonablemente para financiar el presupuesto;

4) por último, respecto al año civil consecutivo al año siguiente, un cálculo de las previsiones financieras, acompañado de recomendaciones similares a las que figuran en el párrafo (3) antes mencionado.

b) Examinar y hacer recomendaciones al Comité Central sobre todas las cuestiones financieras relativas a los asuntos del Consejo Mundial de Iglesias, a saber:

1) la designación de un/una o varios verificadores de cuentas, nombrados cada año por el Comité Central y reelegibles;

2) los procedimientos de contabilidad;

3) la política y los métodos de inversiones;

4) la base de cálculo de las contribuciones de las iglesias miembros;

5) los procedimientos y métodos de recaudar fondos.

IX. Personal ejecutivo

1. El Comité Central elegirá o designará personas que sean especialmente competentes para dirigir las actividades del Consejo Mundial de Iglesias o tomará las disposiciones necesarias para su elección o designación. El conjunto de esas personas constituye el personal ejecutivo.

2. El Comité Central elegirá al Secretario/a la Secretaria General, que tiene el rango más elevado del personal ejecutivo del Consejo Mundial de Iglesias y, por consiguiente, es el jefe de todo el personal. Cuando el puesto de secretario general queda vacante, el Comité Ejecutivo designa a un secretario/una secretaria general interino/interina.

3.A. Además del Secretario/de la Secretaria General, el Comité Central elegirá a uno/una o varios secretarios y secretarias generales adjuntos/adjuntas y los directores y directoras de los grupos básicos.

3.B. El Comité Ejecutivo elegirá a todos los miembros del personal de los grados 7 a 10 y comunicará sus decisiones al Comité Central.

4. El Grupo de Dirección del Personal estará integrado por el Secretario/la Secretaria General, en calidad de moderador/moderadora, el secretario/la secretaria general adjunto/adjunta o los secretarios y secretarias generales adjuntos, el/la asistente del Secretario/la Secretaria General, y los directores y directoras de los cuatro grupos básicos (y sus suplentes cuando tengan que ausentarse). Además se podrá asignar temporariamente o invitar a asistir a las reuniones a otros miembros del personal que tengan competencia o experiencia en relación con una cuestión específica del orden del día o para restablecer, en caso necesario, el equilibrio en la composición del grupo. Los directores y directoras de los grupos básicos se encargarán de mantener regularmente informados a los miembros de los respectivos grupos acerca de los debates y de las decisiones tomadas.

El Grupo de Dirección del Personal es el principal equipo encargado de la gestión interna. Su principal responsabilidad es asesorar al Secretario/a la Secretaria General en su función de jefe/jefa ejecutivo/ejecutiva del Consejo. Le corresponde la tarea de garantizar que todas las actividades del Consejo se llevan acabo de forma integrada y coherente. Con este fin:

a) aplicará la política y las prioridades establecidas por el Comité Central y el Comité Ejecutivo y, a su vez, elaborará propuestas para someterlas a estudio de uno u otro comité;

b) asegurará una coordinación global de las actividades del Consejo y tomará decisiones respecto de las prioridades y orientaciones;

c) ayudará al Secretario/a la Secretaria General en la planificación a largo plazo, la administración y la evaluación de las actividades;

d) ayudará al Secretario/a la Secretaria General en la designación de grupos de trabajo compuestos por miembros del personal y otros grupos;

e) administrará y asignará los recursos humanos y financieros y tomará las disposiciones necesarias para que, en la planificación de los programas, se tengan en cuenta las previsiones de recursos.

f) designará grupos del personal para una tarea especial o permanente de asesoramiento en aspectos específicos de la gestión.

5. Habrá un Grupo Consultivo del Personal, que contará como miembros *ex oficio* a los miembros del Grupo de Dirección del Personal y a los coordinadores de los equipos, y se reunirá con regularidad (por lo general una vez por mes). Estará presidido por el secretario/ la secreta-

ria general adjunto/adjunta, y en sus reuniones podrán participar todos los miembros del personal.

El Grupo Consultivo del Personal asesorará al Secretario/ la Secretaria General y al Grupo de Dirección del Personal. Conforme a su función:

a) constituirá un foro ampliamente representativo que permita intercambiar información, y examinar e interpretar la política y las cuestiones importantes del Consejo;

b) promoverá una reflexión creadora sobre nuevas cuestiones y preocupaciones, y la evaluación de las actividades del Consejo Mundial de Iglesias;

c) informará a la Secretaría General acerca de las actividades en curso del Consejo;

d) velará por una evaluación permanente de las actividades, los procesos y los mecanismos;

e) fomentará un espíritu y una forma de trabajo que consolide y promueva la integración, la cooperación y la colegialidad;

f) ayudará al Secretario/la Secretaria General en todas las cuestiones relacionadas con el ambiente de trabajo así como con el bienestar de los miembros del personal.

6. La duración normal del mandato del Secretario/de la Secretaria General, y del secretario/ la secretaria o los secretarios y las secretarias generales adjuntos es de cinco años. A menos que figure otro período de duración en la resolución relativa a su nombramiento, la duración del contrato inicial de todos los demás miembros del personal ejecutivo nombrados por el Comité Ejecutivo o el Comité Central será normalmente de cuatro años a partir de la fecha del nombramiento. Todos los nombramientos se volverán a examinar un año antes de su expiración.

La jubilación está fijada normalmente a los 65 años para mujeres y hombres, y en ninguna circunstancia podrá prolongarse el contrato más allá del final del año en que el miembro del personal cumpla 68 años.

X. Declaraciones públicas

1. En el ejercicio de sus funciones, y por medio de su Asamblea o de su Comité Central, el Consejo Mundial de Iglesias podrá publicar declaraciones sobre cualquier acontecimiento o problema que deban enfrentar el propio Consejo o sus iglesias miembros.

2. Aunque esas declaraciones puedan tener gran importancia e influencia dado que expresan la opinión de un organismo cristiano tan

ampliamente representativo como es el Consejo Mundial de Iglesias, su autoridad reside solamente en el peso que les confieren la verdad y la sabiduría que encierran; así pues, la publicación de esas declaraciones no significa que el Consejo Mundial de Iglesias en sí mismo tiene, o puede tener, una autoridad constitucional de cualquier tipo sobre sus iglesias miembros o derecho a hablar en su nombre.

3. Todas las comisiones podrán recomendar declaraciones a la Asamblea o al Comité Central para su estudio y acción apropiados.

4. Cuando, a juicio de los miembros de una comisión, sea necesario publicar una declaración antes de que pueda obtenerse la aprobación de la Asamblea o del Comité Central, se podrá hacer la publicación siempre que la declaración se refiera a asuntos que correspondan a su ámbito de interés o de acción, haya recibido la aprobación del/de la moderador/a del Comité Central y del Secretario/de la Secretaria General, y que la comisión indique claramente que ni el Consejo Mundial de Iglesias ni ninguna de sus iglesias miembros quedan comprometidos por esa declaración.

5. Cuando la situación parezca exigirlo, entre las reuniones del Comité Central, podrán publicar una declaración siempre que no sea contraria a la política establecida del Consejo:

1) el Comité Ejecutivo cuando se reúna entre las reuniones del Comité Central;

2) el/la moderador/a, el/la vicemoderador/a o los vicemoderadores y vicemoderadoras del Comité Central y el Secretario/la Secretaria General actuando en concertación;

3) el/la moderador/a del Comité Central o el Secretario/la Secretaria General, actuando cada uno de ellos por su autoridad propia.

XI. Consejos asociados

1. Todo consejo cristiano nacional, consejo nacional de iglesias o consejo ecuménico nacional creado para promover la comunidad y las actividades ecuménicas podrá ser reconocido por el Comité Central como consejo asociado, siempre y cuando:

a) el consejo candidato, habiendo tomado conocimiento de la Base que constituye el fundamento del Consejo Mundial de Iglesias, exprese su deseo de cooperar con el mismo en la realización de una o más de las funciones y objetivos de ese Consejo;

b) se haya consultado previamente a las iglesias miembros del Consejo Mundial de Iglesias de la región.

2. Cada consejo asociado:

a) será invitado a enviar un/una representante delegado/delegada a la Asamblea;

b) podrá, si el Comité Central lo juzga oportuno, ser invitado a enviar un/una asesor/a a las reuniones del Comité Central;

c) recibirá copia de todas las comunicaciones generales que el Consejo Mundial de Iglesias envíe a todas sus iglesias miembros.

3. Además de sus relaciones directas con las iglesias miembros, el Consejo Mundial de Iglesias informará a los consejos asociados sobre los acontecimientos ecuménicos importantes y los consultará respecto de los programas del CMI propuestos en el respectivo país.

4. En consulta con los consejos asociados, el Comité Central establecerá y revisará oportunamente las directrices relativas a las relaciones entre el Consejo Mundial de Iglesias y los consejos nacionales de iglesias.

XII. Organizaciones ecuménicas regionales

1. El Consejo Mundial de Iglesias considera a las organizaciones ecuménicas regionales como copartícipes esenciales de la causa ecuménica.

2. Las organizaciones ecuménicas regionales, por designación del Comité Central:

a) serán invitadas a enviar un/una representante delegado/delegada a la Asamblea;

b) serán invitadas a enviar un/una asesor/asesora a las reuniones del Comité Central;

c) recibirán copias de todas las comunicaciones generales que se envíen a todas las iglesias miembros del Consejo Mundial de Iglesias.

3. Además de las relaciones directas que tiene con sus iglesias miembros, el Consejo Mundial de Iglesias informará a cada una de las organizaciones ecuménicas regionales sobre los acontecimientos ecuménicos importantes y las consultará respecto de los programas del Consejo Mundial de Iglesias propuestos en su región.

4. El Comité Central, en colaboración con las organizaciones ecuménicas regionales, establecerá y examinará, según proceda, los principios rectores para las relaciones y la cooperación entre el Consejo Mundial de Iglesias y las organizaciones ecuménicas regionales, y los medios de compartir las responsabilidades programáticas.

XIII. Comuniones cristianas mundiales

1. El Consejo Mundial de Iglesias reconoce el papel de las Comuniones Cristianas Mundiales u organismos confesionales mundiales en el movimiento ecuménico.

2. Por designación del Comité Central, y si las Comuniones Cristianas Mundiales expresan su deseo al respecto:

a) serán invitadas a enviar un/una representante delegado/delegada a la Asamblea; y

b) serán invitadas a enviar un/una asesor/asesora a las reuniones del Comité Central; y

c) recibirán copias de todas las comunicaciones generales enviadas a las iglesias miembros del Consejo Mundial de Iglesias.

3. El Comité Central establecerá y examinará, cuando proceda, directrices para las relaciones y la cooperación con las Comuniones Cristianas Mundiales.

XIV. Organizaciones ecuménicas internacionales

1. Las organizaciones ecuménicas que no se mencionan en los artículos XI, XII y XIII del Reglamento podrán ser reconocidas por el Comité Central como organizaciones con las que el Consejo Mundial de Iglesias tiene relaciones de trabajo, siempre que:

a) la organización tenga carácter internacional (mundial, regional o subregional) y sus objetivos sean compatibles con las funciones y propósitos del Consejo Mundial de Iglesias;

b) la organización, habiendo tomado conocimiento de la Base que constituye el fundamento del Consejo Mundial de Iglesias, manifieste su deseo de estar en relación y cooperar con el mismo.

2. Sobre la base de la reciprocidad, las organizaciones ecuménicas internacionales:

a) serán invitadas a enviar un/una representante delegado/delegada a la Asamblea (véase Artículo III.1.b.5);

b) recibirán copia de todas las comunicaciones generales enviadas a las iglesias miembros del Consejo Mundial de Iglesias.

XV. Disposiciones jurídicas

1. La existencia del Consejo Mundial de Iglesias es indeterminada.

2. El Consejo tiene su sede social en el Grand Saconnex, Ginebra (Suiza). Está inscrito en Ginebra como asociación, de conformidad con el artículo 60 y siguientes del Código Civil Suizo. El Comité Central

podrá decidir la creación de oficinas regionales en diferentes partes del mundo.

3. El Consejo Mundial de Iglesias está legalmente representado por su Comité Ejecutivo o por aquellas personas a las que ese Comité autorice a representarlo.

4. El Consejo Mundial de Iglesias quedará legalmente obligado mediante las firmas conjuntas de dos de las siguientes personas: el/la moderador/a y el vicemoderador/a o los vicemoderadores y vicemoderadoras del Comité Central, el Secretario/la Secretaria General, el secretario/la secretaria o los secretarios y secretarias generales adjuntos. Dos de estas personas, cualesquiera que sean, tienen facultad para autorizar a otras personas elegidas por ellas a que actúen juntas o por separado en nombre del Consejo Mundial de Iglesias en las cuestiones que se especifiquen en el poder otorgado a tal efecto.

5. El Consejo obtiene los recursos necesarios para la ejecución de su labor mediante las cotizaciones de sus iglesias miembros así como las donaciones o los legados.

6. El Consejo no perseguirá ningún fin lucrativo pero tendrá derecho a actuar como una institución de ayuda intereclesiástica y a publicar obras relacionadas con sus objetivos. No está autorizado a repartir excedentes de ingresos entre sus miembros bajo forma de beneficios o gratificaciones.

7. Los miembros de los órganos directivos del Consejo o de la Asamblea no tendrán que responder personalmente de las obligaciones o los compromisos contraídos por el Consejo. Esos compromisos están garantizados únicamente por los haberes del Consejo.

XVI. Reglamento de los debates

1. Categorías de las sesiones

La Asamblea se reunirá en sesión general (véase el artículo XVI.4) en sesión administrativa (véase el artículo XVI.5), o en sesión deliberativa (véase el artículo XVI.6). El Comité de Dirección determinará la categoría de la sesión según las cuestiones que hayan de considerarse.

2. Moderadores y moderadoras de sesión

Los moderadores y moderadoras de sesión serán propuestos por el Comité Central en la primera sesión administrativa y por el Comité de Dirección después de su elección.

a) El/la moderador/a de la sesión general de la Asamblea será uno de los presidentes o el/la moderador/a del Comité Central.

b) El/la moderador/a de la sesión administrativa de la Asamblea será el/la moderador/a o un/una vicemoderador/a del Comité Central, o algún otro miembro del Comité Central.

c) El/la moderador/a de la sesión deliberativa de la Asamblea será uno de los presidentes o presidentas, el/la moderador/a o un/una vicemoderador/a del Comité Central, o un delegado/una delegada.

3. *Funciones oficiales del/de la moderador/a de sesión*

El/la moderador/a de sesión anuncia la apertura, la suspensión y el aplazamiento de las sesiones de la Asamblea; asimismo anuncia al comienzo de cada sesión y al pasar de una categoría de sesión a otra, que la Asamblea se reúne en sesión general, administrativa o deliberativa.

4. *Sesión general*

La Asamblea se reúne en sesión general cuando se celebran ceremonias, actos públicos de testimonio y se pronuncian alocuciones oficiales. Sólo se examinan las cuestiones propuestas por el Comité Central o por el Comité de Dirección después de la elección de este último.

5. *Sesión administrativa*

La Asamblea se reúne en sesión administrativa cuando hayan de examinarse cualquiera de las siguientes cuestiones: la adopción del orden del día presentado por el Comité Central, una propuesta de modificación del orden del día, propuestas de designaciones, elecciones, propuestas referentes a la estructura, la organización, el presupuesto o el programa del Consejo Mundial de Iglesias, o cualquier otra cuestión que requiera una decisión de la Asamblea, a excepción de lo estipulado en los párrafos 4 y 6 del presente artículo. En las sesiones administrativas se aplican las reglas siguientes:

a) *Moderador/a de sesión*

El/la moderador/a de sesión se encarga de velar por la buena marcha de los trabajos. Intentará, en la medida de lo posible y dentro de límites equitativos y racionales, dar a los participantes la posibilidad de expresar opiniones divergentes. Se encarga asimismo de asegurar el buen orden de las sesiones y el cumplimiento del Reglamento de los Debates; procura garantizar la pertinencia de las intervenciones y evitar las repeticiones. Con ese fin, el/la moderador/a de sesión podrá solicitar a un/una orador/a que pase a otro tema o que termine de hablar. El/la moderador/a de sesión dará la palabra a los oradores y oradoras y determinará el orden de intervención de los mismos. Su decisión es irrevocable en todas las cuestiones excepto cuando se trate de una moción de orden conforme al párrafo u) a continuación; cuando exprese la opinión de la Asamblea respecto a una cuestión, de conformidad con el párrafo l) a continuación; o cuando hable del resultado de una votación, de conformidad con los párrafos n) y o) a continuación.

b) *Intervenciones*
Toda persona que desee tomar la palabra hablará solamente cuando el/la moderador/a de sesión la autorice a hacerlo. El/la orador/a indicará su nombre y la iglesia a la que pertenece y dirigirá sus observaciones al/a la moderador/a de sesión. Los delegados y delegadas sólo pueden tomar la palabra para proponer o apoyar una moción o una enmienda, para participar en el debate o para exponer una moción de orden o de procedimiento; los demás oradores y oradoras pueden tomar la palabra solamente para participar en el debate o exponer una cuestión de procedimiento. En general los oradores y las oradoras podrán indicar su deseo de tomar la palabra al/a la moderador/a de sesión antes de la sesión o por nota escrita que entregarán al moderador/a mediante los servicios de un/una steward; el/la moderador/a de sesión deberá tener en cuenta esa notificación pero tiene libertad para acordar el derecho a tomar la palabra y determinar el orden de intervención de los oradores y las oradoras, de conformidad con el párrafo a) del presente artículo.

c) *Presentación de una moción*
Cuando un delegado/una delegada desee presentar una moción en relación con algún tema del orden del día, la presentará oralmente y, salvo en caso de una moción prejudicial o de una moción de conformidad con los párrafos j) o k) de este artículo, entregará la moción por escrito al/a la moderador/a de sesión. Los delegados y delegadas que deseen proponer un punto nuevo seguirán el procedimiento estipulado en el párrafo 7 del presente artículo.

d) *Apoyo de una moción*
La Asamblea no examinará ninguna moción hasta que ésta haya sido apoyada por un delegado/una delegada, en cuyo caso, no podrá retirarse sin el consentimiento general de los delegados y delegadas presentes y votantes. Si se retira la moción por consentimiento general, cualquier otro delegado/otra delegada puede entonces pedir que se presente la moción en su nombre.

e) *Debate*

Cuando se apoye una moción, el delegado/la delegada que la haya propuesto abrirá el debate sobre la misma. Ese delegado/esa delegada podrá tomar la palabra durante cinco minutos como máximo. A continuación, tomará la palabra un delegado/una delegada que esté en contra de la moción el/la cual podrá hablar, como máximo, durante cinco minutos. Después, en la medida en que la índole de la cuestión lo permita, los oradores favorables y opuestos a la moción podrán intervenir alternativamente. Cada uno de ellos podrá hablar como máximo durante cinco minutos. Cuando se clausure el debate, el delegado/la delegada que haya propuesto la moción podrá contestar pero no podrá hablar más de tres minutos. Ningún otro/ninguna otra orador/a podrá tomar la palabra más de una vez sobre la moción.

f) *Enmienda*

Todo delegado/toda delegada puede proponer una enmienda a una moción según el mismo procedimiento seguido para presentar una moción. Los párrafos c), d) y e) de este artículo, se aplicarán tanto a una moción como a una enmienda. El debate sobre una enmienda se limitará a la misma. La persona que haya propuesto la moción tendrá la posibilidad de hablar en el debate sobre una enmienda. El/la moderador/a de sesión declarará inaceptable toda enmienda que impugne fundamentalmente la moción que se esté tratando.

g) *Subenmienda*

Todo delegado/toda delegada puede proponer una subenmienda según el mismo procedimiento seguido para proponer una enmienda, pero el/la moderador/a de sesión declarará inaceptables las enmiendas a las subenmiendas. Los párrafos c), d), e) y f) de este artículo se aplicarán tanto a las subenmiendas como a las enmiendas.

h) *Debate y votación sobre las enmiendas*

El debate y la votación se harán primero sobre la subenmienda, después sobre la enmienda y por último sobre la moción. Cuando se haya votado una subenmienda o una enmienda, podrá proponerse otra subenmienda o enmienda pero el/la moderador/a de sesión excluirá y no aceptará ninguna subenmienda o enmienda que tenga fundamentalmente el mismo objetivo que la que ya se haya votado.

i) *Derecho del/de la moderador/a de sesión a participar en un debate*

El/la moderador/a de sesión no podrá presentar una moción o una enmienda ni participar en un debate sin delegar su función a otro/otra moderador/a y, hasta que se haya zanjado la cuestión, no podrá volver a presidir.

j) *Mociones prejudiciales*

Todo delegado/toda delegada que no haya tomado previamente la palabra sobre una moción o una enmienda puede, en cualquier momento, pero sin interrumpir a un/una orador/a, presentar una de las mociones prejudiciales que se indican a continuación, la cual tendrá prioridad sobre la cuestión que se esté discutiendo; el orden de prioridad de estas mociones es el siguiente (la primera enumerada es la que tiene mayor prioridad):

1) *Moción destinada a suspender una sesión:* Si la Asamblea decide suspender una sesión, la cuestión que se esté discutiendo en el momento de la suspensión, volverá a tratarse cuando la Asamblea se reúna de nuevo a menos que se haya previsto un "orden del día" preciso para ese momento, en cuyo caso esa cuestión se examinará cuando se haya agotado el "orden del día" o en otro momento que proponga el Comité de Dirección.

2) *Moción en la que se propone que no se presente una cuestión:* Si la Asamblea decide que no se presente una cuestión se pasará al punto siguiente sin voto ni decisión.

3) *Moción destinada a aplazar una cuestión hasta un momento preciso:* Cuando se aplace una cuestión hasta un momento preciso, se incluirá en el "orden del día" previsto para ese momento y tendrá prioridad sobre todas las demás cuestiones.

4) *Moción destinada a remitir una cuestión a un comité:* Cuando se remita una cuestión a un comité, éste hará un informe al respecto durante la reunión de la Asamblea, a no ser que la propia Asamblea lo determine de otro modo.

Cuando una moción prejudicial haya sido apoyada, se someterá inmediatamente a votación sin debate.

k) *Moción de clausura del debate*

Todos los delegados y delegadas pueden proponer una moción de clausura del debate en cualquier momento siempre que no se interrumpa a otro/otra orador/a. Si se apoya esta moción, se procede inmediatamente a una votación sobre la cuestión de si deberá clausurarse el debate sobre la moción (o la enmienda) que se esté examinando. Si dos tercios de los delegados y delegadas presentes y votantes están de acuerdo, se efectuará directamente una votación sobre la moción (o la enmienda) que se esté tratando. Después de la votación sobre una subenmienda o una enmienda que se esté tratando, continuará el debate sobre la enmienda o sobre la moción principal, según el caso. Entonces podrá presentarse otra moción de clausura del debate sobre cualquier cuestión que se esté examinando. Si se propone y se apoya una moción de clausura del debate sobre la moción principal, antes de votar sobre esa moción, se informará a la Asamblea sobre los nombres de los delegados y delegadas que desean tomar la palabra, así como sobre las enmiendas restantes, y el/la moderador/a de sesión podrá pedir a los miembros de la Asamblea que deseen hablar que levanten la mano.

l) *Opinión de la Asamblea*
El/la moderador/a de sesión procurará entender la opinión de la Asamblea sobre una cuestión que se esté tratando y tiene derecho a enunciarla sin proceder a una votación. Cualquier delegado/delegada puede impugnar la decisión del/de la moderador/a de sesión sobre la opinión de la Asamblea; el/la moderador/a de sesión puede entonces, sea someter la cuestión a votación de conformidad con el párrafo n) a continuación, sea permitir que prosiga la discusión y comunicar nuevamente la opinión de la Asamblea.

m) *El/la moderador/a de sesión somete una cuestión a votación*
El/la moderador/a de sesión someterá a votación toda cuestión sobre la cual no se haya tomado una decisión por otro procedimiento.

n) *Votación a mano alzada*
Al final de un debate, el/la moderador/a de sesión leerá la moción o la enmienda y se asegurará de que los delegados y delegadas hayan comprendido la cuestión sobre la que se va a votar. Generalmente, la votación se hace a mano alzada. El/la moderador/a de sesión preguntará primero quiénes están a favor, después quiénes están en contra y, por último, quiénes se abstienen de votar. El/la moderador/a de sesión anunciará entonces el resultado.

o) *Votación por recuento de votos o por escrutinio secreto*
Si el/la moderador/a de sesión tiene dudas sobre el resultado de una votación, o si por cualquier otra razón así lo decide, o si algún delegado/alguna delegada lo pide, se procederá inmediatamente a una votación a mano alzada o por levantados y sentados – con recuento de votos – de la cuestión de que se trate. El/la moderador/a de sesión puede nombrar escrutadores/escrutadoras para que cuenten los votos y las abstenciones. Todo delegado/toda delegada puede proponer que la Asamblea vote sobre cualquier cuestión por escrutinio secreto y, si

se apoya su propuesta y una mayoría de los delegados y delegadas presentes y votantes está de acuerdo, se procederá a una votación por escrutinio secreto. El/la moderador/a de sesión anunciará el resultado del recuento de votos o del escrutinio secreto.

p) *Resultado de una votación*
Una mayoría de los delegados y delegadas presentes y votantes determinará la decisión sobre cualquier cuestión, a menos que la Constitución o el Reglamento estipulen que es necesario una proporción superior. Si hay empate de votos, se considerará rechazada la cuestión. El número de abstenciones, por muy elevado que sea, no tiene ningún efecto sobre el resultado de la votación.

q) *Votación del/de la moderador/a de sesión*
Todo/toda moderador/a de sesión autorizado/autorizada a votar puede participar en los escrutinios secretos, en las votaciones a mano alzada, por sentados y levantados, o puede votar si hay empate, pero en ningún caso podrá votar más de una vez.

r) *Nuevo examen de las cuestiones*
Dos delegados/delegadas que hayan votado previamente con la mayoría sobre una cuestión que haya sido objeto de una votación podrán pedir al Comité de Dirección que proponga a la Asamblea que se reexamine esa cuestión. El Comité de Dirección puede aceptar o rechazar esta petición, pero si la rechaza, esos delegados y delegadas pueden seguir el procedimiento estipulado en el artículo XVI.7; sin embargo, no se podrá reexaminar una cuestión sin el acuerdo de los dos tercios de los delegados y delegadas presentes y votantes.

s) *Votos negativos y abstenciones*
Todo delegado/toda delegada que vote con la minoría o que se abstenga, puede pedir que se registre su nombre en las actas.

t) *Moción de orden o de procedimiento*
Todo delegado/toda delegada puede presentar una moción de orden o de procedimiento y puede, si fuere necesario, interrumpir a otro delegado/otra delegada para así hacerlo. Al presentar una moción de orden, el delegado/la delegada se limitará a afirmar que el procedimiento que se está siguiendo no es conforme al Reglamento. Al presentar una moción de procedimiento, el/la orador/a se limitará a pedir una aclaración sobre la cuestión que se esté examinando.

u) *Recurso contra la decisión del/de la moderador/a de sesión*
Todo delegado/toda delegada puede recurrir contra la decisión del/de la moderador/a de sesión respecto a una moción de orden, conforme

al párrafo t). En ese caso, el/la moderador/a de sesión hará inmediatamente la siguiente pregunta a la Asamblea: ¿Está de acuerdo la Asamblea con la decisión del/de la moderador/a de sesión? La decisión sobre el recurso corresponderá a una mayoría de los delegados y delegadas presentes y votantes.

v) *Tiempo de uso de la palabra*
El/la moderador/a de sesión puede, si lo juzga conveniente, prolongar el tiempo de uso de la palabra de un/una orador/a si considera que, por dificultades de idioma o de traducción, por la complejidad de la cuestión que se está examinando, o por cualquier otra razón, se puede cometer una injusticia contra uno de los miembros.

6. Sesión deliberativa

La Asamblea se reúne en sesión deliberativa cuando las cuestiones que hayan de examinarse (teología o política general), sean de una índole tal que no puedan enmendarse en detalle. Los informes de las secciones se examinarán en sesión deliberativa. Todo comité u otro órgano que presente un informe puede recomendar al Comité de Dirección que se examine su informe en sesión deliberativa.

El Reglamento de los Debates aplicables en las sesiones deliberativas es el mismo que el que se aplica en las sesiones administrativas, salvo por lo que respecta a las disposiciones adicionales siguientes:

a) *Mociones autorizadas*
Además de las mociones prejudiciales o la moción de clausura del debate, estipuladas en los párrafos 5.j) y 5.k), las únicas mociones que podrán proponerse respecto a las cuestiones examinadas en sesión deliberativa, son:
1) aprobar el contenido de un informe y recomendarlo a las iglesias para su estudio y acción apropiada;
2) devolver un informe al órgano que lo haya presentado con instrucciones para que considere la conveniencia de hacer hincapié en uno o varios aspectos nuevos o diferentes de ese informe;
3) pedir al órgano que presente el informe que prevea, en consulta con el Comité de Dirección, una sesión de información y debate sobre ese informe antes de volver a presentarlo.

b) *Cuestiones que afectan a la concepción eclesiológica de las iglesias*
Cuando un miembro juzgue que una cuestión planteada en una sesión es contraria a la concepción eclesiológica de su iglesia, podrá pedir que no se someta a votación esa cuestión. En ese caso, el/la modera-

dor/a de sesión solicitará la opinión del Comité de Dirección o del Comité Ejecutivo, en consulta con ese miembro y con otros miembros de la misma iglesia o confesión que estén presentes en la sesión. Si se establece por consenso que, efectivamente, la cuestión es contraria a la concepción eclesiológica de esa iglesia, el/la moderador/a de sesión anunciará que la cuestión se examinará en sesión deliberativa, sin votación. Se enviarán a las iglesias la documentación y las actas del debate para que las estudien y hagan los comentarios pertinentes.

c) *Intervenciones*

Toda persona que presente un informe podrá también intervenir en el debate, con la autorización del/de la moderador/a de sesión, a fin de aportar aclaraciones o explicaciones.

7. Introducción de nuevos puntos o modificaciones en el orden del día en el marco de la Asamblea

Un delegado/una delegada puede proponer un nuevo punto o una modificación en el orden del día. Si, tras examinar el asunto, el Comité de Dirección, después de su elección, no acepta esa propuesta, el delegado/la delegada podrá apelar de esa decisión, dirigiéndose al/a la moderador/a de sesión por escrito. El/la moderador/a de sesión informará, en tiempo oportuno, a la Asamblea acerca de la propuesta y un miembro del Comité de Dirección explicará las razones en que se basa su denegación. El delegado/la delegada puede entonces presentar las razones en favor de la aceptación de esa propuesta. El/la moderador/a de sesión, sin más deliberaciones, formulará a continuación la siguiente pregunta a la Asamblea: ¿Acepta la Asamblea esta propuesta? La mayoría de los delegados y delegadas presentes y votantes zanjará la cuestión. Si la Asamblea vota a favor de la propuesta, el Comité de Dirección presentará una recomendación lo antes posible para que se incluya ese punto o esa modificación en el orden del día.

8. Idiomas

Los idiomas de trabajo del Consejo Mundial de Iglesias son alemán, español, francés, inglés y ruso. El Secretario/la Secretaria General tomará las medidas necesarias a fin de proporcionar interpretación de cualquiera de esos idiomas a los demás idiomas. Un/una orador/a podrá expresarse en un idioma distinto de los idiomas de trabajo a condición de que proporcione interpretación a uno de esos idiomas. El Secretario/la

Secretaria General hará todo lo posible para ayudar a los oradores y oradoras que necesiten los servicios de interpretación.

9. Suspensión de un artículo del Reglamento

Todo delegado/toda delegada podrá proponer que se suspenda la aplicación de un artículo del Reglamento de Debates. Si se apoya la propuesta, el artículo se suspenderá por decisión de una mayoría de dos tercios de los delegados y delegadas presentes y votantes.

10. Comité Central

El Comité Central se reunirá en sesión administrativa, salvo si decide reunirse en sesión general o deliberativa y observará el Reglamento de Debates correspondiente a esa categoría de sesión de la Asamblea a no ser que tome otra decisión.

XVII. Enmiendas

Todos los miembros pueden presentar enmiendas a este Reglamento en cualquier sesión de la Asamblea o del Comité Central; para la adopción de esas enmiendas será necesaria una mayoría de dos tercios de los delegados y delegadas presentes y votantes; sin embargo, las modificaciones de los artículos I, V y XVII del Reglamento no entrarán en vigor hasta que hayan sido ratificadas por la Asamblea. Toda propuesta de enmienda se comunicará por escrito veinticuatro horas antes, como mínimo, de la sesión de la Asamblea o del Comité Central en la que se ha de presentar esa propuesta.

Nota de Agradecimiento

El Consejo Mundial de Iglesias expresa su agradecimiento a las iglesias, organizaciones y personas que brindaron su apoyo a la Octava Asamblea, por su tiempo, trabajo, dedicación y apoyo financiero:

- el Consejo de Iglesias de Zimbabwe, sus iglesias miembros y su personal; el presidente, Rev. Enos Chomutiri y su secretario general, sr. Densen Mafinyani; un agradecimiento especial por la escultura shona, realizada por Wilbert Samapundo, que llegó a ser el símbolo de la Asamblea;
- los comités locales y sus coordinadores;
- la Oficina de la Asamblea en Harare, su coordinadora Rosemary Siyachitema y sus colaboradores;
- los voluntarios locales, que contribuyeron en gran medida a la buena marcha de la Asamblea;
- el coro de la Asamblea;
- la Conferencia Episcopal Católica de Zimbabwe, el arzobispo Patrick Chakaipa y el padre Oscar Wermter;
- el Gobierno de Zimbabwe: Presidente Mugabe y la Primera Dama, por la recepción que ofrecieron a los delegados y autoridades del CMI; Ministro Nathan Shamayurira; Ministra Olivia Muchena; Vice-ministra Sithembiso Nyoni; Secretario Permanente July Moyo; Oficial de Relaciones Públicas J. T. Massundah;
- la Universidad de Zimbabwe: Profesor Hill, vicerrector; sr. Mukondiwa, registros; sr. Kasese, personal de apoyo a la Octava Asamblea; Rev. Dr. Canon Bakare, capellán;
- las organizaciones locales que ayudaron con el material necesario y varias tareas de la Asamblea: la Oficina de Conferencias de Zimbabwe (Zimbabwe Convention Bureau), bajo la responsabilidad de la sra Gwen Moodley y sus colegas, los organizadores de los servicios de transporte y otros viajes dentro de Zimbabwe;

– el personal técnico a cargo de la infraestructura, en particular: coordinación técnica – Debbie Metcalfe, Keith Farquharson, y Frontline Promotions (video, iluminación); sonido – Prosound, Steve Roskilly; adaptación sonido y luces – Rob Holland; video y CCTV – Mighty Movies, Paul Hughes and Nubs Dyal; equipo de grabación – Gerry Jackson, David Chiaka y personal de ZTV, Hilton; luces – R.C.L.I., Cedric Steele; presentaciones audiovisuales – Presentation Solutions, Valentine Sinemani; alquiler de generador – Barons Services, Brian Stockdale; Concepts Plus; AV Interpretation;

– servicios médicos de la Asamblea: Dr. Peter Musuka, a cargo de la enfermería;

– agradecimiento especial a las siguientes personas: Hugh McCullum, ex miembro del personal del CMI, que coordinó la labor con los medios de información locales durante la Asamblea; sra Maritz, coordinadora de los arreglos florales en las salas de reunión y en las oficinas; Patrick Matsikenyire, director del coro de la Asamblea; Chaz Maviyane-Davies, diseñador gráfico de la asamblea; David Mutasa, que realizó la gran cruz de madera; Murray MacCartney, organizador de la feria de artesanías; Doreen Sibanda, de la Galería Mutopo, donde se realizó la escultura;

– los miembros del Comité Central saliente que, bajo la coordinación del obispo Jonas Jonson, participaron en los trabajos del Comité de Planificación de la Asamblea;

– El Comité de Cultos de la Asamblea, bajo la dirección de Dorothy McRae-McMahon;

– los stewards, el personal permanente y cooptado del CMI.